Gerlinde Bartelheimer

Leistung nicht aus Zufall

Gerlinde Bartelheimer

Leistung nicht aus Zufall

Verhaltensorientiertes Prozessmanagement

Tectum Verlag

Gerlinde Bartelheimer

Leistung nicht aus Zufall.
Verhaltensorientiertes Prozessmanagement

Zugl.: Hamburg, Univ. Diss. 2008

ISBN: 978-3-8288-9793-9

Umschlagabbildung: www.istockphoto.com, Andrew Johnsen

Besuchen Sie uns im Internet
www.tectum-verlag.de

Bibliografische Informationen der Deutschen Nationalbibliothek
Die Deutsche Nationalbibliothek verzeichnet diese Publikation in der Deutschen Nationalbibliografie; detaillierte bibliografische Angaben sind im Internet über http://dnb.ddb.de abrufbar.

VORWORT

Prozesse hängen von der menschlichen Leistungserbringung ab und sind somit nur so gut, wie die Leistung, die die Prozessbeteiligten erbringen. Prozessmanagement aus verhaltensorientierter Sicht lenkt den Blick auf die Aspekte, die mit menschlicher Leistungserbringung verbunden sind. Die vorliegende Arbeit widmet sich daher den möglichen Einwirkungen der Prozessgestaltung und des Prozessmanagements auf menschliches Verhalten und der damit einhergehenden Arbeitsleistung. Es wird also nicht von einem strukturellen Konzept ausgegangen, mittels dessen Prozesse als Blaupausen entwickelt werden, die einer technokratischen Rationalität verpflichtet sind und deren Umsetzung Akteure verlangt, die den Vorgaben entsprechend handeln. Explizite Gestaltungsmaßnahmen ohne die Betrachtung ihrer Auswirkungen auf Motivation, Leistungsbereitschaft und Verhalten der beteiligten Akteure können zu dysfunktionalen Verhaltensweisen führen und nicht sicherstellen, dass Prozessbeteiligte den Gestaltungsvorgaben folgen. Verhaltensorientiertes Prozessmanagement und insbesondere die verhaltensorientierte Prozessgestaltung berücksichtigen daher beeinflussbare Faktoren, die positiv auf Verhalten und die daraus resultierende Leistungsbereitschaft von Prozessbeteiligten wirken. Es geht darum zu erkennen, durch welche Prozessstrukturen Leistungsbereitschaft hervorgerufen werden kann und welche Konsequenzen dabei für die Ausgestaltung des Prozessmanagements auftreten.

Der Arbeit ist es somit ein Anliegen, die gängige Prozessmanagementliteratur um verhaltenswissenschaftliche Aspekte zu ergänzen. Der Zusammenhang zwischen Prozessmanagement und Leistungsbereitschaft der Prozessbeteiligten wird mit Hilfe eines von der Verfasserin neu entwickelten Modells, das Verhaltenserklärungsmodell, dargestellt. Es liefert Anhaltspunkte, mit denen eine vergleichsweise niedrige Leistungsbereitschaft erklärt werden kann und dient der Diskussion von möglichen, neuen Prozessmanagementansätzen, die zu einer hohen Leistungsbereitschaft führen können. Hierbei geht es auch darum, die vielen Dilemmata aufzuzeigen, mit denen Prozessmanagement konfrontiert wird. Beispiele sind etwa die Schwierigkeiten bei der Festlegung von Zielen, die mittels Prozessmanagement und -optimierung erreicht werden sollen und z.B. Kosten-, Zeit- und Qualitätszielen aus Unternehmens- und Akteurssicht beinhalten, oder die zu klärende Frage, inwiefern Spezialisierungsvorteile aus Akteurssicht wünschenswert und etwa dem Aspekt der Schnittstellenminimierung dienlich sind.

Die Arbeit zeigt die enorme Komplexität struktureller Gestaltungsmöglichkeiten, die verhaltenswissenschaftliche Aspekte berücksichtigen, und eine Vielfalt ihrer möglichen Auswirkungen auf die Leistungsbereitschaft der Prozessbeteiligten. Nichtsdestotrotz fordert sie das Prozessmanagement auf, sich diesen Schwierigkeiten bei der Prozessgestaltung bewusst zu stellen, strukturelle Gestaltungen vor dem Hintergrund verhaltenswissenschaftlicher Erkenntnisse vorzunehmen und den Akteur in den Mittelpunkt der Betrachtungen zu stellen. Die Schlussfolgerung ist, dass bestimmte Prozesseigenschaften existieren müssen, um eine möglichst hohe Leistungsbereitschaft bei den Akteuren hervorzurufen. Diese Eigenschaften können Prozessen über eine verhaltensorientierte Konzipierung und entsprechendes Prozessmanagement verliehen werden.

Diese Arbeit soll somit einen ersten Anstoß für eine verhaltensorientierte Prozessgestaltung liefern, ein kritisches Bewusstsein auch hinsichtlich der derzeitigen Prozessmanagementpraktiken und Ausbildungsgänge zu zertifizierten Prozessmanagern schaffen und die Notwendigkeit zeigen, dass Prozessmanagement um verhaltensorientierte Aspekte zu erweitern ist. Somit nimmt es trotz seiner theoretischen Konzeption zu vielen praktischen Fragen differenziert und kritisch Stellung und versucht, praktische Lösungsansätze herzuleiten, welche die angedeuteten Dilemmata und Defizite lösen. Insgesamt gesehen verdient das Buch somit auch von Praktikern gelesen zu werden, da der vorliegenden Arbeit schon allein aufgrund seines Anliegens und der darauf abgestimmten Ausführungen praktische Bedeutung zukommt.

Michael Gaitanides Hamburg im September 2008

DANKSAGUNG

An dieser Stelle möchte ich, bevor es zu den sachlichen Erörterungen geht, meinen herzlichen Dank an all diejenigen richten, die mich bei der Anfertigung dieser Arbeit maßgeblich unterstützt haben.

Insbesondere möchte ich Herrn Prof. Dr. M. Gaitanides für die wertvollen Diskussionen und die Möglichkeit, aus der Unternehmenspraxis Denkanstöße für verhaltensorientierte Prozessgestaltung und –optimierung gewinnen zu können, von Herzen danken. Herrn Prof. Dr. M. Domsch bin ich für die zügige Erstellung des Zweitgutachtens sehr verbunden. Die kritischen Anregungen von PD Dr. Markus Göbel waren bei der Erstellung der Arbeit ebenfalls besonders hilfreich. Für das mühsame Korrekturlesen danke ich Frau H. Hölzner, Herrn Dr. J. Fischer und Herrn Dr. S. Ianigro. Unverzichtbar war die mit großer Geduld geleistete technische Unterstützung durch Herrn C. Jung, Frau M. Kosmalla und Frau U. Zitzmann. Herrn Dr. J. H. Fischer danke ich für seine Hilfsbereitschaft bei der Lösung technischer Probleme. Darüber hinaus möchte ich an dieser Stelle die Gelegenheit nutzen, auch meinem lieben Freundeskreis von Herzen für das entgegengebrachte Verständnis hinsichtlich meiner geringen Verfügbarkeit in den letzten Jahren aufgrund der hohen zeitlichen Belastung meiner Arbeit zu danken.

Meinem Mann, Ronny Bartelheimer – Giggel, bin ich ebenfalls zu besonderem Dank verpflichtet. Er hat mir die Kraft und Unterstützung gegeben, diese Arbeit fertig zu stellen – ihm ist das Buch gewidmet.

Gerlinde Bartelheimer — Hamburg im September 2008

Inhaltsverzeichnis

Abbildungsverzeichnis IV

Tabellenverzeichnis V

1 Einleitung 1

1.1 Problemstellung 4

1.2 Gang der Untersuchung/Methodik 5

1.3 Gliederung der Arbeit 8

2 Begriffserläuterungen 10

2.1 Verständnis des Verhaltensbegriffs und der damit verbundenen Aspekte ... 10

2.2 Verständnis des BPM-Begriffs und der damit verbundenen Aspekte 11

3 Organisationsgestaltung 16

3.1 Einführung in die Organisationsgestaltung 16

3.1.1 Gestaltungsansätze 16

3.1.2 Zweck der Organisationsgestaltung 17

3.2 Einfluss von Organisationsgestaltung auf Verhalten 19

3.2.1 Anforderungen an Organisationsgestaltung zur Verhaltensbeeinflussung ... 20

3.2.2 Voraussetzungen für anforderungsgerechte Organisationsgestaltung 23

3.2.3 Verschiedene Vorgehensweisen der Organisationsgestaltung 25

3.3 Informelle Organisation 31

4 Organisationsgestaltung im Rahmen des BPM-Konzepts 34

4.1 Einführung in das BPM-Konzept 34

4.2 BPM Ziele 36

4.3 BPM Methoden und Vorgehensweisen 41

4.3.1 Prozessidentifikation 43

4.3.2 Prozessdesign 47

4.3.3 Prozessimplementierung 63

4.3.4 Prozesscontrolling 65

4.4 Organisationsgestaltung im Rahmen von Prozessdesign 68

4.4.1 Zusammenhang zwischen Arbeitsteilung und Koordination 68

4.4.2 Regelungen der Arbeitsteilung 69

4.4.3 Regelungen der Koordination 72

4.5 BPM immanente Verhaltensdarstellung ... 97
5 Verhaltenserklärungsmodell ... 103
5.1 Modellannahmen ... 103
5.2 Verhaltensentscheidungsprozess ... 104
5.2.1 Einführung ... 104
5.2.2 Entscheidungskriterien des Verhaltenserklärungsmodells ... 106
5.3 Verhaltensdeterminanten ... 112
6 Verhaltensorientiertes Prozessmanagement ... 117
6.1 Ziele ... 117
6.1.1 Zielbegriff und Aufgaben/Funktionen von Zielen ... 118
6.1.2 Anforderungen an die Formulierung von Zielen ... 120
6.1.3 Anreize für die Zielerreichung ... 125
6.1.4 Rolle von Kontrolle und Feedback ... 129
6.1.5 Implikationen für BPM ... 131
6.2 Transparenz ... 133
6.2.1 Rolle Transparenz für die Zielerreichung ... 134
6.2.2 Maßnahmen zur Schaffung von Transparenz ... 135
6.2.3 Implikationen für BPM ... 136
6.3 Aufgabenmerkmale ... 138
6.3.1 Aufgabenmerkmale der motivationsorientierten Arbeitsorganisation ... 142
6.3.2 Weitere verhaltensrelevante Aufgabenmerkmale ... 169
6.3.3 Implikationen für BPM ... 180
6.4 Interaktion ... 182
6.4.1 Gruppenmerkmale ... 183
6.4.2 Sozialer Kontakt, soziale Bedürfnisse in Interaktionen ... 185
6.4.3 Gruppeneffizienz und -erfolg ... 187
6.4.4 Implikationen für BPM ... 199
6.5 Persönliche Entwicklung ... 205
6.5.1 Arbeitskategorisierung nach VERA ... 208
6.5.2 Die Rolle der Karriere ... 211
6.5.3 Persönliche Entwicklung durch Aufgabenerfüllung ... 213
6.5.4 Implikationen für BPM ... 214

7 Schlussbetrachtung 218
7.1 Zusammenfassung der Ansatzpunkte zur Verhaltenssteuerung 218
7.2 Verhaltensmodellkritik 235
7.3 Forschungsbedarf 238
Literaturverzeichnis VII

Abbildungsverzeichnis

Abb. 1: Übersicht über die angenommenen Zusammenhänge ... 5
Abb. 2: Schematische Darstellung der Vorgehensweise ... 7
Abb. 3: Aufbau der vorliegenden Arbeit ... 9
Abb. 4: Beispiel eines Zielsystems ... 24
Abb. 5: Zusammenhang zwischen Zielvorstellungen, gestaltbaren Objekten und Faktoren ... 26
Abb. 6: Kundenorientierung der nach Prozessen gegliederten Organisation ... 35
Abb. 7: Schematische Darstellung der Abgrenzung eines Prozesses und dessen Zerlegung in Teilprozesse sowie die damit verbundenen Wahlfreiheiten ... 44
Abb. 8: Schematische Darstellung des Zusammenhangs zwischen Prozessaktivitäten, -schritten, -teilen und ausgegrenztem Prozess ... 46
Abb. 9: Allgemeiner Zusammenhang der Ausführungen der VIE-Theorie ... 107
Abb. 10: Allgemeiner Zusammenhang der Ausführungen der Motivationstheorie von Porter/Lawler ... 108
Abb. 11: Entscheidungskriterien des Verhaltenserklärungsmodells ... 110
Abb. 12: Überblick über die Zusammenhänge des Verhaltenserklärungsmodells 114
Abb. 13: Überblick über die im Kapitel dargestellten Zusammenhänge bezüglich der Verhaltensdeterminante „Ziele“ ... 117
Abb. 14: Überblick über die im Kapitel dargestellten Zusammenhänge bezüglich der Verhaltensdeterminante „Transparenz“ ... 133
Abb. 15: Überblick über die im Kapitel dargestellten Zusammenhänge bezüglich der Verhaltensdeterminante „Aufgabenmerkmale“ ... 139
Abb. 16: Zyklische und hierarchische Vollständigkeit von Aufgaben ... 150
Abb. 17: Überblick über die im Kapitel dargestellten Zusammenhänge bezüglich der Verhaltensdeterminante „Interaktion“ ... 183
Abb. 18: Überblick über die im Kapitel dargestellten Zusammenhänge bezüglich der Verhaltensdeterminante „Persönliche Entwicklung“ ... 206
Abb. 19: Regulationserfordernisse einer Aufgabe unterteilt in fünf Ebenen ... 209

Tabellenverzeichnis

Tab. 1: Einflussmöglichkeiten von BPM auf Leistungsbereitschaft über die Verhaltensdeterminante „Ziele“ mittels Regelungen der Arbeitsteilung ... 132

Tab. 2: Einflussmöglichkeiten von BPM auf Leistungsbereitschaft über die Verhaltensdeterminante „Ziele“ mittels Regelungen der Koordination ... 132

Tab. 3: Einflussmöglichkeiten von BPM auf Leistungsbereitschaft über die Verhaltensdeterminante „Transparenz“ mittels Regelungen der Arbeitsteilung ... 137

Tab. 4: Einflussmöglichkeiten von BPM auf Leistungsbereitschaft über die Verhaltensdeterminante „Transparenz“ mittels Regelungen der Koordination ... 138

Tab. 5: Regelbarkeit von Aufgabenstrukturen in Abhängigkeit der Dynamik ihrer Umweltsituation ... 170

Tab. 6: Einflussmöglichkeiten von BPM auf Leistungsbereitschaft über die Verhaltensdeterminante „Aufgabenmerkmale“ mittels Regelungen der Arbeitsteilung ... 181

Tab. 7: Einflussmöglichkeiten von BPM auf Leistungsbereitschaft über die Verhaltensdeterminante „Aufgabenmerkmale“ mittels Regelungen der Koordination ... 182

Tab. 8: Einflussmöglichkeiten von BPM auf Leistungsbereitschaft über die Verhaltensdeterminante „Interaktion“ mittels Regelungen der Arbeitsteilung ... 204

Tab. 9: Einflussmöglichkeiten von BPM auf Leistungsbereitschaft über die Verhaltensdeterminante „Interaktion“ mittels Regelungen der Koordination ... 204

Tab. 10: Einflussmöglichkeiten von BPM auf Leistungsbereitschaft über die Verhaltensdeterminante „Persönliche Entwicklung“ mittels Regelungen der Arbeitsteilung ... 216

Tab. 11: Einflussmöglichkeiten von BPM auf Leistungsbereitschaft über die Verhaltensdeterminante „Persönliche Entwicklung“ mittels Regelungen der Koordination ... 217

Tab. 12: Abgleich motivationstheoretischer Überlegungen hinsichtlich der Anforderungen an die Ausgestaltung der Verhaltensdeterminante „Ziele“ mit deren Berücksichtigung im BPM-Konzept ... 221

Tab. 13: Abgleich motivationstheoretischer Überlegungen hinsichtlich der Anforderungen an die Ausgestaltung der Verhaltensdeterminante „Transparenz“ mit deren Berücksichtigung im BPM-Konzept 223

Tab. 14: Abgleich motivationstheoretischer Überlegungen hinsichtlich der Anforderungen an die Ausgestaltung der Verhaltensdeterminante „Aufgabenmerkmale“ mit deren Berücksichtigung im BPM-Konzept 229

Tab. 15: Abgleich motivationstheoretischer Überlegungen hinsichtlich der Anforderungen an die Ausgestaltung der Verhaltensdeterminante „Interaktion“ mit deren Berücksichtigung im BPM-Konzept 231

Tab. 16: Abgleich motivationstheoretischer Überlegungen hinsichtlich der Anforderungen an die Ausgestaltung der Verhaltensdeterminante „Persönliche Entwicklung“ mit deren Berücksichtigung im BPM-Konzept 233

Tab. 17: Einflussmöglichkeiten von BPM auf Leistungsbereitschaft über die Verhaltensdeterminanten „Ziele, Transparenz, Aufgabenmerkmale, Interaktion, Persönliche Entwicklung“ mittels Regelungen der Arbeitsteilung 234

Tab. 18: Einflussmöglichkeiten von BPM auf Leistungsbereitschaft über die Verhaltensdeterminanten „Ziele, Transparenz, Aufgabenmerkmale, Interaktion, Persönliche Entwicklung“ mittels Regelungen der Koordination 235

1 Einleitung

Vor dem Hintergrund eines sich weltweit verschärfenden Wettbewerbs fokussieren Unternehmensstrategien immer mehr auf höhere Flexibilität in der Anpassung an die Nachfrage und suchen nach Formen der Arbeitsorganisation, in denen der Notwendigkeit einer höheren Flexibilität Rechnung getragen und weiterhin Kostenvorteile erzielt werden, sodass Aspekte der Arbeitsorganisation zum Bestandteil von unternehmensstrategischen Neuorientierungen werden.[1] Dementsprechend gewinnt die Frage an Bedeutung, ob und in welcher Form die Arbeitsorganisation Produktivitätsvorteile erschließt, die den Anschluss an die Wettbewerber sicherstellen bzw. Wettbewerbsvorteile ermöglichen.[2] Untersuchungen haben gezeigt, dass durch eine gut organisierte Ablauforganisation eine Differenzierung vom Wettbewerb je nach Branche um bis zu zehn Jahre möglich ist. Im Vergleich dazu liefert ein neues Produkt einen Vorsprung von bis zu drei Jahren und eine neue Fertigungstechnologie von bis zu fünf Jahren.[3] Demzufolge geht es bei der Gestaltung von Organisationsstrukturen darum, die Anforderungen zu erfüllen, die im Rahmen der Arbeitsorganisation als Wettbewerbsvorteil dienen können.[4] Die Frage, die sich hierbei stellt, ist anhand welcher Kriterien festgestellt werden kann, dass eine Ablauforganisation gut organisiert ist. Da jedoch in der Literatur keine durchgängige Systematik vorliegt, die aufzeigt, durch welche „Stellschrauben“ Prozesse veränderbar sind, kann auch die Wirkung alternativer Prozessgestaltungen auf die Zielerreichung bei unterschiedlichen Rahmenbedingungen nicht differenziert betrachtet werden. Ein empirischer Beweis, der die Vorteilhaftigkeit bestimmter Prozessstrukturen zeigt und die Aussagen der zugrunde gelegten Gestaltungsempfehlungen unterstützt, kann daher nicht erbracht werden.[5]

Geschäftsprozessmanagement (BPM) wird oftmals in Verbindung mit Prozessoptimierung diskutiert. Hierbei stehen in der Regel Methoden und Techniken im Vordergrund, die Ablauforganisation gestalten und verändern können. Die zu erreichende Effizienz soll über Prozessstrukturen sichergestellt werden, sodass die Organisationsmitglieder[6] lediglich konform zu den Strukturen agieren müssen, um das Ziel zu erreichen. Demzufolge sind die Arbeitsablaufstrukturen Optimierungsgegenstand und das Angebot an IT-Lösungen dementsprechend groß. Viele der auftretenden organisationalen Probleme können jedoch nicht auf Sach-, sondern

1 Vgl. Ridder (2004), S. 32.

2 Vgl. Ridder (2004), S. 28f.

3 Vgl. Eversheim (1995), S. 16.

4 Vgl. Ridder (2004), S. 29.

5 Vgl. Fischermanns/Liebelt (2000), S. 13.

6 Anstelle des Begriffs Organisationsmitglied werden auch die Begriffe Akteur, Prozessbeteiligter, Arbeitender, Prozessmitglied, Mensch, Individuum, Aufgabenträger verwendet. Aufgrund sprachökonomischer Überlegungen wurde in der gesamten vorliegenden Arbeit auf die Verwendung der weiblichen Form verzichtet.

eher auf Verhaltensprobleme zurückgeführt werden.[7] Während die Sachprobleme etwa ungenaue Zielvorgaben, „Overengineering", fehlende Planung, Schnittstellenvielfalt, Informationsdefizite, Intransparenz der Abläufe, starke Interdependenzen zwischen den Vorgängen und viele rückgekoppelte Prozesse umfassen, spiegeln sich die Verhaltensprobleme unter anderem in mangelndem Verantwortungsbewusstsein, umständlicher Entscheidungsfindung, ungenügendem Kommunikationsverhalten, fehlender Team- und Kritikfähigkeit, Hierarchie- und Abteilungsdenken sowie Funktionsorientierung wider.[8] Obwohl BPM viele Ansatzpunkte zur Lösung dieser Probleme liefern kann, ist aus der Literatursichtung zu schließen, dass zwar der Bekanntheitsgrad des BPM-Konzepts weit verbreitet, die Prozessorientierung jedoch bisher nur in einigen Bereichen von Organisationen zu finden und die Umsetzung in der Praxis sehr begrenzt ist. Der Grund hierfür kann darin liegen, dass die meisten beratungsorientierten Konzepte hinsichtlich konkreter Gestaltungsmöglichkeiten, die sich bei der Prozessorganisation bieten, unscharf und unvollständig sind. Zwar werden immer wieder Ansätze aufgezeigt, wie man zum Beispiel Aufgaben in Prozessen eliminiert, anders zusammenfassen oder technisch unterstützen kann. Die Handlungsmöglichkeiten und -empfehlungen betreffen jedoch Einzelfälle, und deren Verallgemeinerung ist problematisch.

Zudem werden Organisationsmitglieder überwiegend in Verbindung mit dem Überwinden von Widerständen gegen Neuerungen betrachtet. Eine Vielzahl von Konzepten beschäftigt sich daher mit der Einbindung von Organisationsmitgliedern bei Veränderungsprozessen in der Organisation. Der Eindruck entsteht, dass bei der Optimierung von Geschäftsprozessen die technische, mechanistische Komponente im Vordergrund steht, und die Rolle der Organisationsmitglieder darin beschränkt wird, veränderte (technisch optimierte) Prozesse auszuführen, um eine Erhöhung der Effizienz zu ermöglichen. Allerdings ist eine lückenlose Definition von Arbeitsabläufen nicht nur unmöglich, sondern auch aus ökonomischen Gründen nicht sinnvoll, sodass die Organisationsmitglieder Handlungsspielräume bei der Ausführung ihrer Tätigkeiten besitzen. Somit hängt das Erreichen der Effizienz nicht nur von der Ausgestaltung der Prozessstrukturen ab, sondern insbesondere vom Verhalten des ausführenden Organisationsmitglieds.

Vor dem Hintergrund des technischen Fortschritts und der großen Vielfalt an technischen Möglichkeiten, Prozessabläufe effizienter zu gestalten, stellt sich die Frage, inwiefern das organisationale Verhalten den Engpass der Prozessoptimierung darstellt, da in optimierten Arbeitsablaufstrukturen aus unerwünschtem Mitarbeiterverhalten schlechte Ergebnisse resultieren können. BPM wirkt über die Anwendung seiner Maßnahmen auf das Verhalten der Prozessbeteiligten, indem durch die Vorgabe von Arbeitsabläufen sowohl die Art und Weise der Arbeitsteilung als auch die Verwendung bestimmter Koordinationsmechanismen über die Prozessgestaltung festgelegt werden. Allerdings wird die damit einhergehende

[7] Vgl. Reichwald, R./Schmelzer, H. J. (1990).

[8] Vgl. Eversheim 1995, S. 120f.

Verhaltensbeeinflussung der Akteure durch BPM nicht explizit antizipiert. Vielmehr konzentrieren sich gängige BPM-Konzepte und -Praktiken sowie Weiterbildungs- und Zertifizierungsprogramme zum Prozessmanager, wie sie zum Beispiel auf dem deutschen Markt zu finden sind, auf technische Fragestellungen, ohne sich verhaltenswissenschaftlichen Erkenntnissen in größerem Umfang zu widmen und die für eine positive Verhaltensbeeinflussung notwendigen Kompetenzen bei der Prozessgestaltung zu berücksichtigen. Somit kommt die Arbeitsgestaltung in der Regel erst nach einer allgemeinen technisch-organisatorischen Gestaltung zum Zuge wie etwa nach Festlegung der Aufbau- und/oder IT-Struktur und muss sich damit vorangegangenen Festlegungen als unveränderliche Bedingungen fügen. Diese Auffassung gilt jedoch als überholt, da Untersuchungen zeigen konnten, dass der Arbeitsbeitrag von Organisationsmitgliedern zur Erfüllung einer Arbeitsaufgabe sogar bei weitgehend automatisierten Anlagen von großer Bedeutung ist.[9] Wenn es daher bei der Gestaltung von Arbeitssystemen um eine optimale Erfüllung des Systemzwecks geht, so ist der Beitrag der Prozessbeteiligten als integraler Bestandteil einer solchen Systemgestaltung zu betrachten.[10] Somit beinhaltet eine dementsprechende Arbeitsgestaltung die Anpassung der Arbeit an den Menschen und nicht umgekehrt. Gesundheitliche und sozial schädliche Auswirkungen der Tätigkeiten sind zu vermeiden und Voraussetzungen für ein rationelles Zusammenwirken von Akteuren mit Betriebsmitteln und Werkstoffen durch zweckmäßige Organisation des Arbeitsablaufs und durch eine erträgliche Anpassung der Arbeitsmethoden, Arbeitsplätze bzw. Arbeitsumgebung, Maschinen, Werkzeuge und Hilfsmittel an die Aufgabenträger zu schaffen.[11] Diese Aspekte spielen allerdings im BPM-Konzept keine vordergründige Rolle. Es wird vielmehr davon ausgegangen, dass die Prozessleistung von der Prozessstruktur abhängt und sich Prozessbeteiligte entsprechend der Prozessvorgaben und -ziele verhalten. Eine Auseinandersetzung mit Verhaltensspielräumen und deren Auswirkung auf den Erreichungsgrad von Prozesszielen fehlt. Verhalten findet lediglich im Rahmen von Taktiken im Umgang mit Widerständen bei Veränderungen statt. Dass Widerstände wiederum die Konsequenz verhaltensnormierender Prozessstrukturen sein können und im Rahmen einer Prozessgestaltung unter verhaltensorientierten Gesichtspunkten nicht zwingend auftreten müssen, wird nicht diskutiert. Das weckt den Eindruck, dass diese Auseinandersetzung unterbleibt, weil entweder eine Unfehlbarkeit des Prozessdesigns diesbezüglich angenommen wird oder der Einfluss des Verhaltens der Prozessbeteiligten auf die Prozessleistung unterschätzt oder gar verkannt wird.

Aufgrund der identifizierten Defizite des BPM-Konzepts hinsichtlich der mangelnden Integration verhaltenswissenschaftlicher Erkenntnisse bei der Wahl von Prozessgestaltungsmaßnahmen, sollen empirische Erkenntnisse aus der Sozial-, Verhaltenswissenschaft und Psychologie genutzt werden, um mögliche Verhaltensbeein-

[9] Vgl. Kirchner/Rohmert (1974), S. 14.

[10] Vgl. Kirchner (1972).

[11] Vgl. Rohmert (1971).

flussungen durch die Strukturierung von Arbeitsabläufen aufzuzeigen und Implikationen sowohl für die Wahl von Gestaltungsmaßnahmen als auch für die Konzeptualisierung von BPM an sich herzuleiten. Daraus ergibt sich die Problemstellung für diese Arbeit, die im folgenden Kapitel vorgestellt werden soll.

1.1 Problemstellung

Organisatorische Maßnahmen zielen darauf ab, Verhalten der Organisationsmitglieder im Sinne der Organisationsziele zu beeinflussen. Da das Verhalten von Organisationsmitgliedern die Zielerreichung der Organisation bestimmt, eine gut organisierte Ablauforganisation Wettbewerbsvorteile hervorbringt, und die Kriterien einer guten Ablauforganisation jedoch nicht umfassend bekannt sind, soll im Rahmen der Arbeit versucht werden, Kriterien einer Ablauforganisation zu identifizieren, die eine möglichst hohe Leistungsbereitschaft der Akteure hervorbringen, und diese vor dem Hintergrund der Maxime des BPM-Konzepts zu diskutieren.

Die Betrachtung von Verhalten und deren Determinanten ist für die Gestaltung von Prozessen außerordentlich wichtig, weil ohne den Beitrag der Organisationsmitglieder eine Aufgabenerfüllung nicht möglich ist. Es wird der Annahme gefolgt, dass BPM der Zielerreichung der Organisation dient und diese von der Leistungsbereitschaft der Organisationsmitglieder, die sich in beobachtbarem Verhalten niederschlägt, abhängt. Dieses Verhalten sowie die zugrunde liegende Leistungsbereitschaft sind wiederum durch organisatorische Maßnahmen, wie sie über BPM im Rahmen der Prozessgestaltung ergriffen werden können, beeinflussbar. Prozessuale Gestaltungsmaßnahmen können jedoch für sich genommen keinen entscheidenden Durchbruch bringen, denn die Leistungen entstehen nicht durch modellierte Strukturen, sondern werden von den Akteuren erbracht, die in der Organisation arbeiten. Ziel der vorliegenden Arbeit ist es, Anhaltspunkte zu finden, die Aufschluss darüber geben, welche Merkmale und Ausprägungen Prozesse aufweisen sollten, um generell eine hohe Leistungsbereitschaft seitens der Prozessbeteiligten hervorzubringen. Hierfür sind Erkenntnisse über die Determinanten der menschlichen Leistungserbringung notwendig, und es ist festzustellen, welchen Einfluss Prozessmanagement auf die Ausprägung dieser Determinanten ausüben kann. Somit sind die Wirkungen der BPM-Instrumente und -Maßnahmen auf Leistungsbereitschaft zu bestimmen und Hinweise hinsichtlich ihres effizienten Einsatzes zu erarbeiten, da deren Gebrauch in der Regel ohne die explizite Berücksichtung ihrer Verhaltensbeeinflussung erfolgt. Zudem soll die Arbeit Anhaltspunkte für mögliche Forschungsprojekte liefern, die das Ziel verfolgen, das BPM-Konzept um verhaltenswissenschaftliche Erkenntnisse zu erweitern und die Wirkungszusammenhänge hinsichtlich der Beeinflussung von Verhalten durch Prozessgestaltung zu konkretisieren.

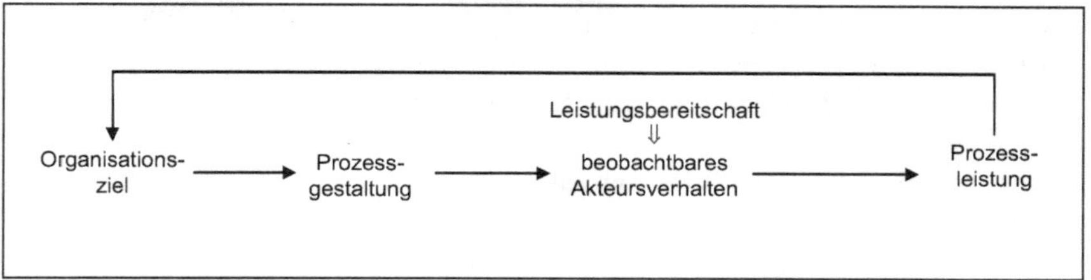

Abb. 1: Übersicht über die angenommenen Zusammenhänge

1.2 Gang der Untersuchung/Methodik

Für die Bearbeitung der Fragestellung wurde es für sinnvoll und notwendig erachtet, von der wissenschaftlichen Spezialisierung zu profitieren und sich auf Untersuchungen und Erkenntnisse derjenigen Fachgebiete zu beziehen, die sich speziell mit Aspekten menschlichen Verhaltens befassen.[12] Somit ist auf die Durchführung empirischer Untersuchungen bewusst verzichtet worden, und die erarbeiteten Erkenntnisse beruhen vornehmlich auf betriebswirtschaftlichen, sozialwissenschaftlichen und psychologischen Forschungsergebnissen. Trotz einer Reihe grundlegender motivationstheoretischer Arbeiten und auch empirischer Studien zur Arbeitsmotivation kann nicht von einem gesicherten Erkenntnisstand ausgegangen werden.[13] Das Problem ist, dass Leistungsbereitschaft ein hypothetisches Konstrukt, eine intervenierende Variable zwischen situativen bzw. personalen Bedingungen und beobachtbarem Verhalten ist, das sich nicht unmittelbar messen lässt. Nur die Rahmenbedingungen wie etwa Prozessstrukturen, Ressourcen etc. und der Output des Verhaltens in Form von Prozessleistung sind unmittelbar beobachtbar und damit empirisch zu erfassen.[14] Daher müssen unter expliziter Formulierung von Vorbehalten gegenüber den jeweils verwendeten Hypothesen aus der Fülle der Motivationsansätze einzelne Aspekte ausgewählt werden, die plausibel scheinen.[15]

Auch auf eine empirische Überprüfung der skizzierten Gestaltungsalternativen und -empfehlungen wurde gänzlich verzichtet, da hierfür erhebliche Forschungsleistungen noch vorab zu erbringen sind, um aussagekräftige Ergebnisse zu erhalten. Die in der Arbeit dargestellten Erkenntnisse bedürfen daher größtenteils noch einer empirischen Überprüfung und basieren auf Plausibilitätsüberlegungen, die sich lediglich auf bereits vorliegende empirische Studien stützen. Diese Vorgehensweise beruht darauf, dass es sich bei Methoden[16] zur Unterstützung des Entwurfs betrieblicher Prozesse nur um nicht-mathematisch-heuristische Methoden handeln kann.[17]

---

12 Vgl. Wagner (1966), S. 13f.

13 Vgl. Gebert/Rosenstiel v. (2002), S. 43ff.; Vgl. Wiswede (1980), S. 84ff.

14 Vgl. Staehle (1999), S. 196ff.

15 Vgl. Lassmann (1992), S. 166.

16 Eine Anleitung zum systematischen Vorgehen wird als Methode bezeichnet.

17 Vgl. Hess (1996), S. 19.

Diese führen unter Verwendung nicht-mathematischer Verfahren zu einer zulässigen Lösung und beschränken sich auf die Unterstützung und Ideenfindung sowie Nutzung vorhandener Erfahrungen. Methoden der vollständigen Enumeration,[18] analytische Methoden[19], numerisch-iterative Methoden[20] und mathematisch-heuristische Methoden[21] kommen nur dann zum Einsatz, wenn sich Probleme und Lösungsverfahren vollständig formalisieren lassen.[22]

Für die Bearbeitung der Fragestellung wurde dementsprechend zunächst die Literatur gesichtet, die Hinweise auf Determinanten gibt, welche menschliches Verhalten und Leistungsbereitschaft beeinflussen. Nach der Konzeptualisierung des Verhaltens[23] wurden aus der Vielzahl der identifizierten Verhaltensdeterminanten[24] diejenigen ausgesucht, die von der großen Mehrheit der Verfasser als relevant angesehen werden. Nachdem die Konzeptualisierung des BPM-Konzepts anhand der einschlägigen Prozessmanagementliteratur vorgenommen worden ist, wurde ein Verhaltenserklärungsmodell entwickelt, welches die aus Sicht des BPM-Konzepts beeinflussbaren Verhaltensdeterminanten mit den Entscheidungskriterien, die dem Akteursverhalten zugrunde liegen, verbindet und die Zusammenhänge zwischen Organisationsziel, Prozessgestaltung, Ausprägung der Verhaltensdeterminanten, deren Wirkung auf die Leistungsbereitschaft der Prozessbeteiligten und somit auf deren beobachtbares Verhalten sowie die daraus resultierende Prozessleistung verdeutlicht.

---

18 Methoden der vollständigen Enumeration führen über die Überprüfung aller möglichen Lösungsalternativen zur bestmöglichen Lösung.

19 Analytische Methoden liefern in einem Schritt ebenfalls eine bestmögliche Lösung.

20 Numerisch-iterative Methoden identifizieren die Lösung nach einer endlichen Zahl von Schritten.

21 Mathematisch-heuristische Methoden führen unter Verwendung mathematischer Verfahren zu einer zuverlässigen, nicht unbedingt aber zu der bestmöglichen Lösung.

22 vgl. Pfohl (1981), S. 57ff.

23 Verhalten wird als Entscheidung begriffen, die auf einer Bewertung bestimmter Parameter, so genannter Entscheidungskriterien, beruht. Vgl. hierzu auch 5. Kapitel.

24 Diese Verhaltensdeterminanten werden anhand der Entscheidungskriterien von dem Akteur bewertet und lösen eine dementsprechende Leistungsbereitschaft des Akteurs aus, die sich in dessen Verhalten beobachten lässt. Vgl. hierzu auch 5. Kapitel.

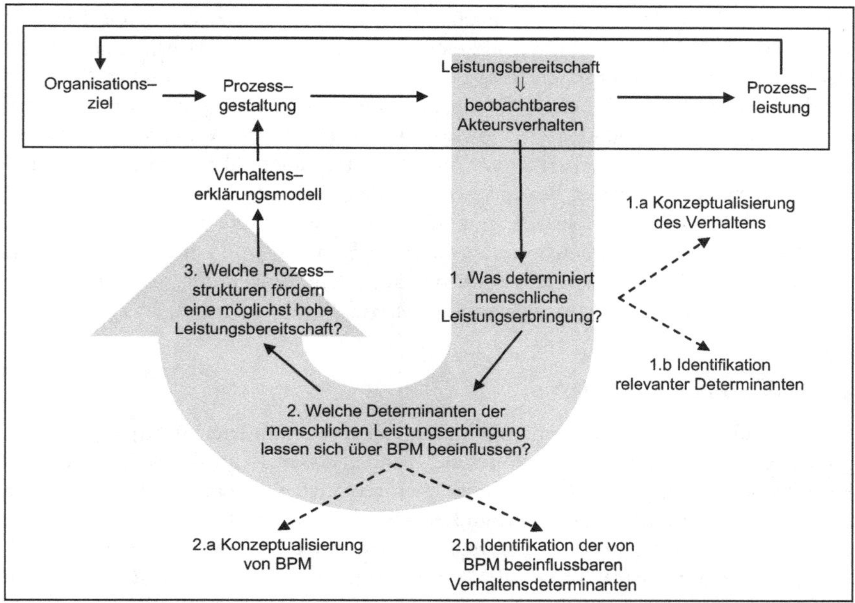

Abb. 2: Schematische Darstellung der Vorgehensweise

Das entwickelte Verhaltenserklärungsmodell bildet die Grundlage für die durchgeführte Analyse der möglichen Wirkung von BPM-Maßnahmen auf Verhalten. Bei dieser Analyse stellte sich die Frage nach einer sinnvollen Reduktion der Gestaltungskomplexität. In der vorliegenden Arbeit geschah dies durch die zielorientierte Beschränkung auf einen Gestaltungsbereich, nämlich auf BPM und dessen Methoden und Maßnahmen im Rahmen der Prozessgestaltung. Die Berücksichtigung technologischer und technischer Gestaltungsmöglichkeiten sowie deren Darstellung in vollständiger und detaillierter Form erschienen aufgrund der Differenziertheit von Produkt- und Produktionstechnologien und den damit in Verbindung stehenden betrieblichen Faktoren wenig sinnvoll.[25] Daher sollte unter der Annahme, dass es technisch keine Restriktionen gibt, die einen reibungslosen Arbeitsablauf behindern, nach Gestaltungsmaßnahmen gesucht werden, die effizientes Verhalten erzeugen und eine hohe Leistungsbereitschaft der Akteure herstellen. Aus den erarbeiteten Erkenntnissen wurden Implikationen für BPM und Anforderungen an die Prozessgestaltung unter verhaltensorientierten Gesichtspunkten abgeleitet. Hierbei wurde versucht, die kritische Distanz zu den Arbeitsergebnissen zu wahren, sodass eine differenzierte Betrachtung im Vordergrund stand, die keine pauschalen Empfehlungen für die Prozessgestaltung von BPM zuließ.

[25] Vgl. Rationalisierungskuratorium der deutschen Wirtschaft (RKW) (1976), S. 96.

Problematisch ist, dass es keine feststehenden Kriterien für die Auswahl in Betracht zu ziehender und zu bewertender Arbeiten gibt, sodass es Verfassern relativ freigestellt wird, welche empirischen Studien, Metaanalysen und theoretischen Arbeiten für die Aussagen ihrer Arbeit zu Rate gezogen werden.[26] Die Quellen dieser Arbeit mussten dementsprechend nach subjektivem Ermessen ausgewählt werden, wobei festgestellt werden musste, dass die Vielzahl der existierenden Arbeiten zu BPM und zu Verhalten nur selten Bezüge zwischen den Themen herstellen. Daher war es unerlässlich Plausibilitätsüberlegungen selbst anzustellen, um Erkenntnisse bezüglich der Problemstellung gewinnen zu können. Daher wurde bei der Literaturauswertung sehr viel Wert darauf gelegt, die herrschende Meinung zu identifizieren und diese den Ausführungen zu den abgeleiteten Schlussfolgerungen zugrunde zu legen.

1.3 Gliederung der Arbeit

Um ein einheitliches Verständnis der in der Arbeit verwendeten Wortgebräuche zu erreichen, werden im zweiten Kapitel die grundlegenden Begriffe erklärt und deren Konzeptualisierung vorgestellt. Hierzu gehören insbesondere die Erläuterungen von Verhalten und dem damit verbundenen Verhaltensentscheidungsprozess sowie die Charakterisierung des Grundverständnisses von BPM und den damit zusammenhängenden Konstrukten wie Prozessstruktur, Aufgabe etc. Darauf aufbauend gibt das dritte Kapitel einen allgemeinen Überblick über Organisationsgestaltung, das im Schwerpunkt verschiedene Gestaltungsansätze sowie den Zweck von Organisationsgestaltung vorstellt und den generellen Einfluss von Organisationsgestaltung auf Verhalten darlegt. Nach dieser allgemeinen Einführung, wird im vierten Kapitel die Organisationsgestaltung im Rahmen von BPM betrachtet. Dabei wird zunächst das BPM-Konzept mit seinen Zielen, Methoden und Vorgehensweisen, wie sie vornehmlich in der Literatur aufgezeigt werden, vorgestellt und anschließend anhand der bis dahin erarbeiteten Erkenntnisse die Organisationsgestaltungsmöglichkeiten im Rahmen von Prozessdesign dargestellt. Hierbei geht es insbesondere um Regelungen von Arbeitsteilung und Koordination, die bei der Gestaltung von Prozessen festzulegen sind. Im fünften Kapitel werden grundsätzliche Überlegungen zu der Wirkung von Organisationsgestaltung im Rahmen von Prozessdesign auf die Leistungsbereitschaft von Akteuren und deren Verhalten angestellt und ein Verhaltenserklärungsmodell entwickelt, das die angenommenen Zusammenhänge veranschaulicht. Diese dargestellten Beziehungen werden im Hauptteil der Arbeit, dem sechsten Kapitel, aufgegriffen und analysiert. Der Schwerpunkt hierbei liegt in der Untersuchung der möglichen Wirkungsweise von BPM-Gestaltungsmaßnahmen auf die Verhaltensdeterminanten und der darauf folgenden tendenziellen Ausprägung der Leistungsbereitschaft der Prozessbeteiligten. Im Zuge dessen werden gegenläufige Effekte diskutiert und Dilemmata aufgezeigt, mit denen BPM bei einer verhaltensorientierten Prozessgestaltung konfron-

[26] Vgl. Weinert (2004), S. 65.

tiert wird. Im Rahmen der Schlussbetrachtung, die im siebten Kapitel stattfindet, werden die erarbeiteten Erkenntnisse zusammengefasst und kritisch betrachtet. Darüber hinaus werden weiterführende Fragen und zukünftige Forschungsprojekte angeregt, welche auf Basis der vorangegangenen Ausführungen die Entwicklung von BPM zu einem verhaltensorientierten Ansatz vorantreiben könnten.

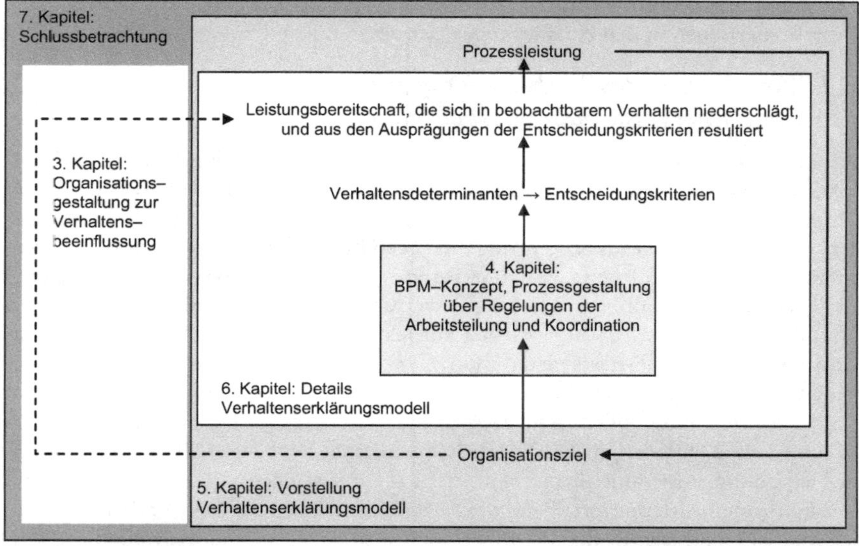

Abb. 3: Aufbau der vorliegenden Arbeit ohne Berücksichtigung des 2. Kapitels

2 Begriffserläuterungen

Zum Verständnis der Arbeit ist eine Klärung der verwendeten Begriffe notwendig. An dieser Stelle sollen daher zunächst die elementaren Begriffe, welche im Folgenden hervorgehoben dargestellt sind, deren Interpretation und etwaig zugrunde gelegte Annahmen kurz vorgestellt werden. Erklärungen zu weiteren verwendeten Begriffen erfolgen in den Ausführungen der übrigen Kapitel.

2.1 Verständnis des Verhaltensbegriffs und der damit verbundenen Aspekte

Arbeitsverhalten ist das in der Arbeitssphäre gezeigte Verhalten,[27] was der Erfüllung formell übertragener Verpflichtungen dient,[28] somit zielorientiert ist und von Dritten beobachtet werden kann. Es umfasst alle Tätigkeiten, die ein Akteur zur Erfüllung der ihm übertragenen Aufgaben ausführt und spiegelt sich unter anderem in Produktivität, Fehlzeiten und Fluktuation wider.[29] **Kontextverhalten**, welches üblicherweise nicht Teil der Leistungsbewertung ist, findet außerhalb der formalen Verpflichtungen statt. Es bezieht sich auf alle Tätigkeiten, welche das Organisationsmitglied innerhalb der Organisation zeigt, aber nicht unmittelbar der zugewiesenen Aufgabenerfüllung dient. Es unterstützt idealerweise die Organisation in ihrer Zielerreichung, indem zum Beispiel Akteure anderen bei deren Aufgabenerfüllung helfen. Da das in dieser Arbeit betrachtete **Verhalten** der Organisationszielerreichung insgesamt dienen soll, wird nicht zwischen den einzelnen Verhaltenskategorien differenziert.[30] Es wird davon ausgegangen, dass Verhalten beobachtbar ist[31] und sich in der Leistungsbereitschaft der Akteure, sich bei der Erfüllung der ihnen vorgegebenen Aufgabe im Sinne der Unternehmensziele mit einer bestimmten Intensität[32] und Ausdauer zu engagieren, niederschlägt.[33] Daher wird

[27] Vgl. Nick (1972), S. 16-20; Neuberger (1974), S. 49-51.

[28] Vgl. Neuberger (1974), S. 49.

[29] Vgl. Gade (2003), S. 266.

[30] Demzufolge ist eine Verhaltenskonzeptualisierung zum Beispiel in Anlehnung an das transformationale Verhaltenskonzept, welches Akteure thematisiert, die aufgrund ihrer Überzeugungen, ihres Glaubens oder ihrer Werte sich zum Nutzen anderer verhalten, nicht sinnvoll.

[31] Beobachtbares Verhalten ist vom **intentionalen Handeln** der Akteure abzugrenzen. Der Mensch setzt sich in seinen Handlungen mit der Umwelt auseinander und ändert sie entsprechend seiner Ziele. Handlungen unterliegen dementsprechend einem aktiven, bewussten Prozess und haben eine Bedeutung, die sich nicht aus der reinen beobachtbaren Abfolge, sondern aus der psychischen Struktur des Menschen erschließen lassen.

[32] Die Intensität beinhaltet eine energetische Komponente (Antriebsaspekt), welche die Stärke des Tätigwerdens, wenn eine Verhaltensentscheidung getroffen ist, angibt und eine kognitive Komponente (Richtungsaspekt), welche die Art des Tätigwerdens widerspiegelt, wenn alternative Verhaltensformen möglich sind. Vgl. auch Lassmann (1992), S. 165f.

[33] Vgl. Lassmann (1992), S. 165f.

vorausgesetzt, dass die Organisationsmitglieder prinzipiell in der Lage sind, das für die Zielerreichung erforderliche Verhalten zu zeigen.

2.2 Verständnis des BPM-Begriffs und der damit verbundenen Aspekte

Hinter dem Begriff **BPM** verbirgt sich eine nahezu unüberschaubare Zahl unterschiedlicher Interpretationen,[34] und es gibt bisher kein einheitlich anerkanntes Orientierungsmodell welches Prozessmanagement umfassend darstellt.[35] Vielfach werden unter dem Begriff alle planerischen, organisatorischen und kontrollierenden Maßnahmen gefasst, die zur zielorientierten Steuerung der Wertschöpfungskette in der Unternehmung dienen.[36] Scheer hat diesbezüglich die Unterteilung in die Domänen Strategie, Design, Implementierung und Controlling vorgeschlagen. Dabei werden unter „Strategie" alle planerischen Aktivitäten, unter „Design" alle modellbildungsspezifischen, unter „Implementierung" alle einführungsbezogenen und unter „Controlling" alle überwachenden Prozessmanagementaktivitäten verstanden.[37] Schmelzer und Sesselmann definieren Geschäftsprozessmanagement als „ein Konzept der Organisationsgestaltung und -veränderung, das auf Dauer angelegt ist. In seinem Mittelpunkt stehen Kunden und andere Interessengruppen als Leistungsempfänger und Mitarbeiter als Leistungserzeuger."[38] Lenz betont, dass Prozessmanagement dazu dient, die wichtigen Prozesse eines Unternehmens ziel- und ergebnisorientiert zu gestalten, zu verbessern und immer wieder zu erneuern. Der Autor begreift Prozessmanagement somit als einen generischen Ansatz, der sich in vielen Managementkonzepten wiederfindet.[39] Nägele und Schreiner bezeichnen Geschäftsprozessmanagement als ein Rahmenkonzept zur Gestaltung, Erfassung, Optimierung, Verwaltung, Steuerung, Umsetzung und Kontrolle von betrieblichen Abläufen unter Verwendung geeigneter Methoden und Werkzeuge.[40] In dieser Arbeit wird Geschäftsprozessmanagement als ein Konzept zur zielorientierten Gestaltung von Geschäftsprozessen und somit nicht als radikaler, sondern als evolutionärer Ansatz verstanden.[41] Dabei soll es keine Rolle spielen, ob es sich um die Gestaltung zuvor nicht existenter oder um eine Umgestaltung bereits vorhandener Prozesse handelt. Prozessmanager gestalten die Prozessstruktur und kontrollieren bzw. überwachen ihre Leistungsfähigkeit.

---

34 Vgl. Stähler (2006),S. 291.

35 Vgl. Fischermanns/Völpel (2006), S. 284, 289.

36 Vgl. Gaitanides/Scholz/Vrohlings (1994), S.3; Bullinger (1995), S. 786.

37 Vgl. Scheer, A.-W./Abolhassan, F./Kruppke, H./Jost,W. (2005).

38 Schmelzer H. J./Sesselmann W. (2003), S. 291.

39 Lenz (2002)S, 588.

40 Vgl. Nägele/Schreiner (2002), S. 201.

41 Vgl. Scheer/Zimmermann (1996), S. 273.

Der Begriff **Prozess** wird in der betriebswirtschaftlichen Literatur unterschiedlich abgegrenzt.[42] Trotzdem weisen die meisten Definitionsansätze gemeinsame Aspekte auf. Dementsprechend lassen sich Prozesse generell als Tätigkeits-, Aktivitäts-, Handlungs- oder Aufgabenfolgen beschreiben, die in einem logischen Zusammenhang stehen und durch einen Prozessbeginn (Trigger) und ein Prozessende abgrenzbar sind.[43] Die Prozessstruktur bildet Prozesse als formale, strukturierte Folge von funktionsübergreifenden Tätigkeiten mit einem Anfang und einem Ende sowie klar definierten Inputs und für den Kunden Wert schaffenden Outputs ab. Ein Prozess lässt sich somit als eine wiederholbare Folge von Tätigkeiten[44] mit messbarem Input, messbarer Wertschöpfung und messbarem Output beschreiben.[45] In einem Prozess, der immer mindestens einen Lieferanten und einen Kunden hat,[46] erfolgt damit eine Kombination von materiellen und/oder immateriellen Produktionsfaktoren mit dem Ziel, ein materielles und/oder immaterielles Ergebnis zu erlangen,[47] das heißt es wird eine Transformation von Inputgütern in Outputgüter bewirkt, die eine Wertschätzung durch den Kunden erfährt. Prozesse sind folglich stellen- und abteilungsübergreifende Phänomene und abstrahieren von der Zugehörigkeit der Elemente zu einzelnen Organisationseinheiten, das heißt sie sind in sich abgeschlossene, teilautonome Subsysteme einer Organisation.[48] Es handelt sich bei Prozessen um inhaltlich abgeschlossene Erfüllungsvorgänge, „die in einem logischen inneren Zusammenhang stehen."[49] Ein Geschäftsprozess hat das Erreichen einer auf das Unternehmensziel ausgerichteten Leistung zum Inhalt,[50] und die Gesamtheit aller Geschäftsprozesse dient der Erfüllung der übergeordneten Unternehmensaufgabe.[51]

Grundannahme ist somit, dass das Ziel einer jeden **Organisation** darin besteht, Leistungen bestimmter Mengen, Arten und Qualitäten zu erzeugen, sodass die Zielsetzung als solche und der Zwang zur Leistungserstellung dem Organisationsbegriff immanent ist. Wenn diese Zielsetzung fehlt, liegt keine Organisation, die

---

42 Vgl. Fischer (1993a), S. 5; Van de Ven (1992), S. 170ff.

43 Vgl. zum Beispiel Davenport (1993), S. 5; Elgass/Krcmar (1993), S. 43; Frank (1995), S. 71; Haist/Fromm (1991), S. 93; Lehmann (1995), S. 93; Lohoff/Lohhoff (1993), S. 251; Österle (1995), S. 19; Talwar (1993), S. 26.

44 Vgl. Elgass/Krcmar (1993), S. 43.

45 Vgl. Bea (1995), S. 38; Fischer (1993b), S. 312; Fromm (1992), S. 7. Zur Berechnung der Wertschöpfung vgl. Beck (1994), S. 2ff.

46 Vgl. Elgass/Krcmar (1993), S. 43.

47 Vgl. Corsten (1985), S.1ff.

48 Vgl. Engelmann (1995), S. 42f.; Haist/Fromm (1991), S. 94; Hinterhuber/Matzler (1995), S.133; Plate/Sempf (1993), S. 25; Schwarzer (1993), S. 43.

49 Gaitanides (1983), S. 65; vgl. auch Gill (1981), S.234.

50 Vgl. Davenport/Short (1990), S. 12.

51 Vgl. Peters (1988), S. 37.

einen bestimmten Zweck verfolgt und dadurch in ihrer Existenz legitimiert wird, vor.[52]

Das in Anlehnung an die organisationale Gesamtzielsetzung zu erreichende **Prozessergebnis**[53] ist die Menge eines (im)materiellen Gutes bestimmter Art und Qualität, die durch eine Arbeitsleistung eines einzelnen Menschen im Zusammenwirken mit den Leistungen der übrigen für die Erzeugung des Ergebnisses notwendigen Produktionsfaktoren erstellt wird. Somit wird davon ausgegangen, dass die Erzeugung eines Leistungsergebnisses ohne die Leistungsabgabe des Faktors Arbeit nicht möglich ist.[54] Um den Fortbestand einer Organisation zu sichern, wird darüber hinaus angenommen, dass hierfür eine personenunabhängige organisationale Gestaltung notwendig ist, sodass das formale Beziehungsgeflecht, die Organisationsaufgaben etc. unabhängig von bestimmten Individuen existieren, und der Abgang bestimmter Akteure die Existenz der Organisation nicht gefährdet.

Unter **Organisationsstrukturen** werden Formalstrukturen gefasst, und Prozesse sind Teil dieser Organisationsstrukturen. Die Organisation wird dementsprechend aus BPM-Sicht als ein System miteinander verbundener Prozesse verstanden.[55] Sie schränkt Handlungsmöglichkeiten und die im System zugelassenen Handlungsverknüpfungen ein, wobei das Ausmaß der Einschränkungen variabel und eine Frage der Gestaltung ist.[56] Sie werden als „enabler" effizienter Leistungserstellung somit als unabhängige Variable konzipiert und gelten als Ursache und Erklärungsbeitrag für die Veränderungen abhängiger Variablen wie etwa Verhalten (Fernbleiben vom Arbeitsplatz, Kündigungshäufigkeit etc.) und Leistung (Menge und Qualität der Arbeitsergebnisse, Unfallhäufigkeit etc.) von Organisationsmitgliedern.[57]

Es wird angenommen, dass in allen zu gestaltenden Prozessen alle Produktionsfaktoren in den benötigten Arten, Qualitäten und Mengen vorhanden sind und somit keine einschränkenden Einflüsse von diesen Faktoren auf die Leistungsabgabe der Akteure bestehen.[58] Somit werden Behinderungen, die entstehen, wenn zum Beispiel die betrieblich festgelegten Durchführungsbedingungen im Widerspruch zur Erreichung des Arbeitsergebnisses stehen, nicht berücksichtigt. Ebenso finden

---

52 Vgl. Wagner (1966), S. 31.

53 BPM wird zum Zweck der Zielerreichung der gesamten Organisation eingesetzt und hat seine gestalterischen Maßnahmen daran auszurichten. BPM soll einen möglichst hohen Zielerreichungsgrad erzielen, das heißt effizient sein, indem eine möglichst geringe Differenz zwischen dem angestrebten Zustand und dem erreichten Zustand ergibt. Vgl. auch Lassmann 1992, 139f.

54 Vgl. Wagner (1966), S. 31.

55 Vgl. Benner, M. J./Tushman, M., L. (2003).

56 Vgl. Schreyögg, G. (2003), S. 109.

57 Vgl. Weinert (2004), S. 610.

58 Vgl. Wagner (1966), 47.

psychische Belastungen wie sie etwa im RHIA-Modell[59] berücksichtigt werden (Unterbrechungen, monotone Bedingungen, Zeitdruck, Lärm, schlechte Beleuchtung etc.) nur anteilig Berücksichtigung und stehen nicht im Fokus der Arbeit.[60] Es wird vielmehr davon ausgegangen, dass gesetzliche Vorgaben hinsichtlich Arbeitsplatzbestimmungen, Ergonomie, Unfall- bzw. Arbeitsschutz, Hygienevorschriften, Bewegungsfreiheit, Lärm, Licht, Körperbelastungen, Arbeitszeit etc. eingehalten werden, sodass die Leistungserbringung hiervon nicht negativ beeinflusst wird[61] und die Ausführungen zur Arbeitsablaufgestaltung in dieser Arbeit die Beachtung bewegungstechnischer Aspekte (physiologische Gesichtspunkte) sowie die Beachtung der Bewegungsökonomie[62] voraussetzen.

Die Arbeitsablaufgestaltung bezieht sich vor allem auf die Gestaltung von **Aufgaben**, welche das Hauptelement von Prozesstätigkeiten darstellen und dazu bestimmt sind, ein spezifisches Ziel zu erreichen.[63] Eine Aufgabe (task) besteht aus einer Gruppe von Aktivitäten (action), die ungefähr zur gleichen Zeit ausgeführt werden und einem gemeinsamen Zweck dienen, der von demjenigen Akteur, der die Arbeit ausführt, erkannt werden muss.[64] Da es keine eindeutigen Kriterien zur gegenseitigen Aufgabenabgrenzung gibt, ist es zweckmäßig, die Aufgabe als einen heuristischen Begriff zu betrachten, der dazu dient, Teile einer Position zu erfassen.[65] Unter Aufgabe wird die Zielsetzung für zweckbezogene menschliche Handlungen verstanden.[66] Sie stellt ein gesetztes aufgegebenes Soll dar, das zu verwirklichen ist.[67] Jede Aufgabe ist daher eine Aufforderung und eine Verpflichtung, eine Verrichtung[68] an bestimmten Objekten[69] durchzuführen.[70] Die mit ihr verbundene Zielsetzung gilt es durch Leistung zu erbringen. Diese Zielerreichung ist insbeson-

[59] RHIA bezeichnet das Verfahren zur Ermittlung von Regulationshindernissen in der Arbeitstätigkeit.

[60] Vgl. Leitner et al. (1987), S. 19f.

[61] Vgl. Bedingungen in Kirchner/Rohmert (1974), S. 58ff., 70, 72-86, 87-91.

[62] Vgl. Rohmert (1974); Taylor (1929); Gilbreth/Gilbreth (1917); Barnes (1963). Für detaillierte Informationen und weitere Gestaltungshinweise stehen dem Prozessgestalter ergonomische Gestaltungsliteratur, DIN-Normen, VDI-Richtlinien zu Verfügung. Vgl. auch Becker-Biskaborn (1975), S. 373f.

[63] Vgl. Roff/Watson (1970).

[64] Vgl. Miller (1967).

[65] Vgl. Miller (1966), S. 187f.

[66] Vgl. Kosiol (1976), S. 43.

[67] Vgl. Kosiol (1969), S. 201f.

[68] Jede Aufgabe erfordert regelmäßig den Einsatz von sachlichen Hilfsmitteln (Sach- oder Arbeitsmittel), die der Durchführung des Arbeitsprozesses dienen. Vgl. hierzu auch Frieling (1974), S. 2.

[69] Jede Aufgabe erstreckt sich auf einen Gegenstand (Objekt), an dem sich die geforderte Tätigkeit vollziehen soll. Er ist entweder personaler oder materialer Art.

[70] Vgl. Alewell (2004), S. 39.

dere durch die Gliederung der Betriebsaufgabe in einzelne Prozessbereiche, Prozessphasen und Prozessabschnitte zu realisieren.[71] Dementsprechend beinhalten Aufgaben Leistungsanforderungen, die festlegen, was und wie etwas zu erledigen ist, um das Organisationsziel zu erreichen.[72] Sie umfassen Anforderungen an das Arbeits- und Kontextverhalten und den Einsatz der geistigen, körperlichen und seelischen Kräfte des Menschen für die Erfüllung der Organisationszwecke.[73]

In den nun folgenden Ausführungen soll näher auf die Aspekte der Organisationsgestaltung eingegangen werden.

[71] Vgl. Nordsieck (1972), S. 16.

[72] Vgl. Hackman, 1969, S. 113.

[73] Vgl. Wagner (1966), 15.

3 Organisationsgestaltung

3.1 Einführung in die Organisationsgestaltung

Die Ableitung wissenschaftlich fundierter Empfehlungen zur organisatorischen Gestaltung zählt gemeinsam mit der Erklärung organisatorischer Phänomene zu den zentralen Herausforderungen der betriebswirtschaftlichen Organisationslehre.[74] Dabei sind Organisationen nicht ohne Individuen denkbar,[75] weil sie von ihnen geschaffene Gebilde sind und als solche auf sie zurückwirken. Demzufolge sind die Gestaltung von Organisationen durch Individuen und die Steuerung von Individuen durch Organisationen untrennbar miteinander verbundene und sich gegenseitig konstituierende Prozesse der Interaktion von Individuum und Organisationen: Individuen gestalten Organisationen als Mittel ihrer Zwecksetzungen und schaffen somit Freiheiten und Zwänge, die Bedingungen der weiteren Gestaltungen enthalten.[76]

Die Gestaltung von Organisationen ist jedoch ein komplexes, unstrukturiertes Problem mit der Folge, dass sich die Vorteilhaftigkeit bestimmter Gestaltungen nicht eindeutig beweisen lässt. Somit kann der Prozess der organisatorischen Gestaltung allenfalls darauf abzielen, plausible Lösungen für Organisationsprobleme zu finden.[77] Vor dem Hintergrund der Optimierungsproblematik von Organisationsgestaltung gibt es unterschiedliche Gestaltungsansätze, anhand derer sich die Ausformung von Organisationsstrukturen orientieren kann.

3.1.1 Gestaltungsansätze

Der Begriff der organisatorischen Gestaltung folgt prinzipiell der instrumentalen Sichtweise und bezeichnet die planvolle Bestimmung der Aufbau- und Ablaufstrukturen.[78] Dabei bezieht sich die aufbauorganisatorische Ausgestaltung auf das System der Kompetenzbeziehungen, das die vertikale Kompetenzverteilung (Delegation) und die horizontale Verteilung und Abgrenzung von Kompetenzen (Bereichsbildung) umfasst. Die ablauforganisatorische Gestaltung befasst sich mit der raum-zeitlichen Regelung der Arbeitsgänge und kann sich sowohl auf Prozesse innerhalb von Unternehmensbereichen beziehen als auch bereichsübergreifend stattfinden.

Gegenstand der Organisationsgestaltung ist die Gesamtheit aller die Arbeitsteilung und Koordination betreffenden Regelungen,[79] wobei der Gestaltungsspielraum

[74] Vgl. Werder v. (2004), Sp. 1089.

[75] Vgl. Giddens (1985).

[76] Vgl. Ortmann (1995), S. 81ff.

[77] Vgl. Werder v. (2004), Sp. 1089.

[78] Vgl. Werder v. (2004), Sp, 1089f.

[79] Vgl. Schanz (1982), S. 49.

groß ist und unterschiedlichen Ansätzen folgen kann. Institutionenökonomische Gestaltungsansätze leiten transaktionskostenoptimale Organisationsstrukturen ab, die als Arrangements aus Verfügungsrechten und Anreizsystemen modelliert werden.[80] Diese Vorgehensweise ist neben der Komplexität von Organisationsgestaltung problematisch, da die Transaktionskosten nicht ex ante spezifizierbar und daher nur ex post einen Erklärungsbeitrag liefern können. Darüber hinaus ist die Höhe der Transaktionskosten nicht ohne weiteres genau messbar. Heuristisch angelegte Konzeptionen hingegen wie etwa entscheidungs- und handlungstheoretische Ansätze oder der Kontingenzansatz besitzen keinen Anspruch auf die optimale Lösung von Organisationsproblemen, sondern dienen der Erarbeitung von Problemlösungen auf Basis des jeweils verfügbaren organisatorischen Wissens, die im Rahmen des Möglichen vernünftig und vorteilhaft erscheinen.[81] Vor dem Hintergrund der Komplexität von Organisationsgestaltung und der damit einhergehenden Problematik, eine Organisation optimal zu gestalten, folgt diese Arbeit daher dem heuristischen Ansatz.

3.1.2 Zweck der Organisationsgestaltung

Kernstück der Organisationsgestaltung ist die Beurteilung der Zweckmäßigkeit alternativer Organisationsstrukturen[82], um daraus die vorteilhafteste Struktur auszuwählen und die Organisation entsprechend zu gestalten bzw. zu verändern. Organisationsgestaltung zielt dementsprechend darauf ab, effiziente Strukturen zu schaffen.[83] Bei der Effizienzbeurteilung können folgende Kriterien berücksichtigt werden:

- Konfigurationseffizienz: Effizienz, die unter der Annahme intendiert-rationaler Verhaltensweisen durch zweckmäßige Organisation bei unternehmenszielkonformen Verhalten erreichbar ist[84]
- Motivationseffizienz: Effizienz, die entsprechend der mutmaßlichen strukturimmanenten Motivationseffekte das tatsächliche Verhalten der Akteure effizient sein lässt[85]
- Prozesseffizienz: Effizienz der Leistungsprozesse über alle Stufen und Ziele der Gesamtorganisation zur Reduzierung von Durchlaufzeiten unter Wahrung vorgegebener Qualitäts- und Produktivitätsnormen[86]

80 Vgl. Williamson (1975); Picot et al. (2005), S. 57ff.

81 Vgl. Werder v. (2004), Sp. 1091.

82 Vgl. Werder v. (2004), Sp. 1092.

83 Vgl. Schanz (1982), S. 58f.

84 Vgl. Werder v. (2004), Sp. 1095f.

85 Vgl. Werder v. (2004), Sp. 1095f.

86 Vgl. Frese (2000), S. 317.

- Ressourceneffizienz: Effizienz der Nutzung von Ressourcen in Form von Potenzialfaktoren (Personen, Anlagen, immaterielle Ressourcen) und Berücksichtigung von Ressourceninterdependenzen über Bereichsgrenzen hinweg zur Ausrichtung auf die Ziele der Gesamtorganisation.[87]

Darüber hinaus werden in der Literatur weitere Effizienzkriterien angesprochen wie etwa die Zuverlässigkeit der Organisation, die durch Strukturen erreicht wird und sich in dem Maß, in dem Ziele erreicht werden, ohne dass Nachuntersuchungen und Kontrollen erforderlich sind, niederschlägt.[88] Neben der Vielzahl an Effizienzkriterien, welche die Literatur bereithält, kann schlussendlich festgestellt werden, dass sich die Effizienz einer Organisation auf das Ausmaß der angestrebten Zielerreichung bezieht, und somit die Vorteilhaftigkeit von gestalteten Strukturen vor diesem Hintergrund zu betrachten ist.

Hauptproblem der Beurteilung der Effizienz von Organisationsstrukturen ist allerdings, dass Operationalisierungen keineswegs trivial, sondern häufig umstritten sind, und sich komplexe Systeme nur unter eingeschränkten Bedingungen analytisch optimieren lassen.[89] Beispielsweise wäre bei der Gestaltung von Arbeitsabläufen zwischen der Effizienz angewandter Technologien und der organisationalen Effizienz zu trennen, um zu entscheiden, welche Organisationsstrukturen besonders effizient sind. Arbeitstechnologien haben jedoch auch Auswirkungen auf das Verhalten von Akteuren, sodass die Trennung der Einflussfaktoren Technologie und Struktur auf das Verhalten äußerst schwierig ist.[90] Darüber hinaus kann die Bewertung der Effizienzkriterien zu unterschiedlichen Ergebnissen führen. Wird die Konfigurationseffizienz beispielsweise positiv und die Motivationseffizienz als unzureichend eingeschätzt, könnte etwa die Beibehaltung der Kompetenzregelungen mit gleichzeitiger Installierung eines Motivationssystems, welches die Diskrepanzen zwischen Unternehmens- und individuellen Zielen abbauen soll, angestrebt werden. Alternativ könnten auch Handlungsspielräume über das sachlogisch gebotene Delegationsmaß hinaus zur Förderung von Autonomie und Motivation eingeräumt werden.[91] Gestaltungsziel motivationsorientierter Organisationsmodelle ist das Generieren von Handlungs- und Kommunikationsfreiräumen zur Entwicklung der Humanressourcen der Organisation und somit zur Förderung der Leistungsbereitschaft.[92] Die Prozessbetrachtung erschließt hierbei neue Gestaltungsmöglichkeiten für die Aufgabenerfüllung, indem sie Grenzen der Funktionsbereiche überspannt und versucht, die negativen Auswirkungen von Abteilungs- und Bereichs-

---

87 Vgl. Frese (2000), S. 316.

88 Vgl. Mahoney/Weitzel (1978), S. 181.

89 Vgl. Schoppek/Putz-Osterloh (2004), S. 491.

90 Vgl. Schanz (1982), S. 63f.

91 Vgl. Werder v. (2004), Sp. 1095f.

92 Vgl. Klimecki (2004), S. 915f.

grenzen (Schnittstellen) zu überwinden.[93] Dabei betrifft Gestaltung auch die Regelung von Gruppenbeziehungen und somit Spielräume hinsichtlich verschiedener Möglichkeiten, Personen bei der Durchführung einer gemeinsamen Aufgabe anzuweisen, zu koordinieren und zu überwachen.[94] Somit ist nicht nur die Bewertung von Effizienz problematisch, sondern auch die Ableitung von Gestaltungsempfehlungen, da sich eine Vielfalt nicht operationalisierbarer Optionen ergibt.

Die These, dass individuelles Verhalten durch strukturelle Regelungen (gezielt) beeinflusst werden kann, bildet den Hintergrund aller theoretischen und praktischen Überlegungen zur Organisationsgestaltung.[95] Aufgrund der Fragestellung wird hierbei auf den Zusammenhang, dass Verhalten Struktur folgt, fokussiert, auch wenn wie bereits angedeutet wurde, rekursiv auch Verhalten auf Struktur einwirkt und diese verändern kann. Somit soll im Folgenden ein Überblick über die allgemeinen Zusammenhänge zwischen Organisationsgestaltung und Verhalten von Organisationsmitgliedern gegeben werden.

3.2 Einfluss von Organisationsgestaltung auf Verhalten

Traditionelle Ansätze[96] konzeptionalisieren Organisation als Beschränkung von Verhaltens-, Handlungs- und Entscheidungsmöglichkeiten, indem auf den unteren Ebenen der Hierarchie durch den Zuschnitt von Aufgaben und Vorgaben für ihre Erfüllung Individualität weitestgehend zurückgedrängt wird. Das Individuum ist Mittel zur Erreichung fremdbestimmter Ziele und Entindividualisierung, Entfremdung gegenüber Arbeit, gelernte Unselbständigkeit sowie Apathie sind mitunter feststellbar.[97]

Moderne Konzepte der Arbeitsgestaltung fokussieren hingegen auf Motivation, Qualifikation und Partizipation. Dadurch soll sichergestellt werden, dass der Konflikt zwischen Individuellem und Regelhaftem nicht zu organisatorischen Dysfunktionalitäten führt.[98] Somit besteht der Zweck struktureller Regelungen darin, ganz bestimmte Handlungen zu verstärken und andere nach Möglichkeit zu unterdrücken, insbesondere diejenigen, die den organisatorischen Zielen zuwider laufen. Daher sind gestalterische Maßnahmen vor dem Hintergrund dieser Ziele zu beurteilen.[99] Sind Regeln an der „menschlichen Natur vorbeikonzipiert“, kommt es zu unerwünschten „Nebenwirkungen“, wenn etwa Individuen versuchen, die Regeln

93 Vgl. Krickl (1995), S. 34; Buchholz (1994), S. 11; Frese/Werder v. (1989), S. 15.

94 Vgl. Fiedler (1965), S. 115.

95 Vgl. Schanz (1982), S. 10.

96 Wie zum Beispiel der Taylorismus, vgl. Taylor (1929); Vgl. auch Bartölke/Grieger (2004), S. 469.

97 Vgl. Argyris (1970).

98 Vgl. Bartölke/Grieger (2004), S. 469.

99 Vgl. Schanz (1982), S. 11.

zu umgehen, und die Funktionstüchtigkeit der Organisation darunter leidet.[100] Dieser Problematik nimmt sich die einschlägige Literatur an und formuliert vor diesem Hintergrund Anforderungen an die Organisationsgestaltung, welche im Folgenden etwas näher beleuchtet werden sollen.

3.2.1 Anforderungen an Organisationsgestaltung zur Verhaltensbeeinflussung

Neben der Forderung, effiziente Strukturen im Rahmen von Organisationsgestaltung zu schaffen, gilt ebenfalls, dass Organisationsstrukturen die Effektivität der Organisation sichern sollen. Ausgangspunkt für zweckgerichtete Gestaltung von Organisationsstrukturen ist somit die Gesamtaufgabe.[101] Aus der entsprechend der Gesamtaufgabe abgeleiteten Wettbewerbsstrategie lassen sich Anforderungen an die Aufgabenerfüllung ableiten. Da organisatorische Regelungen in erster Linie der Unterstützung der Aufgabenerfüllung dienen und Aufgaben unmittelbarer Bezugspunkt der organisatorischen Gestaltung sind, stellen die Anforderungen an die Aufgabenerfüllung auch immer Anforderungen an die organisatorische Regelung im Sinne von Restriktionen dar.[102] Da organisatorische Regelungen nur unmittelbar über die Unterstützung des Aufgabenerfüllungsprozesses auf die Zielerreichung der Organisation wirken und im Verbund mit anderen Bestimmungsfaktoren der Aufgabenerfüllung wie etwa Ressourcenausstattung organisatorischer Einheiten auftreten, besteht das Problem der Isolierung des Anteils der Wirkung organisatorischer Regelungen auf das Ergebnis der Aufgabenerfüllung und der organisatorischen Zielerreichung von anderen Einflussfaktoren.[103]

Die Form der Arbeitsorganisation wurde lange im Spannungsfeld von Humanität und Wirtschaftlichkeit diskutiert, da tayloristische Formen der Arbeitsorganisation Kritik an der Belastung von Organisationsmitgliedern auslöste und auf der Suche nach alternativen Formen humanitäre Gesichtspunkte in den Vordergrund rückten. Für zu gestaltende Arbeitssysteme, die einen bestimmten Zweck erfüllen sollen, ist oftmals Wirtschaftlichkeit ein übergeordnetes Ziel, das heißt das Verhältnis zwischen Aufwand und Ertrag soll optimal sein, um so mit knappen Mitteln den größten Nutzen zu schaffen. Zusätzlich wird gefordert, dass Arbeitssysteme bei der Arbeitsdurchführung für den menschlichen Beitrag und bezüglich des Arbeitsergebnisses stets auch menschliche Bedürfnisse berücksichtigen müssen. Somit wird neben der Wirtschaftlichkeit auch die Humanität der zu gestaltenden Organisationsstruktur angestrebt.[104] Demzufolge beinhaltet die ergonomische Arbeitsgestaltung eine gleichwertige Gewichtung von Humanität und Wirtschaftlichkeit. Es soll

---

100 Vgl. Schanz (1982), S. 75.

101 Vgl. Kosiol (1976), S. 42.

102 Vgl. Lassmann (1992), S. 75.

103 Vgl. Lassmann (1992), S. 374f.

104 Vgl. Kirchner (1973)

sichergestellt werden, dass die vom Menschen erbrachte Leistung grundsätzlich ausführbar, langfristig erträglich ist und im Sinne einer ökonomischen Arbeitsweise der beste Nutzen aus den Fähigkeiten des Menschen unter Beachtung seiner natürlichen Grenzen gezogen wird.[105] Mit diesem Ansatz soll der Tatsache gefolgt werden, dass der Mensch mit seinem Arbeitsbeitrag die wirtschaftliche Zweckerfüllung der Organisation weitestgehend beeinflussen kann und somit die langfristige Nutzung menschlicher Fähigkeiten bei angemessener Belastung vorteilhafter ist als die kurzfristige hohe Ausbeutung menschlicher Arbeitskraft. Somit wird im Rahmen der Organisationsgestaltung die gleichzeitige Berücksichtigung wirtschaftlicher und humaner Ziele verlangt.[106] Problematisch ist, dass weder Humanität noch Wirtschaftlichkeit als konkrete Gestaltungsziele operationalisierbar sind. Demzufolge ist eine hierarchische Aufgliederung in Unterziele notwendig, um die Zuordnung von Gestaltungsmaßnahmen zu den einzelnen Zielen zu ermöglichen. Hierbei ist allerdings zu berücksichtigen, dass die Bewertung und Auswahl der Unterziele von unterschiedlichen Interessen (Externe, Organisationsmitglieder unterschiedlicher Bereiche und Ebenen) abhängig ist, sodass keine Zielhierarchie den Anspruch erheben kann, allgemeingültig und verbindlich zu sein.[107] Dieser Umstand verdeutlicht erneut die Schwierigkeit, optimale Organisationsstrukturen zu gestalten, da die der Gestaltung zugrunde liegende Zielbestimmung variabel ist und somit an dieser Stelle größte Handlungsspielräume hinsichtlich der Gestaltung von Organisationen eröffnet werden. Vor dem Hintergrund der eingangs erwähnten Zweckorientierung von Organisationen wird mittlerweile versucht, die beiden Aspekte Wirtschaftlichkeit und Humanität miteinander zu verbinden.

Ein Ziel der Gestaltung ist, die Organisation so zu beschaffen, dass sie es dem Einzelnen ermöglicht, über das Erleben von Arbeitserfolg Erwartungen zu erfüllen und Reifestreben[108] zu verwirklichen, wobei die mit den Bedingungen organisatorischen Erfolgs zu verknüpfen sind, sodass die Gestaltung[109]

- Selbstverantwortlichkeit der Akteure verlangen,
- breite Palette menschlicher Fähigkeiten zum Einsatz bringen und
- Kontrolle über eigenes Arbeitsfeld und Selbstbestimmung erlauben muss.

Solch eine partizipationsorientierte Organisationsform ist sehr an dem funktionalen Beitrag des Organisationsmitglieds und weniger an formaler Positionsmacht ausgerichtet, wobei ein Mindestmaß an formaler Struktur zur Rationalitätssicherung unentbehrlich ist. In der Literatur wird darauf hingewiesen, dass Organisationen leistungsfähiger werden, wenn es ihnen gelingt, die Planung und Gestaltung organi-

105 Vgl. Becker-Biskaborn (1975), S. 2.

106 Vgl. Kirchner (1972).

107 Vgl. Rohmert/Weg (1976), S. 72.

108 Vgl. Argyris (1975)

109 Vgl. Schreyögg (2003), S. 241.

satorischer Strukturen mit den Zielen und Wünschen der Organisationsmitglieder in Einklang zu bringen. Problematisch ist, dass wenige Aussagen dazu existieren, wie eine entsprechende Organisationsgestaltung auszusehen hat, die sich an Bedürfnissen derlei orientiert.[110]

Im Rahmen der Organisationsgestaltung soll ebenfalls berücksichtigt werden, dass sich Menschen in ihren Bedürfnissen unterscheiden und dass sie ihre Individualität im Zuge des gesellschaftlichen Wertewandels zunehmend auch in der Arbeitswelt berücksichtigt wissen wollen.[111] Zum Beispiel können alternative institutionelle Arrangements angeboten werden, aus denen Organisationsmitglieder im Rahmen einer Selbstselektion jenes Arrangement auswählen, das ihnen persönlich zusagt. Individualisiert werden können etwa Zielvorgaben und Kontrollsysteme, Entgelt- und Karrieresystem, Personalentwicklung, Arbeitszeit und Aufgaben.[112] Das Konzept der differenziellen Arbeitsgestaltung ist die Konsequenz unterschiedlicher individueller Reaktionen auf Tätigkeiten und soll das gleichzeitige Angebot verschiedener Arbeitsstrukturen, zwischen denen das Organisationsmitglied wählen kann, aufgreifen. Dieses Konzept kann um das Prinzip der dynamischen Arbeitsgestaltung erweitert werden, sodass der Akteur bei Bedarf im Zeitablauf ein anderes Arrangement auswählen kann, um Prozessen der Persönlichkeitsentwicklung Rechnung zu tragen.[113]

Problematisch ist hierbei, dass die in der Literatur hierzu erarbeiteten Konzepte keine konkreten ablaufstrukturellen Gestaltungsanhaltspunkte bieten und offen lassen, wie diese Forderungen realisiert werden können. Das Generieren von individualisierten Strukturen steht zudem im Widerspruch zur Personenunabhängigkeit von Organisationen und der damit einhergehenden Fortbestandssicherung. Darüber hinaus bleibt unklar, welcher Grad an Individualisierung anzustreben ist, um nach wie vor dem Ziel der Gestaltung einer effizienten Organisationsstruktur gerecht zu werden. Dementsprechend bleibt eine vollkommen individualisierte Organisation eine Utopie.[114]

Auch wenn die Literatur nur wenig konkrete Ansätze zur Realisierung der Forderungen im Rahmen von Organisationsgestaltung bereithält, lassen sich verschiedene Vorgehensweisen der Organisationsgestaltung finden. Bevor diese im Folgenden

---

[110] So ist zum Beispiel der Theorie Y von McGregor nicht zu entnehmen, wie die Planung und Gestaltung organisatorischer Strukturen zu vollziehen ist, um die organisationale Leistungsfähigkeit zu erhöhen. Kernaussage des Ansatzes ist jedoch, dass die Leistungsfähigkeit der Organisation steigt, wenn die Planung und Gestaltung organisatorischer Strukturen mit den Wünschen bzw. Zielen der Organisationsmitglieder in Einklang gebracht werden. Vgl. McGregor (1960).

[111] vgl. Individualisierungskonzept von Lawler (1973); Schanz (1988)

[112] Vgl. Wagner/Schumann (1991)

[113] Vgl. Ulich (1991), S. 191.

[114] Vgl. Schanz (1994), S. 98.

erörtert werden, sollen zuvor jedoch die Voraussetzungen für eine Organisationsgestaltung, die den beschriebenen Anforderungen gerecht wird, vorgestellt werden.

3.2.2 Voraussetzungen für anforderungsgerechte Organisationsgestaltung

Da die Vorteilhaftigkeit von Organisationsstrukturen und deren Gestaltung vor dem Hintergrund der Organisationsaufgabe und den damit verbundenen Zielen zu bewerten ist, muss sich die Gestaltung an diesen Zielen orientieren. Dementsprechend bildet den Ausgangspunkt der organisatorischen Gestaltung die Gesamtaufgabe, die in Teilaufgaben zu zerlegen ist, wobei eine sinnvolle Zerlegung nach den Stufen der fortschreitenden Konkretisierungen des Betriebsziels zu erfolgen hat.[115] Somit sind Ziele am Anfang einer Zielkette nur verbal formulierte, nicht direkt quantifizierbare Vorstellungen, Ziele am Ende einer Zielkette dagegen häufig messbare und leichter zu überprüfende Leitsätze, wobei Endpunkte der Zielketten beliebig festsetzbar und nicht zwingend auf derselben Zielhierarchieebene liegen müssen.[116] Die Gesamtdarstellung der verfolgbaren Ziele im Rahmen der Arbeitsgestaltung in einem Zielsystem weist den Vorteil auf, dass komplexe Zusammenhänge zwischen allen Zielen besser identifizierbar sind und damit ersichtlich wird, wie eng beispielsweise wirtschaftliche und humane Aspekte der Gestaltung miteinander verknüpft sind.[117]

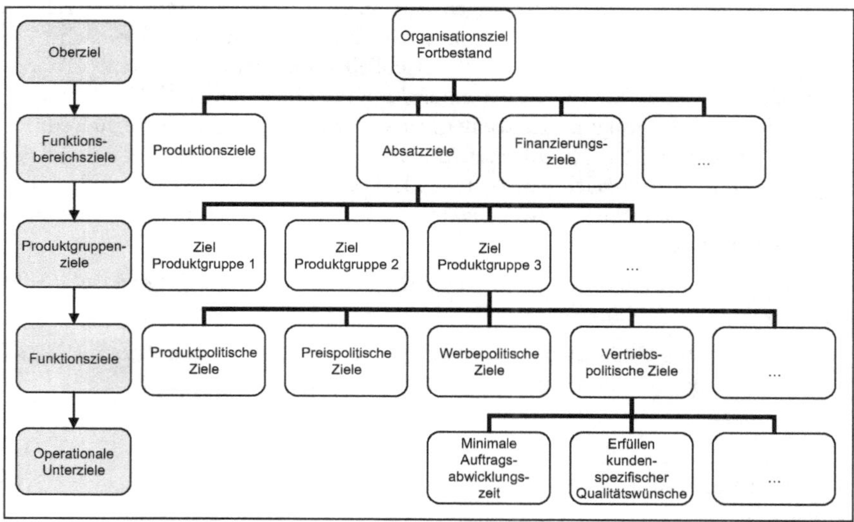

115 Vgl. Nordsieck (1934), S. 76f.; Nordsieck (1972), S. 8.

116 Vgl. Zangemeister (1970).

117 Vgl. Becker-Biskaborn (1975), S. 56.

Abb. 4: Beispiel eines Zielsystems[118]

Das Zielsystem kann individuell und problembezogen ergänzt und abgeändert werden.[119] Daher ist zunächst die Zielfestlegung notwendig, deren Erreichen mittels Gestaltungsmaßnahmen sichergestellt werden soll. Die optimale Lösung zur Zielerreichung setzt zur Bestimmung des Optimums vollkommene Rationalität bei der Ermittlung und Bewertung der Alternativen voraus, was in der Realität nicht erfüllt ist, denn der Einfluss der gestaltbaren Faktoren auf einzelne Ziele lässt sich überwiegend nur qualitativ schätzen, sodass eine Gestaltung unter Beachtung von Randbedingungen in Form einer befriedigenden, akzeptablen Lösung zur Zielerreichung angestrebt wird.[120] Da keine einheitlichen Bewertungsmaßstäbe für Gestaltungszustände vorliegen, gibt es demzufolge für dieselben Randbedingungen unter gleicher Zielsetzung eine Vielzahl befriedigender Gestaltungslösungen, die alle akzeptabel sind.

Neben der Zielorientierung als unabdingbare Voraussetzung für Organisationsgestaltung sind für den Gestalter Kenntnisse über die Art der Arbeit und über die Eigenschaften der (potenziellen) Stelleninhaber für eine sinnvolle Aufgabengestaltung notwendig.[121] Das Wissen über Anforderungen einer Arbeit ist Voraussetzung zur Konfliktvermeidung zum Beispiel aufgrund von Schnittstellenproblemen und Problemlösung im Organisationsablauf. Dementsprechend ist es unumgänglich, die für die Leistungserstellung notwendigen Aufgaben zu kennen, damit diese zielorientiert miteinander verknüpft werden können. Dies geschieht, indem zunächst die Prozesse erhoben und dargestellt sowie anschließend die darin enthaltenen Aufgaben nach bestimmten Regeln herausgefiltert und geordnet werden.[122] Um leistungsfördernde Prozesse gestalten zu können, ist es erforderlich, Merkmale zu kennen, die den zu gestaltenden Zielzustand im Sinne von Vorgaben für Arbeitsgestaltungsmaßnahmen kennzeichnen, bestehende Lösungen daran messen und gestatten, Umgestaltungserfordernisse abzuleiten, sowie den Effekt der Maßnahme beurteilen zu lassen.[123]

Die Gestaltung des menschlichen Leistungsbeitrags ist entsprechend folgender Erkenntnisse vorzunehmen:[124]

- menschliche Fähigkeiten zum Arbeiten sind begrenzt (vgl. auch zum Beispiel alters- oder geschlechtsbedingte Unterschiede),

---

[118] In Anlehnung an Wöhe (2005), S. 454.

[119] Vgl. Kirchner/Rohmert (1974).

[120] Vgl. Becker-Biskaborn (1975), S. 44.

[121] Vgl. Lassmann (1992), S. 170.

[122] Vgl. Fischermanns/Liebelt (2000), S. 161.

[123] Vgl. Hacker et al. (1995), S. 93.

[124] Vgl. Kirchner/Rohmert (1974), S. 27, 30, 33.

- der Mensch kann überhaupt nur mechanische (Kräfte, Bewegungen) und informationelle (Verarbeitung, Reaktion) Wirkungen ausführen, wobei diese wiederum beschränkt sind (zum Beispiel Bewegungs- und Reaktionsgeschwindigkeit), was zum Beispiel bei der Ver- und Übermittlung von Informationen sowie der Auswahl des Mediums (visuell, auditiv etc.) zu berücksichtigen ist,
- menschliche Fähigkeiten sind nicht zeitlich konstant und können zum Beispiel durch Lernen, Vergessen, Üben, Verlernen, Ermüdung, Erholung etc. beeinträchtigt werden,
- Dauerleistungen liegen sehr viel niedriger als Höchstleistungen.

Somit ist Voraussetzung der Arbeitsgestaltung, dass die daraus folgende Struktur die Ausführbarkeit und Zumutbarkeit der Arbeit sicherstellt, die Wirksamkeit menschlicher Arbeit und Leistungsfreisetzung verbessert, Fehlleistungen verhindert und eine eindeutige Informationsdarbietung zum Ausschluss unterschiedlicher Interpretationsmöglichkeiten und damit Erhöhung der Verständlichkeit von Informationen ermöglicht.

Der Organisationsgestaltung stehen verschiedene Vorgehensweisen zur Verfügung, die im Folgenden erläutert werden.

3.2.3 Verschiedene Vorgehensweisen der Organisationsgestaltung

Die allgemeine Vorgehensweise des Gestalters beinhaltet zunächst die Klärung der Frage, was durch die Gestaltung bewirkt und welches Ziel verfolgt werden soll, welches die Entwicklung eines Zielsystems, das einen Katalog von Zielen bietet, die durch die Gestaltung verwirklicht und beeinflusst werden können, nach sich zieht. Anhand des Zielsystems ist zu klären, was gestaltet werden muss, um die Zielerreichung zu gewährleisten. Ziele allein zeigen in der Regel nicht an, was gestaltet werden muss, um sie zu erreichen und geben nur bedingt einen Hinweis, welches Objekt gestaltet werden muss. Demzufolge müssen bei der Organisationsgestaltung zu jedem Ziel gestaltbare Objekte und Faktoren aufgezeigt werden, die das jeweilige Ziel beeinflussen, um einen Hinweis zu erhalten, wo im Hinblick auf bestimmte Ziele mit Gestaltungsmaßnahmen anzusetzen ist.[125] Für den Gestaltenden ist wichtig, den Zusammenhang zwischen Zielvorstellungen, gestaltbaren Objekten sowie Ziel beeinflussenden Faktoren, zu erkennen und die Beeinflussung der Zielvorstellungen untereinander sowie die Auswirkungen einer Gestaltungsmaßnahme auf andere Ziele zu beachten,[126] sodass eine Beziehungsdarstellung der Ziele zu den gestaltungsrelevanten Objekten und deren beeinflussbaren Faktoren möglich ist.

[125] Vgl. Becker-Biskaborn (1975), S. 39, 373.

[126] Vgl. Becker-Biskaborn (1975), S. 36, 42, 373.

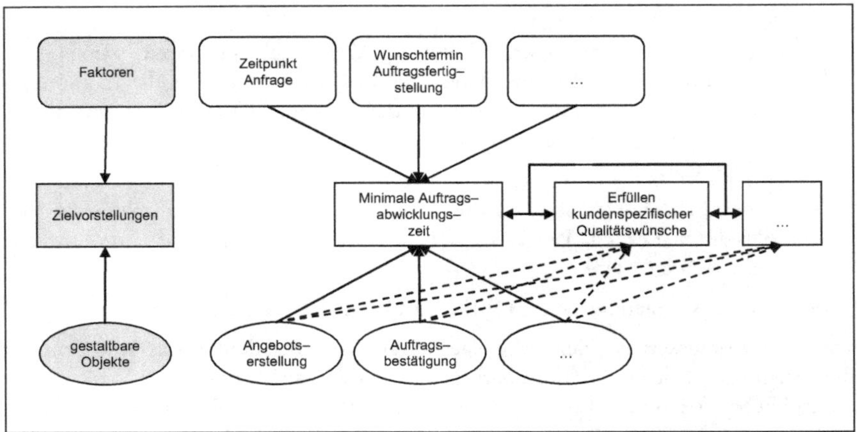

Abb. 5: Zusammenhang zwischen Zielvorstellungen, gestaltbaren Objekten und Faktoren

Abschließend ist auszuarbeiten, wie die Objekte gestaltet sein müssen, wobei vorliegende Erkenntnisse, Richtlinien, Empfehlungen etc. bei der Gestaltung zu berücksichtigen sind (heuristischer Ansatz).[127] Erst wenn Ziele, welche die Organisation erfüllen soll, präzisiert und die Bedingungen genannt sind, die aus ihrem Umfeld resultieren, kann es sinnvoll erscheinen, Fragen des Inputs, der Verarbeitungsmethoden und des Outputs zu behandeln. Das heißt, es muss bekannt sein, welche Ziele verfolgt werden, in welcher Umwelt operiert werden soll, welche Inputs eingehen, welche Operationen an diesen Inputs vorzunehmen sind und welche Outputs erwartet werden.[128] Die entwickelte Gestaltungslösung ist im Hinblick auf die eingangs formulierten Ziele zu bewerten.[129]

Prinzipiell wird bei der Organisationsgestaltung zwischen dem Bottom-up Ansatz und dem Top-down Ansatz unterschieden. Ersterer setzt an einem gedachten Aufgabenträger an, der die notwendige Leistungsfähigkeit zur Erfüllung der Stellenanforderungen aufweist, sodass am Ende die Gestaltung der obersten Leitungsinstanz der gesamten Organisation steht. Die dafür zugrunde liegenden Stellen werden im Zuge einer Aufgabenanalyse und -synthese geschaffen und durch zunehmende Verdichtung zu Subsystemen wie Abteilungen, Hauptabteilungen etc. zusammengefasst.[130] Der Top-down Ansatz hingegen entspricht einem Delegationsmodell, in dessen Rahmen Gesamtaufgaben bei zunehmender Größe an nach-

[127] Vgl. Schanz (1994), S. 39.

[128] Vgl. Rückwardt (1978), S. 50.

[129] Vgl. Krüger (1992), Sp. 1579. Zur Kritik am Phasenschema des organisatorischen Gestaltungsprozesses siehe auch Gomez/Zimmermann (1993), S. 199-242.

[130] Vgl. Laux/Liermann (2002), S. 178f.; Bea/Göbel (1999), S. 230; Bühner (1999), S. 73.

geordnete Subsysteme delegiert werden bis an der Basis der Organisationsgestaltung der einzelnen Stelle angelangt wird.[131]

Darüber hinaus stehen dem Gestalter verschiedene Methoden zur Verfügung, um die Organisationsstruktur zu gestalten. Hierzu gehören unter anderem die Methode der Schwachstellen-, Aufgaben-, Arbeits- und Interdependenzanalyse. Schwachstellenanalysen sind meist Grundlagen, anhand derer Veränderungen in Arbeitssystemen durchgeführt werden, wobei sich die Schwachstellenerfassung auf Arbeitsmittel, Arbeitsumgebung, Arbeitsorganisation etc. beziehen kann. Bei dieser Methode sind keine konkrete Formulierung der Beurteilungskriterien und valide Verfahren wichtig, da abstrakt formulierte Merkmale bei der Transformation von Analyseergebnissen in konkrete Gestaltungsvorgänge problematisch sind.[132] Die Aufgabenanalyse ist Vorstufe jeder organisatorischen Gestaltungshandlung. Sie beinhaltet die gedankliche Zerlegung einer Aufgabe in ihre Bestandteile, um zur Erkenntnis über deren Inhalte und spezifische Beschaffenheit zu gelangen.[133] Im Rahmen der Arbeitsanalyse werden Arbeitsmerkmale erfasst, systematisiert und strukturiert, um Ansatzpunkte zur Gestaltung zu finden. Sie fördert als kreative Methode die Ableitung von Gestaltungsmaßnahmen und erfordert selbst generierte und eindeutige Bewertungskriterien.[134] Die Bildung organisatorischer Einheiten aufgrund von Interdependenzanalysen zielt darauf ab, möglichst einheitliche Koordinationsmechanismen innerhalb einer organisatorischen Einheit einzusetzen und die Intensität der Beziehungen zwischen organisatorischen Einheiten zu minimieren.[135] Die Organisationsgestaltung in Form von Stellenbildung erfolgt dementsprechend aufgaben- oder beziehungsorientiert. Bei der aufgabenbezogenen Stellenbildung wird von einer bestimmten Person abstrahiert und die Zuordnung von Aufgaben mit gleichen Merkmalen zu Aufgabenträgern unter Berücksichtigung von Normalleistung, Berufsbildern etc. vorgenommen.[136] Durch diese Zusammenfassung ähnlicher Tätigkeiten lassen sich Spezialisierungsvorteile erschließen, wobei angenommen wird, dass mit steigender Anzahl von immer kleineren Abteilungen die Spezialisierungsvorteile sinken und parallel die Kosten für die zu schaffenden Leitungsinstanzen stark steigen.[137] Wird entsprechend der Aufgabenmerkmale die Organisationsgestaltung vorgenommen, orientiert sich die Vorgehensweise daran, eine Organisationsstruktur laut Katalog von Aufgabenmerkmalen zu bilden und organisatorische Einheiten nach dem Prinzip gleichartiger Verrichtungen zu gliedern.[138]

---

131 Vgl. Mellewigt (2004), Sp. 1360.

132 Vgl. Benedix (1993), S. 31.

133 Vgl. Lassmann (1992), S. 328f.

134 Vgl. Frieling et al. (1982), S. 6.

135 Vgl. Lassmann (1992), S. 39.

136 Vgl. Mellewigt (2004), Sp. 1361.

137 Vgl. Backes et al. (2001), S. 492.

138 Vgl. Lassmann (1992), S. 45, 198, 202, 205, 210.

Beziehungsorientierte Stellenbildung

Die beziehungsorientierte, interdependenzbezogene Stellenbildung hingegen fasst Aufgaben und Aufgabenträger derart zusammen, dass eine möglichst geringe gegenseitige Abhängigkeit bei der jeweiligen Aufgabenerfüllung zwischen den Akteuren entsteht und die Kongruenz von Aufgabe, Kompetenz und Verantwortung möglichst gewahrt wird.[139] Dementsprechend treten Aufgabenmerkmale in den Hintergrund, und die Organisationsgestaltung orientiert sich an Interdependenzen zwischen organisatorischen Einheiten zur Bewältigung der Schnittstellenproblematik. Diese liegt insbesondere im Konfliktpotenzial, die Schnittstellen aufweisen. Die Vermeidung bereichsübergreifender Schnittstellen soll die übergeordnete Instanz entlasten und Kommunikationswege verkürzen. Ziel ist, die Beziehungen innerhalb zusammengefasster Bereiche möglichst zahlreich und zwischen den Bereichen möglichst gering zu halten. Demzufolge werden Entscheidungsinterdependenzen in die Bereiche hineinverlagert, sodass die Beziehungsintensität dort zunimmt und die Verschiedenartigkeit der zu koordinierenden Entscheidungsaufgaben tendenziell ansteigt. Im Rahmen des Prozessmanagements wäre festzustellen, ob Organisationseinheiten, zwischen denen eine starke, sachlich erforderliche Bindung besteht, unterschiedlichen Bereichen angehören. Das wäre ein Hinweis darauf, dass die Aufbauorganisation prozessorientiert angepasst werden müsste.[140] Dieser Gestaltungsvorgehensweise liegt die Effizienzhypothese zugrunde, dass bereichsinterne Abstimmungen die Handhabung der Interdependenzproblematik erleichtern. Da ein gewisser Abstimmungsbedarf hinsichtlich der Entscheidungsinterdependenzen bestehen bleibt, steigt mit zunehmender Verschiedenartigkeit der Aufgaben die Zahl und Koordinationsrelevanz der Beziehungen zwischen den Aufgaben und somit insgesamt die Koordinationsanforderungen innerhalb der Bereiche.[141]

Interdependenzen werden nach ihrer Art unterschieden. In der Literatur findet sich oftmals die Einteilung in gepoolte, sequenzielle, reziproke und teamorientierte Interdependenzen.[142] Gepoolte Interdependenzen liegen vor, wenn Handlungen einer Einheit indirekt mit Konsequenzen für andere organisatorische Einheiten verbunden sind. Diese Art der Interdependenz wird oftmals mittels Standardisierung koordiniert, worauf noch im Folgenden eingegangen wird. Sequenzielle Interdependenzen liegen vor, wenn Arbeitsbeziehungen schwerpunktmäßig von einer jeweils im Realisationsprozess vorgelagerten Einheit bestimmt werden. Diese können über Planung koordiniert werden. Wechselseitige Abhängigkeiten der Leistungsbeziehungen zwischen organisatorischen Einheiten sind Gegenstand reziproker Interdependenz, die über mutual adjustment also durch Selbstabstimmung

139 Vgl. Mellewigt (2004), Sp. 1361.

140 Vgl. Fischermanns/Liebelt (2000), S. 136.

141 Vgl. Lassmann (1992), S. 205.

142 Vgl. Thompson (1967), S. 54f.; Kutschker/Schmid (2002), S. 986f.; Van de Ven/Ferry (1980); Picot et al. (2005), S. 63.

koordiniert werden kann.[143] Je höher der Grad der Interdependenzen, desto eher müssen die betroffenen Bereiche zusammengefasst werden, weil mit Zahl und Umfang der Kommunikations- und Entscheidungsaktivitäten damit die Kosten der jeweiligen Koordinationsmechanismen in der aufgeführten Reihenfolge zunehmen. Demzufolge hat Organisationsgestaltung Einfluss auf die Ausprägung von Koordinationskosten,[144] indem bestimmte Interdependenzarten und Koordinationsmechanismen zur Strukturierung der Arbeitsorganisation gezielt etabliert werden. Folgende Vorgehensweise bei der Organisationsgestaltung wird vor diesem Hintergrund vorgeschlagen:[145]

- Zusammenfassung der Stellen unterster Ebene mit reziproker Interdependenz in eine organisatorische Einheit, räumlich zentriert, möglichst autonom, um Einheitlichkeit der verwendeten Koordinationsform und geringe Konfliktträchtigkeit zu gewährleisten,
- Bildung mehrer Einheiten, die zu einer relativ autonomen organisatorischen Einheit höherer Ordnung unter der Leitung einer Instanz zusammengefasst wird, wenn Umfang der Zusammenfassung der Stellen unterster Ebene zu groß wird,
- Bildung weiterer Einheiten unter Berücksichtung sequenzieller Interdependenzen. Je nach Umfang können Subsysteme entstehen, zwischen denen sequenzielle Interdependenzen bestehen und die zu Einheiten höherer Ordnung zusammengefasst werden.
- Bildung von Bereichen mit gepoolten Interdependenzen, die unter organisatorischer Zusammenfassung gleichartiger Verrichtungen durch Standardisierung koordiniert werden.

Bevor nach diesem Schema die Bereichsbildung vorgenommen werden kann, hat zunächst die Zuordnung von Aufgaben zu Stellen zu erfolgen.

Interdependenzen unabhängig ihrer Art beeinflussen die horizontale Entscheidungsautonomie bzw. die Entscheidungsspielräume einer organisatorischen Einheit, die sie ohne Rücksichtnahme auf Entscheidungen anderer, nicht in hierarchischer Beziehung zu ihr stehenden Einheiten ausfüllen kann.[146] Eine Beziehungsanalyse ist notwendig, wenn potenzielle Entscheidungsinterdependenzen zwischen organisatorischen Einheiten den zentralen Bezugspunkt der Gestaltungsüberlegun-

---

143 Vgl. Lassmann (1992), S. 36f.

144 Die Abstimmung von Einzelaktivitäten verursacht Kosten, so genannte Koordinationskosten, wie etwa höheren Aufwand an Personal, Sach- und Zeitressourcen zur Koordination zum Beispiel aufgrund der Einrichtung von Koordinationseinheiten, Ausarbeitung von Regeln, Plänen, Zielvorgaben und Kommunikationsakten zwischen zu koordinierenden Bereichen etc.

145 Vgl. Lassmann (1992), S. 36f.

146 Vgl. Lassmann (1992), S. 50f.

gen bilden.[147] Bei der Verteilung von (Teil-)Aufgaben im Rahmen einer gegebenen eindimensionalen Grundstruktur und bei gegebener Zahl der organisatorischen Einheiten ist die Entscheidung zu treffen, welche Interdependenzen aus Sicht der Organisation als besonders kritisch und koordinationsrelevant anzusehen sind und dementsprechend bei der Internalisierung nach dem Prinzip der beziehungsorientierten Bereichsbildung bevorzugt Berücksichtigung finden sollen.[148]

Die Vorzüge der beziehungsorientierten Organisationsgestaltung liegen darin, dass eine gezielte Ableitung von Gestaltungsalternativen möglich bzw. die Entwicklung komplexer organisatorischer Regelungen weniger aufwendig ist, und die Koordinationsproblematik dabei in hohem Maße berücksichtigt wird.[149] Der Abbau potenzieller Konflikte durch die Zusammenfassung interdependenter Entscheidungseinheiten in eine organisatorische Einheit wurde bereits im Rahmen der Schnittstellenverringerung angedeutet. Darüber hinaus ist ebenfalls denkbar, dass die Zusammenfassung gleichartiger Ressourcen eine günstige Voraussetzung zur kostenwirtschaftlichen Nutzung schafft, und die Bildung relativ geschlossener Bereiche Raum für Entscheidungsautonomie sowie eine verursachungsgerechte Zuordnung des Arbeitserfolgs ermöglicht und somit zum Abbau potenzieller Konflikte beiträgt. Durch die beziehungsorientierte Bereichsbildung wird aufgrund intensiverer Kommunikation eine Annäherung der Werte, Einstellungen und Wahrnehmungen der Akteure gefördert, die durch Anreize wie etwa bereichsspezifische Zielvorgaben unterstützt, die Abstimmung der Organisationsmitglieder untereinander erleichtern. Dieser tendenziellen Harmonisierung des Konfliktpotenzials zwischen Organisationsmitgliedern, welche durch die beziehungsorientierte Bereichsbildung erfolgen soll, stehen unter Umständen dann Abstriche bei der Qualität von Abstimmungsergebnissen entgegen, wenn auf potenzielle Vorteile der Konfliktaustragung verzichtet wird und produktive Kräfte von Konflikten ungenutzt bleiben. Zwar schaffen geringe Interdependenzen zwischen Bereichen günstige Voraussetzungen zur motivationsgerechten Gestaltung von Anreizsystemen aufgrund höherer Autonomie und leichterer Erfolgszurechenbarkeit, fraglich ist jedoch, ob dieses Motivationspotenzial auf alle Ebenen übertragen werden kann. Schließlich erhöht die Verlagerung der Interdependenzen in die Bereiche die Beziehungsintensität dort und führt somit zu relativ geringer horizontaler Entscheidungsautonomie innerhalb dieser Bereiche. Das kann wiederum zur Erhöhung von Konflikten und erschwerter Abstimmung führen.[150] Demzufolge ist die beziehungsorientierte insbesondere im Vergleich zur aufgabenorientierten Bereichsbildung zwar eher den Maximen des

[147] Vgl. Lassmann (1992), S. 330, 338.

[148] Vgl. Lassmann (1992), S. 207.

[149] Vgl. Lassmann (1992), S. 373.

[150] Vgl. Problematik der Effizienzhypothese von Thompson, wonach bereichsinterne Abstimmungen die Handhabung der Interdependenzproblematik erleichtern. Vgl. Thompson (1967).

Prozessmanagements folgend, wie noch gezeigt werden wird, jedoch nicht uneingeschränkt und pauschal als vorteilhaft zu kennzeichnen.[151]

Neben der aufgaben- und beziehungsorientierten Stellenbildung wird als weitere Form die personenorientierte Stellenbildung anerkannt, in deren Rahmen die Aufgabe an die Fähigkeiten, Fertigkeiten und Neigungen eines Menschen angepasst werden[152], was dem Individualisierungskonzept als Organisationsgestaltungsmaxime entspricht und mit den bereits erwähnten Problemen behaftet ist.

Wie den Ausführungen zu entnehmen ist, bezieht sich Organisationsgestaltung auf die formale Organisation. Vor dem Hintergrund der Fragestellung, wie über Organisationsgestaltungsmaßnahmen das Verhalten von Organisationsmitgliedern beeinflusst werden kann und aufgrund der Tatsache, dass informelle Strukturen als ergänzende und partiell ersetzende Regelsysteme, die mit der formalen Organisation verflochten sind, ebenfalls auf Verhalten einwirken, soll im Folgenden kurz auf die Relevanz der informellen Organisation für die Organisationsgestaltung eingegangen werden.

3.3 Informelle Organisation

Spätestens seit den Hawthorne-Experimenten[153] wird die formale Organisation von der informalen Organisation unterschieden. Letztere werden synonym auch als informelle und inoffizielle Organisationen bezeichnet.[154] Die Bedeutung der informellen Organisation liegt für das Funktionieren sozialer Systeme zunächst in der Ergänzungsfunktion der Informalität, die als komplementäres Korrektiv zur Formalität aufgefasst werden kann. Das heißt die informelle Organisation ist keineswegs als bloße Reaktion auf die formale Struktur oder als unabhängiges Konstrukt ohne Bezug zum Organisationszweck aufzufassen, sondern die Praxis der sozialen Organisation in ihrer Gesamtheit wird durch die enge Verkopplung formaler und informeller Strukturen und Prozesse gekennzeichnet.[155] Informelle Strukturen tragen zur sozialen Integration der Mitglieder, Kohäsion der Organisation durch Befriedigung wichtiger Bedürfnisse, zum Beispiel nach sozialen Kontakten, Anerkennung, Macht etc. bei und fördern Flexibilität und Anpassungsfähigkeit von Akteuren durch informelle Prozesse, sodass Lücken im Geflecht formaler Strukturen und Systeme mittels informeller Regeln geschlossen werden können.[156] Informelle Regeln gelten somit als notwendige Ergänzung formeller Strukturen, welche ohne diese nicht existieren und funktionieren könnten.[157] Die durch informelle

---

151 Vgl. Lassmann (1992), S. 163, 178, 211, 214, 294.

152 Vgl. Mellewigt (2004), Sp. 1361.

153 Vgl. Mayo (1945), (1966); Roethlisberger/Dickson (1964); Gillespie (1991).

154 Vgl. Kesten (1998), 33.

155 Vgl. Lang (2004), S. 499.

156 Vgl. Schreyögg (2003), S. 15, 420ff.

157 Vgl. Ortmann (1999); Ortmann (2003).

Regeln gekennzeichnete informelle Organisation wird in der neueren Literatur überwiegend positiv oder neutral hinsichtlich ihres Einflusses auf das Funktionieren von Organisationen bewertet. In der Mikropolitik wird die informelle Organisation eher als unregulierte Freiheitszone für Akteure bezeichnet.[158]

Elemente informeller Organisation sind:[159]

- informelle Gruppen, die Leistungsprozesse, Ressourcenverteilungen, personalpolitische Entscheidungen, Organisationsabläufe beeinflussen können und den wesentlichen Teil des sozialen Lebens in Organisationen darstellen,
- informelle Normen, die sich auf implizite Verhaltenserwartungen beziehen,
- informelle Rollen als Systeme von Verhaltenserwartungen,
- informelle Kommunikation, welche alle Kommunikationsbeziehungen und -prozesse, die auf der Basis informeller Kontakte unter Nutzung nicht vorgeschriebener Kommunikationswege erfolgen, kennzeichnet und vor allem auf die Bedürfnisse der Organisationsmitglieder gerichtet sind.

Da somit informelle Organisationen eine erhebliche Wirkung auf das Verhalten von Organisationsmitgliedern ausüben können, ist im Rahmen der Organisationsgestaltung die Beeinflussung der informellen Regelungen wünschenswert. Problematisch ist, dass die Natur des Informellen die Steuerungsmöglichkeiten informeller Strukturen und Prozesse begrenzt, da sie sich einem Zugriff zu entziehen versucht. Die traditionelle Organisationslehre hält diesbezüglich ein interventionistisches Konzept bereit, welches bewusste Eingriffe in die identifizierten informellen Strukturen und Prozesse beinhaltet und bei generellen oder antizipierten Störungen oder zur Vermeidung dysfunktionaler Effekte eingesetzt wird. Die Neubewertung informeller Strukturen führt in der moderneren Lehre dazu, dass bewusst auf direkte Interventionen im Rahmen der Organisationsgestaltung verzichtet wird und die indirekte Einflussnahme durch Integration der Selbstorganisation und dezentrale Kontextsteuerung erfolgt.[160] Maßnahmen zur Gestaltung der Arbeitsorganisation können aus Ergebnissen einer Analyse informeller Strukturen und Prozesse abgeleitet werden. Beispielhafte Gestaltungsempfehlungen zur Nutzung positiver Wirkungen informeller Strukturen auf Verhalten können lauten:[161]

- Anpassung formaler Strukturen an bewährte, funktionale informelle Prozessabläufe und Strukturen,
- stärkere Verknüpfung und Verflechtung formeller und informeller Prozesse und Strukturen, zum Beispiel durch Ernennung informeller Führer zu Stellvertretern oder Nutzung informeller Kommunikationskanäle,

---

158 Vgl. Lang (2004), S. 502.

159 Vgl. Lang (2004), S. 500f.

160 Vgl. Lang (2004), S. 503.

161 Vgl. Lang (2004), S. 504.

- Duldung informeller Praktiken, wenn sie bestimmte Funktionen erfüllen und zur Zielerreichung beitragen,
- gezielte Arbeitsplatzwechsel oder Versetzung bestimmter Organisationsmitglieder.

Aufgrund der Problematik, informelle Organisationscharakteristika zu erfassen, zu gestalten und zu steuern, konzentriert sich die Organisationsgestaltung auf die formale Organisation. Der Einfluss informeller Regeln auf Verhalten von Organisationsmitgliedern verdeutlicht jedoch, dass ihre Berücksichtigung bei der Gestaltung von Arbeitsstrukturen anzustreben ist. Da dieser Ansatz jedoch im Prozessmanagementkonzept keine Anknüpfungspunkte findet, wird im Folgenden der Arbeit darauf verzichtet, diese Gestaltungsfaktoren zu berücksichtigen. Insofern kann an dieser Stelle festgestellt werden, dass die Frage der Organisationsgestaltung zur Verhaltenssteuerung allgemein und im Rahmen des Prozessmanagements im Besonderen um die Aspekte der informellen Organisation und ihrer Einflüsse auf Verhalten zu ergänzen sind.

4 Organisationsgestaltung im Rahmen des BPM-Konzepts

Im Folgenden werden die Möglichkeiten der Organisationsgestaltung vorgestellt, die sich aus der Sichtung der gängigen BPM-Literatur ergeben und auf der derzeitig herrschenden Lehre, die sich auf BPM bezieht, basieren.

4.1 Einführung in das BPM-Konzept

Die Differenzierung vom Wettbewerb ist im Wesentlichen durch zeitoptimale und effiziente Gestaltung der Geschäftsprozesse in der Organisation zu erreichen,[162] sodass die Erhaltung dynamischer Wettbewerbsvorteile zu einer wesentlichen Prozessmanagementaufgabe wird.[163] Aus Kerngeschäften, welche die Wertschöpfung garantieren und somit Kundenzufriedenheit und Unternehmenserfolg generieren sollen, werden Kernprozesse abgeleitet, die den Ablauf der dafür notwendig zu ergreifenden Aktivitäten zum Gegenstand haben. Geschäftsprozesse umfassen daher Kerngeschäfte und Kernprozesse als Kernwertschöpfung sowie die dafür zusätzlich erforderlichen Steuerungsprozesse, unterstützenden und Ressourcen entwickelnden Prozesse.[164] BPM fokussiert auf die Organisation des Arbeitsablaufs und hat die Gliederung und Normung des Arbeitsablaufs, die Arbeitsverteilung und die Leistungsabstimmung zum Gegenstand, wobei die Betriebsaufgabe Basis für Regelungen von Zuständigkeiten und Organisation des Arbeitsvollzugs darstellen.[165] Organisieren im Sinne von BPM bedeutet, Aufgabenerfüllungsprozesse bestmöglich zu gestalten. Dies geschieht durch zeitliche, räumliche, qualitative und mengenmäßige Festlegungen sowie durch Zuordnung und Bereitstellung notwendiger bzw. geeigneter Aufgabenträger, Sachmittel und Informationen.[166] BPM ist ein Konzept zur modellbasierten Gestaltung, Koordination und Ausführung von Geschäftsprozessen und somit nicht als radikaler, sondern als evolutionärer Ansatz zu verstehen, der sich auf die ablauforganisatorische Gestaltung konzentriert.[167] Darüber hinaus ist BPM ein permanenter Lernprozess für Kunden, Lieferanten und Prozessbeteiligte,[168] der sich nicht in einer einmaligen prozessorientierten Ausrichtung der Organisation niederschlägt, sondern ein permanentes Prozesscontrolling einbezieht.[169]

---

162 Vgl. Eversheim (1995), S. 28.

163 Vgl. Gaitanides (2007), S. 235.

164 Vgl. Töpfer (1996), S. 8.

165 Vgl. Töpfer (1996), S. 4.

166 Vgl. Fischermanns/Liebelt (2000), S. 165.

167 Vgl. Scheer/Zimmermann (1996), S. 273.

168 Vgl. Reiß (1993), S. 54.

169 Vgl. Gaitanides/Scholz/Vrohlings (1994), S. 12.

Die Grundidee besteht darin, Organisationen nicht mehr vertikal nach Funktionen, sondern horizontal nach Prozessen zu gliedern, wobei durchgängige Prozesse ohne Schnittstellen vom Lieferanten bis zum Kunden und somit eine kundenorientierte Rundumbearbeitung geschaffen werden sollen.[170]

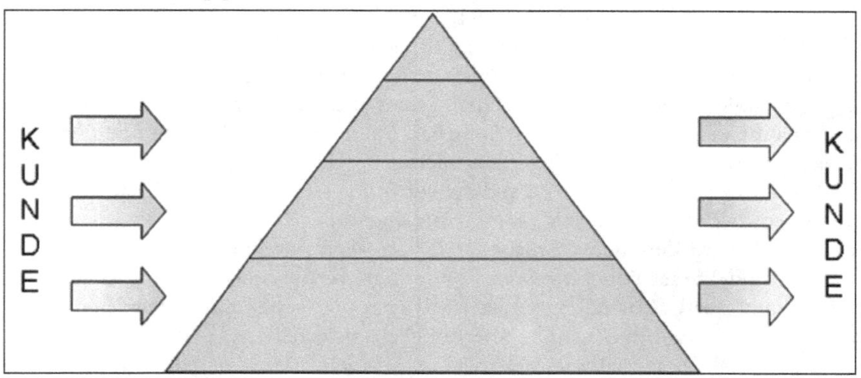

Abb. 6: Kundenorientierung der nach Prozessen gegliederten Organisation[171]

Im Rahmen der Kundenorientierung, wobei ihre Ausprägung Resultat des Abwägens zwischen Kundenanforderungen und den damit verbundenen Prozesskosten sind, werden bei BPM Teams für die Rundumbearbeitung vorgesehen, welche die Vorgänge ganzheitlich und integrativ bearbeiten. Demzufolge ist das Sicherstellen eines dezentralen Datenzugriffs bei der Gestaltung von Arbeitsstrukturen notwendig und die IT Unterstützung für BPM unentbehrlich, zum Beispiel in Form von Workflow-Managementsystemen zur Steuerung und Koordination von Prozessen über mehrere Organisationseinheiten hinweg oder mittels Client-Server-Systeme für die flexible Realisierung und Integration von Anwendungssystemen und -diensten.[172] Die IT Unterstützung muss sicherstellen, dass die für die Handlungskompetenz bei der Rundumbearbeitung notwendige Autonomie gewährleistet und den Akteuren Raum zum Lernen und zur Wissensakkumulation gegeben wird.[173] Wissen hat unter dem Aspekt der Wissensübertragung im Rahmen von BPM eine wichtige Bedeutung, weil Wissen der wichtigste Bestandteil von Kernkompetenzen ist und die individuellen Fähigkeiten und Kenntnisse der Organisationsmitglieder das organisationale Wissen ausmachen. Aufgabe der Prozessorganisation ist es, den Wert des Wissens durch Bündelung und Verknüpfung zu entfalten.[174] Demzufolge steht bei BPM das Gliederungsprinzip, das den Fluss von Informationen, Material,

170 Vgl. Frese/Werder v. (1992), Sp. 387

171 In Anlehnung an Osterloh/Frost (2003), S. 30, 32.

172 Vgl. Gaitanides (2007), S. 53; Scheer/Zimmermann (1996), S. 280.

173 Vgl. Gaitanides (2007), S. 150.

174 Vgl. Gaitanides (2007), S. 61.

Operationen und Entscheidungen abbildet mit der Gestaltungsfolge „structure follows process“ im Vordergrund.[175] Hierbei werden wie bereits angedeutet vornehmlich Arbeitsstrukturen in Form von Gruppenarbeit geschaffen, sodass Prozessteams für eine schnittstellenfreie Abwicklung ihres Geschäftsprozesses zuständig und verantwortlich sind.[176] Die Bereichsbildung erfolgt somit prozess- und damit beziehungsorientiert. Daraus ergibt sich eine Arbeitsstruktur von Prozessteams, deren Mitglieder nicht Vertreter von Fachabteilungen sind, sondern diese ersetzen sollen. Die Mitarbeiter in den Teams müssen über entsprechende Mehrfachqualifikationen verfügen, um Aufgaben übernehmen zu können, die über ihre ursprüngliche Fachqualifikation hinausgehen.[177] Um Prozessabläufe zu gestalten und zu optimieren, ist eine unabdingbare Voraussetzung, den für den Prozess verantwortlichen Mitarbeiter mit ausreichender Kompetenz auszustatten.[178] Schließlich wird der Mensch nicht als Prozessagent integriert, das heißt als Teilnehmer und Eigner von Prozessen, sondern als Know-how Träger, Problemlöser und Akteur zur Überwindung organisatorischer und systemischer Barrieren eingesetzt, um die angestrebten Ziele bestmöglich zu erreichen.[179] Dementsprechend wird Personal funktional zur Zielerreichung eingebunden, was einem technokratischen Ansatz gleicht, dem ein mechanistisches Menschenbild zugrunde liegt.[180]

4.2 BPM Ziele

Als Prozessziele sollen die Ansprüche verstanden werden, die mit der Gestaltung der Prozessorganisation im engeren Sinne, also der Folge und Ausgestaltung von Aufgaben verknüpft werden.[181] Sie orientieren sich grundsätzlich am Organisationszweck und dienen der organisationalen Gesamtzielerreichung.

Prozessoptimierung findet im Spannungsfeld von Qualitäts-, Kosten- und Zeitkriterien statt, wobei darauf verzichtet wird, der Frage nachzugehen, ob und unter welchen Bedingungen tief greifende Reorganisationsprozesse komplementäre Lösungen bezüglich dieser Ziele zulassen.[182] In der Literatur findet sich neben diesen Kriterien auch das Ziel der Kundenzufriedenheit,[183] wobei betont wird, dass BPM letztlich der kundenorientierten Unternehmensführung dient[184] und folglich eine prozessorientierte Gestaltung bezüglich der Ressourcen-Leistungs-Beziehung

---

175 Vgl. Gaitanides (2007), S. 51.

176 Vgl. Gaitanides (2007), S. 150.

177 Vgl. Caprano (1996), S. 148.

178 Vgl. Zink (1994), S. 75.

179 Vgl. Scheer/Zimmermann (1996), S. 273.

180 Vgl. hierzu auch Kapitel 4.5.

181 Vgl. Fischermanns/Liebelt (2000), S. 88.

182 Vgl. Gaitanides (2004), Sp. 1216.

183 Vgl. Gaitanides/Schloz/Vrohlings (1994), S. 13; Frese/Werder v. (1989), S. 19.

184 Vgl. Gaitanides/Sjurts (1995), S. 64; Zink (1994), S. 73; Scholz (1995), S. 72.

und Organisation-Markt-Beziehung anstrebt. Vor diesem Hintergrund werden folgende Ziele zur Prozessoptimierung genannt:[185]

- Erhöhung der Kundenzufriedenheit,
- Flexibilitätssteigerung,
- Qualitätsverbesserung,
- Kosteneffizienz und/oder
- Zeiteffizienz.

Ein Prozess muss für den Kunden einen Wert erbringen. Bei der Formulierung von Prozesszielen spielen deshalb vor allem die Ansprüche interner und/oder externer Kunden der Prozesse eine Rolle. Die Bewertung und Verbesserung von Arbeitsabläufen hat somit in Anlehnung an die Kundenerwartungen zu erfolgen. Es stellt sich die Frage, welche Ziele unmittelbar von der Prozessorganisation im engeren Sinne beeinflusst werden können. Wichtige Ziele der Prozessgestaltung sind:[186]

- minimale Kosten,
- minimale Durchlaufzeit,
- Erfüllen geforderter Qualität und/oder Verbesserung der Qualität.

Zur Gestaltung von Prozessen ist immer eine gemeinsame Betrachtung aller drei Größen erforderlich. Dabei ist die Gewichtung aller Zielgrößen untereinander sowohl von der jeweiligen Aufgabenstellung als auch von den spezifischen Gegebenheiten in der Organisation abhängig,[187] das heißt die bereits ausgeführten Probleme der allgemeinen Organisationsgestaltung finden sich auch im Rahmen der Arbeitsstrukturierung durch BPM wieder. Kostenminimierung ist als Ziel in Organisationen von überragender Bedeutung. Es ist abzuwägen, ob eine eventuell notwendige Erhöhung betrieblicher Ressourcen zur Beschleunigung von Prozessen gerechtfertigt ist. Jeder Prozess konkurriert mit anderen um knappe Ressourcen. Der durch den Ressourceneinsatz zu erzielende Nutzen sollte daher bei Verteilungsüberlegungen in die Betrachtung einbezogen werden.[188]

Speziell auf Maßnahmen der Prozessverbesserung bezogen wird häufig die Steigerung der Effizienz als Ziel der Maßnahmen angeführt. Während bei Effektivität die Frage im Vordergrund steht, ob die Gestaltungsmaßnahme geeignet ist, bestimmte Organisationsziele zu erreichen, bezieht sich die Effizienz auf die Input-Output-Relation, das heißt das Verhältnis von Nutzen zu Mitteleinsatz.[189] Die Aufgabe von BPM an dieser Stelle ist, Geschäftsprozesse und darin enthaltene Aufgaben dahin-

---

[185] Vgl. Krickl (1995), S. 260.

[186] Vgl. Fischermanns/Liebelt (2000), S. 88.

[187] Vgl. Eversheim (1995), S. 28.

[188] Vgl. Schwarzer/Krcmar (1995), S. 39.

[189] Vgl. Schwarzer/Krcmar (1995), S. 38.

gehend zu überprüfen, ob sie notwendig sind und wie sie effizient abgewickelt werden können.[190] Aufgaben sind relevant, wenn ihr Beitrag absolut notwendig ist, damit ein Prozess in der Lage ist, einen eigentlichen Zweck zu erfüllen und die gesetzten Ziele zu erreichen. So genannte essentielle Aufgaben rechtfertigen ihre Existenz durch ihre grundlegende Notwendigkeit.[191] Effiziente Aufgabengestaltung bedeutet Eliminierung von den Arbeitsfluss hemmenden, überflüssigen und unzweckmäßigen Arbeitsschritten, Rationalisierung des gesamten Ablaufs und Sicherstellen logischer, richtiger Arbeitsreihenfolgen.[192] BPM hat somit zu gewährleisten, dass in Prozessen Leistungen erstellt werden, die vom Kunden gewünscht werden und für diesen einen Wert darstellen. Werden überflüssige Aktivitäten entdeckt, ist durch deren Eliminierung eine Vereinfachung und Umstrukturierung der übrigen Prozessleistungen zu erwirken mit dem Ergebnis, dass der gesamte Leistungserstellungsprozess verkürzt und somit Zeit-, Ressourcen- und dadurch Kostenersparnisse erzielt werden.[193]

Zeitstrukturen unterliegen einem Drang der Verkürzung. Kunden entwickeln offensichtlich eine Präferenz für die Organisation, die schneller die Leistung erbringt. Auch die Organisation hat ein Interesse, die Geschäftsprozesse zu beschleunigen und die Leistungen als erste anbieten zu können, um daraus folgende Wettbewerbsvorteile zu erzielen.[194] Zum Beispiel können durch Zeitüberschreitungen entstandene Konventionalstrafen gespart und Imageverluste vermieden werden, wenn Abläufe in angemessener bzw. kürzester Zeit durchgeführt werden.[195] Aus prozessorganisatorischer Sicht sind unterschiedliche Zeitarten von Interesse. Dazu gehört zunächst die Durchlaufzeit als Dauer von Zeitpunkt des Inputs bis zum Output. Die Prozessorientierung betrachtet den Durchlauf eines Prozesses durch die Organisation unabhängig davon, ob es sich um einen externen oder internen Kundenauftrag handelt. Die Abläufe sind vor dem Hintergrund der BPM Ziele so zu gestalten, dass die Prozessleistung bei Einhaltung der geforderten Qualität, die in Anlehnung an die Kundenwünsche bestimmt wird, möglichst schnell und Ressourcen schonend erbracht wird.[196] Die Bearbeitungszeit ist die Zeitdauer aller Tätigkeiten, die dazu dienen, den Zustand des Objektes in Richtung des fertigen Ergebnisses der Aufgabenerfüllung weiterzuentwickeln. „Fertig" bezeichnet in diesem Zusammenhang den Zustand des Outputs, den er am Ende des Prozesses erreicht haben soll, um den angestrebten Wert für den Kunden darzustellen. Unter Transportzeit soll die Zeitdauer verstanden werden, die für die räumliche Veränderung des Objektes von Bearbeitungsort zu Bearbeitungsort bzw. von Bearbeitung-

---

190 Vgl. Scheer/Zimmermann (1996), S. 267.

191 Vgl. Fischermanns/Liebelt (2000), S. 223.

192 Vgl. Nordsieck (1934), S. 121; Vgl. Fischermanns/Liebelt (2000), S. 233.

193 Vgl. Töpfer (1996), S. 25.

194 Vgl. Griese/Sieber (2001), S. 145.

195 Vgl. Fischermanns/Liebelt (2000), S. 89.

196 Vgl. Eversheim (1995), S. 14.

sort zu Liegeort und umgekehrt entfällt. Mit der Liegezeit wird die Zeitdauer erfasst, in der das betreffende Objekt weder bearbeitet noch transportiert wird.[197] Die auf Zeitkriterien bezogenen Ziele des BPM beinhalten daher insbesondere die Minimierung von Durchlauf-, Bearbeitungs-, Transport- und Liegezeiten.[198] Als weitere Ziele werden die Minimierung von Rüstzeit und Terminüberschreitung genannt. Die Minimierung von Rüstzeiten hat zur Folge, dass Liegezeiten reduziert werden können. Terminüberschreitungen sind ein spezifischer Aspekt von Durchlaufzeiten. Die Forderung nach Maximierung des Auslastungsgrades von Kapazitäten stellt wie die Minimierung von Durchlaufzeiten ein klassisches Ziel dar. Aufgabenträger und Sachmittel sind innerhalb der Stellen die Kapazitäten, um deren Auslastung es geht. Der Anteil der nicht produktiv genutzten Arbeitszeit verursacht so genannte Leerkosten. Steht dem Aufwand eine echte Arbeitsleistung gegenüber, erfüllt der Aufgabenträger also seine Aufgabe, spricht man von Nutzkosten. Entsprechend der BPM Zielsetzung ist der Anteil der Leerkosten zu verringern und der Anteil der Nutzkosten zu vergrößern, was pragmatisch heißt, dass Organisationsmitglieder besser auszulasten sind.[199] Durch Umverteilung von Aufgaben oder Umlenkung von Objekten können Unter- oder Überauslastungen aufgrund von Schwankungen im Arbeitsanfall ausgeglichen werden.

Schnittstellenminimierung unterstützt ebenfalls die Reduktion des Zeitaufwands in Prozessen, weil Schnittstellen Liegezeiten zum Beispiel aufgrund zeitlicher Abstimmungsprobleme bei der Übergabe provozieren, eine Quelle der organisatorischen Unverantwortlichkeit darstellen, weil Fehler und Unzulänglichkeiten nur noch schwer zurechenbar sind und darüber hinaus das Risiko des Informationsverlusts bergen, was wiederum nicht nur zeitaufwendige Recherchen, sondern auch Kosten der Fehlinformation oder erneuter Informationsbeschaffung verursachen kann. Schnittstellen können organisatorische Probleme erzeugen, weil ein Koordinationsbedarf in zeitlicher, sachlicher und personeller Art entsteht.[200] Demzufolge sind zwischen Beschaffungs- und Absatzmarkt möglichst durchgängige Prozesse ohne Schnittstellen zu schaffen und dadurch Prozessvereinfachungen zu erreichen.[201] Anstelle einer Spezialisierung, bei der die Gesamtaufgabe in viele Zuständigkeitsbereiche aufgeteilt und somit zwischen den Teilaufgaben Schnittstellen geschaffen werden, zielt BPM tendenziell auf Aufgabenintegration und Generalisierung ab. Die Gestaltung von Prozessen mit möglichst wenigen Schnittstellen kann außerdem eine schnelle Entscheidungsfindung aufgrund geringer Interdependenzen ermöglichen, die Komplexität der Abläufe reduzieren,[202] die mit Schnittstellen

197 Vgl. Fischermanns/Liebelt (2000), S. 53.

198 Vgl. Gaitanides (2007), S. 52; Vgl. Fischermanns/Liebelt (2000), S. 89.

199 Vgl. Fischermanns/Liebelt (2000), S. 89.

200 Vgl. Osterloh/Frost (2003), S. 22.

201 Vgl. Gaitanides (2007), S. 57; Töpfer (1996), S. 25.

202 Vgl. Gaitanides (2007), S. 57.

einhergehenden Koordinationskosten senken und zum Beispiel Transportkosten und -zeiten einsparen.[203]

Können durch Zeitersparnisse Kosteneinsparungen erzielt werden, so ist durch die Kosteneinsparung als freigesetzte Ressource und durch die schnellere Zusammenarbeit auch die Grundlage geschaffen, die Qualität kontinuierlich zu steigern.[204] Im Rahmen von BPM werden verschiedene Qualitätsbegriffe bei der Zielformulierung, geforderte Qualität einzuhalten bzw. Qualität zu verbessern, unterschieden:[205]

- kundenbezogene Qualität, welche misst, inwieweit die Bedürfnisse der Kunden erfüllt werden,
- anwendungsbezogene Qualität, welche misst, inwiefern die Organisationsleistungen geeignet sind, spezifische Kundenanforderungen zu erfüllen,
- prozessbezogene Qualität, welche misst, inwiefern Spezifikationen eingehalten werden, wobei jede Abweichung eine Qualitätsminderung impliziert unter der Annahme, dass hervorragende Qualität nicht zwangsläufig durch hervorragend ausgeführte Arbeit, sondern durch zuverlässige und sicher erfüllte Spezifikationen erzielt wird,
- Preis-Nutzen bezogene Qualität, welche misst, inwiefern eine bestimmte Leistung zu einem akzeptablen Preis erbracht wird, wobei angenommen wird, dass ein hoher Preis eine hohe Qualität suggeriert.

Der Anspruch der Prozessgestaltung vor dem Hintergrund von Qualitätszielen ist, dass Prozesse nach dem Grundsatz „right the first time“ durchlaufen werden, sodass Nachbesserungen am fertigen Produkt entfallen und Fehlerfolgekosten vermieden werden.[206]

Neben Zeit-, Kosten- und Qualitätszielen sind wie bereits angedeutet weitere Ziele von Maßnahmen der Prozessgestaltung denkbar, zum Beispiel:[207]

- hohe Flexibilität: Anbieten von einer großen Anzahl an Varianten, Berücksichtigung von Kundensonderwünschen, kurzfristige Leistungslieferung,
- Transparenz: nachvollziehbare Arbeitsabläufe für Prozessbeteiligte und Kunden
- Reduktion interner Komplexität
- Anpassung der Organisation an ihre Umwelt, um dadurch den Erfolg zu sichern (kontingenztheoretischer Ansatz)

---

203 Vgl. Fischermanns/Liebelt (2000), S. 236.

204 Vgl. Töpfer (1996), S. 221.

205 Vgl. Werner (2002), S. 192.

206 Vgl. Wildemann (1988), S. 174.

207 Vgl. Fischermanns/Liebelt (2000), S. 90f.; Gaitanides (2004), Sp. 1216.

- Imageverbesserung, zum Beispiel damit konservatives Image nicht entsteht oder abgelegt wird, da mit Maßnahmen der Prozessorientierung eine bestimmte Außenwirkung erzielt werden kann, indem die Struktur insbesondere im Vergleich zu klassisch gestalteten Organisationen als besonders innovativ wahrgenommen wird.

Das Problem des von BPM verfolgten Zielkanons besteht in möglichen Konflikten, die zwischen den genannten Zielen bestehen können. Der Zielkonflikt zwischen minimaler Durchlaufzeit und maximaler Kapazitätsauslastung ist in der einschlägigen Literatur bereits seit langem als Dilemma der Ablauforganisation bekannt. Nimmt man die Qualität als dritte wichtige von der Prozessorganisationsgestaltung beeinflussbare Zielgröße hinzu, so kann von einem Trilemma gesprochen werden. Maßnahmen, welche die Bearbeitungs-, Transport- und Liegezeiten reduzieren, senken gleichzeitig die durch die Zeiten verursachten Kosten, sodass das zweite Ziel in großem Ausmaß von der Erfüllung des ersten abhängt. Maßnahmen, die auf eine bessere Qualität von Leistungen abzielen, konkurrieren in der Regel mit minimalen Durchlaufzeiten und Kosten. Ein Ausweg aus diesen Zielkonflikten besteht in der Priorisierung der zu erreichenden Ziele. Unabdingbare Voraussetzung hierfür ist für den Gestalter die Kenntnis, auf welches Ziel es bei der Gestaltung des jeweiligen Prozesses besonders ankommt, um das Organisationsziel bestmöglich zu erreichen. Zum Teil wird behauptet, dass gerade die neuen Gestaltungskonzepte wie BPM alle drei Ziele gleichzeitig zu erreichen vermag.[208] Das begründet sich vor allem darin, dass die personellen und technischen Ressourcen besser ausgenutzt werden. Sicherlich ist zu vermuten, dass es zu deutlichen Kosten- und Zeiteinsparungen sowie Qualitätssteigerungen kommt, wenn IT entsprechend eingesetzt und Prozesse bei ihrer Gestaltung vollständig hinterfragt und vor dem Hintergrund priorisierter Ziele neu gestaltet werden. Damit wird jedoch der Zielkonflikt nicht aufgehoben, sondern Zeit, Kosten und Qualität werden auch in Zukunft konkurrierende Ziele darstellen.

Nachdem die in der Literatur vorrangig formulierte Zielsetzung von BPM vorgestellt wurde, soll im Folgenden auf die Methoden und Vorgehensweisen eingegangen werden, die BPM für die Erreichung der jeweiligen Ziele zur Verfügung stehen.

4.3 BPM Methoden und Vorgehensweisen

Abhängig vom Gestaltungsziel ist zwischen der grundlegenden Neugestaltung und der inkrementellen Verbesserung eines Prozesses zu unterscheiden.[209] Im Zusammenhang mit der Diskussion von Konzepten zur Transformation von Organisationen wird die grundlegende Neugestaltung häufig auch als Umbruchsmodell und die inkrementelle Weiterentwicklung als Evolutionsmodell bezeichnet.[210] Die grundle-

---

208 Vgl. Fischermanns/Liebelt (2000), S. 94.

209 Vgl. Davenport (1993), S. 11.

210 Vgl. Krüger (1994), S. 371; Staehle (1999), S. 908ff.

gende Neugestaltung strebt nach signifikanten Verbesserungen von Effektivität und Effizienz eines Prozesses. Entsprechend fundamental sind die aus der grundlegenden Neugestaltung resultierenden Veränderungen. Diese Vorgehensweise, die im Rahmen des Business Reengineering auch als Bombenwurfstrategie bezeichnet wird, hinterfragt die Abläufe auf der Ebene der Gesamtorganisation und gestaltet diese konzeptionell top-down um, sodass die Gestaltung dementsprechend auf einem „white sheet of paper" stattfindet.[211] Das Konzept wurde in der Literatur aufgrund der mangelnden Integration von Bedürfnissen des von den Umstrukturierungen betroffenen Akteurs und der fehlenden Berücksichtigung des Ist-Zustands der Organisation stark kritisiert und findet in der Praxis unterschiedliche Resonanz. Viele Organisationen scheitern bei der Anwendung, und nur wenige können das Konzept erfolgreich umsetzen.[212] Die inkrementelle Verbesserung von Abläufen sieht dagegen vor, Prozesse und Teilprozesse in kleinen Veränderungsschritten zu verbessern, wobei die Strategie und Struktur der Organisation nicht vornehmlich in Frage gestellt werden und die Gestaltung von der Organisationsmitgliederbasis ausgeht.[213] Es wird also bottom-up vorgegangen.

Während bis etwa Mitte der 1990er Jahre in der Literatur zur Prozessorganisation überwiegend für einen radikalen Veränderungsprozess[214] plädiert wurde[215], erkannte Davenport: „most people do not want their jobs fully designed by someone else."[216] Es zählt heute zu den gesicherten Wissensbeständen, dass sich das Redesign von Prozessen nicht in einem, sondern in mehreren Optimierungsschritten vollziehen muss, wobei kontinuierliche Verbesserung fundamentalen Wandel zu begleiten hat.[217] Dementsprechend soll im Rahmen dieser Arbeit BPM als Ansatz zu verstehen sein, in dessen Rahmen Arbeitsabläufe nicht kurzfristig reengineert, sondern in einer laufenden systematischen Modellierung, Steuerung und Verbesserung unterzogen werden[218], wobei der Schwerpunkt auf der Betrachtung liegt, wie Prozesse gestaltet sein sollten, um eine möglichst hohe Leistungsbereitschaft der Organisationsmitglieder zu erhalten.

Die Gestaltung der Arbeitsabläufe aus Sicht des BPM erfolgt anhand der Prozessidentifikation, des anschließenden Prozessdesigns, welches sowohl die Prozessanalyse als auch die Prozessmodellierung beinhaltet, der darauf folgenden Prozessimplementierung und des abschließenden Prozesscontrollings, dessen Ergebnisse wiederum Auslöser erneuter Prozessidentifikation, -analyse, -modellierung und

211 Vgl. Fischermanns/Liebelt (2000), S. 221; Kirsch et al. (1978), S. 249.

212 Vgl. Werner (2002), S. 47.

213 Vgl. Fischermanns/Liebelt (2000), S. 119. Vergleich auch Kaizen-Konzept, Imai (1992).

214 Vgl. Hammer/Champy (1994).

215 Vgl. Krüsi/Schädle (2001), S. 67ff.

216 Davenport/Stoddard (1994), S. 125.

217 Vgl. Gaitanides (2004), Sp. 1216.

218 Vgl. Scheer/Nüttgens/Zimmermann (1995).

-implementierung sein kann. Diese einzelnen Schritte der BPM Vorgehensweise sollen in den nachfolgenden Kapiteln erläutert werden.

4.3.1 Prozessidentifikation

Die Prozessidentifikation ist die Phase, die alle weiteren Aktivitäten der Arbeitsablaufgestaltung determiniert und damit erfolgsbestimmend ist.[219] Ausgehend vom Organisationsziel und -zweck sind sämtliche relevanten Führungs-, Ausführungs- und Unterstützungsprozesse zu ermitteln.[220] Wichtigstes Hilfsmittel zur Identifikation und Abgrenzung von Prozessen ist die Wertschöpfungskette, da sie die wichtigsten primären (direkt wertschöpfenden) und sekundären (die Wertschöpfung unterstützenden) Aktivitäten aufzeigt.[221] Vor dem Hintergrund des Ziels, Wettbewerbsvorteile anhand entsprechend gestalteter Arbeitsabläufe zu erzielen, müssen Kernprozesse herausgefiltert werden, die erfolgsentscheidend für die Organisation sind.[222] Sie bestehen aus der Verknüpfung von zusammenhängenden Aktivitäten, Entscheidungen, Informationen und Materialflüssen, die zusammen den Wettbewerbsvorteil der Organisation ausmachen[223] und sind konsequent auf die strategischen Faktoren ausgerichtet, die für die Organisation von Bedeutung sind.

Die Prozessidentifikation dient dem Entwurf, der Ab- und Ausgrenzung von Prozessen und bestimmt den Tätigkeitsspielraum der Prozessakteure.[224] Die Abgrenzung von Prozessen ist ein Entscheidungsproblem und entspringt der subjektiven Problemsicht des Betrachters.[225] Das betrifft die Abgrenzung des Prozesses aus dem Prozessgeflecht, das heißt die Abgrenzung gegenüber anderen Prozessen (horizontale Auflösung) und die Zerlegung des Prozesses in Teilprozesse (vertikale Auflösung).[226]

---

219 Vgl. Gaitanides (2007), S. 55.

220 Vgl. Fischermanns/Liebelt (2000), S. 119.

221 Vgl. Hess (1996), S. 87.

222 Vgl. Fischermanns/Liebelt (2000), S. 121-130.

223 Vgl. Kaplan/Murdock (1991), S. 28.

224 Vgl. Ulich/Großkurth/Bruggemann (1973).

225 Vgl. Gaitanides (1983), S. 65; Elšik (1996), S. 26.

226 Vgl. Milling (1981), S.104; Gaitanides (1983), S. 64.

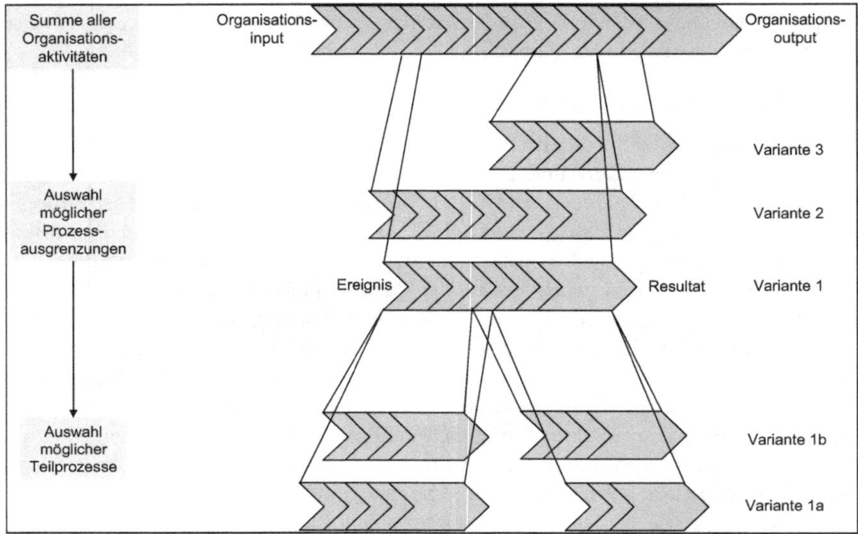

Abb. 7: Schematische Darstellung der Abgrenzung eines Prozesses und dessen Zerlegung in Teilprozesse sowie die damit verbundenen Wahlfreiheiten

Dieses verdeutlicht erneut wie problembehaftet Organisationsgestaltung durchgeführt wird, da nicht nur die zugrunde liegende Zielsetzung gefunden werden muss, sondern auch die diesbezüglich zu gestaltenden Objekte nämlich die Abläufe zu identifizieren sind, wobei wesentliche Wahlfreiheiten und Handlungsspielräume für den Gestalter bestehen. Bei der Auswahl von Kernprozessen etwa wird in der Literatur empfohlen, sich auf wenige, robuste Kernprozesse zu beschränken und anhand folgender Kriterien zwischen fünf bis acht auszuwählen:[227]

- wahrnehmbarer Kundennutzen: Kernprozesse müssen für den Kunden einen wahrnehmbaren Nutzen stiften, für den eine Zahlungsbereitschaft besteht,
- Spezifität: Kernprozesse müssen durch eine organisationsspezifische Ressourcennutzung einmalig sein,
- Nicht-Imitierbarkeit: Eigenheiten der Prozesse dürfen nicht leicht zu imitieren sein,
- Nicht-Substituierbarkeit: Prozesse dürfen nicht durch andere Problemlösungen ersetzbar sein.

Kernprozesse generieren über die Bündelung von bestimmten Fähigkeiten und Know-how Kernkompetenzen und versetzen die Organisation in die Lage, sich unverwechselbar zu positionieren, um ihre Ziele, den Kernauftrag zu erfüllen, zu

[227] Vgl. Osterloh/Frost (2003), S. 34.

erreichen. Der Weg von der Kernkompetenz zum Kernauftrag kann nur über das Managen von Prozessen beschritten werden.[228] Vor dem Hintergrund des Ziels der Schnittstellenminimierung, der kundenorientierten Rundumbearbeitung und der beziehungsorientierten Bereichsbildung sind jedoch Zweifel angebracht, ob es sinnvoll und möglich ist, Prozesse über den gesamten Wertschöpfungsprozess auszugrenzen. Es können dann im Extremfall mehrere hundert Akteure an einem Prozess beteiligt sein und die Idee des Prozesseigners als Prozessverantwortlicher in Verbindung mit wenig Arbeitsteilung verliert dann an Effektivität.[229]

Neben der Identifikation von Kernprozessen sind ebenfalls so genannte Unterstützungs- bzw. Supportprozesse abzugrenzen. Sie erzeugen für interne Kunden und andere Geschäftsprozesse Leistungen.[230] Da sie keinen Beitrag zum unmittelbaren Kundennutzen leisten, leicht imitierbar sind und keine strategische Bedeutung besitzen, sind sie prinzipielle Kandidaten für das Eliminieren bzw. Outsourcen ihrer Aktivitäten.[231] Nichtsdestotrotz kann Supportprozessen keine pauschalen Blindleistungen[232] unterstellt werden, da sie unterstützende Aufgaben erfüllen damit Kernprozesse reibungslos ablaufen.[233] Die Differenzierung zwischen Kern- und Supportprozessen bei der Prozessidentifikation hat folgende Vorteile:[234]

- Kernprozesse werden überschaubarer, weil die Kernprozesskette schlanker wird und damit das one-face-to-the-customer Prinzip für beide Prozessarten möglich wird,
- Supportprozesse können einem Benchmarking unterzogen werden, wenn die Leistungsverflechtung mit den Kernprozessen so gering ist, dass eine eigenständige Leistung separierbar ist,
- Zwischen Kern- und Supportprozessen wird eine höhere Kosten- und Leistungstransparenz erzielt, sodass Preise für so genannte Service-level-agreements[235] spezifiziert werden können.

Bei der Prozessidentifikation ist entscheidend, dass sich die Abgrenzung von Prozessen nicht an Abteilungsgrenzen orientiert, sondern jene Aufgaben, Aufgabenträger, Sachmittel und Informationen zusammengefasst werden, die aus Kundensicht

[228] Vgl. Hinterhuber/Krauthammer (2002); Lenz (2002), S. 589.

[229] Vgl. Fischermanns/Liebelt (2000), S. 36.

[230] Vgl. Gaitanides (2004), Sp. 1213.

[231] Vgl. Osterloh/Frost (2003), S. 35.

[232] Blindleistungen sind Aktivitäten, die überflüssige Ergebnisse hervorbringen.

[233] Vgl. Osterloh/Frost (2003), S. 37.

[234] Vgl. Osterloh/Frost (2003), S. 35.

[235] Service-level-agreements bezeichnen Leistungsvereinbarungen zwischen für die Prozessleistung verantwortlichen Akteuren mit den die Prozessleistung abnehmenden Akteuren und spezifizieren das zu erbringende und abzunehmende Prozessergebnis.

eine zusammenhängende Leistung erbringen.[236] In Anwendung des methodischen Grundsatzes „vom Groben zum Detail" werden die Unternehmensprozesse in Prozesse, die Prozesse in Prozessphasen bzw. Teilprozesse und diese in Prozessschritte zerlegt. Bei Bedarf können die Prozessschritte weiter in Prozessaktivitäten aufgelöst werden.[237]

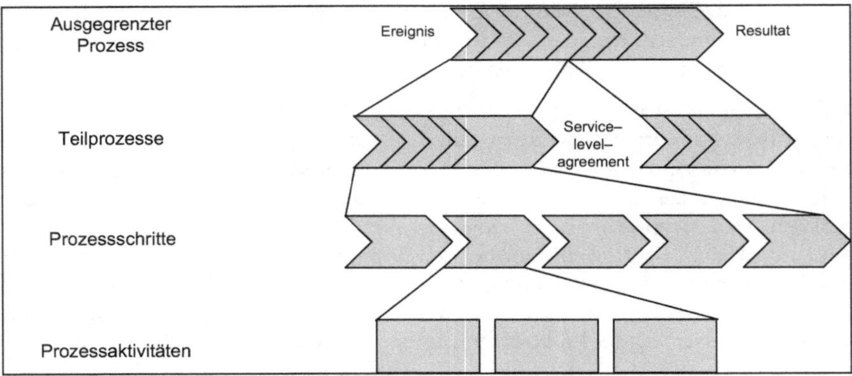

Abb. 8: Schematische Darstellung des Zusammenhangs zwischen Prozessaktivitäten, -schritten, -teilen und ausgegrenztem Prozess

Der deduktive Prozessentwurf geht von allgemein differenzierbaren Leistungsprozessen aus, die in allen Unternehmen in abstrakter Form vorfindbar sind, sodass allgemeine Prozesse auf Basis idealtypischer Prozesse identifiziert, deduktiv unternehmensspezifisch differenziert und in ihrer Struktur der konkreten Situation angepasst, das heißt diese generischen Prozesse konkretisiert werden.[238] Die induktive Prozessidentifikation setzt an konkreten Leistungen zur Generierung von Kundennutzen an, und ihre Entwurfslogik führt zu unternehmensspezifischen Prozessen, indem Abläufe anhand von Kundenbedürfnissen als spezifische Kunden-Lieferanten-Beziehungen definiert werden und ein Prozessmodell aus kundenorientierten Kernleistungen und den sie unterstützenden Supportleistungen entsteht.[239] Problematisch bei diesem Ansatz ist, dass keine Gestaltungsempfehlungen für das Vorgehen bei der Prozessidentifikation möglich ist, weil die Ziele und Probleme des Prozesskunden Ausgangspunkt der Überlegung bilden.

Neben der induktiven und deduktiven Prozessidentifikation lassen sich der marktorientierte und ressourcenorientierte Prozessentwurf unterscheiden. Ersterer setzt an den Ausführungen zur Identifikation von Kernprozessen an und folgt in seiner Entwurfslogik kritischen Erfolgsfaktoren, wobei diejenigen Aktivitäten gesucht

236 Vgl. Hess (1996), S. 22.

237 Vgl. Fischermanns/Liebelt (2000), S. 131.

238 Vgl. Sommerlatte/Wedekind (1990), S. 24ff.

239 Vgl. Gaitanides (2007), S. 152.

werden, die erfolgswirksam sind. Unter Berücksichtigung interdependenter Wertaktivitäten wird ein entsprechender Prozess identifiziert. Die Vorgehensweise ist dabei top-down. Der ressourcenorientierte Prozessentwurf geht hingegen von der Gesamtheit aller organisationalen Aktivitäten aus und identifiziert über die Isolierung der Kernprozesse Tätigkeiten, die die einzigartigen Fähigkeiten der Organisation erzeugen. Die Identifizierung der Kernprozesse besteht dann in der Bestimmung von Tätigkeitsclustern, die für das Entstehen der Kernfähigkeiten verantwortlich sind. Diese Vorgehensweise erfolgt bottom-up.[240]

Die Arbeitsablaufgestaltung wird demnach mit einer Vielzahl von Spielräumen konfrontiert, die sich über die Zieldefinition der Organisation bis auf die Identifikation der Gestaltungsobjekte erstrecken, welche gemeinsam wiederum die Basis für die Entwicklung von Gestaltungsmaßnahmen bilden. Letztere sind Ausfluss der Analyse identifizierter Prozesse und deren Modellierung, welche Betrachtungsgegenstand des nun folgenden Kapitels sein werden.

4.3.2 Prozessdesign

Die Gestaltung von Arbeitsabläufen, also das Prozessdesign, wird entsprechend der Ziele von BPM anhand der Ergebnisse einer Prozessanalyse und der daraus abgeleiteten Gestaltungsmaßnahmen vorgenommen, die sich in der Prozessmodellierung niederschlagen.

Prozessanalyse

Im Rahmen der Prozessanalyse wird untersucht, inwieweit identifizierte Abläufe effizienter im Sinne von schneller, kostengünstiger, qualitätssichernd, kundenorientiert gestaltet werden können. Hierbei werden auf die Methoden der Arbeits- und Aufgabenanalyse vornehmlich zurückgegriffen. Die Erkenntnisse der Ist-Erfassung liefern Ansatzpunkte, den Ablauf des Gesamtprozesses zu verändern.[241] Die Prozessanalyse informiert über die Art des Zusammenhangs zwischen Verrichtungen und die Teilbarkeit der Prozesse.[242] Mit dem Verfahren der Dekomposition werden Makroprozesse in detaillierte Teilprozesse zerlegt, wobei der Detaillierungsgrad bis zum Ausweis einzelner Prozessvarianten reichen kann.[243] Die Gliederungskriterien müssen an den Fähigkeitspotenzialen anknüpfen, die für die Identifikation der Prozesse konstitutiv waren. Weil die den Prozessen zugrunde liegenden Routinen pfadabhängig und idiosynkratisch sind, lassen sie sich nur teilweise explizieren, sodass sich die Definition von Teilprozessen und die Analyse dieser auf ganzheitliche Ressourcenbündel und Routinen erstrecken muss.[244] Im Rahmen der horizontalen Differenzierung (Mengenteilung eines Prozesses) können für die Analyse

[240] Vgl. Gaitanides (2007), S. 155f.

[241] Vgl. Weidner/Freitag (1990), S. 221f.

[242] Vgl. Schreyögg (2003), S. 123.

[243] Vgl. Gaitanides (2007), S. 56.

[244] Vgl. Gaitanides (2007), S. 188.

verschiedene Prozessvarianten generiert werden. Die vertikale Zerlegung (Artenteilung) zergliedert Prozesse in Teilprozesse und erleichtert somit die Analyse.[245] Unter starker Beteiligung aller betroffenen Akteure soll der gesamte bisherige Prozess in allen Einzelschritten erfasst werden, um einen Gesamtüberblick über den Leistungserstellungsprozess und den daran beteiligten Stellen und Personen zu erhalten[246] und abzugleichen, welche Wertschöpfung und inwiefern Blindleistungen erstellt werden. Im Zuge dessen können an dieser Stelle auch reine Bearbeitungszeiten von Liege- und Transferzeiten abgegrenzt werden.[247] Darüber hinaus sind unmittelbare Arbeitsbeziehungen zu eruieren und zu präzisieren, wer direkter Vorgesetzter im Prozess ist, wem Anweisungen mit welchen Aufgabeninhalten erteilt werden, wie hoch der Selbständigkeitsgrad des Arbeitsplatzes ist, welche Störungen es gegebenenfalls geben kann, welche Hilfs- und Arbeitsmittel vorhanden sind und welche fehlen oder überflüssig sind, welche Informationen erhalten und welche weitergegeben werden etc.[248] Auch die geplanten Kosten sowie der Verzehr der Organisationsressourcen werden für jeden Prozess aufgenommen, was die Ermittlung von Kostensätzen für sämtliche Kosten verursachende Prozesse ermöglicht.[249]

Ergebnis der Analyse ist eine geordnete Menge von Teilaufgaben, die die „Gestaltungsmasse" des Organisators darstellt, aus der organisatorische Abläufe geformt werden können,[250] wobei unterstellt wird, dass die Erfüllung aller analytisch gewonnenen Teilaufgaben die Erfüllung der organisatorischen Aufgabe und damit das Erreichen der festgelegten Ziele sicherstellt.[251] Die Analyse liefert demnach Anhaltspunkte, anhand derer Prozesse effizienter gestaltet werden können, mit dem Ziel, im Rahmen der Prozessmodellierung erkannte Schwachstellen und Blindleistungen zu beseitigen.[252]

Die BPM-Literatur betont, dass Grundvoraussetzung für erfolgreiches BPM in der Beteiligung der Akteure bereits im Rahmen der Analyse besteht, weil dadurch Vorbehalte, Ängste und Widerstände frühzeitig abgebaut werden können. Die Organisationsmitglieder sollen somit für Gestaltungsnotwendigkeiten, Details und Zusammenhänge sensibilisiert und für möglichst weitgehende Verbesserungen der Abläufe motiviert werden. Das frühe Einbeziehen der Prozessteilnehmer soll Vertrauen stärken und die Identifikation mit den entwickelten Lösungen herstellen. Dass dieser Ansatz jedoch mit vielschichtigen Problemen behaftet ist, wird im

[245] Vgl. Gaitanides (2007), S. 163.

[246] Vgl. Töpfer (1996), S. 226.

[247] Vgl. Scholz/Vrohlings (1994), S. 105; Eversheim (1995), S. 46f.

[248] Vgl. Jung (1996), S. 145f.

[249] Vgl. Eversheim (1995), S. 78.

[250] Vgl. Schreyögg (1999), S. 113.

[251] Vgl. Eigler (2004), S. 58.

[252] Vgl. Töpfer (1996), S. 224.

Laufe der Abhandlungen dieser Arbeit deutlich. Zuvor soll vorgestellt werden, wie Arbeitsablaufgestaltung allgemein im Rahmen von BPM durchgeführt werden kann und welche Methoden und Vorgehensweisen der Prozessmodellierung hierfür in der Literatur Anerkennung finden.

Prozessmodellierung

Die Prozessanalyse ist Ausgangspunkt für die Prozessmodellierung.[253] Im Zentrum der Geschäftsprozessmodellierung steht die modellbasierte Gestaltung der Koordination und Ausführung von Geschäftsprozessen.[254] Intensiv diskutiert werden hierbei Fragen der Prozessgestaltung, Vorgehensweisen, Dokumentation bis zu speziellen Details wie die Entwicklung so genannter Grundsätze ordnungsgemäßer Modellierung.[255] Eine modellhafte Abbildung von Prozessen ist notwendig, um „die Zielerfüllung von Organisationen unter den Randbedingungen zunehmender Komplexität und Umweltdynamik in ganzheitlicher Form beschreiben und damit beherrschen zu können."[256] Die Gestaltung von Arbeitsabläufen muss insbesondere unter der Berücksichtigung des Faktors Mensch erfolgen, denn er kann die erforderliche Flexibilität gewährleisten und sicherstellen, dass Gestaltungsmaßnahmen umgesetzt werden.[257]

Die Prozessmodellierung zielt insbesondere darauf ab,[258]

- Wertschöpfungstransparenz zu schaffen, indem die Ablaufdarstellung erlaubt, kritische Bereiche aufzudecken und Schwachstellen zu eliminieren,
- Prozessverantwortlichkeiten zu bestimmen, da deutlich wird, wann welche Tätigkeiten für die Leistungserstellung zu ergreifen sind und darüber die Möglichkeit besteht, die Verantwortung für jeweils komplette Geschäftsprozesse organisatorisch in eine Hand zu legen, um auch die Identifikation mit der erstellten Leistung zu fördern,
- ein strukturiertes Mess- und Steuerungssystem zu definieren, da Prozesskennzahlen ableitbar werden, mit denen bezüglich Zeit, Qualität, Kosten und Kundenzufriedenheit die Prozessleistungen überprüft und Schwachstellen identifiziert werden können,
- Leistungsvereinbarungen auszuarbeiten,
- Organisationsmitglieder zu schulen oder einzuarbeiten, da ein Überblick über die Leistungserstellung gegeben werden und ein besseres Verständnis des

[253] Vgl. Gaitanides (2007), S. 162.

[254] Vgl. Schwarzer/Krcmar (1995), 14ff.

[255] Vgl. Rosemann/Schwegmann (2001), S. 49ff.

[256] Sinz (1995), S. 425; ähnlich Jost (1994), S. 77ff.

[257] Vgl. Eversheim (1995), S. 23.

[258] Vgl. Gaitanides (2007), S. 161f.

Organisationsgeschehens zur Förderung bereichsübergreifender Zusammenarbeit entwickelt werden kann,

- Richtlinien zu erstellen.

Die Prozessmodellierung besteht aus dem Entwurf des Prozessdesigns aller bereits identifizierten und analysierten Kern- und Supportprozesse. Sie beinhaltet die Strukturdarstellung, die unter Berücksichtigung der Prozessverknüpfungen die Prozessarchitektur der Organisation dokumentiert.[259] Nach Gaitanides/Sjurts soll eine unternehmensindividuelle Prozessmodellierung an den Kernkompetenzen anknüpfen, die durch den spezifischen Einsatz und die Bündelung von Ressourcen geschaffen werden können.[260] Das Design erfolgt unter dem Aspekt der Prozessoptimierung, das heißt vor dem Hintergrund der bereits formulierten Ziele von BPM. Entsprechend der Ergebnisse der Prozessanalyse, bilden Schwachstellen den Ausgangspunkt für die Gestaltung der Ablauforganisation.[261] Aufgrund der Spezifität des Gestaltungsobjektes und der Gestaltungsspielräume gibt es keine generellen Verbesserungsmaßnahmen.[262] Problematisch dabei ist, dass in der Literatur auf das Problem konkurrierender Gestaltungsoptionen nicht verwiesen wird.[263] Hilfsweise können Referenzmodelle als Lösung bezüglich einer optimierten Gestaltung von Geschäftsprozessen zu Rate gezogen werden, die der Beschreibung der Funktionen, der auslösenden Ereignisse, der transformierten Daten und der beteiligten Organisationseinheiten dienen.[264] Für BPM werden dann diese Prozessmodelle konkretisiert, das heißt Abläufe werden mit Zeiten und Kapazitäten belegt, deren Durchführung simuliert, Abweichungsanalysen bezüglich festgelegter Zeiten und Kosten erhoben und die Modelle entsprechend der Ergebnisse verfeinert. Über diese Vorgehensweise kann Prozessleistungsfeedback eingeholt, alternative Bearbeitungsstrategien verglichen und die unter Kosten-, Zeit- und Qualitätsgesichtspunkten günstigste Alternative unter Berücksichtigung der aktuellen Kapazitätssituation ausgewählt werden.[265]

Beim Entwurf von Prozessen stehen Grundsatzentscheidungen im Mittelpunkt. Der dafür erforderliche Gesamtüberblick über einen Prozess muss sich auf die wesentlichen Aufgaben konzentrieren. Die abgeleitete Menge von Aufgaben muss auf die wichtigsten reduziert werden, sodass jede Aufgabe einen wesentlichen Aspekt der Leistungserstellung erklärt und die Aufgaben ungefähr die gleiche Bedeutung und den gleichen Aggregationsgrad haben.[266] Demzufolge steht die Festle-

[259] Vgl. Gaitanides (2007), S. 161.

[260] Vgl. Gaitanides/Sjurts (1995), S. 76.

[261] Vgl. Eversheim (1995), S. 123.

[262] Vgl. Best/Weth (2005), S. 130.

[263] Vgl. Gaitanides (2007), S. 57.

[264] Vgl. Scheer/Zimmermann (1996), S. 275.

[265] Vgl. Scheer/Zimmermann (1996), S. 275.

[266] Vgl. Hess (1996), S. 205, 209f.

gung des gewünschten Grads an Arbeitszerlegung und Standardisierung ganz am Anfang des Entwurfs der Aufgabenkette. Im Rahmen der Prozessstrukturierung wird der Gesamtprozess in Subsysteme zerlegt, bei denen es sich um inhaltlich abgeschlossene und in einem logischen Zusammenhang stehende Erfüllungsvorgänge handelt.[267] Dabei ergeben sich die beiden folgenden Problemdimensionen:[268]

- Festlegung eines angemessenen Aggregations- oder Detaillierungsgrades (vertikale Auflösung) und
- Festlegung der in horizontaler Hinsicht einzubeziehenden Elemente (Frage nach der Systemgrenze).

Die Diskussion des Detaillegrades von Prozessmodellierungen ist ein Autonomie- und Formalisierungsproblem, was die Spannung zwischen ökonomischer Sinnhaftigkeit, Notwendigkeit zur Kenntniserlangung über den zu gestaltenden Ablauf und je nach gewähltem Grad möglicher Beeinflussbarkeit von Verhalten widerspiegelt. Eine pauschale Aussage zur optimalen Gliederungstiefe ist nicht möglich. Die Gliederungstiefe wird wesentlich durch das Ziel des Betrachters sowie durch die vorliegende Prozessart bestimmt.[269] Das Hauptproblem bei der Festlegung des optimalen Detaillierungsgrades der Prozessstrukturierung zur Modellierung der entsprechenden Abläufe ist, dass einerseits mit zunehmendem Detaillierungsgrad die Gefahr eines „Overengineering“ besteht und die Prozessdarstellung immer unübersichtlicher wird,[270] andererseits ein zu geringer Detaillegrad zu wenig Anknüpfungspunkte zur Verbesserung von Abläufen bieten kann. Grundsätzlich lässt sich für jedes Prozesssystem ein beliebig hohes Auflösungsniveau wählen, was jedoch nicht praktikabel erscheint. Da es letztlich keine allgemeingültigen Regeln für den Prozesskompositionsgrad gibt, werden Kriterien herangezogen, mit deren Hilfe die Entscheidung bezüglich der Gliederungs- und Modellierungsebene unterstützt werden kann. Grundgedanke dabei ist, dass Prozessgestaltung keinem Selbstzweck folgt, sondern nach den Kriterien Zweckmäßigkeit und Wirtschaftlichkeit vorgenommen werden sollte.[271] Die Zweckmäßigkeit knüpft an einer kontextgerechten Gliederungstiefe an und zeigt die Subjektivität dieses Vorgehens deutlich auf. Letztlich ist Ziel der Prozessstrukturierung die Schaffung von Transparenz zur Modellierbarkeit, um so eine Basis für eine Gestaltung effizienter Abläufe und deren Steuerung zu erhalten.[272]

Es gibt sehr einfache Prozesse, die sehr häufig in immer gleicher Form vorkommen und genauestens bekannt sind. Solche Routineprozesse unterscheiden sich in ihrer

---

267 Vgl. Gaitanides (1983), S. 65; Trott zu Solz v. (1992), S. 21f.

268 Vgl. Milling (1981), S. 104.

269 Vgl. Fischermanns/Liebelt (2000), S. 30.

270 Vgl. Gaitanides (1983), S. 81ff.; Hammer/Kannefaß (1994), S. 237; Gaitanides/Sjurts (1995), S. 70; Scholz/Vrohlings (1994), S. 49ff.

271 Vgl. Gaitanides (1983), S. 83.

272 Vgl. Gaitanides (1983), S. 81.

Gestaltung und damit auch in ihrer Zerlegung gravierend von anderen Prozessen, deren Aufgabenerfüllung seltener, variierender und weniger transparent ist. Bei routinisierten Abläufen wird in der Regel der Prozess sehr tief zergliedert. Die hohe Wiederholungsrate und Einfachheit der Prozesse macht eine Standardisierung und/oder Automatisierung der Arbeitsschritte möglich. Eine größere Wiederholungshäufigkeit der Prozesse kann detaillierter beschrieben und modelliert werden, denn sie liefert einen Ansatzpunkt für eine Verbesserung der Abläufe. Der höhere Detaillegrad der Prozessmodellierung kann sogar erforderlich sein, um so auftretende Probleme erkennen und abstellen zu können.[273] Demgegenüber ist es bei der anderen Art von Prozessen weniger sinnvoll, diese aufzugliedern. Die Veränderlichkeit der Teilschritte erfordert eine weitgehend flexible Aufgabenerfüllung, sodass Standardisierungen und damit tiefe Prozesskenntnisse eher überflüssig sind. Sind Prozesse nicht exakt vorherzubestimmen, ist für die Beschreibung somit ein geringerer Detaillierungsgrad anzustreben. Eine geringe Wiederholungshäufigkeit lässt kaum statistisch abgesicherte Aussagen zum Beispiel über die Dauer von Prozessen zu. Daher ist hier eine ergebnisorientierte Vorgehensweise erforderlich, die sich an terminierten Zwischenergebnissen und den zum Erreichen dieser Ziele erforderlichen Prozessketten orientiert. Der Detaillegrad kann ebenfalls in Abhängigkeit der Nähe zwischen operativer Durchführung und übergeordneter Steuerung sinnvoll für die Prozessmodellierung abgeleitet werden. Hierbei wird davon ausgegangen, dass Prozesse, die von den Prozessteilnehmern selbst gesteuert werden grob beschrieben werden können, ohne dass Standardisierungseffekte verloren gehen, und der Detaillegrad erhöht werden muss, je stärker die operative Durchführung der Prozessschritte von der übergeordneten Steuerung getrennt ist.[274]

Wie bereits erläutert, ist die Gestaltung von Organisationsstrukturen von der Kenntnis des Gestalters bezüglich des Gestaltungsgegenstands abhängig. Demzufolge muss der Detaillegrad zumindest so gewählt werden, dass mit dessen Ergebnis Prozesse dargestellt, modelliert und verbessert werden können. Die Varianten der Prozessgestaltung sind anhand der gesetzten Ziele und über die Betrachtung von Vor- und Nachteilen zu bewerten.

Die Prozessmodellierung wird durch den Einsatz von Prozesstools unterstützt. Vor dem Hintergrund der Zielsetzungen (Kosten-, Zeit- und Qualitätsaspekt) und damit einhergehenden Maßgaben (Schnittstellenminimierung, Kundenorientierung, Verantwortlichkeitsfestlegung, Teamarbeit) von BPM werden in der Literatur folgende Maßnahmen im Rahmen der Prozessmodellierung zur Gestaltung von Abläufen vorgestellt. Prozessgestaltung ist in erster Linie als Gestaltung von Schnittstellen zu betrachten, wobei das Problem der Schnittstellengestaltung in der Definition der Schnittstellen liegt. Die Aufgabenerfüllung wird als Austausch von Vereinbarungen interpretiert, und zwischen den einzelnen Aktivitäten eines Prozesses findet ein Verhandlungsprozess statt, in dessen Mittelpunkt die Definition der

[273] Vgl. Eversheim (1995), S. 20; Fischermanns/Liebelt (2000), S. 31.

[274] Vgl. Best/Weth (2005), S. 126.

auszutauschenden Informationen sowie ihrer Qualität stattfindet.[275] Die Gestaltung soll durchgängige Abläufe mit möglichst wenigen Schritten innerhalb der Leistungserstellung ergeben.[276] Hierfür werden zuvor im Rahmen der Arbeitsteilung fragmentierte Aufgaben zusammengefasst und in ganzheitlicher Form einem Prozessteam übertragen. Dabei orientiert sich die Aufgabenzuweisung an der Prozesskomplexität, das heißt dem Prozessschwierigkeitsgrad.[277] Die Untersuchung von Schnittstellen unterstützt das Herausfinden von überflüssigen Aktivitäten im Prozessablauf. Wenn zum Beispiel eine Schnittstelle zwischen zwei angrenzenden Aktivitäten nicht definiert werden kann, besteht auch keine Verbindung zwischen ihnen, sodass die nicht in einer Austauschrelation mit einer anderen Aktivität stehenden Tätigkeit eliminiert werden kann.[278] Die Eliminierung von Aktivitäten und Prozessen ist anhand der Beantwortung der Frage, welchen Unterschied es für den internen bzw. externen Kunden macht, ob ein Prozessschritt durchgeführt wird oder nicht, vorzunehmen, denn es gilt: „Vollkommenheit entsteht nicht dann, wenn man nichts mehr hinzufügen kann, sondern, wenn man nichts mehr wegnehmen kann."[279] Letzen Endes bringt die Maßnahme des Eliminierens von Schnittstellen und überflüssigen Prozessschritten viele Vorteile mit sich wie etwa:[280]

- Prozesse werden vereinfacht,
- die Durchlaufzeit wird verkürzt,
- die Qualität des Prozessergebnisses steigt, weil die Organisationsmitglieder ihre Aufmerksamkeit nur noch den wertschöpfenden Prozessschritten widmen können,
- die Mitarbeiterzufriedenheit steigt, weil sinnlose und unproduktive Arbeitsschritte wegfallen,
- Fehler bei der zeitlichen, sachlichen und personellen Abstimmung von Teilleistungen können reduziert werden.

Typische Tätigkeiten, die auf überflüssige Prozessschritte schließen lassen sind Nachforschen, Warten, Suchen, mehrmalige Dateneingabe etc. Die einfachste und unkritischste Art der Schnittstellenreduktion erfolgt durch die Auslagerung von Aktivitäten, die so weit von der eigentlichen Geschäftstätigkeit entfernt sind, dass mit einer möglichen Minderleistung des Lieferanten keinerlei Gefahr für die eigene Organisation einhergeht. Dementsprechend können Unterstützungsprozesse soweit ausgelagert werden, wie es zu keiner empfindlichen Störung in den Kernpro-

275 Vgl. Schwarzer/Krcmar (1995), S. 182.

276 Vgl. Osterloh/Frost (2003), S. 22.

277 Vgl. Schober (2002), S. 167.

278 Vgl. Schwarzer/Krcmar (1995), S. 183f.

279 De Saint-Exupèry zitiert in Best/Weth (2005), S. 114.

280 Vgl. Best/Weth (2005), S. 114; Brockhoff/Hauschildt (1993).

zessen der Organisation kommt.[281] Iterationsschleifen sind soweit wie möglich zu reduzieren und Teilprozesse zeitlich aufeinander abzustimmen, indem sie zum Beispiel parallelisiert oder in der zeitlichen Abfolge geändert werden. Eine Integration von Prozessen zielt auf die Vermeidung von Schnittstellen und den daraus resultierenden Übergangszeiten, geistigen Rüstzeiten, Informationsverlusten etc. ab.[282] Im Zuge der Schnittstellengestaltung sind allerdings die Vor- und Nachteile von Generalisierung und Spezialisierung abzuwägen. Im günstigen Fall kann der Gesamtprozess in die Hand eines Aufgabenträgers gelegt werden. Für die Reduktion der Arbeitsteilung im Prozess ist allerdings in der Regel job-enrichment und -empowerment erforderlich. Dies bedeutet, strukturell verschiedene Arbeitsinhalte vor allem auch in Bezug auf planende und koordinierende Aufgaben in einer größeren Handlungsfreiheit zusammen zu fassen.[283] Dadurch wird zwischen Input und Output eine einheitliche Prozessverantwortung geschaffen, die dem Aspekt der kundenorientierten Rundumbearbeitung Rechnung trägt.

Die konsequente Ausrichtung aller Tätigkeiten auf den Kunden führt dazu, dass interne Kunden-Lieferanten-Beziehungen durch service-level-agreements definiert werden müssen, um externe Kundenanforderungen bedienen zu können.[284] Ziel ist die Erhöhung der Kundenzufriedenheit und Steigerung der Effizienz durch Verkürzung der Leistungserstellungsdauer und Reduktion von Fehlern im Prozess. Demzufolge sind die Bestandteile (was ist zu leisten) und die Merkmale (wie ist zu leisten) Ausgangspunkt für die detaillierte Definition einzelner Prozessleistungen.[285] Die Bereinigung und Ausdünnung von Prozessketten soll Abläufe schneller und übersichtlicher machen, um zeitlich motivierte Kundenanforderungen besser erfüllen zu können.

Prozessteams

Da wie bereits angedeutet der Aspekt der Verantwortung für Leistungen im BPM-Konzept eine maßgebliche Rolle spielt, sieht BPM vor dem Hintergrund der Schnittstellenreduzierung und Kundenorientierung den Einsatz von Prozessteams vor. Durch die Übertragung der Prozessschritte an ein Prozessteam soll der beziehungsorientierten Bereichsbildung gefolgt und das Koordinationsproblem auf die prozessuale Abstimmung in die Gruppe verlagert werden, um geringere Koordinationskosten zu verursachen. Das damit ebenfalls verwirklichte Prinzip des one-face-to-the-customer soll darüber hinaus die Ergebnisverantwortung der Akteure verstärken,[286] Selbstkontrolle der Prozessverantwortlichen ermöglichen und eine schnittstellenfreie Qualitätssicherung gewährleisten. Demzufolge wird bei der

---

[281] Vgl. Best/Weth (2005), S. 146.

[282] Vgl. Eversheim (1995), S. 31.

[283] Vgl. Eversheim (1995), S. 139f.

[284] Vgl. Jung (1996), S. 143.

[285] Vgl. Nieschlag/Dichtl/Hörschgen (1994), S. 684.

[286] Vgl. Osterloh/Frost (2003), S. 213.

Prozessgestaltung für jeden definierten Arbeitsablauf ein gesamtverantwortlicher Prozesseigner festgelegt, der für die Durchführung und Verbesserung der Prozessschritte verantwortlich ist.[287] Grundidee ist, dass für das Beherrschen vielfältiger Aktivitäten spezialisierter und funktional integrierter Geschäftsprozesse interdisziplinär zusammengesetzte Prozessteams zur Bearbeitung von Abläufen eingesetzt werden müssen.[288] Kann zum Beispiel der Arbeitsumfang nicht von einer Person allein bewältigt werden, wird die kundenorientierte Rundumbearbeitung ohne Schnittstellen durch Prozesseigner und Prozessteams realisiert.[289] Das Prozessteam soll sich möglichst im Wege der Selbstabstimmung koordinieren. Dadurch werden Vorgesetzte von ihren Koordinationsaufgaben entlastet. Ihre Leitungsspanne kann dadurch größer und die Hierarchie entsprechend flacher werden. Gleichzeitig erhalten die Akteure die Entscheidungsbefugnisse, die sie benötigen, um die Kundenerwartungen und die damit einhergehenden Aufgaben zu erfüllen. Der Motivationsvorteil liegt hierbei darin, dass die Leistungen von den Prozessteams weitgehend eigenständig erbracht und ihnen kundenspezifisch rückgekoppelt werden können.[290] Dementsprechend bedeutet die Gestaltung von Prozessen organisatorische, motivationale und soziale Bedingungen herzustellen, die das Entstehen von reziproken Prozessteams fördern, weil diese wie noch gezeigt werden wird mit dem damit einhergehenden Teamgeist eine höhere Wahrscheinlichkeit für Teamerfolg im Sinne einer effizienten Aufgabenerfüllung aufweisen.[291] Die Effizienz soll insbesondere vor dem Hintergrund der zeitlichen Zielsetzung von BPM erreicht werden, indem Abstimmungen schneller und möglichst fehlerfrei erfolgen.

Im Umgang mit der Schlüsselgröße Zeit wird zumeist die Möglichkeit der Beschleunigung von Abläufen untersucht. Begriffe wie Capabilities of Time, Speed Management und High Speed Management haben sich in den letzten Jahren in Theorie und Praxis etabliert.[292] Die Zeitplanung von Prozessen kann sich in folgenden Teilschritten vollziehen:[293]

- ermitteln der Dauer jedes Vorgangs,
- bestimmen der frühesten und spätesten zeitlichen Lage jedes Vorgangs,
- errechnen der Zeitreserve pro Vorgang,
- ermitteln des kritischen Wegs.

Da Schnittstellen neben dem Koordinationsaufwand in der Regel Transport-, Liege-, Übergabe- und Einarbeitungszeiten verursachen, führt die Reduktion von

---

287 Vgl. Melan (1985), S. 53; Striening (1988), S. 165f.; Töpfer (1996), S. 231.

288 Vgl. Gaitanides (2007), S. 188.

289 Vgl. Osterloh/Frost (2003), S. 111.

290 Vgl. Ulrich (1972); vgl. hierzu auch die Ausführungen in Kapitel 6.3.

291 Vgl. Gaitanides (2007), S. 200; vgl. hierzu auch die Ausführung in Kapitel 6.4.

292 Vgl. Bühner (1990); Ochs (1992); Vesey (1991).

293 Vgl. Fischermanns/Liebelt (2000), S. 290.

Schnittstellen zu einer Verkürzung der Durchlaufzeit eines Ablaufs. Daher sind bei der Prozessmodellierung Abläufe in Tätigkeiten zur Ermittlung der benötigten Zeit und der Differenz zwischen Gesamtvorgangszeit und Wertschöpfungszeit zu zerlegen, um Zeittreiber, die den Vorgang verzögern ohne Wertschöpfung zu erbringen, eliminieren zu können. Liegezeiten benötigen oft ein Mehrfaches der reinen Bearbeitungszeit, sodass allein durch die Verkürzung dieser unproduktiven Zeiten Prozesse beschleunigt werden können, ohne die Bearbeitungsintensität zu erhöhen.[294] Da die Durchlaufzeit eine wichtige Leistungsgröße für Prozesse darstellt, ist es sinnvoll, möglichst viele Prozessschritte parallel laufen zu lassen. Parallelisierung erfolgt über die Erfassung und Modellierung aller relevanten Informationen des Ist-Zustands zur Analyse der zeitlichen und sachlich logischen Abhängigkeiten, um Zeitfolgen, Zeitdauern, Abhängigkeiten der Vorgänge, Iterationsschleifen, die dem zeitlichen Ablauf entgegengerichtet sind und zusätzliche Zeiten der Vorgangsbearbeitung beanspruchen, zu analysieren. Dementsprechend ist die Möglichkeit der Parallelbearbeitung von zeitlichen und/oder inhaltlichen Voraussetzungen abhängig. Inhaltlich voneinander unabhängige Vorgänge lassen sich grundsätzlich dann parallelisieren, wenn die zu ihrer Bearbeitung eingesetzten Ressourcen wie etwa Personal, Sachmittel etc. zeitlich unabhängig voneinander in den Prozess eingebunden werden können. Da dies in der Regel nicht der Fall ist, muss geprüft werden, ob und unter welchen Bedingungen die Vorgangsbearbeitung inhaltlich und zeitlich unabhängig gestaltet werden kann. Ansatzpunkte zur Realisierung von Parallelbearbeitungen ergeben sich aus der Betrachtung der Informationsflüsse zwischen den eingesetzten Ressourcen des Prozesses, das heißt anhand des Gefüges werden Parallelisierungspotenziale nach informationslogischen Gesichtspunkten abgeleitet. Diese Potenziale sind insbesondere dann vorhanden, wenn zum Beispiel die Input-Output-Beziehung zwischen Aktivitäten keine sequentielle Abfolge verlangt, jedoch im Rahmen des Ist-Zustands eine sequentielle Abhängigkeit aufweist und keine technischen oder juristischen Restriktionen den parallelen Ablauf bestimmter Prozessschritte verhindern.[295] Wenn Vorgänge nicht vollständig zu parallelisieren sind, ist zumindest eine zeitliche Überlappung der Vorgänge anzustreben. Diese kann oftmals durch eine teilweise inhaltliche Entkopplung der Vorgänge zum Beispiel durch das Bereitstellen von Vorabinformationen verwirklicht werden.[296] Vor diesem Hintergrund ist das Konzept des Simultaneous Engineering zu nennen, welches sich auf die integrierte und zeitparallele Abwicklung der Produkt- und Prozessgestaltung konzentriert und mittels der gleichzeitigen Bearbeitung von Aufgaben in einem mehrfunktionalen Team zum Beispiel die Time-to-Market verkürzt, was hauptsächlich in F&E- bzw. Innovationsprozessen Verwendung findet.[297] Die Parallelisierung von Prozessschritten

[294] Vgl. Gaitanides (2007), S. 217.

[295] Vgl. Best/Weth (2005), S. 118.

[296] Vgl. Eversheim (1995), S. 140f.

[297] Vgl. Werner (2002), S. 50; Eversheim (1995), S. 121.

erfordert allerdings zusätzlichen Aufwand für die Koordination der Arbeitsteilung und Zusammenführung bzw. Synchronisation der Teilergebnisse zu einem Ganzen. Sind diese zusätzlichen Bearbeitungs-, Transport- und Liegezeiten unverhältnismäßig hoch, ist der Grundform der Prozesskette, also einer sequenziellen Prozessstruktur, der Vorzug zu geben. Treten die negativen Begleiterscheinungen nicht auf, sind sequenzielle Bearbeitungsfolgen durch Parallelabläufe zu ersetzen.[298]

Neben der Eliminierung von Prozessschritten und Schnittstellen und der damit einhergehenden Integration von Aufgaben sowie neben dem Parallelisieren von Aktivitäten kann ebenfalls über Automatisierung das Zeitziel von BPM verfolgt werden. Die Automatisierung von Prozessschritten hat in der Regel mehrere Facetten. Auf der Organisationsseite werden manuelle Tätigkeiten durch den Einsatz von Computern und Maschinen ersetzt, was zu Produktivitätsvorteilen führen soll. Für den Kunden geht damit häufig eine schnellere Leistungserstellung einher. Die Automatisierung ist besonders für Prozesse sinnvoll, die in großen Mengen auftreten und deren Bewältigung einen hohen Einsatz an Personalressourcen erfordern. Allerdings wird empfohlen, die Frage nach Automatisierungspotenzialen erst zu stellen, wenn die Prozesse optimiert sind und geklärt werden kann, welche technischen Möglichkeiten für eine weit reichende Verbesserung zur Verfügung stehen und welche Konsequenzen dies möglicherweise nach sich zieht.[299] Dass bei dieser Vorgehensweise die zugrunde gelegte Optimierung von Prozessen auch von den technischen Möglichkeiten abhängen kann, wird allerdings nicht thematisiert.

Ein klassisches Mittel zur Verkürzung von Bearbeitungszeiten ist die Spezialisierung auf Objekte mit bestimmten Verrichtungsfolgen oder auf gleichartige Verrichtungen für verschiedene Objekte, wobei im Rahmen von BPM mittels Schnittstellenreduktion, Integration von Aktivitäten und Teamarbeit ersteres eher Verwendung findet. Je kleiner die Anzahl gruppierter Objekte, desto kleiner sind die Liegezeiten. Am günstigsten ist somit die Einzelfolge von Objekten, da diese dann zu den jeweils frühest möglichen Zeitpunkten bearbeitet und fertig gestellt werden können unter der Voraussetzung, dass eine unmittelbare Weiterleitung an die Folgestelle erfolgt und diese sich umgehend dem eingetroffenen Objekt annehmen kann.[300] Eine Einzelfolge verursacht jedoch bei den Transporten den Effekt höherer Transportzeiten, welche bei der Prozessgestaltung im Rahmen der Frage nach der Zusammenfassung von Arbeitsobjekten reduziert werden können. Der Vorteil von Objektgruppierung (zum Beispiel Stapelverarbeitung von Papier) liegt darin, dass für den Fall, dass Aufgabenträger Objekte selbst transportieren, Wegezeiten entfallen und diese dadurch mehr Zeit für die Erfüllung ihrer eigentlichen Aufgaben haben. Bei Sachmitteln fallen geringere Rüstzeiten an, weil sich ein Akteur nur einmal auf das gerade geforderte Verfahren einstellen muss. Durch standardisiertes,

---

298 Vgl. Fischermanns/Liebelt (2000), S. 228f.

299 Vgl. Best/Weth (2005), S. 127.

300 Vgl. Fischermanns/Liebelt (2000), S. 233, 229.

routiniertes Abwickeln bestimmter Vorgänge können Verrichtungen schneller durchgeführt werden. Nachteilig bei der Stapelbearbeitung sind Liegezeiten der zusammengefassten Objekte, welche die Durchlaufzeit insgesamt verlängern. Hinzu kommt, dass bei der nachfolgenden Stelle unter Umständen unproduktive Wartezeiten anfallen können, wenn die zu bearbeitenden Objekte später eintreffen. Die Objekte sind so zu „takten", dass sie genau dann eintreffen, wenn die jeweilige Stelle bearbeitungsbereit ist. Somit muss die Ankunftsrate von Objekten[301] immer kleiner sein als die Bearbeitungsrate,[302] sodass Prozessabschnitte so modelliert werden, dass der jeweils vorangegangene immer eine etwas kürzere Durchlaufzeit aufweist.[303] Somit sind bei der Prozessgestaltung auch Details wie etwa die Reihenfolge, in der Objekte optimalerweise bearbeitet werden können, zu berücksichtigen. Ein Kriterium wäre zum Beispiel das der Dringlichkeit oder das der Wichtigkeit für die Organisationszielerreichung.

Weitere Maßnahmen, um Zeiten zu verkürzen sind zum Beispiel: [304]

- die Vergrößerung von Kapazitäten, wodurch die Verfügbarkeit verbessert wird und Aktivitäten durch die Beseitigung von Engpässen harmonisiert werden können,
- Neuanordnung der Prozessfolge mit Änderung der Reihenfolge von Aktivitäten durch Herauslösen einzelner Aktivitäten, die vorgezogen oder nach hinten verlegt werden und
- Aggregation von mehreren Tätigkeiten als Quelle der Beschleunigung und Etablierung kurzer Rückkopplungsschleifen zwischen Aktivitäten durch laufende Selbstkontrolle,
- Aufgabenintegration, denn auch wenn durch Rückkopplungen zwischen den Prozessschritten mögliche Fehlerquellen frühzeitig erkannt werden, verursachen sie Bearbeitungszeiten oder auch Zeiten für Rücktransporte, weil etwa Kontrolle, Entscheidungen und Ausführungen unterschiedlichen Stellen übertragen wurden. Durch entsprechende Aufgabenintegration können solche Zeiten vermieden werden.[305]

Letztendlich ist im Rahmen des BPM-Konzepts die Verfolgung von Zeitzielen bei der Prozessgestaltung vor dem Hintergrund der termingerechten Leistungserstellung zu beurteilen.[306] Im Hinblick auf die Operationalisierung des Ziels der Pro-

[301] Unter Ankunftsrate wird die Anzahl von Objekten verstanden, die pro festgelegte Zeiteinheit zum Beispiel in einer Stunde zur Bearbeitung eintrifft.

[302] Die Bearbeitungsrate sagt aus, wie viele Objekte eine Stelle bzw. ein Team pro festgelegte Zeiteinheit bewältigen kann.

[303] Vgl. Fischermanns/Liebelt (2000), S. 233.

[304] Vgl. Gaitanides (2007), S. 216f.; Fischermanns/Liebelt (2000), S. 227

[305] Vgl. Best/Weth (2005), S. 117; Fischermanns/Liebelt (2000), S. 228.

[306] Vgl. Gaitanides (2007), S. 218.

zesszeitminimierung ist problematisch, dass kein Maßstab vorhanden ist um festzustellen, ob ein Prozess so gestaltet ist, dass die beinhalteten Aktivitäten möglichst schnell ausgeführt werden können. Ein innerorganisationaler Vergleichswert ist in der Regel nicht gegeben, da es nicht sinnvoll ist, unterschiedliche Prozesse miteinander zu vergleichen, sodass sich höchstens ein „vorher-nachher“ Vergleich anbietet. Auch dieses kann problematisch sein, wenn zuvor keine Prozesskenngrößen ermittelt wurden. Auch wenn aus Organisationssicht die Durchlaufzeit eines Prozesses minimiert erscheint, kann es dennoch sein, dass der Prozess im Vergleich zu einer konkurrierenden Organisation zu lange dauert. Eine organisationsexterne Orientierung im Sinne eines Benchmarking erscheint daher als einzig sinnvoller Maßstab zur Beurteilung von Maßnahmen zur Minimierung der Prozesszeit,[307] wobei den zu vergleichenden Prozessen gleiche Zielsetzungen zugrunde liegen müssen. An dieser Stelle wird deutlich, dass eine geplante Prozessoptimierung, wie sie im Rahmen von BPM gefordert wird, nicht möglich ist, sondern nur eine Verbesserung von Prozessen über BPM Methoden erzielt werden kann. Grund hierfür ist neben der hohen Komplexität des Gestaltungsgegenstandes und der Problematik bezüglich der Vergleichsmaßstäbe ebenfalls das nicht widerspruchsfreie Verhältnis der BPM-Ziele untereinander. BPM muss bei der Zielverfolgung diesbezüglich nicht nur zwischen den Oberzielen wie etwa Zeit, Kosten und Qualität, sondern auch innerhalb dieser Kriterien Kompromisse finden, wie etwa zwischen just-in-time Bearbeitungszeiten und der damit einhergehenden Transportzeiten pro bearbeitetes Objekt und dementsprechende Maßnahmen ergreifen, welche die Gesamtzielerreichung sicherstellen.

Vor dem Hintergrund des Qualitätsziels von BPM ist über die Prozessgestaltung sicherzustellen, dass Qualität direkt im Prozess erzeugt wird, und sich die Organisationsmitglieder ständig bemühen, die Wünsche des Kunden richtig zu verstehen und zu erfüllen. Fehler sind dementsprechend zu vermeiden, was über eine permanente Verbesserung und dem letztendlichen Fernziel von Null-Fehlern erreicht werden soll.[308] Es sind Prüfschritte in den Prozessschritten zu installieren, in denen Ursachen für folgenreiche Fehler liegen können, weil Qualitätskontrollen am Prozessende nicht ausreichend sind. Darüber hinaus müssen Möglichkeiten zum Zurückverfolgen der Fehlerursachen bestehen. Die Verantwortung für die Qualitätssicherung soll bei jenen Organisationsmitgliedern liegen, die auch die übrigen Tätigkeiten im Prozess verrichten. Dadurch soll eine hohe Aufmerksamkeit für eine hohe Prozessqualität und aktive Fehlervermeidung gestärkt werden.[309] Grundlage hierfür ist die Definition von Outputnormen, die neben der Fehlerdefinition das zu erreichende Qualitätsniveau eindeutig festlegt und Service-level-agreements her-

---

[307] Vgl. Eccles (1991), S. 133.

[308] Vgl. Pfeifer (1993); Eversheim (1995), S. 34.

[309] Vgl. Best/Weth (2005), S. 122f.

vorbringt.[310] Außerdem müssen die Verantwortlichen über die erforderlichen Kenntnisse zur Qualitätssicherung verfügen.[311]

Ein Instrument zur Qualitätssicherung in der Prozesskette ist FMEA (Failure Mode and Effects Analysis), das auf dem Prinzip der vorausschauenden Fehlervermeidung basiert und Aktivitäten zur Qualitätssicherung präventiv einleitet, findet zur Erreichung des angestrebten Qualitätsziels immer wieder Beachtung in BPM-Konzepten.[312] Über die Berechnung einer Risikoprioritätszahl wird eine Fehler-Möglichkeits- und Einflussanalyse vorgenommen, das heißt die Wahrscheinlichkeiten dafür, dass

- ein Fehler auftritt,
- der Fehler bedeutsam ist,
- und der Fehler vor Auslieferung an den Kunden entdeckt wird,

werden erhoben, daraus eine Risikoprioritätszahl ermittelt und daraufhin Maßnahmen zur Reduktion dieser Zahl abgeleitet. Mittels FMEA sollen jedoch nicht nur die jeweilige Prozessqualität erhöht, sondern auch Prozesskosten gesenkt, Prozesszeiten reduziert, Prozessflexibilität erhöht und Know-how Transfer zwischen den Akteuren forciert werden.[313] Auch das Konzept Quality Function Development findet viel Berücksichtigung in der BPM-Literatur. Es betont ebenfalls die Schlüsselgröße der Qualität und berücksichtigt gleichzeitig simultan die Faktoren Kosten, Zeit und Flexibilität. Allerdings wird nicht anhand zuvor berechneter Wahrscheinlichkeit ein Maßnahmenkatalog zur Prozessgestaltung entwickelt, sondern über die Transformation von Kundenwünschen kritische Qualitätsmerkmale identifiziert und selektiert. Durch Aufbau eines so genannten House of Quality[314] wird geprüft, ob die Kundenanforderungen umgesetzt werden und welche Maßnahmen zur Verbesserung ergriffen werden sollten. Problematisch bei dem Erreichen von Qualitätszielen im Rahmen von BPM ist, dass wie bei der Zeitzielsetzung die Operationalisierung von Qualitätszielen schwierig ist und intern keine Maßstäbe vorhanden sein dürften, um die Prozessgüte diesbezüglich zu evaluieren und entsprechend zu verbessern. Demzufolge muss auch an dieser Stelle auf eine externe Orientierung abgestellt werden, die, mit den bekannten Problemen behaftet, sowohl auf das Erfassen von Kundenwünschen als auch auf externe Benchmarks basieren kann.[315]

Um Prozessstrukturen vor dem Hintergrund des Kostenziels von BPM zu gestalten, muss eine Kostentransparenz geschaffen werden, die eine verursachungsge-

310 Vgl. Gaitanides (2007), S. 210.

311 Vgl. Best/Weth (2005), S. 123.

312 Vgl. Bläsing (1987); Franke (1987).

313 Vgl. Werner (2002), S. 197f.

314 Vgl. Brunner (1992), 45.

315 Vgl. Schwarzer/Krcmar (1995), S. 41.

rechte Kostenzuordnung ermöglicht.[316] Anstrengungen zur Kostenreduzierung in der gesamten Organisation setzen eine differenzierte prozessabhängige Kostenerfassung in sämtlichen Bereichen voraus. Erklärtes Ziel ist es, Kostentransparenz auch in indirekten Bereichen zu schaffen, eine verursachungsgerechte Verrechnung von Dienstleistungen zu ermöglichen und nicht zuletzt mit Hilfe einer verbesserten Gemeinkostenplanung und -kontrolle Potenziale zur rationellen Nutzung vorhandener Ressourcen aufzuzeigen.[317] Der komplette Tätigkeitsprozess zur Leistungserstellung wird heruntergebrochen und einer Kostenstelle zugeordnet. Das Volumen ist in variable (leistungsmengeninduzierte) und fixe (leistungsmengenneutrale) Bestandteile zu differenzieren und die jeweiligen Kostentreiber festzustellen, die Ansatzpunkte zur Kostenreduktion bieten.[318] So kann zum Beispiel festgestellt werden, dass repetitive Tätigkeiten standardisiert, nicht ausgelastete Stellen reduziert,[319] sodass Kosten aufgrund des Wegfalls der Stelle und der damit verbundenen Koordination wegfallen,[320] Aktivitäten automatisiert und Bereiche ausgelagert werden können.[321] Insbesondere das Outsourcing von Tätigkeiten findet bei der Prozessgestaltung Anwendung und ermöglicht, Kostenvorteile durch Fremdbezug zu erhalten, die Kapitalmittelbindung zu reduzieren[322] und die Konzentration auf Kernkompetenzen zu erhöhen.[323]

Eine vielfach beachtete Methode im Rahmen von BPM ist hierbei die Anwendung von Target Costing. Hierbei handelt es sich um ein zumeist marktfokussiertes, durch Prozesskostenrechnung unterstütztes Kostenmanagement mit einer Zielkostenplanung und einer kostenorientierten Koordination der Prozesse, sodass Maßnahmen zur möglichst frühzeitigen Kostenbeeinflussung ergriffen werden können. Dementsprechend werden die für den Prozess maximal erlaubten Kosten vorgegeben, was insbesondere dann zur Aufdeckung von Schwachstellen und Prozessverbesserungen führt, wenn die Zielkosten nur schwer einzuhalten sind. Dementsprechend werden Lösungen mit geringeren Kosten gesucht, wobei sicherzustellen ist, dass darunter die Qualität nicht leidet.[324]

Dies verdeutlicht auch an dieser Stelle das Problem der schwierigen Zielkonstellation von BPM. Darüber hinaus ist es auch im Bereich der Kostenminimierung problematisch, diese Zielsetzung zu operationalisieren, da hier ebenfalls fraglich ist,

---

[316] Vgl. Eversheim/Caesar (1991), S. 533ff.

[317] Vgl. Eversheim (1995), S. 75.

[318] Vgl. Werner (2002), S. 263.

[319] Vgl. Konzept Lean-Management. Osterloh/Frost (2003), 149ff.; Geissler et al. (1995).

[320] Vgl. Droege/Hüsch (1996), S. 327-333.

[321] Vgl. Krickl (1994), S. 28.

[322] Zum Beispiel können Fixkosten für vorgehaltenes Personal in variable Kosten umgewandelt werden, sodass bilanzielle Risiken sinken und die Kreditwürdigkeit gestärkt wird.

[323] Vgl. Best/Weth (2005), S. 147.

[324] Vgl. Werner (2002), S. 261.

inwiefern interne Maßstäbe vorhanden sind. Somit wird empfohlen, sich extern zu orientieren und über Benchmarks Anhaltspunkte für Kostenziele und Verbesserungsmaßnahmen zur Kostenreduktion von Prozessabläufen zu erhalten.[325]

Neben der mehrfach betonten Zielproblematik, die Prozessverbesserungen zugrunde liegt, sind der Prozessmodellierung weitere Grenzen gesetzt. Wie bereits angedeutet, ist bereits der Detailgrad der Prozessmodellierung subjektiv zu bestimmen und nicht anhand objektiver Kriterien auszumachen. Folglich finden sich auch keine konkreten Hinweise zum geeigneten Grad an Standardisierung und Arbeitsteilung, um einen Prozess entsprechend der Zielkriterien von BPM zu gestalten.[326] Wer mit der Standardisierung von Prozessen übertreibt, begibt sich in die Gefahr, an den Erfordernissen der Praxis vorbei zu agieren, sodass notwendige Flexibilität verloren geht und Prozesse durch ihr Regelwerk zu stark eingeengt werden.[327] Somit wird BPM mit dem Dilemma konfrontiert, einerseits Vorgaben im Rahmen der Prozessgestaltung festlegen und andererseits Handlungsfreiräume belassen zu müssen, die Flexibilität und Verbesserungen bestehender Abläufe zulassen. Zudem liegt es im Interesse von BPM, die zu gestaltenden Arbeitsabläufe im Detail zu kennen, diesbezüglich Transparenz herzustellen und entsprechend fundierte Maßnahmen zu ergreifen, um Einfluss auf Verhalten gezielt ausüben zu können. Vollständige, detaillierte Prozesserhebungen und -beschreibungen sind jedoch nicht nur ökonomisch fragwürdig, sondern kommen über die damit einhergehende Verschließung von Handlungsspielräumen einer Entwertung von Investitionen in das unternehmensspezifische Humankapital gleich.[328] Sie machen kooperative Einstellungen der Teammitglieder überflüssig, da sie ihre Anstrengungen allenfalls reduzieren und sich vielmehr auf die vorgegebenen Aktivitäten und Prozessleistungen zurückziehen.[329] Somit ist Prozessgestaltung auch immer als ein Eingriffs- und Veränderungsversuch zu verstehen, der ressourcenbasierte Wettbewerbsvorteile gefährden kann, die durch institutionelle und kulturelle Einmaligkeit geprägt sind.[330] Nur unvollständige Prozessmodellierungen und -beschreibungen können den notwendigen Raum für die Entfaltung von Kompetenzen bei der Anwendung von prozessgestaltenden Regeln in dem Sinne eröffnen, dass organisationales Wissen hervor- und in immer neuen rekursiven Schleifen organisationalen Handelns eingebracht werden können.[331] Unvollständige Prozessmodellierungen verlangen dementsprechend Verantwortliche, die eine auf reziprokem Verhaltensmuster basierende kooperative Arbeitseinstellung besitzen. BPM muss sich daher bei der Modellierung Grenzen auferlegen, sodass explizite Handlungsvorgaben

---

325 Vgl. Schwarzer/Krcmar (1995), S. 41.

326 Vgl. Hess (1996), S. 102.

327 Vgl. Best/Weth (2005), S. 126.

328 Vgl. Gaitanides (2007), S. 166.

329 Vgl. Gaitanides (2007), S. 202.

330 Vgl. Gaitanides (2007), S. 189.

331 Vgl. Ortmann et al. (1997), S. 317.

durch formalisierte Prozessstrukturen nicht reziproke Verhaltensmuster verhindern.[332] Unvollständige Beschreibungen führen wiederum zu Schwierigkeiten, Anreize für erfolgreiche Teamarbeit aufgrund mangelnder Messbarkeit und Zuordenbarkeit anzubieten sowie eine differenzierte, prozessabhängige Kostenerfassung durchzuführen.

Auch der Integration eines Prozesses in eine einzige organisatorische Einheit stehen Sachzwänge entgegen, die sich mit Prozessorientierung in Reinkultur nicht vereinbaren lassen. Ein Nachteil besteht etwa in dem Verlust von Spezialisierungsvorteilen, da die Verbreiterung des Tätigkeitsspektrums einen Verlust von Spezialwissen mit sich bringt. Im Zuge der Schnittstellenreduktion und Integration von Tätigkeiten ist darüber hinaus zu beachten, welche Anforderungen im Zuge dessen an den betroffenen Akteur gestellt werden und dessen Überlastung zu vermeiden. Ansonsten ist mit mangelnder Akzeptanz hinsichtlich der Aufgabenerfüllung durch den Aufgabenträger zu rechnen.[333]

Auch die Maßnahme des Outsourcings ist wegen der Outsourcingrisiken und der Ängste der Organisationsmitglieder nur begrenzt umsetzbar. Naturgemäß ist mit erheblichen Irritationen zu rechnen, sodass Auslagerungen bestimmter Leistungen in der Regel mit Personalmaßnahmen einhergehen, was auf negative Resonanz der Akteure trifft. Die Praxis zeigt, dass die direkt messbaren Lohnkostenvorteile mitunter durch die weniger leicht messbaren Koordinations-, Kontroll- und Fehlerkosten weit überkompensiert werden.[334]

Hier wird erkenntlich, dass die Gestaltung von Arbeitsabläufen mit vielen Unwägbarkeiten konfrontiert wird. Die Organisationsziele, an denen sich BPM orientieren muss, sind ebenso wenig objektiv wie die zu identifizierenden Prozesse, deren Analyse und Modellierung. Darüber hinaus wird BPM durch die eigenen, zum Teil konkurrierenden Ziele vor zu lösende Dilemmata gestellt, sodass der Anspruch des Konzepts hinsichtlich einer optimalen Prozessgestaltung nicht erfüllt werden kann. Insofern werden im Rahmen von BPM heuristisch entwickelte Abläufe implementiert und überwacht, was im Folgenden vorgestellt werden soll.

4.3.3 Prozessimplementierung

Barrieren der Umsetzung können den Erfolg von BPM in Frage stellen. Es können zum Beispiel dadurch Probleme auftreten, dass in der verbesserten Prozessstruktur Abläufe ohne Pufferzeiten und ohne Pufferressourcen durchgeführt werden sollen, was dazu führen kann, dass Zeit- und Ressourceneinsatzvorgaben zu eng bemessen sind und es vor dem Eintreten von Lerneffekten zu Verzögerungen und Arbeitsstaus kommen kann. Insofern ist bei der Beurteilung des Erfolgs einer Ablaufver-

[332] Vgl. Gaitanides (2007), S. 202.

[333] Vgl. Eversheim (1995), S. 48.

[334] Vgl. Best/Weth (2005), S. 151.

besserung zwischen der Anlaufphase und der Standardpraxisphase zu differenzieren und letztere als Beurteilungsgrundlage zu wählen.[335]

Die Vorgehensweise bei der Umsetzung von Prozessveränderungen kann top-down oder bottom-up erfolgen. Erstere wird insbesondere bei radikalen Verbesserungen vorgenommen und entspricht der bereits erläuterten Bombenwurfstrategie. Dieses Vorgehen widerspricht jedoch den Prinzipien der Organisationsentwicklung[336] und den grundlegenden Erkenntnissen der Motivationstheorie, denn Partizipation der Organisationsmitglieder an fundamentalen Problemlösungs- und Entscheidungsprozessen wird als Effizienzbedingung anerkannt.[337] Die Vorgehensweise bottom-up entspricht dem bereits beschriebenem evolutionären Entwicklungsmodell, wobei auch hier nicht gänzlich ohne Fremdorganisation ausgekommen werden kann und aus Komplexitätsgründen Management und Experten am Verbesserungsprozess partizipieren müssen.[338]

In aller Regel wird das Implementierungsproblem als technisch instrumentelle Fragestellung begriffen.[339] Der wirkliche „Engpass" von Organisationsgestaltung und -veränderung liegt jedoch nicht in der Technik, der Zeit oder dem Budget begründet, sondern in den Menschen, die später einmal die Arbeitsabläufe umsetzen und anwenden sollen.[340] Somit ist der Mensch der kritische Erfolgsfaktor in der Umsetzungsphase. Allein die Ankündigung von organisatorischen Veränderungen führt automatisch zu Veränderungen des Verhaltens bei den betroffenen Akteuren. BPM geht davon aus, dass eine nachhaltige Prozessveränderung in der Umsetzungsphase nur durch die aktive Einbeziehung der Organisationsmitglieder und einer hohen persönlichen Involvierung der Organisationsführung erfolgreich sein kann. Daher sollen Analysen und Instrumente des Umgangs mit Widerstand und „die Kunst, den Wandel zu verkaufen" helfen, strukturelle Veränderungen vorzubereiten.[341] Dass diese Einschätzung und der Umgang mit Organisationsmitgliedern vor diesem Hintergrund für den Erfolg von BPM problematisch sein kann, wird im Rahmen der Ausführungen bezüglich der Verhaltenssteuerungsmöglichkeiten von BPM und damit einhergehender Probleme in späteren Abschnitten der Arbeit herausgestellt werden. Nichtsdestotrotz ist die Prozessimplementierung ein grundlegender Schritt von BPM, ohne den keine Verbesserungen umgesetzt und deren Erfolg gemessen werden kann.

335 Vgl. Töpfer (1996), S. 236.

336 Vgl. Staehle (1999), S. 922ff.

337 Vgl. Coch/French (1947), S. 512ff.

338 Vgl. Kieser (1994), S. 218.

339 Vgl. Gaitanides (2004), Sp. 1216.

340 Vgl. Best/Weth (2005), S. 168.

341 Vgl. Gaitanides (2004), Sp. 1216.

4.3.4 Prozesscontrolling

Ohne eine Erfolgsmessung ist keine Steuerung und Verbesserung möglich.[342] Um eine Steuerung zu realisieren ist es erforderlich, ein entsprechendes Kontrollsystem zu implementieren. Dafür wird ein Kennzahlensystem empfohlen, das die Kontrolle von Prozessfortschritt und korrektem Ablauf ermöglicht.[343] Prozessmessgrößen sind ein zentrales Element von BPM, denn es gilt: „Was man nicht messen kann, kann man nicht verbessern."[344] Sinnvolle Prozesskennzahlen können aus den drei Basisgrößen Qualität, Zeit und Kosten abgeleitet und um die Bewertung der Wertschaffung ergänzt werden. Dabei ist anzustreben, dass die Prozessverantwortlichen selbst bestimmen, mit welchen Prozesskennzahlen sie ihre Prozesse messen und steuern wollen. Denkbar sind hierbei Führungsmessgrößen, welche die Anforderung an die Prozesse sowie deren Leistung zum Beispiel Durchlaufzeit, Prozesskosten, Produktivität, Fehlerrate etc. definieren und Einflussmessgrößen, die aus systemischer Organisationsbetrachtung abgeleitet Einfluss auf die Prozessleistung haben wie etwa Qualifikation, Informationsgüte etc.[345] Die Prozesskennzahlen sollen dem Prozessverantwortlichen nicht nur zur Beobachtung und kontinuierlichen Verbesserung der Abläufe dienen, sondern auch eine Basis zur Einschätzung der Leistung eines jeden Prozessbeteiligten darstellen.[346]

Die Prozessbewertung zielt auf die Effizienzbewertung und das Benchmarking des Prozesses ab. Kennzahlen und Leistungsvereinbarungen (Service-level-agreements) dienen zur Überprüfung der Effizienz und Funktionalität, wobei insbesondere die Leistungsvereinbarungen ein sich über die gesamten Geschäftsprozesse erstreckendes System von Kontrollpunkten ergeben, an denen die Leistungsfähigkeit der jeweiligen Aktivitäten festgestellt werden kann.[347] Die Prozessleistung wird durch aussagekräftige Kennzahlen erfasst, die mit der Zielsetzung der Organisation und den marktseitigen Randbedingungen abgeglichen werden. Dadurch soll eine Transparenz über die Organisationsleistung hergestellt und bei einer Abweichung über die verfügbaren Stellgrößen eine erneute Gestaltung der entsprechenden Parameter angestoßen und durchgeführt werden, sodass sichergestellt wird, dass die Organisation im Sinne der kontinuierlichen Verbesserung stets die Verbesserung der Wertschöpfung in den Mittelpunkt der Überlegungen rückt.[348] Eine computergestützte Analyse kann aufzeigen, mit welchen Auswirkungen bei einzelnen Maßnahmen

---

342 Vgl. Töpfer (1996), S. 236.

343 Vgl. Haist/Fromm (1991), S. 115; Krickl (1994), S. 29; Lohoff/Lohoff (1993), S. 252; Scholz/Vrohlings (1994), S. 38f.

344 Drucker (1962) zitiert in Lenz (2002), S. 589.

345 Vgl. Lenz (2002), S. 590.

346 Vgl. Hammer/Stanton (2000), S. 74f.

347 Vgl. Scholz (1995), S. 151.

348 Vgl. Eversheim (1995), S. 169.

zum Beispiel auf Durchlaufzeiten oder Kosten des Gesamtprozesses zu rechnen ist.[349]

Dabei stellt sich die Frage, welche Prozesskennzahlen herangezogen werden können. Hierzu existiert in der Literatur eine Vielzahl von Aufzählungen mit äußerst unterschiedlichem Differenzierungsgrad.[350] Weitgehende Einigkeit herrscht allerdings darin, dass sich die anzuwendenden Prozesskennzahlen auf Qualität, Quantität, Zeit und Kosten beziehen sollen.[351] So können Prozesse zum Beispiel durch entsprechende Zeitvorgaben gesteuert und kontrolliert werden, wie etwa durch:[352]

- Zeitvorgaben für Gesamtprozess, Teilprozesse oder einzelne Aktivitäten, zum Beispiel Gesamtdauer Beschwerdeprozess, Dauer Beschwerdebearbeitung, Dauer für die Formulierung eines Antwortschreibens,
- Zeitvorgaben für eine Zeitdauer oder einen Zeitpunkt, zum Beispiel Angebot maximal 2 Tage nach Anfrageeingang absenden,
- Zeitvorgaben für Transportzeiten aus Anbietersicht und Transaktionszeiten aus Kundensicht.

Die Qualitätskontrolle von Prozessen ist davon abhängig, wie viele Fehler und Abweichungen welcher Art toleriert werden. Kennzahlen können auch davon abhängen wie hoch die Wahrscheinlichkeit für einen Schadensfall ist, wie hoch der Schaden ausfallen könnte und welche Konsequenzen das für die Organisation hat.[353] Insofern ist die Wahl der Kennzahlen zur Messung der Prozessgüte und zur Steuerung von Abläufen subjektiv.

Prozesskosten können beispielsweise den gesamten Ressourceneinsatz, der zur Erbringung der Prozessleistung inklusive aller Gehalts- und Gehaltsnebenkosten erfassen[354] oder sich etwa auf den bewerteten Ressourcenverzehr bei der Vorgangsbearbeitung beziehen und alle Kosten, die nach dem Verursachungs- und Beanspruchungsprinzip anfallen, umfassen.[355] Im Rahmen der Prozesskostenrechnung werden Hauptprozesse in Teilprozesse zerlegt und den Leistungen Kostensätze zugeordnet, um insbesondere die Kostentransparenz in den indirekten Berei-

---

349 Vgl. Hess (1996), S. 56.

350 Vgl. Boston Consulting Group (1993), S. 55; Haist/Fromm (1991), S. 117ff.; Scholz/Vrohlings (1994), S. 38.

351 Vgl. Krallmann (1995), S. 368; Haist/Fromm (1991), S. 117ff.

352 Vgl. Fließ (2005), S. 177.

353 Mittels der Six Sigma Methode kann Prozessqualität gemessen und anhand des Ergebnis entschieden werden, ob der Anteil fehlerfreier Prozesse von zum Beispiel 90% zufrieden stellend ist oder erhöht werden muss. Vgl. auch Gaitanides (2007), S. 210f.; Best/Weth (2005), 121.

354 Vgl. Gaitanides (2007), S. 206.

355 Vgl. Horváth (2003), S. 553.

chen, zum Beispiel Verwaltungstätigkeiten zu erhöhen.[356] Ein anderes Instrument zur Unterstützung von Prozesscontrolling ist wie bereits angedeutet die Verwendung von target costs, eine vom Markt vorgegebene Zielgröße für Prozesskosten, wobei vorgegebene Kostenlimits nicht überschritten werden dürfen.[357]

Das Prozesscontrolling kann auch zum Beispiel über die Verwendung der Balanced Scorecard unterstützt werden. Die Darstellung von Mittel-Zweck-Beziehungen zur Klärung wie bestimmte Ziele erreicht werden sollen und welche Zielwerte hierzu erreicht werden müssen wird allerdings mit dem Problem konfrontiert, dass sich möglichen Widersprüchlichkeiten in Ursache-Wirkungs-Beziehungen nicht angenommen wird.[358] Insgesamt entscheidend ist beim Prozesscontrolling, dass alle Bewertungsgrundlagen wie Kennzahlen vor dem Hintergrund der Kundenbedürfnisse zu entwickeln sind, sodass es nicht um die Minimierung oder Maximierung der Leistungsgrößen geht, sondern um die Übereinstimmung mit den definierten Zielen und Vorgaben entsprechend der Gestaltungsziele.[359] Daher müssen sich Prozessbewertungskriterien möglichst kostengünstig, schnell und fehlerfrei an den Kundenerwartungen messen lassen und können nicht als absolute Bewertungskriterien dienen.[360] Die Überprüfung von Prozesskosten, -zeit und -qualität sowie Wertschaffung liegt im Vordergrund von Prozesscontrolling, und erst die gemeinsame Berücksichtung dieser Leistungsparameter erlaubt eine ganzheitliche Bewertung, zumal sich Zeit und Kosten als ergänzende Erfolgsfaktoren im Wettbewerb mit anderen Organisationen darstellen.[361]

Die Darstellung des BPM-Konzepts macht deutlich, wie wenig - neben dem Schritt der Prozessimplementierung - Verhalten und Leistungsbereitschaft von Prozessbeteiligten eine Rolle spielen. In den nun folgenden Kapiteln soll der Versuch unternommen werden, die Ausführungen über Organisationsgestaltung auf BPM zu beziehen und dementsprechend Prozessgestaltungsoptionen zur Verhaltensbeeinflussung herzuleiten. Zur Analyse der Möglichkeiten von BPM, Verhalten von Organisationsmitgliedern beeinflussen zu können, ist es neben der Kenntnis von BPM Zielen, Methoden und Vorgehensweisen ebenfalls wichtig, Prozessgestaltungsoptionen vor dem Hintergrund der Zusammenhänge von Arbeitsteilung und den daraus folgenden Koordinationsanforderungen und -möglichkeiten zu betrachten. Diese Betrachtung soll im Kontext des Prozessdesigns, insbesondere vor dem Hintergrund der Methoden und Vorgehensweisen bei der Prozessmodellierung im folgenden Kapitel vollzogen werden.

---

356 Cooper/Kaplan (1991); Horváth/Meyer (1989)

357 Vgl. Töpfer (1996), S. 47f.

358 Vgl. Weber/Schäffer (2000), S. 266.

359 Vgl. Gaitanides et al. (1994), 58.

360 Vgl. Gaitanides (2007), S. 203.

361 Vgl. Gaitanides (2007), S. 150, 203, 206.

4.4 Organisationsgestaltung im Rahmen von Prozessdesign

Die Prozessmodellierung determiniert Arbeitsstrukturen durch die Festlegung von Arbeitsteilung und Regelung der Koordination, die wiederum maßgeblich das Verhalten der beteiligten Akteure beeinflussen. Um feststellen zu können, wie auf Verhalten durch Prozessgestaltung eingewirkt werden kann, ist zunächst zu klären, welche Optionen im Bereich der Gestaltung von Arbeitsteilung und Koordination dem BPM-Konzept vor dem Hintergrund der bereits dargestellten Zielsetzungen offen stehen. Es muss an dieser Stelle bereits deutlich gemacht werden, dass auf das Problem konkurrierender Gestaltungsoptionen von Arbeitsteilung und Koordination in der Literatur bisher nicht verwiesen wird.[362]

4.4.1 Zusammenhang zwischen Arbeitsteilung und Koordination

Organisationsstrukturen stellen Regelungssysteme dar, welche die Gesamtaufgabe der Organisation auf mehrere Handlungsträger verteilen (Arbeitsteilung) und das Verhalten der Handlungsträger auf das Erreichen der Organisationsziele hin ausrichten sollen (Koordination). Organisationsstrukturen im Allgemeinen und Prozessstrukturen im Besonderen bilden somit Regelungen zur Verhaltensbeeinflussung.[363] Bei der Gestaltung von Arbeitsabläufen ist zu klären, wie komplexe Tätigkeiten, Aufgaben und Handlungen zwischen Menschen in einer Organisation aufgeteilt und koordiniert werden sollen, um möglichst die vorgegebenen Ziele zu erreichen. Arbeitsteilung ruft die Notwendigkeit von Abstimmung (sachliche Koordination) und Integration (zielbezogene Koordination) der arbeitsteilig wirksamen Organisationseinheiten hervor.[364] Somit begründet organisierte menschliche Tätigkeit zwei grundsätzliche, einander gegenläufige Notwendigkeiten, indem einerseits eine Teilung der Arbeit in verschiedene Einzeltätigkeiten und andererseits deren anschließende Zusammenfassung und Koordination zu einem Ganzen erfolgt.[365]

Die Entscheidung über den Grad der Arbeitsteilung wird an Überlegungen geknüpft, die eine adäquate Zerlegung der Formalzielkomponente der Gesamtorganisation betrifft.[366] Der Koordinationsbedarf resultiert aus der Notwendigkeit der Abstimmung interdependenter Teilentscheidungen, die eine unvermeidliche Konsequenz interpersoneller Arbeitsteilung darstellen.[367] Arbeitsteilung vereinfacht die Bewältigung komplexer Aufgaben und erzeugt gleichzeitig Autonomiekosten infolge der tendenziell niedrigeren Qualität der arbeitsteilig vollzogenen Einzelaktivitäten. Koordination reduziert diese Autonomiekosten, verursacht jedoch Koordina-

[362] Vgl. Gaitanides (2007), S. 57.

[363] Vgl. Werder v. (2004), Sp. 1093.

[364] Vgl. Alewell (2004), S. 39.

[365] Vgl. Schanz (1982), S. 3.

[366] Vgl. Lassmann (1992), S. 187.

[367] Vgl. Lassmann (1992), S. 2.

tionskosten aufgrund des höheren Aufwands an Personal, Sach- und Zeitressourcen. Das daraus resultierende Optimierungsproblem ist nur schwer lösbar, da diese Kosten nicht direkt quantifiziert werden können.[368]

4.4.2 Regelungen der Arbeitsteilung

Regelungen der Arbeitsteilung legen fest, was zu erledigen ist, um das Organisationsziel zu erreichen, indem die Organisationsgesamtaufgabe, welche die Arbeitskapazität eines Akteurs übersteigt in mehrere Teilaufgaben gegliedert wird und somit Schnittstellen festgelegt werden. Aufgaben eines übergeordneten Aufgabenkomplexes (Prozess) werden mindestens zwei, unterschiedlich abgrenzbaren Aufgabenträgern zugeordnet.[369] Die Notwendigkeit der Arbeitsteilung wächst mit Umfang, Vielfalt und Komplexität der zum Prozess gehörenden Aufgaben, weil die quantitative und qualitative Kapazität organisationaler Ressourcen mit zunehmender Ausprägung dieser Faktoren immer weniger zur Bewältigung dieser Aufgaben ausreicht.[370] Die Arbeitsteilung erfolgt anhand der Zerlegung des Gesamtprozesses in Teilprozesse, wobei im Rahmen von BPM angenommen wird, dass das Gesamtsystem ein widerspruchsfreies, konsistentes Gebilde von Zielen und Aufgaben ist, und das Problem, dass Ziele immer von Konflikten umgeben sind, unberücksichtigt bleibt. Darüber hinaus wird oftmals davon ausgegangen, dass es sich um stabile, vollständig durchdringbare Aufgaben handelt und die Aufgabenerfüllung grundsätzlich beherrschbar ist. Entsprechend der bereits erläuterten Anforderungen an Prozessgestaltung wird ebenfalls angenommen, dass Aufgabenbedingungen verstanden und Lösungswege bekannt sind.[371]

BPM kommt trotz funktionsübergreifender Aufgabenbearbeitung nicht ohne Arbeitsteilung aus, wobei vornehmlich drei Segmentierungskriterien der Arbeitsteilung innerhalb von Prozessen in der Literatur unterschieden werden:[372]

- funktionale Segmentierung, welche die Prozessidee nur eingeschränkt verwirklicht, da es zwar eine für den Prozess verantwortliche Person gibt, innerhalb des Prozesses jedoch eine funktionale Arbeitsteilung mit zahlreichen Schnittstellen gewählt wird, sodass sich die kundenorientierte Rundumbearbeitung nur auf den Prozessowner erstreckt,
- Segmentierung nach Problemhaltigkeit, wobei Prozesse über das Gliederungskriterium der Komplexität bzw. Routinisierbarkeit in Routine-, mittelschwere und komplexe Fälle eingeteilt werden. Dementsprechend verbindet diese Form der Segmentierung die horizontale Dimension der Prozessidee mit einer deutlich hierarchischen Strukturierungsidee. Das heißt es wird für

[368] Vgl. Werder v. (1998), S. 8ff.

[369] Vgl. Alewell (2004), S. 38.

[370] Vgl. Alewell (2004), S. 38.

[371] Vgl. Schreyögg (2003), S. 119.

[372] Vgl. Osterloh/Frost (2003), S. 50ff.

jede Prozessvariante „one best way for each given situation“[373] angegeben und die Idee der kundenorientierten Rundumbearbeitung konsequent eingehalten. Aufwendige Ausnahmeregelungen sollen dadurch vermieden werden, dass in jeder Prozessvariante nur noch Fälle gleichen Routinegehalts bearbeitet werden. Nachteile dieser Segmentierung bestehen darin, dass Tätigkeiten mit niedrigeren Handlungsspielräumen ausgegrenzt werden, sodass gegebenenfalls job-enlargement jedoch nicht job-enrichment erreicht wird, was der BPM Idee des enrichments und empowerments widerspricht. Zudem ist die Segmentierung nach Komplexität nur dann möglich, wenn klar ist, welcher Komplexitätsgrad gegeben ist, was nicht immer der Fall und in der Regel nicht immer offensichtlich sein dürfte,

- Segmentierung nach Kundengruppen zur konsequenten Ausrichtung nach dem one-face-to-the-customer Prinzip mit der Möglichkeit, die eigenen Prozesse mit denen der Kunden zu verbinden, was allerdings dazu führen kann, dass Spezialisierungsvorteile entfallen, weil für gleiche Kundenprobleme ungleiche Lösungen entwickelt werden.

Die Art und Anzahl der auf der betrachteten Ebene angewendeten Gliederungsmerkmale (Segmentierungskriterien) legen die Aufgabenmerkmale der organisatorischen Einheiten einer Hierarchieebene fest. Die Feinheit der Zerlegung eines Handlungskomplexes bei einem bestimmten Gliederungsmerkmal bestimmt die inhaltliche Breite der Aufgaben einer organisatorischen Einheit und damit die Anzahl der organisatorischen Einheiten einer Hierarchieebene. Die damit einhergehenden Grundformen der Arbeitsteilung beziehen sich somit auf die Mengen- und Artenteilung.[374] Bei der Mengenteilung werden verschiedenen Organisationseinheiten von der Funktion her gleichartige (Teil-)Aufgaben übertragen, die an unterschiedlichen Objekten durchgeführt werden. Eine Aufgabe wird in gleichartige Teilaufträge zerlegt, und die Anforderungsvielfalt bleibt hierbei erhalten. Bei der Artenteilung (Spezialisierungsgrad) werden unterschiedlichen Organisationseinheiten von der Funktion her unterschiedliche Aufgaben zugeordnet, womit eine Spezialisierung der Einheiten einhergeht. Eine Aufgabe wird dementsprechend in verschiedene Teilaufträge zerlegt, sodass die Anforderungsvielfalt und meist auch der Tätigkeitsspielraum für Arbeitsprozesse reduziert werden (funktionelle Desintegration).[375] Bei der horizontalen Spezialisierung werden unterschiedlichen Organisationseinheiten unterschiedliche, gleichwertige Aufgaben zugewiesen, und somit der quantitative Aufgabenumfang festgelegt. Im Rahmen der vertikalen Spezialisierung werden unterschiedliche, nicht gleichwertige Aufgaben unterschiedlichen Organisationseinheiten zugewiesen, welche dann in unterschiedlichen hierarchischen Weisungs- und Delegationsbeziehungen zueinander stehen. Somit wird der

---

373 Osterloh/Frost (2003), S. 53.

374 Vgl. Alewell (2004), S. 39f.

375 Vgl. Hacker (2005), S. 142.

Entscheidungs- und Kontrollspielraum, das heißt der qualitative Aufgabenumfang festgelegt.

Unabhängig vom Segmentierungskriterium ist bei der Arbeitsteilung zu beachten, dass eine sinnvolle Aufteilung den folgenden Leitsätzen genügt:[376]

- Teilaufgaben sind so zu bilden, dass zwischen den Aufgabenträgern möglichst wenig Abstimmungsaufwand anfällt,
- je mehr Wissen für die Erledigung einer Teilaufgabe benötigt wird, desto teurer ist die Ausführung, sodass es sinnvoll ist, dass sich Spezialisten jeweils möglichst nur mit ihrem Wissensgebiet befassen,[377]
- das geforderte Wissen zur Lösung einer Teilaufgabe soll möglichst während der täglichen Arbeitszeit erlernt werden, sodass die Beteiligten nur in Ausnahmefällen Teilaufgaben übernehmen, die sie nur sehr selten erledigen müssen,
- die Zerlegung der Gesamtaufgabe nach Prozessen hat somit mit dem Ziel zu erfolgen, dass eine unnötige Zerteilung der Arbeitsabläufe vermieden und kosten- sowie zeitaufwendige Abstimmungs- und Integrationsbedarfe im Gesamtleistungsprozess gering gehalten werden.[378]

Das Problem bei der Arbeitsteilung ist, dass die Aufgaben in der Organisation oftmals aus schlecht-strukturierten Entscheidungsproblemen bestehen, die von einem unvollkommenen Informationsstand hinsichtlich der Anforderungen an die Aufgabenerfüllung gekennzeichnet sind.[379] Somit ist eine exakte Fixierung der Aufgabenstruktur nicht möglich bzw. zu deterministisch, und die auf eine fixierte Aufgabenstruktur bezugnehmende Organisation läuft Gefahr, der Dynamik im Entscheidungsfeld der Organisation nicht gerecht zu werden. Im Fall schlecht-strukturierter Entscheidungen kann dann die Prämisse der Aufgabenklarheit nicht ohne weiteres aufrecht erhalten werden, und dies gefährdet die akkurate Basis des Gestalters für die Prozessgestaltung, weil entsprechende Kenntnisse der inhaltlichen Aufgabenmerkmale nicht erarbeitet werden können. Dadurch wird die Arbeitsteilung und sachzielorientierte Strukturierung von Prozessen begrenzt; Aufgabenelemente sind dementsprechend nur als Rahmenaufgaben formulierbar, solange es sich nicht um isolierbare, beschreibbare Aufgaben mit hoher Wiederholungshäufigkeit und Konstanz im Zeitablauf handelt. Auch weil sich Aufgabenbündel im Zeitablauf ändern, wird letztlich eine flexible Gestaltung von Prozessstrukturen

376 Giese/Sieber (2001), S. 31.

377 In diesem Fall ermöglicht die Arbeitsteilung dem Akteur, seine Fähigkeiten auf einem Spezialgebiet zu erhalten bzw. zu steigern und somit Spezialisierungsvorteile zu generieren. Vgl. Schanz (1982), S. 5.

378 Vgl. Schreyögg (2003), S. 123f.

379 Vgl. Lassmann (1992), S. 30f.

erforderlich.[380] In Anlehnung an die bereits erläuterte individualisierte Organisation kann zum Beispiel bei der Prozessgestaltung von der Person des Stelleninhabers ausgegangen werden, und aus dessen Zielen, Kenntnissen und Fähigkeiten können organisatorische Teilaufgaben abgeleitet werden. Die damit einhergehenden Probleme wie etwa die mangelnde Personenunabhängigkeit der Organisation zur Fortbestandssicherung wurden bereits erläutert.

Zudem kann Arbeitsteilung den Anteil und die Zuordenbarkeit des Arbeitsanteils am ganzen Prozessergebnis reduzieren, was vor diesem Hintergrund Komplexität und Anonymität erhöht. Das führt zu einer faktischen Diffusion der Verantwortung, denn je mehr Personen an einer Aufgabe verantwortlich beteiligt sind, desto kleiner erscheint die jeweilige individuelle Verantwortung zu werden. Somit ist das Kongruenzprinzip, nämlich die Übereinstimmung von Aufgabe, Kompetenz und Verantwortlichkeit nur noch bedingt gültig bzw. durch Arbeitsteilung gefährdet.[381] Bei der Ressourcenallokation ist allerdings das Kongruenzprinzip[382] zu beachten, damit Rechte und Pflichten von Akteuren ausgewogen sein können, die Motivation gefördert und die Koordination erleichtert wird.[383] Arbeitsteilung kann dementsprechend die Zurechnung einer Alleinverantwortlichkeit auf einen Aufgabenträger insbesondere aufgrund des Teamaspekts von BPM und der damit einhergehenden Gruppenentscheidungen, Kompetenzüberschneidungen und iterativ zu durchlaufenden Entscheidungsprozesse verhindern und aus Sicht der Akteure eine Art Globalverantwortlichkeit kreieren, die durch partielle Verantwortlichkeiten aller am Prozess beteiligten Akteure ersetzt werden muss.[384] Zudem ist die der Arbeitsteilung und Verantwortungszuteilung zugrunde gelegte Widerspruchsfreiheit und entsprechende Konsistenz der Sachziele, die BPM annimmt, problematisch und bei der Prozessgestaltung zu berücksichtigen. Den Problemen der Arbeitsteilung versucht BPM über die Minimierung von Schnittstellen, ganzheitliche Rundumbearbeitung, beziehungsorientierte Bereichsbildung, Minimierung von Interdependenzen, Generalisierung, Aufgabenintegration etc. zu begegnen, wobei deutlich ist, dass damit nicht alle negativen Konsequenzen der Arbeitsteilung ausgeräumt werden können und BPM mit zahlreichen bereits erörterten Problemen konfrontiert bleibt, wenn es darum geht, bestmögliche Prozessstrukturen zu gestalten.

4.4.3 Regelungen der Koordination

Koordination und Integration bezeichnen eine bestimmte Form der Handhabung von Komplexität, indem eine Vielzahl und Vielfalt von Elementen und deren Beziehungen untereinander durch Schaffung von Übereinstimmung und gleichsin-

380 Vgl. Eigler (2004), S. 59f.

381 Vgl. Lenk/Maring (2004), Sp. 1562.

382 Das Kongruenzprinzip fordert die Übereinstimmung von Aufgabe, Kompetenz und Verantwortlichkeit.

383 Vgl. Hill et al. (1994), S. 122.

384 Vgl. Brings (1977), S. 87ff., 94.

niger Ausrichtung (Abstimmung) besser beherrschbar gemacht werden.[385] Regeln der Koordination legen fest, wie etwas zu erledigen ist, um das Organisationsziel zu erreichen. Koordinationsmaßnahmen von BPM sind auf die Abstimmung von Tätigkeitsfolgen innerhalb und zwischen Prozessen fokussiert. Dabei kann die Koordination über strukturelle Instrumente wie etwa mittels Standardisierung oder über personelle Instrumente erfolgen, wozu die Koordination über Hierarchie bzw. persönliche Weisung (vertikale Integration) und die Selbstabstimmung (horizontale Integration) gehören.[386]

Leistungsfähige Koordinationstechnik muss der Anforderung genügen, aus der Kenntnis der ermittelten Zusammenhänge heraus, die im Rahmen der Prozessmodellierung abgebildet werden, festzulegen, wann welche Entscheidung von welchen Instanzen auf welchem Wege aufeinander abzustimmen sind, das heißt die Koordination selbst muss geplant und gestaltet werden.[387] Die Planung der Koordination stimmt nicht bereits einzelne Entscheidungen auf andere Entscheidungen ab, sondern ist eine Planung der Maßnahmen, die zur Koordinierung selbst erforderlich sind. Die Entscheidung über einzusetzende Koordinationsinstrumente ist aufgrund des Plans erst möglich.[388] Gebräuchlichste Einrichtung zur Koordination ist eine Gesamtplanung, die als im Voraus ausgearbeiteter Plan determiniert, welche Aufgaben wann ausgeführt werden sollen. Unvorhergesehene Kontingenzen erfordern Kommunikation für die Koordination, um Abweichungen von geplanten bzw. prognostizierten Zuständen bekannt zu geben und Instruktionen für Änderungen der Aktivitäten zur Anpassung an Abweichungen zu geben.[389]

Koordination ist das umfassende Prinzip von Organisation.[390] Es zielt darauf ab, die Zweck-Mittel-Relation zu verbessern, wobei das Hauptproblem in der Bewertung der erstrebten Ziele und der eingesetzten Mittel sowie in der Messung von Veränderungen besteht. Demzufolge ist die reine Bewertung von Leistung und Kosten bzw. Ertrag und Aufwand oder Einnahmen und Ausgaben bezüglich eines Koordinationsinstruments zu eng gefasst, weil bei der Wahl desjenigen, welches den höchsten Quotienten hervorbringt, nicht alle Folgewirkungen der Koordination miteinbezogen werden können wie etwa sozialer Nutzen oder soziale Kosten (Belastungen) für andere.[391] Somit ist das Konzeptziel, Arbeitsteilung so zu koordinieren, dass ein optimales Kosten-Nutzen-Verhältnis erzielt werden kann, in der Realität kaum erreichbar. Nichtsdestotrotz kann aber mit Koordinationsmechanismen bei der Gestaltung von Prozessen der Nutzen in Form von Vermeidung von

385 Vgl. Reiß (1993), S. 689.

386 Vgl. Walgenbach/Beck (2004), S. 846.

387 Vgl. Rückwardt (1978), S. 194.

388 Vgl. Schneider (1967), S. 264.

389 Vgl. March/Simon (1976), S. 150.

390 Vgl. Hüttl (1967), S. 63.

391 Vgl. Reinermann (1974), S. 9.

Autonomiekosten aufgrund unvollständiger Abstimmung zwischen interdependenten, bis zu einem gewissen Grad autonomen organisatorischen Bereichen erhöht werden. Um diese Nutzeneffekte nicht durch Koordinationskosten aufgrund der Einrichtung von Koordinationseinheiten, Ausarbeitung von Regeln, Plänen, Zielvorgaben und Kommunikationsakten zwischen koordinierten Bereichen wieder aufzuheben, sind diese möglichst gering zu halten. Da die Funktion der Koordinationskosten tendenziell eine gegenläufige Beziehung zur Funktion der Autonomiekosten hat, sind bei der Suche der bestmöglichen Koordination diese zwei entgegen wirkenden Kräfte zum Ausgleich zu bringen.[392]

Koordination kann in verschiedene Arten und Formen untergliedert werden:[393]

- positive Koordination (Vorauskoordination) durch Vereinigung von Zielen und gemeinsamer Planung von spezialisierten Untereinheiten,
- negative Koordination (nachträgliche Koordination), bei der zunächst die Organisationseinheiten für sich planen und anschließend negative Auswirkungen auf andere Bereiche durch Abstimmungsprozesse aufgedeckt, behoben und Gegensätze ausgeräumt werden,
- formelle Koordination, in deren Rahmen nach festen Regeln durch ein organisiertes, zwingendes Verfahren Bereiche abgestimmt werden, das heißt die Koordination erfolgt weitgehend vom persönlichen Element unabhängig und ist somit geeignet, viele Akteure zu erfassen,
- informelle Koordination, die durch eine spontane Abstimmung ohne feste Regeln in einem losen, mehr zufälligen Verfahren gekennzeichnet ist,
- interne Koordination durch Aufstellung eines widerspruchfreien Katalogs von Teil-, Zwischen- und Unterzielen sowie Instrumenten für jeden einzelnen Entscheidungsträger zur Integration aller Planungsteile und Teilpläne zu einer Gesamtplanung,
- externe Koordination, bei der Abstimmungsprozesse zwischen mehreren Organisationseinheiten stattfinden,
- vertikale Koordination zur Abstimmung der Pläne der verschiedenen Instanzen, welche zwischen oberer und mittlerer oder mittlerer und unterer gegebenenfalls auch zwischen oberer und unterer Ebene erfolgt,
- horizontale Koordination, in deren Rahmen die Abstimmung zwischen Entscheidungsträgern gleichen Rangs also zwischen Akteuren der gleichen Ebene erfolgt, wenn Interdependenzen zur Nachbarinstanz bestehen,
- perfekte Koordination, die eine vollkommene Abstimmung aller Entscheidungen im Interdependenzbereich auf ein einheitliches Zielsystem hin beinhaltet,

---

[392] Vgl. Lassmann (1992), S. 55.

[393] Vgl. Rückwardt (1978), S. 39-48.

- optimale Koordination, mit der das bestmögliche Verhältnis der mit Koordination verbundenen Nutzen und Kosten erreicht werden soll,
- verhaltensbezogene Koordination, welche die Vorgehensweise bei der Bewältigung einer Aufgabe in mehr oder weniger starkem Maße vorschreibt und über dieses Einwirken auf das Verhalten zum gewünschten Ergebnis führen soll,
- ergebnis- oder outputbezogene Koordination, bei der das Ergebnis vorgegeben und der Weg zur Erreichung offen gelassen wird.[394]

Bei der Prozessgestaltung bestehen organisatorische Gestaltungsspielräume, sodass es keine eindeutige bzw. zwingende Zuordnung einer Koordinationsform gibt.[395] In der Literatur finden sich daher eher tendenzielle Aussagen wie etwa, dass die Koordination durch Feedback, welche also die Transmission neuer Informationen involviert, desto mehr angewendet werden sollte, je variabler und unvorhergesehener die Arbeitsablauf- und Aufgabensituation ist.[396]

Die Güte von Koordinationsmaßnahmen kann unterschiedliche Niveaus aufweisen:[397]

- linking (unterstes Niveau) schafft Verbindungen, das heißt Stellen sind miteinander über Koordinationsmechanismen verbunden,
- fitting schafft höhere durch Harmonie gekennzeichnete Integrationsleistung,
- superfit (höchster Integrationslevel) schafft synergetisches Zusammenwirken von Integrationsobjekten wie etwa Cross-Selling, Economies of Scale and Scope,
- Isolation als maximale Desintegration mit fehlenden Verbindungen, obwohl Verbindungsbedarf besteht,
- Inkompatibilitäten und Konflikte, wobei Verbindungen durch Divergenz gekennzeichnet sind. Solche Ineffizienzen können durch Harmonisierung bekämpft werden.
- Synergiemangel koordinierter Bereiche, sodass Bedarf an Gesamtoptimierung besteht, um Nachteile einer multiplen Partialoptimierung auszugleichen.

Die Wahl der Art der Koordination und ihrer Ausprägung (linking, fitting, superfit) wird in der Regel mit der prozessualen Interdependenzsituation in Verbindung gebracht. Diese besteht, wenn verschiedene Akteure eine gemeinsame Ressource teilen, Prozesse zur Überprüfung anderer Prozesse existieren oder etwa die Ausfüh-

---

[394] Vgl. Oliver/Anderson (1995)

[395] Vgl. Lassmann (1992), S. 51.

[396] Vgl. March/Simon (1976), S. 150.

[397] Vgl. Reiß (1993), S. 690f.; Rodermann (1999).

rung von Aktivitäten als Stimulus anderer Prozesse dienen.[398] Der Koordinationsbedarf wird durch das bloße Vorliegen einer Interdependenz nicht begründet, sondern nur, wenn es sich um eine wesentliche Interdependenz handelt, da ansonsten der Nutzen der Koordinierung sehr gering sein kann.[399] Liegt etwa eine einseitige komplementäre Interdependenz vor, erhöht der Entscheidungsträger durch seine Entscheidung die Zielerfüllung eines anderen Akteurs, ohne dass dieser sein Verhalten ändert.[400] Komplementäre Interdependenzen führen somit zu einem geringen Koordinationsbedarf. Koordination wird notwendig, wenn sich Entscheidungen eines Akteurs wesentlich auf die anderer auswirken und kein quasiautomatisches Koordinationsinstrument, wie es etwa der Markt darstellt, zur Verfügung steht.[401] Kompetitive Entscheidungsinterdependenzen zum Beispiel beeinträchtigen die Zielerfüllungsgrade eines anderen Akteurs durch die Entscheidung eines Entscheidungsträgers. Je größer die Ziele der beiden Beteiligten voneinander abweichen, desto größer wird der Koordinationsbedarf, um Kompromisse herbeizuführen. Dementsprechend wichtig ist die Widerspruchsfreiheit von Prozesszielen, die mit BPM erreicht werden sollen, um die Koordinationskosten möglichst gering halten zu können.

Koordinationsbedarf ist neben der Konstellation von Entscheidungsinterdependenzen auch in Abhängigkeit von Ressourceninterdependenzen zu betrachten. Die Problematik besteht darin, dass knappe Ressourcen Zielen und Bedürfnissen gegenüberstehen, und aufgrund der Interdependenzen zwischen Mitteln und Zielen koordiniertes Verhalten der Entscheidungsträger erforderlich ist. Die simultane Berücksichtigung von sachlichen, räumlichen, zeitlichen und finanziellen Interdependenzen sowohl innerhalb bestimmter Bereiche als auch gegenüber anderen Bereichen wird hierbei gefordert.[402] Eine quantitative Erweiterung der Ressourcen kann selbstverständlich die Koordination innerbetrieblicher Leistungsverflechtungen erleichtern. Allerdings muss bei der Prozessgestaltung eine Balance zwischen der Vermeidung jeglicher Interdependenz und wirtschaftlicher Vernunft, an Ressourcenverbundenheit festzuhalten, gefunden werden. Somit besteht tendenziell eine substitutive Beziehung zwischen Ressourcenausstattung und Einsatz organisatorischer Koordinationsinstrumente.[403] Es lassen sich zwar Entscheidungsinterdependenzen aufgrund innerbetrieblicher Leistungsverflechtungen durch eine großzügige Ressourcenausstattung abschwächen, jedoch nicht gänzlich aufheben.[404]

---

[398] Vgl. auch die Beschreibung von Interdependenzformen im Kapitel über die verschiedenen Vorgehensweisen der Organisationsgestaltung.

[399] Vgl. Schneider (1967), S. 243.

[400] Vgl. Rückwardt (1978), S. 61.

[401] Vgl. Rückwardt (1978), S. 45.

[402] Vgl. Rückwardt (1978), S. 72.

[403] Vgl. Lassmann (1992), S. 135f.

[404] Vgl. Lassmann (1992), S. 189.

Darüber hinaus wird der Koordinationsbedarf auch durch die Annahme ausgelöst, dass Organisationen leistungsfähiger werden, wenn es ihnen gelingt, die Planung und Gestaltung organisatorischer Strukturen mit den Zielen und Wünschen der Organisationsmitglieder in Einklang zu bringen. Die Koordinationsanforderungen können im konkreten Einzelfall sehr hoch sein, wenn sich Ziele und Präferenzen von Organisationsmitgliedern nicht mit denen der Organisation decken. Somit ist die Zusammenführung verschiedener Aufgabenteile nicht nur ein mechanisches, sondern ganz wesentlich eine Frage auseinanderdriftender Orientierungen der Aufgabenträger.[405] Grenzen der Regelbarkeit führen allerdings dazu, dass eigenaktives, engagiertes Verhalten von Prozessbeteiligten jenseits der Regelerfüllung für den Leistungserfolg und die Bestandssicherung der Organisation wichtig ist. BPM muss daher Strukturen schaffen, die Motivation und Ermutigung von den Prozessteilnehmern generiert, Lösungen für organisatorische Probleme zu entwickeln. Das Verhalten von Akteuren ist dementsprechend nicht nur in bestimmte Bahnen zu lenken, sondern es sind auch Bedingungen zu schaffen, unter denen Aufgabenträger Potenziale bei der Lösung von Problemen entfalten.[406]

Bei BPM erfolgt die Koordination vor allem durch marktähnliche Mechanismen, welche die strukturelle Koordination weitgehend ablösen. Dementsprechend werden Prozesse verselbständigt, erhalten Lieferantenstatus für interne und externe Kunden und die damit einhergehenden Prozesse.[407] Die Prozessschnittstellen und die dort zu übergebenden Leistungen werden durch business-level- bzw. Service-level-agreements definiert und stehen im Wettbewerb mit externen Leistungsanbietern, insbesondere solange, wie es sich nicht um Kernprozesse handelt.[408] Weitere bedeutsame Koordinationsmechanismen von BPM sind die Standardisierung, die Selbstabstimmung und Hierarchie/persönliche Weisung.[409] Doch bevor auf die konkreten Einsatzmöglichkeiten dieser Instrumente zum Erreichen der BPM Ziele im Rahmen der Festlegung des Prozessdesigns eingegangen wird, soll zunächst im Folgenden die Rolle von Kommunikation erörtert werden.

Bedeutung von Kommunikation

Wie bereits angedeutet, besitzt Kommunikation eine wichtige Rolle bei der Koordination von Prozessaktivitäten. Insbesondere die Nutzung von Informations- und Kommunikationssystemen kann die Koordination erleichtern und verbessern. Prozesse können transparent und auf diese Weise zum Beispiel nicht erledigte Aufgaben sichtbar gemacht sowie Überlastungen von Akteuren aufgedeckt werden.[410] Prozessgestaltung kann über Kommunikationsgestaltung Wettbewerbsvor-

405 Vgl. Schreyögg (2003), S. 159.

406 Vgl. Schreyögg (2003), S. 18.

407 Vgl. Gaitanides (1995), S. 71.

408 Vgl. Osterloh/Frost (1999), 74ff.

409 Vgl. Osterloh/Wübker (1999), S. 49.

410 Vgl. Griese/Sieber (2001), S. 153.

teile eröffnen.[411] Die Gestaltung von Informationsprozessen und -systemen verfolgt das Ziel einer schnellen, qualitativ und quantitativ richtigen, adressatenbezogenen Verteilung von Informationen durch den Einsatz automatisierter, miteinander vernetzter Sachmittel zur Abstimmung der Aktivitäten der Organisationsmitglieder.[412]

Kommunikationsprozesse laufen nur teilweise geregelt und vorhersehbar ab. Jede Organisation braucht ein Minimum an formaler Kommunikation, das heißt schriftlich fixierte Regeln und klare Verhaltensvorgaben. Formalisierte Kommunikation zeichnet sich dadurch aus, dass sie in hohem Maße geplant und die Kommunikationsleistungen dementsprechend zuverlässig und kalkulierbar sind. Da formalisierte Kommunikation klaren Vorgaben folgt, verleiht sie dem Kommunikationsakt das Attribut der Seriosität, Gültigkeit und Verlässlichkeit.[413] Informale Kommunikation ist von formaler Kommunikation größtenteils nur analytisch trennbar, da sie formale Kommunikationswege ergänzt, was zu einem schnelleren Informationsaustausch führen kann, da sie weder festgelegten Beziehungsstrukturen folgt, noch vorhersehbare Inhalte austauscht.[414]

Kommunikationsanalysen, die Kommunikations- und Informationsflüsse innerhalb der Geschäftsprozesse und an den Schnittstellen zu angrenzenden Prozessen betrachten, unterstützen die Gestaltung von Arbeitsabläufen. Sie erfassen Häufigkeit, Umfang und Dauer von Kommunikation und decken Schwachstellen wie Medienbrüche, Mehrfacheingaben und Informationsredundanzen auf, sodass die Kommunikationsqualität anhand der Verwertbarkeit gelieferter Informationen und Feedback, Weitergabeumfang etc. bewertet werden,[415] und die Aufgaben im Rahmen der Prozesse entsprechend besser koordiniert werden können. Hierbei ist vor allem die Qualität von Information bedeutsam. Informationen können als bedarfsgerecht bezeichnet werden, wenn sie folgende Eigenschaften aufweisen:[416]

- Richtigkeit,
- Vollständigkeit,
- Verständlichkeit,
- Aktualität,
- Eindeutigkeit,
- angemessener Detaillierungsgrad,
- Verfügbarkeit.

---

411 Vgl. Fantapié Altobelli (2002); Müller-Kalthoff (2002).

412 Vgl. Fischermanns/Liebelt (2000), S. 74.

413 Vgl. Mast (2004), S. 602.

414 Vgl. Mast (2004), S. 603; Schreyögg (2003), S. 15.

415 Vgl. Krallmann/Neumann (2004), S. 609.

416 Vgl. Fischermanns/Liebelt (2000), S. 240.

Wenn eine oder mehrere dieser Anforderungen nicht erfüllt werden, führt dies zu Rückfragen, Korrekturen, erneuter Informationsgewinnung oder zusätzlichen Aktivitäten, um an die benötigten Informationen zu gelangen, was letztlich eine Verlängerung der Bearbeitungszeiten darstellt. Vorabinformationen, die bereits vor ihrer endgültigen Festschreibung zumindest zum Teil für nachfolgende Planungsvorgänge genutzt werden können, ermöglichen, wie bereits beschrieben, die Parallelisierung von Aktivitäten bzw. die Auslagerung von Teilvorgängen aus dem kritischen Pfad und damit die Verkürzung der Durchlaufzeit des Gesamtprozesses. Sind die für die Bearbeitung notwendigen Informationen jederzeit, direkt und schnell verfügbar, fallen niedrige Liegezeiten an. Deshalb ist im Rahmen der Koordination von Aktivitäten über Kommunikation und Informationsverteilung anzustreben, dass Bearbeitungsobjekte dann eintreffen, wenn die Informationen verfügbar sind bzw. die Informationen so bereitzustellen, dass sie verfügbar sind, wenn Objekte entsprechend bearbeitet werden sollen.[417]

Je nach Gestaltung der Kommunikations- und Informationssysteme kann die Arbeitsorganisation unterschiedlich koordiniert, und verschiedene Möglichkeiten der Arbeitsorganisation können verwirklicht werden. Diese reichen von Single-Arbeitsplätzen mit nur geringfügigem Handlungsspielraum, bei denen der Prozess weitgehend über Software gesteuert wird, bis zur Gruppenarbeit mit einem hohen Grad an (Teil-)Autonomie. Workflow-Systeme[418] machen den Bearbeitungsstatus jedes Prozessschrittes für jeden Prozessteilnehmer transparent, sodass Probleme rechtzeitig erkannt werden können, und die Gestaltung des Ablaufs verbessert werden kann. Wichtig ist, dass Kommunikationsnetzwerke zur dezentralen Verarbeitung bei gleichzeitig zentraler Informationspflege und integrierten Datenbanken, auf die alle Akteure gleichzeitig zugreifen können, zur Koordination verwendet werden. Vor dem Hintergrund der von BPM anvisierten Teamarbeit ist Groupware ein sinnvolles Informationssystem zur Unterstützung der Koordination über Kommunikationsstrukturen, da es ermöglicht, dass ein Vorgang gleichzeitig von mehreren Akteuren bearbeitet werden kann.[419] Je nach Gestaltung von und Koordination über Kommunikationsprozesse kann Kommunikation dazu beitragen, dass insbesondere die Mitarbeitermotivation im Unternehmen steigt.[420] Allerdings ist bei der Informations- und Kommunikationsflussgestaltung zu berücksichtigen, dass:

---

417 Vgl. Fischermanns/Liebelt (2000), S. 241.

418 Workflow-Systeme steuern die Vorgangsbearbeitung und koordinieren die einzelnen Tätigkeiten der Prozessbeteiligten in zeitlicher und sachlogischer Hinsicht gegebenenfalls mittels Unterstützung von Anwendungsprogrammen. Vgl. hierzu auch Gaitanides (2007), S. 96; Picot et al. (2005), S. 147ff.

419 Vgl. Fischermanns/Liebelt (2000), S. 78.

420 Vgl. Krallmann/Neumann (2004), 607.

- Menschen es bevorzugen, dominante Hypothesen zu bestätigen, das heißt positive, bestätigende Informationen werden auch dann bevorzugt, wenn dabei logische Regeln verletzt werden,[421]
- leicht abrufbare Informationen von Akteuren oftmals unzulässig hoch gewichtet werden,[422]
- menschliches Denken einer Ökonomietendenz folgt, sodass Heuristiken, Selektionsmechanismen den Aufwand der Informationsverarbeitung verringern,[423] und
- in komplexen Situationen die Tendenz besteht, vereinfachte Hypothesen aufzustellen und zentralen Variablen zu viel Gewicht beizumessen.[424]

Umso wichtiger ist dementsprechend eine hohe Qualität der Informationen in der Ablauforganisation zu erhalten, unabhängig davon, ob die Koordination vornehmlich über Standardisierung, Selbstabstimmung oder Hierarchie/persönliche Weisung erfolgt.

Standardisierung/Reglementierung als Verhaltensnormierung

Standardisierung ist eine der wichtigsten Designvariable des BPM. Sie bedeutet den Ersatz von fallweisen Regelungen durch generelle Regelungen und damit die Reduktion des Entscheidungsspielraums des Ausführenden. Eine Überorganisation liegt vor, wenn variable Tatbestände generell geregelt sind und Unterorganisation besteht, wenn Wiederholungsvorgänge fallweise geregelt werden.[425] Eine hohe Standardisierung eines Prozesses zeigt sich in detaillierten Vorgaben für die Ausführung einzelner Aufgaben sowie in einer detaillierten Spezifikation der Ablauffolge. Standardisierung bietet mitunter keinerlei Raum für Abweichungen vom vorgesehenen Ablauf, da in der Regel genau festgelegt wird, wer innerhalb einer Arbeitsgruppe für welche Handgriffe zuständig ist.[426] Die Eingrenzung von Handlungsspielräumen kann durch die Festlegung alternativer Abläufe erreicht werden.[427] Liegen hoch strukturierte und stabile Aufgaben[428] vor, kann mit der Prozessstandardisierung eine Reihe von Vorteilen realisiert werden.[429] Die Standardisierung hat das Ziel, ganze Aktivitätsfolgen zu strukturieren und strebt dabei eine Routinisie-

421 Vgl. Kaplan/Reckers (1989); Pinkley/Griffith/Northcraft (1995). Vgl. auch Theorie der kognitiven Dissonanz in Festinger (1957).

422 Vgl. Schoppek/Putz-Osterloh (2004), S. 494f.

423 Vgl. Dörner (1989), Putz-Osterloh (1992), Reason (1990).

424 Vgl. hierzu auch Dörner (1989).

425 Vgl. Schreyögg (2003), S. 111.

426 Vgl. Hess (1996), S. 25.

427 Vgl. Kieser/Kubicek (1992), S. 110; Hill et al. (1994), S. 280; Perlitz (2000), S. 640.

428 Vgl. Meffert/Bolz (1998), S. 277.

429 Vgl. Perlitz (2000), S. 641f.; Picot et al. (2005), S. 297ff.

rung der Abläufe an.[430] Standardisierung bedeutet jedoch nicht, dass ein Prozess so gestaltet werden soll, dass damit auch alle Sonderfälle erfassbar sind, weil hierdurch die notwendige Flexibilität verloren geht.[431] Standardisierung kann auch auf Arbeitsergebnisse bezogen sein und zu standardisierten Arbeitsoutputs führen wie etwa durch die Vorgabe von Service-level-agreements, im Rahmen derer zum Beispiel bestimmte Qualitätsvorgaben bei der Leistungserstellung einzuhalten sind. Zudem kann Standardisierung auf bestimmte Fähigkeiten und Kenntnisse bezogen sein und damit auf Tätigkeiten fokussieren, die eine bestimmte Ausbildung voraussetzen. Letztendlich strebt Standardisierung von Ergebnissen und Fähigkeiten dasselbe an wie Standardisierung von Arbeitsprozessen, nämlich die Koordination, Kontrolle und Steuerung von Arbeit. Sie zielt mithin auf die verhaltenslenkende Wirksamkeit struktureller Regelungen ab.[432]

Durch Standardisierung wird ein einheitliches Prozessverständnis gefördert, was einen beschleunigten Erfahrungszuwachs der Prozessbeteiligten bewirkt. Die hohe Regelmäßigkeit in den Arbeitsabläufen verbessert die Prozessstabilität und führt zu Produktivitätssteigerungen.[433] Akteure werden effizienter durch verbindliche und allgemein zuständige Vorgaben und produktiver durch entsprechende Lerneffekte. Standardisierte Abläufe können zudem technisch unterstützt werden, was wiederum die Produktivität erhöhen kann. Aufgrund des eingegrenzten Entscheidungsspielraums wird der Abstimmungsaufwand verringert, es gibt weniger Rückfragen, Anweisungen sind seltener erforderlich und Führungskräfte werden entlastet. Gleichzeitig werden subjektive Ermessensspielräume verringert, was eine einfachere Überprüfung und Kontrolle der Leistungen ermöglicht. Allerdings können Monotonieerlebnisse zu Desinteresse und mangelnder Eigeninitiative führen und innovatives, Problem lösendes Verhalten verhindern.[434]

Im Zuge von Standardisierung eröffnet sich bei der Prozessgestaltung durch BPM auch die Möglichkeit, über Automatisierung Prozessschritte zu koordinieren. Die Funktionsteilung kann unterschiedlichen Konzeptionen folgen und dadurch sehr verschiedenartige Konsequenzen für die verbleibenden Arbeitstätigkeiten und deren psychische Regulation haben. „The difference lies in whether people are regarded as extensions of the machine or the machine is regarded as an extension of people."[435] Während bei technozentrischen Funktionsteilungen das technisch Machbare im Extremfall im Sinne der CIM (Computer-Interated-Manufacturing-) Strategien automatisiert wird, wird bei anthropozentrischen Funktionsteilungen vom Unterstützungsbedarf des Menschen ausgegangen. Dabei wird im Sinne von

430 Vgl. Ulrich (1974), S. 148f.

431 Vgl. Corsten (1996), S. 11.

432 Vgl. Schanz (1982), S. 10.

433 Vgl. Best/Weth (2005), S. 126.

434 Vgl. Kieser/Kubicek (1992), S. 641.

435 Czaja (1987), Sp. 1599 zitiert in Ulich (2004), S. 240.

HIM-(Human-Integrated-Manufacturing)Strategien gefragt, welche Tätigkeiten aus welchen Gründen vom Menschen ausgeführt werden, welche technischen Unterstützungen dabei gewährt werden sollen und was warum gänzlich zu automatisieren ist. Beispielsweise könnten Tätigkeiten, die im Prinzip automatisierbar sind, beim Menschen verbleiben, um ihm Einsicht in den technologischen Prozess zu ermöglichen und Fachkönnen zu erhalten.[436] Das heißt, dass Verrichtungen beim Menschen bleiben, obgleich er sie nicht besser ausführt als die Maschinen. Sie aktivieren und trainieren ihn jedoch, verschaffen ihm Einblick in die Prozessgeschichte und damit im Bedarfsfalle unerlässliches Eingriffswissen. Umgekehrt werden Maschinen Verrichtungen zugewiesen, in denen sie nicht besser sind, weil diese Verrichtungen den Menschen möglicherweise physisch gefährden oder psychisch unterfordern würden.[437] Bei der komplementären Funktionsverteilung (Humanized Task Approach Allocation) ist somit das Verteilungskriterium das Fördern menschlicher Leistungsvoraussetzungen wie Kenntnisse, Fertigkeiten und Fähigkeiten in den Aufgaben. Das Erfüllen dieser Aufgaben wird versucht maschinell so zu unterstützen, dass menschliche Schwächen ausgeglichen und Stärken verstärkt werden sowie die Kontrolle des Menschen über das System hinsichtlich Durchschaubarkeit, Vorhersehbarkeit und Beeinflussbarkeit gesichert wird.[438] Im Gegensatz dazu entspricht der extrem technozentrischen Funktionsteilung die so genannte „left-over allocation“ mit dem Entscheidungskriterium, das technisch Machbare auch zu automatisieren. Beim Akteur verbleiben Restfunktionen, die nicht nach Prinzipien der Arbeitsgestaltung gezielt ausgewählt sind. Damit ist die Gefahr groß, dass zyklisch und hierarchisch unvollständige Tätigkeiten auftreten, dass Tätigkeitsspielräume fehlen, dass das Können ungenügend eingesetzt und die Vielfalt von Wahrnehmungsmöglichkeiten zum Beispiel auf Bildschirmabbildungen eingeschränkt oder die Kooperation mit anderen Menschen durch isolierende Arbeit etwa am Computer eingeengt ist. Die Möglichkeit einer Kombination von qualitativer, einseitiger Unterforderung und quantitativer Überforderung ist erhöht. Es gibt eine ganze Reihe unbeabsichtigter Nachteile technozentrischer Automatisierungslösungen, die man als die so genannten „Ironien der Automatisierung“ zusammenfasst:[439]

- Menschen werden aus technologischen Prozessen ausgegliedert, weil sie unzuverlässig sind. Aber gerade in unvorhergesehenen und heiklen Situationen sollen diese unzuverlässigen Menschen die Führung des angeblich zuverlässigen Systems übernehmen. Zu dieser Ironie kommt hinzu, dass durch die Automatisierung des Normalablaufs die Akteure keine Kenntnis von der Entstehungsgeschichte eines Störzustandes sammeln können und hinsicht-

[436] Vgl. Hacker (2005), S. 165f.

[437] Vgl. Hacker (2005), S. 169.

[438] Vgl. Hacker (2005), S. 170.

[439] Vgl. Bainbridge (1983).

lich fehlender Vorkenntnisse und ungenügender Aktivität gerade auf plötzlich entstehende schwierige Ausnahmesituationen unvorbereitet sind,[440]

- ein hochmotiviertes Überwachen der kostspieligen automatisierten Systeme gerade bei Anlagen erwartet wird, in denen die tätigkeitsinternen Motivierungsangebote für ein konzentriertes intensives Arbeiten wegautomatisiert worden sind.

Neben der technozentrischen und anthropozentrischen Funktionsteilung kann Automatisierung von Prozessen auch der Maxime „economic-allocation" folgen, indem ein Prozessdesign entsprechend der insgesamt preiswertesten Lösung gesucht wird, bei der die Funktionen so verteilt werden, wie sie jeweils am kostengünstigsten realisiert werden können.[441] Die Orientierung an der „comparison-allocation" versucht der Maschine bzw. dem Menschen jeweils jene Funktionen zu übertragen, die sie besser auszuführen vermögen. Ein bekanntes Hilfsmittel dafür sind die so genannten MABA-MABA-Listen (men are better at, machines are better at).[442] Vor dem Hintergrund des Humanitätsziels bei Prozessgestaltung kann die Forderung formuliert werden, dass beim Entwerfen komplexer technischer Systeme für den Akteur nur solche Aufgaben anfallen dürfen, die gesundheits- und lernförderliche Tätigkeitsanforderungen stellen. Somit müssen psychische Tätigkeitsanforderungen ein eigenes Gestaltungsziel neben den wirtschaftlichen und technischen Zielen bilden. Diese Forderung wird als dualer, das heißt technisch-wirtschaftlicher und aufgabenbezogener Entwurfprozess bezeichnet.[443] Hierbei spielt auch die Wahl des Standardisierungsgrads eine Rolle.

Der Standardisierungsgrad drückt verschiedene Abstufungen von Regeln aus, die einen spezifischen Anteil an selbständig vom Entscheidungsträger durchzuführenden Akten der Informationsgewinnung und -verarbeitung vorsehen und kennzeichnet die Abhängigkeit von der Regelungsform zugelassenen Anzahl möglicher Verhaltensweisen eines Entscheidungsträgers.[444] Ein hoher Standardisierungsgrad besteht bei sehr detaillierten Regelungen, die geringe Entscheidungs- und Informationsautonomie der Akteure zulassen.[445] Der Standardisierungsgrad richtet sich nach der Strukturiertheit, Veränderlichkeit und Häufigkeit eines Prozesses.[446] Die Strukturiertheit ist ein Maß für die Zerlegbarkeit eines Prozesses in exakte, abgrenzbare Aufgaben. Im Falle eines hoch strukturierten Prozesses sind die kausalen Zusammenhänge zwischen Input und Output bekannt, und der Lösungsweg ist deterministisch. Die Veränderlichkeit eines Prozesses ist ein Maß für die Dynamik

440 Vgl. Norros (2004).

441 Vgl. Hacker (2005), S. 169.

442 Vgl. Lanc (1975).

443 Vgl. Hacker (2005), S. 170.

444 Vgl. Lassmann (1992), S. 79.

445 Vgl. Lassmann (1992), S. 79f.

446 vgl. Picot (1990), S. 116-118; Laux/Liermann (2002), S. 261.

der Änderung von Anforderungen, das heißt Leistungen, Häufigkeit, Geschwindigkeit, Umfang und Kontinuität der Änderung der Anforderungen beeinflussen die Veränderlichkeit eines Prozesses. Die Häufigkeit einer Aufgabe ist ein Maß für die Anzahl der zu erwartenden Durchführungen des Prozesses in einer Periode. Anhand der Strukturiertheit, Veränderlichkeit und Häufigkeit eines Prozesses lässt sich grob überprüfen, ob die für den Prozess gewählte Form der Ablaufstrukturierung sinnvoll ist. Ergebnis dieses Schritts ist die Entscheidung für einen bestimmten Grad der Standardisierung und einen bestimmten Grad der Arbeitszerlegung.[447] Obwohl die Grundidee von BPM sowohl für innovative[448] als auch für repetitive Tätigkeitsketten Gültigkeit besitzt,[449] zielt es primär auf die Gestaltung von repetitiven Aufgabenbereichen ab, das heißt die Wiederholbarkeit und damit einhergehend die Standardisierbarkeit bilden das primäre Kriterium für die Prozessgestaltung.[450]

Ein hohes Maß an Standardisierung ist umso sinnvoller, je besser strukturiert und weniger veränderlich ein Prozess ist und je häufiger er ausgeführt wird.[451] Hohe Strukturiertheit, geringe Veränderlichkeit und große Häufigkeit sprechen tendenziell auch für ein hohes Maß an Arbeitszerlegung; wenn die damit zu erzielenden Vorteile hinsichtlich der Zielsetzungen des Prozesses (hinsichtlich Kosten, Zeit, Qualität) nicht durch den mit der Aufgabenteilung entstehenden Koordinationsaufwand überkompensiert werden.[452] Es gibt eine ganze Reihe von Prozessen, bei deren Gestaltung ein geringeres Maß einem höheren Maß an Standardisierung und Arbeitszerlegung deutlich überlegen ist. Das gilt insbesondere bei Anforderungen der Kunden im Hinblick auf Geschwindigkeit, Qualität und Flexibilität.[453] Eine Möglichkeit, trotz Standardisierung des Prozesses eine angemessene Flexibilität zu erreichen, bietet das Baukastensystem,[454] wobei zwischen der Standardisierung einer festen Anzahl von Teilprozessen, die durch individuelle Teilprozesse ergänzt werden können, und der Standardisierung einzelner Teilprozesse, die gegebenenfalls mit individuell gestaltbaren Teilprozessen variabel zu einem Gesamtprozess zusammengestellt werden können, unterschieden wird.

Wie bereits angedeutet ist die Verwendung und Festlegung von Regeln durch BPM entscheidend, um über Standardisierung Aktivitäten zu koordinieren. Standardisierung mittels Regeln verfolgt das Ziel, dass Ablauf und Dauer von Prozessaktivitäten festgelegt und bestimmte Probleme mit den dafür vorgesehenen Vorgehensweisen vom Prozessbeteiligten gelöst werden. Regeln sind somit auf Dauer angelegt

[447] Vgl. Hess (1996), S. 207.

[448] Vgl. Heppner (1995), S. 10; Corsten (1992), S. 239.

[449] Vgl. Heppner (1995), S. 9.

[450] Vgl. Elšik (1996), S. 23; Fischer (1993b), S. 313; Vgl. Zink (1994), S. 75.

[451] Vgl. Gaitanides (1983), 181.

[452] Vgl. Picot (1990), S. 120.

[453] Vgl. Krüger (1994), S. 134-136; Engelmann (1995), S. 58-87.

[454] Vgl. Corsten (1985), 308ff.; Corsten (1988), 182.

und machen es überflüssig, jede Situation neu begreifen zu müssen. Dem organisationalen Geschehen soll somit ein Element der Stabilität verliehen und Verhalten prognostizierbar gemacht werden.[455] Im Gegensatz dazu basiert Standardisierung mittels Planung auf Vorgaben für eine bestimmte Periode oder eine einmalige Aufgabe, das heißt der Inhalt kann von Periode zu Periode bzw. von Aufgabe zu Aufgabe wechseln, wobei der Hauptzweck die Spezifikation eines angestrebten Zustands ist.[456] Das führt dazu, dass ebenfalls Kontrolle bezüglich des Maßes der Zielerreichung notwendig ist, da Planungen ansonsten ihre Verbindlichkeit verlieren, wenn deren Kontrolle unterbleibt. Organisatorische Regeln sind Erwartungen an die Organisationsmitglieder und sollen Verhaltensweisen bestimmen und damit vorhersagbar machen.[457] Der Regelbegriff in organisationstheoretischer Literatur wird dabei oftmals vor dem Hintergrund von Standardisierung im Zusammenhang mit Programmierung verwendet. In dieser Arbeit soll bewusst auf das Wort „Programmierung" verzichtet werden, um nicht Verwirrung zu stiften, indem dieser Begriff einerseits im Rahmen von Prozessmodellierung im Zusammenhang mit IT-Programmierung Verwendung findet und andererseits als Koordinationsmechanismus benannt wird, der sich auf die Verhaltensebene von Akteuren bezieht, das heißt, dass Programme als Handlungen bezeichnet werden, die bewusst (in der Literatur auch oftmals. Zweckprogramme genannt) oder unbewusst (in der Literatur auch oftmals Ausführungsprogramme genannt) anhand vorgeschriebener Regeln ausgeführt werden. Somit soll der Regelbegriff verwendet werden. Regelungen enthalten zum Beispiel zeitliche Abstimmungen, Arbeitsaktivitäten und Spezifikationen, wobei auch Output vorgegeben werden kann.[458] Koordinationsregeln nehmen Abstimmungsprobleme vorweg, sodass sie nur dort entwickelt und eingesetzt werden, wo die Abstimmungsproblematik antizipierbar ist.[459] Sie vereinfachen die Koordination, weil Entscheidungen ohne Rücksprache aufgrund der Regel getroffen werden können. Im Gegenzug bringen sie allerdings eine gewisse Starrheit mit sich. Daher wird zwischen generellen Regeln, die immer einzuhalten sind und fallweisen Regeln, die abhängig von der Situation verändert werden können, unterschieden.[460] Nach dem Substitutionsprinzip von Gutenberg werden fallweise Regelungen durch generelle Regelungen ersetzt bis ein Gleichgewicht zwischen Variabilität der betrieblichen Tatbestände und dem Ausmaß genereller Regelungen erreicht ist, das heißt je höher die Variabilität ist, desto weniger kann die Substitution fallweiser durch generelle Regelungen erfolgen.[461]

455 Vgl. Galbraith (1973), S. 10.

456 Vgl. Schanz (1994), S. 195.

457 Vgl. Schreyögg (2003), S. 110.

458 Vgl. March/Simon (1976), S. 171.

459 Vgl. Schreyögg (2003), S. 171.

460 Vgl. Griese/Sieber (2001), S. 35.

461 Vgl. Schreyögg (2003), S. 111; Gutenberg (1962), S. 145.

Im Rahmen der Prozessgestaltung werden Regeln ausgearbeitet und den interdependenten Entscheidungseinheiten jeweils aufeinander abgestimmte Regelungen vorgegeben.[462] Die Ausführung von Aktivitäten entsprechend der Regeln setzt voraus, dass das jeweilige Organisationsmitglied fähig und willens ist, die Regeln anzuwenden. Regeln zum Beispiel in Form von verbindlich festgelegten Verfahrensrichtlinien sollen das reibungslose Verknüpfen verschiedener spezialisierter Tätigkeiten ohne Einschaltung einer Instanz sicherstellen, das heißt die Abstimmung geschieht automatisch, Regeln ersetzen Anweisungen von Vorgesetzten (diese regeln fallweise), und die Weisung tritt den Mitarbeitern entpersonalisiert gegenüber.[463] Wie bereits angedeutet, zielen prozessuale Regeln vornehmlich auf die Routinisierung von Aufgabenerfüllungsprozessen ab. Ziel ist, dass der Entscheidungsträger ein Ereignis unmittelbar mit einer bestimmten Ausführung in Verbindung bringt und ein routiniertes Entscheidungsverhalten zeigt.[464] Somit besteht der zugrunde gelegte Sinn von Regeln darin, unreflektierte Verhaltensweisen zu generieren und keinen Umgang mit ihnen zu schaffen, der den Sinn und Zweck von Regeln in Frage stellt. BPM zielt somit darauf ab, auf der Ausführungsebene Verhaltensweisen von Akteuren zu kreieren, die auf Prozessreglementierungen beruhen. Die damit einhergehende Uniformität und Konformität als Rahmen für Verhalten sollen Prozesse planbar und verlässlich machen.[465] Dies zielt wiederum auf den Aspekt der Verhaltensformalisierung ab, der von BPM im Rahmen der Standardisierung über Regeln verfolgt wird.

Ein bestimmtes Maß an Verhaltensformalisierung ist notwendig, weil es sich um ein in bestimmten Situationen unabdingbares Mittel der Koordination organisatorischer Einzeltätigkeiten handelt.[466] Verhaltensformalisierung betrifft Maßnahmen, die auf eine Standardisierung des Arbeitsinhalts hinauslaufen[467] und kann auf verschiedene Weise Anwendung finden[468] wie etwa in Stellenbeschreibungen, Aufgabenfolgeplänen, die den Arbeitsfluss dokumentieren oder in Form von Verhaltensanweisungen, die wiederum Eingang in organisationale Belohnungs-, Versetzungs- oder Beförderungspraktiken finden.[469] Arbeitsanweisungen informieren betroffene Aufgabenträger über Dinge, die bei der Erfüllung von Aufgaben zu beachten sind und können zusätzliche Arbeitsvorbereitungs- und Einarbeitungszeiten reduzieren.[470] Die Anwendung von Formalisierungsmechanismen zur Prognostizierbarkeit

---

[462] Vgl. Lassmann (1992), S. 79f.

[463] Vgl. Schreyögg (2003), S. 171f.

[464] Vgl. Lassmann (1992), S. 79.

[465] Vgl. Weinert (2004), S. 599.

[466] Vgl. Schanz (1994), S. 171. Daher werden etwa Vorgehensweisen einer Feuerwehrmannschaft nicht bei jedem Brand neu ausdiskutiert, sodass Handlungsfähigkeit vorhanden ist.

[467] Vgl. Schanz (1994), S. 170.

[468] Vgl. Mintzberg (1979), S. 82f.

[469] Vgl. Perrow (1972), S. 25.

[470] Vgl. Fischermanns/Liebelt (2000), S. 230.

aufgabenbezogenen Verhaltens der Positionsinhaber engt individuelle Verhaltensvariabilität ein, da die Organisation nicht am gesamten Verhaltensrepertoire ihrer Mitglieder, sondern nur an ganz bestimmten Verhaltensweisen interessiert ist, die der organisationalen Zielerreichung dienen.[471] Aus entscheidungslogischer Sicht ist Reglementierung und damit Vorgabe expliziter Verhaltensnormen mit Blick auf den Koordinationszusammenhang vorteilhaft, da sie die Interdependenzproblematik entschärft, was allerdings nur bei gut definierten Problemen möglich und ökonomisch sinnvoll ist. Demzufolge sind nur weitreichend horizontal und vertikal spezialisierte Tätigkeiten einer weitgehenden Formalisierung zugänglich, da ihr Verhaltensspielraum sehr begrenzt ist.[472]

Regelungen können in Ausführungs- und Zweckregeln unterschieden werden. Erstere schreiben Verhalten bei Eintritt eines bestimmten Stimulus vor, ersparen somit die Suche nach eigenen Lösungen und erzeugen berechenbares Verhalten. Ihre Anwendung eignet sich in gleichartigen und gut strukturierten Situationen und Routinefällen. Situationen, in denen ein relativ einfacher Stimulus ein elaboriertes Aktivitätsprogramm ohne Suche nach Problemlösung oder Auswahl auslöst, erklären einen großen Teil des Verhaltens aller Akteure, die routinisierte Arbeiten ausführen.[473] Solche Regeln sind erst dann zu ändern, wenn sich die vorgeschriebene Verhaltensweise als unbefriedigend erweist.[474]

Zweckregeln vereinfachen die Entscheidungsfindung in komplexeren Entscheidungssituationen, indem sie Ziele und Zwecke wie zum Beispiel einen bestimmten Prozess-service-level vorgeben, wobei die Wahl der Verhaltensweisen zum Erreichen dieser dem Akteur vorbehalten bleibt.[475] Zweckregeln sind mit einem Zeitindex verknüpft, sodass durch zeitliche Fixierung der Zwecke und ihrer Abstimmung untereinander die Integration der arbeitsteiligen Leistungsprozesse erfolgt. Dies verlangt ein logisch aufeinander aufgebautes, konsistentes Zielsystem, welches über die Zeitplanung automatisch die Integration der Einzelaufgaben sicherstellt ohne dass es im Einzelnen einer hierarchischen Koordination bedarf. Somit wird der gewünschte Zustand bestimmt und offen gelassen, welche Maßnahmen zu ergreifen sind, sodass sich für das Organisationsmitglied Verhaltensspielräume ergeben, die durch die Zweckformulierung mit entsprechendem Präzisionsgrad variiert werden können.[476]

Regeln spezifizieren Prozessaktivitäten zu dem Grad, bis zu dem die Arbeitsstruktur leicht beobachtbar und kontrollierbar ist, Quantität und Qualität des Outputs

---

471 Vgl. Schanz (1994), S. 170f.

472 Vgl. Mintzberg (1992), S. 1992, S. 56f.; Schanz (1994), S. 172.

473 Vgl. March/Simon (1976), S. 133.

474 Vgl. March/Simon (1976), S. 162.

475 Vgl. Berger/Bernhard-Mehlich (2006), S. 182.

476 Vgl. Schreyögg (2003), S. 173. Vgl. auch das Konzept MBO - management by objectives in Weinert (2004), S. 218ff.

nicht leicht beobachtbar und kontrollierbar sind und Beziehungen zwischen Aktivitätsstruktur und Output eine höchst technische Natur aufweisen, für die wissenschaftliche oder technische Kenntnisse erforderlich sind, die Spezialisten eher bekannt sind als Generalisten.[477] Mit abnehmender Strukturiertheit einer Aufgabe nimmt auch die Möglichkeit tendenziell ab, Entscheidungsprobleme durch einen problemlösenden Algorithmus sinnvoll zu strukturieren.[478] Qualität und Quantität des Outputs werden geregelt, wenn die Aktivitätsstruktur schwer beobachtbar und zu überwachen ist, die Outputcharakteristika leicht beobachtbar und kontrollierbar sind, Beziehungen zwischen Tätigkeitsstruktur und Output variabel sind und von der individuellen Situation abhängen, die den Akteuren besser bekannt sind als deren Vorgesetzten oder dem Gestalter von Prozessen. Bis zu dem Grad, zu dem die Tätigkeiten von Organisationsmitgliedern mehr von dem Output eines anderen Mitglieds als von dessen Aktivität abhängen, werden die Regelungen dementsprechend die Charakteristiken des Outputs spezifizieren.[479]

Die Vorteile der Regelverwendung zur Koordination von Prozessaktivitäten im Rahmen der Prozessgestaltung können jedoch nur für Aufgaben und Situationen geringer Variabilität zum Tragen kommen, wie insbesondere die Hierarchieentlastung durch entpersonalisierte Vorgaben. BPM versucht, anhand einer möglichst stabilen Umwelt und gut-strukturierter Aufgaben, Standardisierung, Automatisierung, Routinisierung und damit einhergehend Reglementierung insbesondere zur Kosten- und Zeitminimierung in die Prozessgestaltung einzubinden, um Verhalten prognostizieren und steuern zu können. Dabei wird das BPM-Konzept jedoch mit dynamischen Umweltkonstellationen konfrontiert, die mittels dieser Koordinationsmechanismen kaum adäquat berücksichtigt werden können. Insbesondere bei unerwarteten Situationen kann eine geringe Reagibilität entstehen, zum Beispiel wenn konditionale Regeln festgelegt worden sind, bei denen Signal und auszuführende Handlung in verändertem Kontext nicht mehr zielführend und problemlösend sind. Ist also ein Prozess schwach strukturiert und zudem stark veränderlich, sind einer Standardisierung des Ablaufs deutliche Grenzen gesetzt.[480] Zudem bedeutet ein zu hoher Regelungsgrad die bedrohliche Einengung individueller Entscheidungsspielräume, die zu einem Verlust an Individualität der Akteure und deren Engagement führen kann, sodass sich BPM in dem Dilemma zwischen einerseits gewünschter Konformität und andererseits unerwünschter Inflexibilität wieder finden kann.[481] Ein weiteres Problem von BPM besteht in der Identifikation der effizienten Regelungsdichte. Zwar ist BPM um so eher in der Lage, Verhalten zu beeinflussen, je detaillierter das Reglement ausgeprägt ist. Andererseits sind mit der Ausgestaltung von Regeln nicht nur die Gefahr der Inflexibilität sondern auch

[477] Vgl. March/Simon (1976), S. 136.

[478] Vgl. Lassmann (1992), S. 81.

[479] Vgl. March/Simon (1976), S. 137.

[480] Vgl. Hess (1996), S. 171.

[481] Vgl. Weinert (2004), S. 409ff.

Kosten verbunden. Die Probleme der Zielkonkurrenz der Aspekte Zeit, Kosten und Qualität finden sich dementsprechend bei der Anwendung von Standardisierungsmaßnahmen zur Koordination von Prozessaktivitäten wieder.

Selbstabstimmung

Zur Koordination betrieblicher Aktivitäten durch BPM wird in der Literatur neben dem Aspekt der Standardisierung überwiegend auf die Selbstabstimmung verwiesen.[482] Selbstabstimmung, zum Teil auch Selbstkoordination und mutual adjustment genannt, ist der historisch älteste und zugleich modernste Koordinationsmechanismus mit direkter wechselseitiger Abstimmung zwischen den von einem gemeinsamen Problem berührten Personen.[483] Auf der jeweils betrachteten Ebene liegen Entscheidungsinterdependenzen zwischen organisatorischen Einheiten vor, und am Abstimmungsprozess sind ausschließlich die interdependenten Entscheidungsträger beteiligt.[484] Durch Selbstabstimmung werden vertikale Kommunikationsstrukturen nicht übermäßig belastet und die Vorgesetzten entlastet, weil ohne deren Einschaltung abgestimmt wird. Die der Selbstabstimmung zugrunde gelegte Annahme ist, dass wenn Menschen arbeitsteilig auf ein Ziel hinwirken, deren Aktivitäten geordnet werden müssen. Das führt zu Regelungen, die festlegen, wer, was, wann, wo, wie etc. zu tun hat. Diese Vorgaben können jedoch wie bereits beschrieben die geltende Ordnung nicht erschöpfend definieren. Selbstorganisation hingegen kann Lücken der Fremdorganisation schließen und eine schlechte Fremdorganisation korrigieren, kann sich aber auch als Störfaktor erweisen.[485] Horizontale Spontanabstimmung hat sich speziell in bürokratischen Organisationen als unverzichtbares Korrektiv erwiesen, um die Unzulänglichkeiten der hierarchischen wie auch der standardisierten Abstimmung auszugleichen. Selbstabstimmung findet insbesondere bei Schnittstellenproblemen Anwendung, die zeitlich und/oder sachlich nicht vorhersehbar sind.[486]

Das BPM-Konzept sieht im Rahmen seiner Ausrichtung auf Teamarbeit Selbstabstimmung als Koordinationsinstrument vor. Die Initiative zur Abstimmung geht von den Aufgabenträgern selbst aus, die dann notwendige Verknüpfungen dafür herstellen. Insofern sieht Selbstabstimmung weitgehend ungeregelten, eben auf Eigeninitiative der Beteiligten beruhenden, wechselseitigen, direkten Informationsaustausch vor. Sie beruht zu einem beachtlichen Teil auf informalen Kommunikationsakten, sodass jeder Prozessbeteiligte in diesem ungebundenen Kommunikationssystem die Fähigkeit entwickeln muss, koordinationsrelevante Informationen und den Ort des Informationsbedarfs zu identifizieren.[487] Da der Informationsfluss

---

482 Vgl. Sohl (1996), S. 151ff.

483 Vgl. Mintzberg (1979), S. 3.

484 Vgl. Lassmann (1992), S. 285.

485 Vgl. Göbel (2004), Sp. 1315f.

486 Vgl. Schreyögg (2003), S. 176f.

487 Vgl. Lassmann (1992), S. 281ff.

durch die übergeordnete Instanz kaum steuerbar ist, wird häufig ein ergänzendes Berichtssystem zur Absicherung und Kontrolle für die Instanz eingerichtet. Die Problematik für BPM gestaltet sich nämlich derart, dass spontane Selbstabstimmung im eigentlichen Sinne kein Instrument ist, das der Gestalter geplant einsetzen kann. Sie zeichnet sich durch ihre Spontaneität (Ungeplantheit) aus und ist ein emergentes Phänomen sowie Resultat sich selbst organisierender Prozesse.[488] Allerdings können organisatorische Formen der institutionalisierten horizontalen Integration als institutionelle Vorkehrungen zur Sicherung der Funktionstüchtigkeit der Selbstabstimmung in Prozesse implementiert werden wie etwa durch die Etablierung von Ausschüssen oder Koordinationsgruppen oder die Einrichtung von Koordinatoren.[489] Mit zunehmender Komplexität und Dynamik der Aufgabenstruktur können Koordinationsanforderungen auch durch die Einrichtung einer zusätzlichen Leitungseinheit und somit unter Erhöhung der Strukturierungskapazität bewältigt werden.[490] An dieser Stelle werden die Grenzen der Selbstabstimmung ersichtlich und die Koordination von Selbstabstimmung über die Koordination mittels Hierarchie bzw. persönlicher Weisung ergänzt. Entscheidungskonflikte können so geregelt werden, um Patt-Situationen zu vermeiden und Entscheidungsfähigkeit der bei der Selbstabstimmung beteiligten Akteure sicherzustellen.

Selbstabstimmung wird neben der Spontaneität und schwierigen Regelbarkeit insbesondere durch Autonomie, Dezentralisation und Redundanz gekennzeichnet.[491] Die Autonomie spiegelt sich vertikal in unscharf umrissener, relativer Entscheidungsautonomie untergeordneter Organisationsmitglieder und horizontal in der Unabhängigkeit zwischen Bereichen auf der gleichen Hierarchieebene wider. Dezentralisation wird durch die ausgeprägte Delegation von Entscheidungsbefugnissen erreicht. Redundanz entsteht dadurch, dass verschiedene Teile der Organisation dasselbe tun können, was zur Erhöhung der Autonomie führt, weil die Aktivitäten nicht aufgrund strikter Arbeitsteilung determiniert sind. Das Ausmaß der Koordination durch Selbstabstimmung wird zum Beispiel durch Feststellung des Ausmaßes der horizontalen Kommunikation gegenüber der vertikalen bestimmbar.[492] Selbstorganisation fungiert somit als Hierarchiesubstitut. Teams arbeiten selbständig an Problemlösungen und sollen dadurch die Flexibilität und Lernfähigkeit der Organisation sowie die Zielerreichung sichern. Anstelle regeldeterminierter Verbindungen treten Verknüpfungspotenziale, deren genaue Richtung im Koordinationsfall erst festgelegt wird. Insofern findet sich Selbstabstimmung im Modell der losen Koppelung wieder, wo Organisation als Geflecht relativ autonomer Subeinheiten, die nur okkasionell und nicht in genau spezifizierter Weise in Ver-

[488] Vgl. Schreyögg (2003), S. 177.

[489] Vgl. Schreyögg (2003), S. 178ff.

[490] Vgl. Lassmann (1992), S. 255.

[491] Vgl. Göbel (2004), Sp. 1315.

[492] Vgl. Hall (1963).

bindung treten, gefasst wird.[493] Dieses versieht die Akteure mit mehr Handlungsspielraum auch im Hinblick auf die Wahl der Kommunikationspartner, was mit höherem Maß an Flexibilität, breiterem Aufgabenspektrum, freierer Arbeitsgestaltung und Selbstbestimmung der Prozessbeteiligten einhergeht.

Dadurch ergeben sich potenzielle Vorteile von Selbstabstimmung wie zum Beispiel, dass:[494]

- der Ressourcenbedarf auf Entscheidungsebene insgesamt nicht erhöht wird (keine zusätzliche Instanz),
- direkte Kommunikationswege etabliert werden, die sich positiv auf Zeitverbrauch und Entscheidungsqualität insbesondere bei hoher Komplexität und wenigen Beteiligten auswirken,
- eine offene Konfliktaustragung, die zwar negativ den Zeitbedarf jedoch positiv die Abstimmungsqualität beeinflusst, ermöglicht wird,
- vertikale Autonomie, die zu einer Beteiligung der Akteure am Abstimmungsprozess führt und die Möglichkeit zur Einbeziehung eigener Ziele bietet, was potenziell motivationsfördernd wirkt, hergestellt wird.

Demgegenüber stehen Nachteile, die sich insbesondere durch die Begrenzung horizontaler Entscheidungsautonomie wegen geteilter Entscheidungskompetenzen und dem daraus resultierenden Problem verursachungsgerechter Zuordnung von Erfolgsbeiträgen widerspiegeln.[495] Diese Nachteile können zu Leistungszurückhaltung und zum Abschieben von Verantwortung auf andere Prozessbeteiligte führen. Demotivierend kann gegebenenfalls auch eine mangelnde Entschlussfassungskompetenz der sich abzustimmenden Einheiten sein. Außerdem kann das Prinzip der Selbstabstimmung dazu führen, dass ungünstige Voraussetzungen für die kostenwirtschaftliche Nutzung von Ressourcen geschaffen werden. Dies geschieht, wenn zum Beispiel gleichartige Ressourcen, die schlecht teilbar sind, nicht in einer organisatorischen Einheit zusammengefasst werden und über eine zusätzliche Integrationseinheit zusätzlicher Ressourcenbedarf entsteht.[496] Zusammenfassend kann festgestellt werden, dass Selbstabstimmung immer mit Delegations-, Anreiz- und Kontrollkosten verbunden ist und somit auch bei der Verwendung dieses Koordinationsmechanismus im Rahmen von BPM abgewogen werden muss, inwiefern die Verwendung von Selbstabstimmung für die zugrunde liegende Zielverfolgung vorteilhaft ist.[497]

---

[493] Vgl. Schreyögg (2003), S. 281ff.

[494] Vgl. Gebhardt (1996), S. 143ff; Lassmann (1992), S. 286, 360.

[495] Vgl. Lassmann (1992), S. 286f., 364.

[496] Vgl. Lassmann (1992), S. 358.

[497] Vgl. Göbel (2004), Sp. 1318.

BPM kann Selbstabstimmung durch Arbeitsteilung in Form von Gruppenstrukturen mit entsprechender Gestaltung von Schnittstellen, Kommunikationsfluss und Interdependenzstrukturen fördern. Die Zielinkonsistenz von BPM führt bei der Frage, inwiefern Selbstabstimmung zur Koordination verwendet werden soll, jedoch zu Problemen, da schwerlich abzuschätzen ist, ob Flexibilität und Qualität von Verhaltensweisen die durchaus kosten- und zeitaufwendige Form der Abstimmung kompensieren.

Hierarchie/persönliche Weisung

Organisationen besitzen eine graduell unterschiedlich tiefe aber prinzipiell hierarchische Struktur, welche von elementarer Bedeutung für die Zuweisung von Entscheidungskompetenzen an Instanzen, für die Delegation von Entscheidungen und für die entsprechende Verantwortung ist und darüber hinaus das interne Kommunikationsnetz fixiert.[498] Hierarchie hebt über ihre vertikale Differenzierung die Einheit von Ausführung und Kontrolle der Arbeit wie sie etwa bei Selbstabstimmung gegeben ist, auf.[499] Sie stellt auf die Koordinationsfunktion des Vorgesetzten und der damit einhergehenden Probleme der Führung und des Führungsstils ab, wobei unter Führung die Beziehung, in der eine Person eine oder mehrere andere bei der Bewältigung einer gemeinsamen Aufgabe anweist, koordiniert und überwacht, verstanden wird. Sie kann somit den Entscheidungsspielraum für nachgeordnete Akteure begrenzen, sodass ihr Motivationspotenzial abhängig von der Führung durch den Vorgesetzten ist.[500] Die Koordination über Hierarchie umfasst die Gesamtheit aller Vorgesetzten-Untergebenen-Beziehungen und wird insbesondere von folgenden Merkmalen gekennzeichnet.[501] Sie besitzt eine Rollenstruktur der Über- und Unterordnung von Führungsstellen mit abgegrenzten Kompetenzen und sozial eindeutig zugeordneten Untergebenen, eine ein- oder mehrdimensionale skalare Befehlskette, Vorgesetzte mit Recht, Entscheidungen durch die autoritäre Weisung zu treffen, weil Untergebene vertraglich geregelte Gehorsamspflicht haben und eine monistische Autoritätsstruktur, das heißt „alle Autorität kommt von oben und stürzt durch fortschreitende Übertragungen kaskadenförmig herab, während Verantwortlichkeit von unten kommt und dem nächsten Vorgesetzten und niemanden sonst schuldet“[502]. So ist Entscheidungsdezentralisierung immer innerhalb einer prinzipiell monistischen Autoritätsstruktur gedacht. Darüber hinaus weist sie in der Regel eine formalisierte Koordinationsstruktur als Rückgrat aller Koordinationsbestrebungen auf und kanalisiert die Kommunikationsstruktur, die in vertikaler und horizontaler Richtung klar geregelt ist.[503] Ungleichheit in der Machtverteilung spiegeln sich auch in einer Ungleichheit in den Kommunikationschancen

498 Vgl. Bronner (2004), S. 230.

499 Vgl. Schanz (1982), S. 8.

500 Vgl. Lassmann (1992), S. 365.

501 Vgl. Krüger (1985); Mayntz (1963), S. 81-111.

502 Thompson (1971), S. 218.

503 Vgl. Frese (2000).

wider, und höhere Stellen haben umfangreichere Informationsrechte und organisatorisch abgesicherte Kommunikationsmöglichkeiten als dies unteren Ebenen eingeräumt wird. In der Literatur wird zwischen unterschiedlichen Grundformen der Hierarchie unterschieden:

- Autokratische Hierarchie: Führung von Eliten, die auch ohne Zustimmung bzw. Mitwirkung von Untergebenen eingesetzt oder entfernt werden; und von Untergebenen wird primär Gehorsam und strukturkonformes Verhalten erwartet,[504]
- Kompetitive Hierarchie: Führung von Eliten, die unter Mitwirkung der Organisationsmitglieder bestellt bzw. abgewählt werden, das heißt die Führungsämter werden im freien Wettbewerb durch die Unterstützung der Organisationsmitglieder und entscheidender Anspruchsgruppen erlangt, auch wenn Mitglieder an anderen Entscheidungen nicht aktiv mitwirken,[505]
- Partizipative Hierarchie: explizite Förderung der Beteiligung von Akteuren an der Willensbildung unter weitestgehenden Verzicht der Organisationsleitung auf direkte Anweisungen zugunsten der Koordination durch Rahmenvorgaben (Kontextsteuerung). Die Organisationsmitglieder kollaborieren im Zuge von Selbstorganisation und prägen die organisatorische Gestaltung aktiv mit. Durch ein begrenztes Maß an Selbstorganisation innerhalb des hierarchischen Aufbaugefüges sollen strukturelle und motivationale Defizite autokratischer Systeme abgebaut werden,[506]
- Fluktuierende Hierarchie: Verantwortlichkeiten, Kompetenzen und Mitwirkungen werden situationsbezogen unter Akteuren immer wieder neu ausgehandelt. Selbst hierarchische Strukturen mit ihren Rollen, Regeln, Zuständigkeiten für Problemlösungsprozesse werden ausgehandelt, sodass es sich bei dieser Hierarchieform um ein Verhandlungssystem handelt.[507]

Unabhängig ihrer Form haben Hierarchien die Funktion, eine stabile Ordnung mit generalisierten Verhaltenserwartungen, durch die der Fortbestand der Organisation auch bei häufigem Wechsel der Mitglieder gewährleistet wird, zu schaffen. Sie ergänzen individuelle Machtgrundlagen, die in Interaktionsprozessen nicht immer wieder neu legitimiert werden müssen und ermöglichen die verbesserte Kontrolle von opportunistischem Verhalten aufgrund hierarchischer Weisungsrechte.[508] Hierarchie stellt ein klassisches Koordinationsinstrument dar, welches in einem System abgestufter Zuständigkeiten institutionelle Vorsorge für die Sicherstellung der Integration schafft, indem die Instanzen die einzelnen Stellen darunter in ihren

504 Vgl. Weber (1976); Wild (1973); Mayntz (1971).

505 Vgl. Schumpeter (1946).

506 Vgl. Bower (1972); Adler/Borys (1996); Adler (1999).

507 Vgl. Schreyögg/Noss (1994); Reihlen (1997), S. 253-295.

508 Vgl. Reihlen (2004), S. 411f.

Prozesstätigkeiten aufeinander abstimmen. Abstimmungsprobleme werden daher nach „oben“ so lange weitergereicht, bis eine Instanz erreicht wird, die die zu koordinierenden Akteure bzw. Bereiche umspannt und die Kompetenz hat, Abstimmungsfragen durch Anweisung zu lösen. Diese Systematik unterstellt, dass Vorgesetzte die fachliche Kompetenz haben, Abstimmungsschwierigkeiten verstehen und sachgerecht lösen zu können. Bei mangelnder Fachkompetenz, unzureichenden Informationen oder Überlastung der Instanzen kommt das System an seine Grenzen.[509] Instanzen wie etwa der Prozessowner werden auch als Instrument zur Konfliktlösung und Konfliktbegrenzung (Abstimmungsschwierigkeiten als Konflikte) eingerichtet, denn mit zunehmender Konfliktintensität der Interdependenzstruktur steigt die Bedeutung der hierarchischen Koordination durch persönliche Weisung. Demzufolge setzt Hierarchie die Einwilligung von Untergebenen voraus, sich dem hierarchischen System unterzuordnen, sodass die Verweigerung von Anweisungen die Ausnahme bleibt wie zum Beispiel die Missachtung des Dienstweges, und die Hierarchie jederzeit zuverlässig anerkannt wird auch wenn sie im Einzelfall versagt.[510] Vorteile der Hierarchie als Koordinationsinstrument im Rahmen der Prozessgestaltung sind neben der Verleihung einer stabilen Ordnung, die Hierarchie als Kontrollinstrument zur Sicherung und Erfüllung des Organisationsziels zu nutzen und über ihre Struktur Anreize in Form von Karrierewegen zu bieten, die wiederum verhaltenssteuernd auf die Akteure wirken.[511]

Für die Prozessgestaltung kann die Gefahr der Instanzenüberlastung nachteilig sein, die dadurch entsteht, dass die Koordination nur auf persönlichen Weisungen beruht. Zudem wird der Kommunikationsfluss stark über die vorgesetzten Stellen kanalisiert, sodass die Gefahr der geringeren Übertragungsgeschwindigkeit von Informationen und unzureichende Informationsgenauigkeit der koordinationsrelevanten Informationen besteht, insbesondere, wenn es sich um ein komplexes Abstimmungsproblem handelt, und die Entscheidung allein bei der führenden Stelle liegt. Dies kann vor allem dann verstärkt werden, wenn der hierarchische Kommunikationsfluss aufgrund von Misstrauen vielfältigen Verzerrungen unterworfen wird, weil Informationen Vorgesetzten vorenthalten oder geschönt werden, um aus Sicht der nachgeordneten Stelle keine Nachteile zu erhalten. Das heißt die markante Asymmetrie der Hierarchie und die dementsprechende Distanz in der Vorgesetzten-Untergebenen-Beziehung kann Misstrauen hervorrufen und in anderen als kontrollierenden und anweisenden Arbeitsbezügen störend und kontraproduktiv wirken. Ein weiterer Nachteil ist, dass insbesondere innovatives Verhalten nicht befohlen werden kann, sondern dieses aus dem Interesse an der Problemlösung heraus erwachsen muss. Somit ist Verhalten nicht nur von der hierarchischen Struktur an sich, die nicht Inhalte, sondern nur den sachlichen Bezug regelt, abhän-

[509] Vgl. Schreyögg (2003), S. 170.

[510] Vgl. Schreyögg (2003), S. 169.

[511] Vgl. Schreyögg (2003), S. 167ff.

gig, sondern wird insbesondere durch die Führung, persönliche Weisung und den damit verbundenen Führungsstil wesentlich beeinflusst.

Führung wird als intendierte Verhaltensbeeinflussung gefasst, und ihr Resultat schlägt sich in den Verhaltensweisen der zu führenden Individuen nieder.[512] Die persönliche Weisung entspricht einer Vorgabe von Entscheidungen durch Vorgesetzte,[513] die den Handlungsspielraum der nachgeordneten Einheiten eingrenzt. Um die Vielzahl persönlicher Weisungen auf jeweilige Einzelfälle zu reduzieren, können für ähnliche Fälle entsprechend des Substitutionsgesetztes der Organisation nach Gutenberg gleich bleibende Regeln entwickelt werden.[514] Die Einflussmöglichkeiten von Vorgesetzten hängen von der Positionsmacht ab, deren Gestaltung über die Definition der Befugnisse und Entscheidungsmacht der entsprechenden Position erfolgt[515] sowie von der Aufgabenstruktur. Es wird davon ausgegangen, dass die Bereitschaft zum Gehorsam nur dann erzwungen werden kann, wenn die Aufgabe verhältnismäßig gut strukturiert ist. Andererseits wird in der Literatur angemerkt, dass insbesondere bei diesem Aufgabentypus Koordination über persönliche Weisung überflüssig ist und der Führungsbedarf bei unstrukturierten Aufgaben zum Tragen kommt.[516] Es kann zu Fehlleistungen kommen, wenn Anweisungen in Bezug auf die Komplexität der Aufgabe und die intellektuellen Fähigkeiten des Individuums so allgemein gehalten sind, dass die zur Aufgabenerfüllung notwendigen Mittel nur sehr ungenau angegeben sind.

Die Koordination über persönliche Weisung kann mittels Führungsgrundsätze reglementiert werden, die den vorgesetzten Instanzen eine Orientierung bieten sollen, welches Führungsverhalten anzuwenden ist. Sie haben eine: [517]

- Steuerungs- und Standardisierungsfunktion, indem sie Verhalten auf Organisationsziele lenken sollen,
- Vereinheitlichungsfunktion, die eine Angleichung des Führungsverhaltens bewirken soll,
- Entlastungsfunktion, indem sie den Vorgesetzten von einem Teil seiner klassischen Führungsaufgaben entbinden, als Führungssubstitut fungieren und eine Selbststeuerung der Akteure fördern sollen,
- Orientierungsfunktion, indem sie durch Festlegung von Verhaltensstandards den Mitarbeitern Sicherheit im Verhalten bieten sollen und eine

512 Vgl. Schanz (1994), S. 259.

513 Vgl. Kieser/Kubicek (1992), S. 642.

514 Vgl. Gutenberg (1962), S. 145.

515 Vgl. Schanz (1994), S. 264.

516 Vgl. Fiedler (1972), S. 183; March/Simon (1976), S. 55.

517 Vgl. Schanz (1994), S. 268.

- Harmonisierungsfunktion, indem sie die organisationalen mit den individuellen Zielen in Einklang bringen sollen.

BPM kann auf die Art und Weise der Führung kaum Einfluss nehmen, da selbst die mittelbare Einwirkung über die Formulierung von Führungsgrundsätzen nicht Teil des Prozessdesigns ist. Sie findet sich indirekt in den strukturellen Aspekten wieder, die zum Beispiel in Form von Aufgabenbeschreibungen die Delegation von Verantwortung und den damit einhergehenden Entscheidungs- und Kompetenzbereich von Aufgabenträgern festlegen. Die hierarchische Konstellation bei der Prozessgestaltung wird somit über die Art und Weise der Arbeitsteilung bestimmt. Der Teamansatz setzt nur wenig hierarchische Elemente ein, indem ein Prozesseigner definiert wird, der die Verantwortung für den gesamten Arbeitsablauf trägt, und das von ihm betreute Team setzt die Prozessaktivitäten um. Vor diesem Hintergrund kommt jedoch die Koordination über Selbstabstimmung zum Tragen, die die formalisierte und reglementierte Prozessstruktur ergänzt und weniger das hierarchische Element zur Koordination von Prozessaktivitäten wie etwa die Definition von Positionsmacht zur Festlegung der Weisungsbefugnisse.

Verhältnis der Koordinationsinstrumente untereinander

Keines der Koordinationsinstrumente kann allein allen Koordinationsbedarfen und -anforderungen gerecht werden, sodass stets bei der Prozessgestaltung mehrere Koordinationsinstrumente zur gleichen Zeit eingesetzt werden müssen. Erst der kombinierte Einsatz dieser Instrumente kann zu befriedigenden Ergebnissen führen, wobei auf das jeweilige Koordinationsproblem abgestellt werden muss.[518] BPM legt hierbei den Schwerpunkt auf die Verwendung von Regeln und Selbstabstimmung. Regeln können Standardisierungsvorteile, erhöhte Verhaltensprognostizierbarkeit und -kontrollierbarkeit schaffen, während Selbstabstimmung Flexibilität und problemlösende Verhaltensweisen hervorbringen soll. Persönliche Weisung kann bei gut strukturierten Arbeitszusammenhängen über formalisierte Vorgaben substituiert werden. Sie kommt daher besonders dann zum Tragen, wenn Reglementierungen an ihre Grenzen stoßen und über spontane Selbstabstimmung keine Problemlösung erarbeitet werden kann, oder wenn Selbstabstimmungsprozesse stocken, zu keiner Einigung über das weitere Prozedere führen und eine finale Entscheidung zu treffen ist.

Wie bereits gezeigt ist die Anwendung eines jeden Koordinationsinstrument an sich zur Erreichung von BPM-Zielen nicht durchweg geeignet, da unklar ist, mittels welcher Koordinationsform welcher Einfluss insbesondere auf die Kriterien Kosten, Zeit und Qualität ausgeübt wird. Dazu kommt nicht zuletzt auch die problematische Konstellation der BPM-Ziele an sich, die aufgrund ihrer Inkonsistenzen jegliche Auswahl von Maßnahmen zur Zielerreichung erheblich erschweren. Bei der Prozessgestaltung ist nicht nur abzuwägen, wie hoch der Standardisierungsgrad, die Regelungsdichte und das Ausmaß für Selbstabstimmung an sich zu wählen und

[518] Vgl. Rückwardt (1978), S. 195.

an welcher Stelle Prozessaktivitäten über Hierarchie und die damit verbundenen Führungsaktivitäten zu koordinieren sind, sondern insbesondere muss abgeschätzt werden, wie die Kombination der Instrumente auf die Prozesseffizienz wirkt. Da diese Komplexität von einem Gestalter nach wie vor kaum erfasst werden kann, unterstreichen auch die Ausführungen dieses Kapitels, wie problembehaftet Prozessdesign an sich ist. Es kann bezweifelt werden, dass mittels BPM Arbeitsabläufe von Organisationen insgesamt optimiert werden können.

4.5 BPM immanente Verhaltensdarstellung

Der Einsatz von Prozessteilnehmern dient der Zielerreichung. Demzufolge setzt BPM strukturkonformes Verhalten voraus, wenn es darum geht, Prozesse neu zu konzipieren oder Abläufe zu verbessern. Das folgende Zwischenfazit zeigt diese Verhaltenskonzeptualisierung des BPM Konzepts und greift die bisher erarbeiteten Erkenntnisse auf.

BPM Ziele und Verhalten

Verhalten spielt bei der Formulierung von BPM Zielen, die hauptsächlich auf Qualitäts-, Kosten- und Zeitkriterien beziehen und die Kundenorientierung in den Vordergrund stellen, keine Rolle.[519] Ebenso bleiben Verhaltensvarianten und deren Auswirkungen auf Prozessleistungen und Zielerreichungsgrad unberücksichtigt. Da von einem konsistenten Zielkatalog ausgegangen wird, finden auch Zielkonflikte und deren mögliche Auswirkung auf prozessleistungsrelevantes Verhalten keine Berücksichtigung.

BPM Methoden und Verhalten

Auch die einzelnen Schritte der BPM Vorgehensweise zeigen, dass ein mechanistisches Menschenbild dem Konzept implizit zugrunde liegt. Die **Prozessidentifikation** und **-abgrenzung** erfolgt anhand des Prozessbeitrags für die Erreichung von Wettbewerbsvorteilen. Auf Personal bezogene Kriterien spielen keine Rolle.

Die **Prozessanalyse** im Rahmen von Prozessdesign stellt die Untersuchung der Ablaufeffizienz in den Vordergrund, die sich an den BPM Zielen orientiert. Die BPM-Literatur betont, dass Grundvoraussetzung für erfolgreiches BPM in der Beteiligung der Akteure bereits im Rahmen der Analyse besteht, weil dadurch Vorbehalte, Ängste, Widerstände frühzeitig abgebaut werden können. Die Organisationsmitglieder sollen dadurch für Gestaltungsnotwendigkeiten, Details und Zusammenhänge sensibilisiert und für möglichst weitgehende Verbesserungen der Abläufe motiviert werden. Das frühe Einbeziehen der Prozessteilnehmer soll Vertrauen stärken und die Identifikation mit den entwickelten Lösungen herstellen. Eine Auseinandersetzung mit einer verhaltensorientierten Prozessgestaltung anstelle eines des dem BPM-Konzept immanenten verhaltensnormierenden Ansatzes findet jedoch nicht statt.

---

519 Vgl. Kapitel 4.2.

Die **Prozessmodellierung** beinhaltet die Gestaltung der Koordination und Ausführung von Geschäftsprozessen. Die **Regelungen der Arbeitsteilung** betonen, dass möglichst wenig Schnittstellen und damit Interaktionen zwischen den Beteiligten entstehen sollen. Hierbei wird sich allerdings nicht inhaltlich mit Verhaltensmustern und -variationen von Prozessbeteiligten auseinander gesetzt, sondern lediglich festgestellt, dass die Anzahl von Beteiligten zur Minimierung von Schnittstellenproblemen so gering wie möglich zu halten ist. Da im Rahmen von BPM angenommen wird, dass das Gesamtsystem ein widerspruchsfreies, konsistentes Gebilde von Zielen und Aufgaben ist, bleibt auch an dieser Stelle das Problem, dass Prozessbeteiligte im Rahmen ihrer zielorientierten Aufgabenerfüllung latent von Konflikten umgeben sind, unberücksichtigt. Darüber hinaus wird oftmals davon ausgegangen, dass es sich um stabile, vollständig durchdringbare Aufgaben handelt und die Aufgabenerfüllung grundsätzlich beherrschbar ist. Die davon abweichende Realität und deren Niederschlag in Verhaltensvarianzen finden keine Berücksichtigung. Auch die Mengen- und Artenteilung[520] im Rahmen von BPM und den damit einhergehenden unterschiedlichen Ausprägungen von Spezialisierungsgrad und Aufgabenvielfalt werden nicht vor dem Hintergrund ihrer Auswirkung auf Verhalten der Prozessbeteiligten diskutiert. Es wird vielmehr unter rein ökonomischen Gesichtspunkten betont, dass unabhängig vom Segmentierungskriterium bei der Arbeitsteilung zu beachten ist, dass eine sinnvolle Aufteilung den folgenden Leitsätzen genügt:[521]

- Teilaufgaben sind so zu bilden, dass zwischen den Aufgabenträgern möglichst wenig Abstimmungsaufwand anfällt,
- je mehr Wissen für die Erledigung einer Teilaufgabe benötigt wird, desto teurer ist die Ausführung, so dass es sinnvoll ist, dass sich Spezialisten jeweils möglichst nur mit ihrem Wissensgebiet befassen,[522]
- das geforderte Wissen zur Lösung einer Teilaufgabe soll möglichst während der täglichen Arbeitszeit erlernt werden, so dass die Beteiligten nur in Ausnahmefällen Teilaufgaben übernehmen, die sie nur sehr selten erledigen müssen.

Mögliche negative Konsequenzen der Arbeitsteilung auf Akteursverhalten wie etwa durch Reduktion der Zuordenbarkeit des Arbeitsanteils am ganzen Prozessergebnis und damit einhergehende Anonymität, faktische Diffusion der Verantwortung und mögliche Verletzung des Kongruenzprinzips[523] erhalten im BPM-Konzept keine Bedeutung.

---

[520] Vgl. Kapitel 4.4.2

[521] Vgl. Giese/Sieber (2001), S. 31.

[522] In diesem Fall ermöglicht die Arbeitsteilung dem Akteur, seine Fähigkeiten auf einem Spezialgebiet zu erhalten bzw. zu steigern und somit Spezialisierungsvorteile zu generieren. Vgl. Schanz (1982), S. 5.

[523] Vgl. Lenk/Maring (2004), Sp. 1562.

Im Zuge der **Regelungen der Koordination** wird die verhaltensbezogene Koordination diskutiert, welche in mehr oder weniger starkem Maße die Vorgehensweise bei der Bewältigung einer Aufgabe vorschreibt und über dieses Einwirken auf das Verhalten zum gewünschten Ergebnis führen soll. Ergebnis- oder outputbezogene Koordination gibt hingegen das für den Prozessteilnehmer zu erreichende Ergebnis vor, und der Weg zur Erreichung wird offen gelassen.[524] Welche Form der Koordination zu wählen ist, gibt z.B. der Strukturiertheitsgrad der Aufgabenstellung vor, nicht jedoch verhaltenswissenschaftliche Erkenntnisse. In der Prozessmodellierung findet Verhalten insofern Berücksichtigung als festgestellt wird, dass Organisationen leistungsfähiger werden, wenn es ihnen gelingt, die Planung und Gestaltung organisatorischer Strukturen mit den Zielen und Wünschen der Organisationsmitglieder in Einklang zu bringen.[525] Das Verhalten von Akteuren ist dementsprechend nicht nur in bestimmte Bahnen zu lenken, sondern es sind auch Bedingungen zu schaffen, unter denen Aufgabenträger Potenziale bei der Lösung von Problemen entfalten.[526] Genaue Hinweise zur Vorgehensweise der Zusammenführung verschiedener Aufgabenteile unter Vermeidung auseinanderdriftender Orientierungen werden jedoch nicht gegeben.

Auch die **Standardisierung**, die zu der wichtigsten Designvariablen des BPM gehört, indem sie den Ersatz von fallweisen Regelungen durch generelle Regelungen in den Vordergrund stellt, wird im Rahmen von BPM vor dem Hintergrund der BPM Ziele eingesetzt. Sie zielt auf die Reduktion des Entscheidungsspielraums des Ausführenden ab und soll somit Standardisierungsvorteile generieren. Die hohe Regelmäßigkeit in den Arbeitsabläufen soll die Prozessstabilität verbessern und zu Produktivitätssteigerungen führen,[527] indem Akteure durch verbindliche und allgemein zuständige Vorgaben effizienter und durch entsprechende Lerneffekte produktiver werden. Dass allerdings Monotonieerlebnisse zu Desinteresse und mangelnder Eigeninitiative führen können und innovatives, Problem lösendes Verhalten verhindern,[528] wird in der BPM-Literatur nicht vorrangig diskutiert. Obwohl die Grundidee von BPM sowohl für innovative[529] als auch für repetitive Tätigkeitsketten Gültigkeit besitzt,[530] zielt es primär auf die Gestaltung von repetitiven Aufgabenbereichen ab, d.h. die Wiederholbarkeit und damit einhergehend die Standardisierbarkeit bilden das primäre Kriterium für die Prozessgestaltung.[531] Ziel ist, dass der Entscheidungsträger ein Ereignis unmittelbar mit einer bestimmten Ausführung in Verbindung bringt und ein routiniertes Entscheidungsverhalten

[524] Vgl. Oliver/Anderson (1995).

[525] Vgl. Lassmann (1992), S. 2.

[526] Vgl. Schreyögg (2003), S. 18.

[527] Vgl. Best/Weth (2005), S. 126.

[528] Vgl. Kieser/Kubicek (1992), S. 641.

[529] Vgl. Heppner (1995), S. 10; Corsten (1992), S. 239.

[530] Vgl. Heppner (1995), S. 9.

[531] Vgl. Elšik (1996), S. 23; Fischer (1993b), S. 313; Vgl. Zink (1994), S. 75.

zeigt.[532] Somit besteht der zugrunde gelegte Sinn von Regeln darin, unreflektierte Verhaltensweisen zu generieren und keinen Umgang mit ihnen zu schaffen, der den Sinn und Zweck von Regeln in Frage stellt. BPM zielt somit darauf ab, auf der Ausführungsebene Verhaltensweisen von Akteuren zu kreieren, die auf Prozessreglementierungen beruhen. Die damit einhergehende Uniformität und Konformität als Rahmen für Verhalten sollen Prozesse planbar und verlässlich machen.[533] Das BPM-Konzept enthält daher implizit die Logik des tayloristischen Ansatzes. Trotzdem soll es sich der Aufgabe stellen, das Dilemma zwischen einerseits gewünschter Konformität und andererseits unerwünschter Inflexibilität[534] im Rahmen von Gestaltungsmaßnahmen zu lösen, ohne sich explizit mit Verhalten auseinander zu setzen.

Die Ausrichtung von BPM auf Teamarbeit, die über **Selbstabstimmung** koordiniert werden soll, stellt zwar auf Initiative zur Abstimmung, selbständige Arbeit an Problemlösungen, größeren Handlungsspielraum der Akteure, breiteres Aufgabenspektrum, freiere Arbeitsgestaltung und Selbstbestimmung ab, setzt sich jedoch nicht mit der Frage auseinander, wie Prozessstrukturen zu gestalten sind, um diese Aspekte und deren Vorteile für die Zielerreichung zu nutzen. Insofern wird die genaue Funktionsweise von Selbstabstimmung nicht verhaltensorientiert diskutiert, sondern implizit vorausgesetzt, dass über Teamarbeit die BPM Ziele erreicht werden, auch wenn sie über Selbstabstimmung koordiniert wird, was wie bereits beschrieben von der Prozessgestaltung inhaltlich nicht beeinflusst werden kann.

Hinsichtlich der Koordination der Prozessaktivitäten über **persönliche Weisung** konnte festgestellt werden, dass BPM auf die Art und Weise der Führung kaum Einfluss nehmen kann, da selbst die mittelbare Einwirkung über die Formulierung von Führungsgrundsätzen nicht Teil des Prozessdesigns ist. Die hierarchische Konstellation bei der Prozessgestaltung wird somit über die Art und Weise der Arbeitsteilung bestimmt. Der Teamansatz setzt nur wenig hierarchische Elemente ein, indem ein Prozesseigner definiert wird, der die Verantwortung für den gesamten Arbeitsablauf trägt, und das von ihm betreute Team setzt die Prozessaktivitäten um. Vor diesem Hintergrund kommt jedoch die Koordination über Selbstabstimmung zum Tragen, die die formalisierte und reglementierte Prozessstruktur ergänzt und weniger das hierarchische Element zur Koordination von Prozessaktivitäten wie etwa die Definition von Positionsmacht zur Festlegung der Weisungsbefugnisse.

Im Rahmen der **Prozessimplementierung** erkennt die BPM-Literatur an, dass der Mensch der kritische Erfolgsfaktor in der Umsetzungsphase ist, und allein die Ankündigung organisatorischer Veränderungen zu nachteiligen Verhaltensänderungen führen kann. Daher soll die Implementierung verhaltensorientiert erfolgen,

---

532 Vgl. Lassmann (1992), S. 79.

533 Vgl. Weinert (2004), S. 599.

534 Vgl. Weinert (2004), S. 409ff.

indem Instrumente des Umgangs mit Widerstand und „die Kunst, den Wandel zu verkaufen" angewendet werden sollen, um die strukturellen Veränderungen vorzubereiten. Mit Ursachen des für die Prozessleistung nachteiligen Verhaltens, die in der Prozessgestaltung an sich liegen können, findet keine Auseinandersetzung statt. Vielmehr wird darauf abgestellt, dass Änderungen aufgrund Ihres Bruchs mit dem Gewohnten zu Widerständen führen. Daher erfolgt auch an dieser Stelle kein Impuls, die Prozessmodellierung verhaltensorientiert vorzunehmen.

Das **Prozesscontrolling** dient der Erhebung der Prozessleistung. Gegenstand sind Prozesskennzahlen, die sich nicht unmittelbar auf Verhalten beziehen, sondern mittelbar das Verhalten der Prozessbeteiligten erfassen. Demzufolge dienen bei Nachbesserungen die gemessenen Leistungen als Stellgrößen zur Verbesserung des Ablaufs wie etwa Verkürzung der Durchlaufzeit, nicht jedoch direkt das zugrunde liegende Verhalten.

Verhaltensnormierung vs. Verhaltensorientierung

Die bisherigen Ausführungen machen deutlich, dass das Verhalten von Akteuren keine vordergründige Rolle im BPM-Konzept einnimmt und allenfalls indirekt berücksichtigt wird, wenn es um die Erzielung von Stabilität und Prognostizierbarkeit prozessualer Arbeitszusammenhänge geht oder Widerstand gegen Änderungen zu verhindern ist. Akteure sollen ein Verhalten zeigen, das Kosten und Durchlaufzeiten minimiert sowie erforderliche Qualitätserfordernisse erfüllt. Diese Funktionalität entspringt einem dem BPM-Konzept immanenten technokratischen Ansatz, welches sich eines mechanistischen Menschenbilds bedient. BPM zielt darauf ab, Verhalten zu normieren anstelle sich an verhaltenswissenschaftlichen Kenntnissen zu orientieren.

Die mangelnde Auseinandersetzung mit Verhaltensspielräumen und deren Auswirkung auf die Prozessleistung lässt vermuten, dass beim Prozessmanagement allgemein und im Rahmen der Prozessgestaltung im Besonderen die Abhängigkeit der Prozessleistung von der Strukturgestaltung angenommen wird. Die Ausführungen verdeutlichen, dass Prozessmodellierung zur Schaffung effizienter Abläufe hauptsächlich eine Frage der Struktur und gegebenenfalls der IT-Unterstützung ist. Der Eindruck entsteht, dass bei der Optimierung von Geschäftsprozessen die technische, mechanistische Komponente im Vordergrund steht, und die Rolle der Organisationsmitglieder darin beschränkt wird, veränderte (technisch optimierte) Prozesse auszuführen, um eine Erhöhung der Effizienz zu ermöglichen. Allerdings ist eine lückenlose Definition von Arbeitsabläufen nicht nur unmöglich, sondern auch aus ökonomischen Gründen nicht sinnvoll, sodass die Organisationsmitglieder Handlungsspielräume bei der Ausführung ihrer Tätigkeiten besitzen. Somit hängt das Erreichen der Effizienz nicht nur von der Ausgestaltung der Prozessstrukturen ab, sondern insbesondere vom Verhalten des ausführenden Organisationsmitglieds. Das BPM-Konzept stellt jedoch nicht in Frage, dass die im Rahmen der Prozessmodellierung gestalteten Aufgaben und Abläufe von den Organisationsmitgliedern nicht wie vorgesehen umgesetzt werden, wenn es sich nicht um ein Zeichen von

Widerstand handelt. Es wird somit davon ausgegangen, dass die Strukturgestaltung als solche effizient ist und Verhalten eine Art „Restgröße" darstellt, der sich lediglich im Rahmen von Widerstandsbekämpfung beziehungsweise -vermeidung zu widmen ist.

Dass diese Sichtweise und somit das BPM-Konzept um verhaltenswissenschaftliche Erkenntnisse ergänzt werden muss, weil die bisherigen Erkenntnisse eine Verhaltenssteuerung durch BPM zur Erreichung von Organisationszielen nur unzureichend hergeben und Arbeitsergebnisse letztendlich von der menschlichen Leistung abhängen, soll in den nun folgenden Kapiteln gezeigt werden.

5 Verhaltenserklärungsmodell

Die Betrachtung von Verhalten und deren Determinanten ist für die Gestaltung von Prozessen außerordentlich wichtig, weil ohne die Organisationsmitglieder eine Aufgabenerfüllung nicht möglich ist und von ihrem Verhalten der Organisationserfolg maßgeblich abhängt. Ausschließlich prozessuale Gestaltungsmaßnahmen können kaum einen entscheidenden Durchbruch bringen, denn die Leistungen entstehen nicht durch die modellierten Strukturen, sondern werden von den Akteuren erbracht, die in der Organisation arbeiten. Daraus ergibt sich unmittelbar die Frage nach dem Verhalten der Organisationsmitglieder, das heißt die Frage nach ihrer Leistungsfähigkeit und -bereitschaft.[535]

Menschen zeichnen sich durch individuelles Streben nach Bedürfnisbefriedigung aus und neigen dazu, jene Fähigkeiten weiter zu entwickeln, die ihnen zum Zweck der Bedürfnisbefriedigung dienen. Sie versuchen, Belohnungen zu erlangen und Bestrafungen zu vermeiden, wobei sie sich allerdings darin unterscheiden, was sie als belohnend und was als bestrafend empfinden.[536] Um Prozesse gestalten und mittels ihrer Struktur und der darin eingebetteten Maßnahmen Verhalten beeinflussen zu können, ist vor diesem Hintergrund zu klären, von welchem Menschenbild ausgegangen werden soll und welche Verhaltensannahmen zugrunde gelegt werden.

5.1 Modellannahmen

Verhalten wird im Rahmen dieser Arbeit als Entscheidungskonsequenz erfasst, wobei der Akteur im Rahmen seiner Aufgabenerfüllung einen Handlungsspielraum besitzt, dementsprechend zwischen verschiedenen Verhaltensweisen wählen kann und letztendlich seine Tätigkeit ausführt, was in Form seines Verhaltens beobachtet werden kann. Die zentrale Frage, die auf das dem Modell zugrunde gelegten Menschenbild abzielt ist, nach welchen Maximen Prozessbeteiligte zwischen Verhaltensalternativen auswählen und entsprechende Leistungen erzielen. Menschenbilder enthalten Forderungen des für Menschen Wünschens- und Erstrebenswerten. Als Leitbilder bieten sie Orientierungswerte in Bezug auf das von Menschen legitim Erwartbare. Menschenbilder können somit Anhaltspunkte zur Gestaltung von Ablaufstrukturen bieten.[537]

Der Rationalansatz unterstellt intendiert-rational handelnde Akteure, die ihre kognitiven Fähigkeiten und praktischen Fertigkeiten grundsätzlich zur Erreichung der Organisationsziele einsetzen.[538] Die Opportunismusprämisse nimmt an, dass Handlungsträger danach streben, ihre Individualziele möglichst weitgehend und im

---

535 Vgl. Schwarzer/Krcmar (1995), S. 36, 45.

536 Vgl. Schanz (1982), S. 74f., 11.

537 Vgl. Glasl (1995); Schmidt-Salzer (1991); Steinmann/Olbrich (1998).

538 Vgl. Werder v. (2004), Sp. 1094.

Zweifel auch zu Lasten der Unternehmensziele zu verwirklichen.[539] In der Realität verhalten sich Handlungsträger offensichtlich weniger streng intendiert-rational noch ausschließlich opportunistisch, sodass sich die Verhaltensalternativen im Realansatz auf diesem Kontinuum abbilden lassen. Diese empirisch geprägte Perspektive fragt, welche Verhaltensmuster Akteure in der Realität in verschiedenen Situationen typischerweise zeigen und welche Implikationen hieraus für die Effizienz alternativer Organisationsformen resultieren.[540] Im Rahmen dieser Arbeit soll angenommen werden, dass die Identifikation einer zufrieden stellenden Lösung die Suche nach weiteren Verhaltensalternativen beendet, entsprechend der im Modell angenommenen Verhaltensdeterminanten bewertet und demnach die letztendlich zu beobachtende Verhaltensweise ausgewählt wird.[541]

5.2 Verhaltensentscheidungsprozess

5.2.1 Einführung

Aufgaben, die von Organisationsmitgliedern zu erfüllen sind, werden als Aufforderung verstanden, eine Handlung durchzuführen, wobei unter Handlung der Überführung eines gegebenen Zustands der Realität in einen veränderten Zustand verstanden wird. Handlungen werden nach Maßgabe getroffener Entscheidungen vollzogen, sodass Entscheidungen im Mittelpunkt der Betrachtung stehen. Entscheidungen sind hierbei dadurch gekennzeichnet, dass ein Auswahlproblem zwischen Handlungsalternativen auf der Realisationsebene besteht und zwischen mehreren, nicht gleichzeitig zu verwirklichenden Handlungsalternativen zu wählen ist. Handlungen werden somit durch die Elemente Ausgangszustand, Transformation, Endzustand gekennzeichnet und sind in Form von Verhalten beobachtbar.[542]

Die Theorie der organisatorischen Entscheidung geht in der Regel von einer linearen Abfolge der einzelnen Phasen aus: Problemformulierung, Informationsbeschaffung, Alternativengenerierung, Vergleich und Bewertung, Entschluss, Realisierung, Kontrolle. Empirische Untersuchungen zeigen jedoch, dass Phasen überspringend, vorgreifend, retrograd und/oder zyklisch verlaufen können, wobei kein einheitliches, alternatives Verlaufsschema gefunden werden konnte. Sie verweist auf die Prägung von Entscheidungsverläufen durch die Funktionsweise komplexer Organisationen.[543] Es können normative Entscheidungsmodelle und kognitive Heuristiken unterschieden werden. Erstere basieren auf ökonomisch-statistischen Überlegungen und beschreiben Entscheidungen als rationalen Prozess. Der Entscheidungsträger ist ein intuitiver Statistiker, der die verschiedenen Alternativen abwägt und

539 Vgl. Werder v. (2004), Sp. 1094.

540 Vgl. Grundei (1999), S. 121ff., 211ff., 356ff.

541 Weitere Modelle wie etwa das von Schein finden somit keine Berücksichtigung. Vgl. Schein (1974); Neuberger (2002)

542 Vgl. Lassmann (1992), S. 13; Frese (1980), Sp. 207ff.

543 Vgl. Schreyögg (2003), S. 67ff.

sein ganzes verfügbares Vorwissen nach den Gesetzen der Wahrscheinlichkeitstheorie und Logik auf das Entscheidungsproblem anwendet. Das Modell[544] erklärt Entscheidungsverhalten auf Basis des subjektiv erwarteten Nutzens verschiedener Alternativen. Bei ihrer Bewertung werden deren Nutzen mit den Auftretenswahrscheinlichkeiten multipliziert und die mit der positivsten Bewertung gewählt. Demzufolge kann das Modell Entscheidungen, die ohne intensives Abwägen durch rationale Erwägungen getroffen werden, nicht erklären.[545] Darüber hinaus ist kritisch anzumerken, dass in der Rückschau die Wahrscheinlichkeit des tatsächlich eingetretenen Ereignisses regelmäßig überschätzt wird.[546]

Eine Vielzahl an Studien hat belegt, dass Urteils- und Entscheidungsprozesse durch individuelle Präferenzen, Wünsche, Bedürfnisse beeinflusst werden und somit nicht der Rationalitätsannahme normativer Modelle vollständig folgen. Es konnte festgestellt werden, dass Menschen eher nach befriedigenden als nach optimalen Lösungen streben[547] und entsprechende Entscheidungen fällen. Dieses Vorgehen lässt sich als heuristisch beschreiben.[548] Grundannahme ist, dass menschliche kognitive Kapazitäten begrenzt sind und weniger Informationen als im Subjective-Expected-Utility-Modell angenommen berücksichtigt werden können. Menschliches Entscheidungsverhalten wird als Prozess begrenzter Rationalität (bounded rationality[549]) angenommen, sodass Merkmale wie etwa Zeitdruck oder hohe Komplexität ein Anstreben zufrieden stellender Ergebnisse begründen, die nicht notwendigerweise auch objektiv die besten Ergebnisse sind. Dementsprechend folgt die menschliche Informationsverarbeitung weniger statistischen Kalkülen, sondern vielmehr einfachen Urteilsheuristiken, so genannte „Daumenregeln".[550] Auch wenn hiernach kein Entscheidungsmodell entwickelt werden kann, das Verhalten eindeutig prognostizieren kann, können auch im Rahmen der heuristischen Betrachtungsweise Determinanten identifiziert werden, die zumindest einen wesentlichen Einfluss auf die Entscheidung des Akteurs hinsichtlich seines Verhaltens ausüben. Diese Faktoren können als Entscheidungskriterien[551] betrachtet werden, die zur Verhaltensentscheidung zu Rate gezogen werden.

[544] Vgl. Subjective-Expected-Utility-Theory von Edwards (1955).

[545] Vgl. Fischer/Greitemeyer/Frey (2004), Sp. 240f.

[546] Vgl. Hawkins/Hastie (1990).

[547] Vgl. Simon (1993).

[548] Vgl. Schoppek/Putz-Osterloh (2004), S. 490.

[549] Vgl. Simon (1956).

[550] Vgl. Fischer/Greitemeyer/Frey (2004), Sp. 241.

[551] Anstelle des Begriffs der Entscheidungskriterien werden ebenfalls die Ausdrücke Entscheidungselemente, Entscheidungsparameter und Entscheidungsbausteine verwendet.

5.2.2 Entscheidungskriterien des Verhaltenserklärungsmodells

Um Verhaltensentscheidungen und dementsprechende Leistungsbereitschaft mittels Prozessgestaltung vorteilhaft beeinflussen zu können, ist zunächst zu klären, wovon die Verhaltensentscheidung eines Akteurs abhängen kann und wie auf diese Entscheidung eingewirkt werden kann. Die Untersuchungen, warum Menschen bestimmte Verhaltensweisen wählen, führten in der Wissenschaft zur Entwicklung so genannter Instrumentalitäts- und Erwartungstheorien, die erklären, dass Menschen handeln, um etwas zu erreichen, das für sie „Wert" besitzt, das heißt Handlungen werden für die Zielerreichung instrumentell aufgefasst. Diese Theorien gehören zu den Motivationstheorien und werden den so genannten Prozesstheorien (kognitivistische Theorien) zugeordnet[552], die sich mit dem abstrakten Ablauf von Motivation befassen, ohne die Motive inhaltlich zu thematisieren.[553] Anhand dieser Betrachtung kann aufgezeigt werden, inwieweit Elemente der Organisation dazu beitragen können, Motivation und damit Leistungsbereitschaft und entsprechendes Verhalten auszulösen. Im Rahmen von Prozesstheorien erklären die Erwartungstheorien nicht nur das Entstehen des Leistungswillens, der als Kraft oder Anstrengung bezeichnet wird, sondern auch sein Ausmaß und seine Intensität. Die Wert-Erwartungstheorie folgt dabei dem normativen Entscheidungsmodell und begreift den Akteur als Nutzenmaximierer, der das Arbeitsverhalten wählt, welches den größten Nutzen verspricht. Der Nutzen ergibt sich aus dem subjektiven Wert der Ergebnisse, die mit Verhalten erreicht werden können und aus der Wahrscheinlichkeit, mit der durch das Verhalten das gewünschte Ergebnis erreicht werden kann.[554]

In diesem Zusammenhang ist zunächst auf die VIE-Theorie[555] hinzuweisen, deren Name sich aus den betrachteten Größen Valenz, Instrumentalität und Erwartung zusammensetzt.[556] Grundlegend ist der Gedanke, dass ein bestimmtes Verhalten bestimmte Konsequenzen und Ergebnisse hervorbringt. Letzteren werden Valenzen zugeordnet, mit denen sie bewertet werden. Die Valenz kann positiv (das Erreichen des Ergebnisses wird angestrebt), negativ (das Auftreten des Ergebnisses soll vermieden) sein oder einen Wert von Null aufweisen (Indifferenz gegenüber dem Ergebnis). Bezüglich der Ergebnisse werden zwei Ebenen unterschieden: Ergebnisse der ersten Ebene haben einen engen Bezug zur Organisation (zum

---

552 Motivationstheorien lassen sich in Prozesstheorien und Inhaltstheorien einteilen. Letztere (humanistische Theorien) versuchen zu erklären, welche Motive Menschen zu einem bestimmten Verhalten veranlassen und wie sie klassifiziert werden können, um Ansatzpunkte für die Organisation zu finden, mit welchen ihrer Elemente die konkreten Bedürfnisklassen befriedigt werden können. Vgl. Kesten (1998), S. 216.

553 Vgl. Rosenstiel v./Molt/Rüttinger (1983), S. 215; Berthel (1995), S. 20f.

554 Vgl. Porter/Lawler (1968); Katzell/Thompson, (1990).

555 VIE steht für die Valenz-Instrumentalitäts-Erwartungs-Theorie. Vgl. Vroom (1995); Van Eerde/Thierry (1996).

556 Vroom (1995), S. 17ff.

Beispiel hohe Produktivität oder Belohnung eines bestimmten Arbeitsverhaltens), während Ergebnisse der zweiten Ebene für den individuellen Mitarbeiter persönlich wichtig sind (zum Beispiel Zufriedenheit mit der Leistung, Akzeptanz durch Kollegen). Zwischen diesen beiden Ebenen besteht eine Zweck-Mittel-Beziehung. Diese Instrumentalität gibt die Einschätzung an, dass ein Ergebnis der ersten Ebene ein Ergebnis der zweiten Ebene herbeiführt.[557]

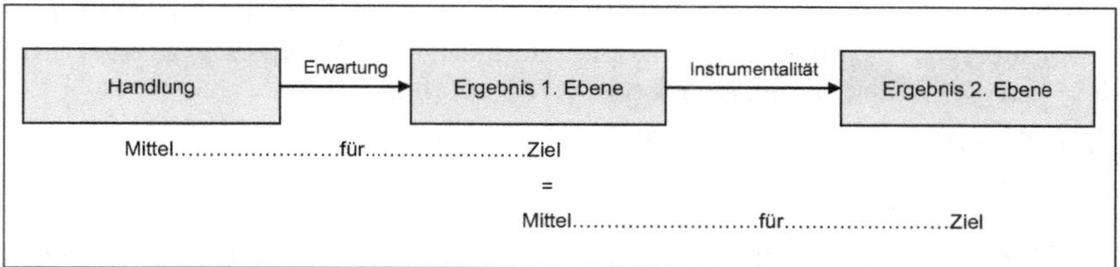

Abb. 9: Allgemeiner Zusammenhang der Ausführungen der VIE-Theorie[558]

Die Valenz eines Ergebnisses der ersten Ebene ergibt sich daher aus dem Ausmaß, indem es zur Erreichung des Ergebnisses der zweiten Ebene beitragen kann, und aus der Bedeutung, die letzterem beigemessen wird.[559] Neben den Valenzen und Instrumentalitäten ist die Motivation einer Person abhängig von der subjektiven Wahrscheinlichkeit, durch eine bestimmte Handlung das Ergebnis der ersten Ebene herbeiführen zu können. Die Anstrengung, die zur Erreichung des Ergebnisses der ersten Ebene eingesetzt wird, bestimmt sich daher aus der Erwartung und aus der Valenz des Ergebnisses der ersten Ebene.[560] Zu berücksichtigen ist, dass in der Regel mehr als ein Ziel angestrebt wird. Daraus ergeben sich analog mehrere Valenzen und Instrumentalitäten, sodass über die genannten Größen eine Summenbetrachtung durchgeführt werden muss.[561]

Organisationsmitglieder haben Erwartungen an einen Arbeitsplatz und an die damit verbundenen Aufgaben. Die Erfüllung dieser Erwartungen ist für die zentralen Leistungsmerkmale der Organisation wie etwa Produktivität, Kreativität, Flexibilität von wesentlicher Bedeutung.[562] In dem Maße, wie unzutreffende Einschätzungen in die Kalküle eingehen, entstehen motivationale Fehlregulationen mit der Folge von Mehrbelastungen und Misserfolgen.[563] Die VIE-Theorie wurde vor diesem Hintergrund vielfach kritisiert. Als Hauptkritikpunkt findet vor allem die mangeln-

557 Vgl. Rosenstiel v./Molt/Rüttinger (1983), S. 222ff.; Lühker/Vaanholt (1994), S. 231; Berthel (1995), S. 27f; Weinert (1992), Sp. 1435f.; Wiswede (1980), S. 131.

558 In Anlehnung an Scholz (1994), S. 433.

559 Vgl. Scholz (1994), S. 433; Weinert (1992), Sp. 1436.

560 Vgl. Scholz (1994), S. 433; Weinert (1992), Sp. 1436.

561 Zur mathematischen Darstellung vgl. Scholz (1994), S. 434.

562 Vgl. Schreyögg (2003), S. 220.

563 Vgl. Schönpflug (1979).

de Operationalisierbarkeit der Entscheidungsgrößen in der Literatur Beachtung.[564] Dies wiegt besonders schwer, weil die mit dem Modell erklärbaren Entscheidungen aufgrund von operationalisierten Entscheidungselementen getroffen werden. Diese zugrunde liegende Operationalisierbarkeit dürfte in der Regel jedoch nicht gegeben sein, sodass die bereits angedeutete Gefahr einer Fehleinschätzung, die zu Fehlverhalten führen kann, erheblich ist. Die Kritikpunkte sollen hier jedoch nicht weiter verfolgt werden, da es in den weiteren Ausführungen weniger auf quantitative als auf qualitative Zusammenhänge ankommt, und die VIE-Theorie nur ansatzweise in dem in dieser Arbeit erarbeiteten Modell wieder zu finden ist.

Eine Erweiterung hat die VIE-Theorie in dem Motivationsmodell von Porter/Lawler gefunden, das durch empirische Studien weitgehend bestätigt werden konnte. Neben Valenzen, Erwartungen und der Kraft gehen weitere Faktoren in das Modell ein und veranschaulichen den komplexen Zusammenhang zwischen Motivation, Leistung und Zufriedenheit.[565]

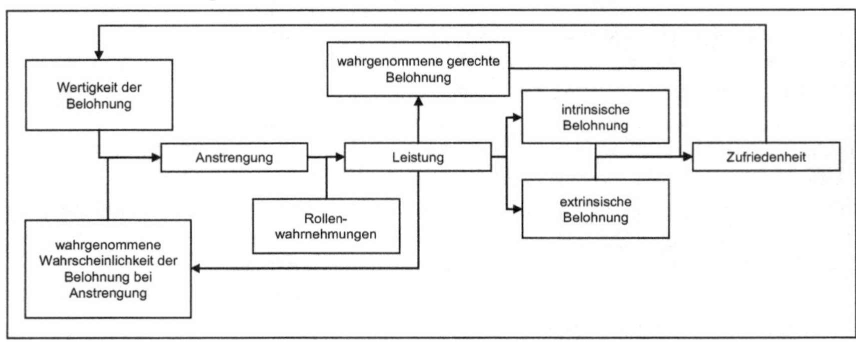

Abb. 10: Allgemeiner Zusammenhang der Ausführungen der Motivationstheorie von Porter/Lawler[566]

Das Modell geht zusätzlich zu den bereits erwähnten Verhaltensdeterminanten davon aus, dass der Einfluss auf die Leistung auch von der Art und Weise, wie ein Mitarbeiter seine Rolle wahrnimmt, beeinflusst wird. So kann ein falsches Rollenverständnis trotz großer Anstrengung zu einer ungenügenden Leistung führen.[567] Darüber hinaus können in der Rollenwahrnehmung Rollenkonflikte begründet liegen, die Spannungsquellen in einer Organisation darstellen und über Reibungsverluste und einer allgemeinen Verschlechterung der sozialen Beziehungen zu Beeinträchtigungen der Motivation führen.[568] Es kann festgestellt werden, dass alle

[564] Vgl. Staehle (1999), 235f.; Berthel (1995), S. 28.

[565] Vgl. Porter/Lawler (1968), S. 165.

[566] In Anlehnung an Porter/Lawler (1968), S. 165.

[567] Vgl. Berthel (1995), S. 29.

[568] Vgl. Hoffman (1974), S. 964f.; Davis/Newstrom (1989), S. 368f.

Arten von Rollenkonflikten dysfunktional auf die Motivation wirken, und das Empfinden von Rollenkonflikten kann das Verhalten der betreffenden Mitarbeiter grundlegend ändern.[569] Zur Lösung solcher Konflikte schlägt Nick daher eine transparentere Definition der formalen Rolle vor. In diesem Fall erhöht sich für den Mitarbeiter die Akzeptanz der formalen Rolle und die Sicherheit, welche Konsequenzen bei verschiedenen Verhaltensweisen zu erwarten sind.[570] Entsprechend formal gestaltete Prozessstrukturen mit eindeutiger Beschreibung von Ablauf, Verantwortlichkeiten und Zielen sind vor diesem Hintergrund für die Gestaltung im Rahmen von BPM empfehlenswert. In der Darstellung wurde eine Determinante des Originalmodells, die „Fähigkeiten und Persönlichkeitszüge", nicht berücksichtigt, da in der vorgenommenen Abgrenzung die Fähigkeiten eine eigenständige Leistungsdeterminante neben der Leistungsbereitschaft darstellen und aufgrund der Annahme, dass diese nicht beeinflussbar sind, nicht behandelt werden. Darüber hinaus soll in dieser Arbeit auch die Betrachtung von Zufriedenheit gering ausfallen, weil bis heute noch kein Ergebnis der empirischen Forschung vorliegt, welches den Zusammenhang zwischen Zufriedenheit und Arbeitsleistung fundiert erklären kann.[571]

Die Sichtung der Literatur über die Möglichkeiten mittels organisationaler Strukturen auf Verhalten einzuwirken zeigt, dass die Elemente dieses Modells, die besonders großen Einfluss auf die Verhaltensweise von Akteuren ausüben wie etwa „Wertigkeit der Belohnung" und „Wahrgenommene Wahrscheinlichkeit der Belohnung bei Anstrengung" nicht differenziert genug dargestellt sind, um BPM-Maßnahmen zur Verhaltenssteuerung herzuleiten. Das noch unklare Verhältnis zwischen Zufriedenheit und Leistung führt dazu, dass diesbezügliche Gestaltungsmaßnahmen nur unter Vorbehalt vorgenommen werden dürfen, sodass eine gesonderte Betrachtung des Aspekts Zufriedenheit nicht sinnvoll erscheint. Inwiefern Belohnung als gerecht und zufrieden stellend bewertet werden kann, um daraus die Leistungsbereitschaft von Akteuren abzuleiten, kann auch im Rahmen der Wertigkeit der Belohnung erfolgen, deren Differenzierung wie bereits angedeutet zu Steuerungszwecken zu erhöhen ist. Vor dem Hintergrund dieser und der vorangegangenen Überlegungen wurde daher für diese Arbeit Elemente der Weg-Ziel Theorie für die Bewertung von Verhaltensalternativen durch die Prozessbeteiligten zugrunde gelegt, welche die besprochene Faktoren aufgreift.

Die Weg-Ziel Theorie ist ebenfalls eine Erwartungstheorie, welche die Verhaltensentscheidung von Akteuren an die Ausprägung folgender Elemente[572] bindet:[573]

---

569 Vgl. Kesten (1998), 227.

570 Vgl. Nick (1974), S. 101, 103.

571 Vgl. Weinert (2004), S. 178, 266f.

572 Diese Elemente werden in dem Verhaltenserklärungsmodell als Entscheidungskriterien abgebildet.

573 Vgl. House (1971), S. 322f.

- intrinsischer Wert, den Verhalten für Entscheidungsträger entsprechend eigener Bedürfnisse hat (intrinsische Valenz),
- Wert, den das Ziel für den Entscheidungsträger entsprechend eigener Bedürfnisse hat (Valenz der Zielerreichung),
- subjektive Wahrscheinlichkeitsschätzung (WKT), dass Verhalten zum vorgegebenen Ziel führt (Instrumentalität des Verhaltens für Zielerreichung),
- Wert, den die Be-/Entlohnung für den Entscheidungsträger entsprechend eigener Bedürfnisse hat (Valenz der Be-/Entlohnung),
- subjektive Wahrscheinlichkeitsschätzung (WKT), dass Zielerreichung zur Be-/Entlohnung führt (Instrumentalität der Zielerreichung für Be-/Entlohnung).

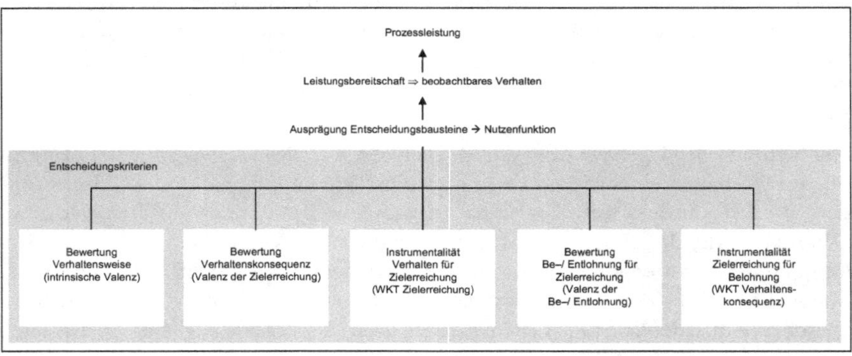

Abb. 11: Entscheidungskriterien[574] des Verhaltenserklärungsmodells

Bis zu dem Grad bis zu dem die zu bewertende Verhaltensmöglichkeit einen intrinsischen Wert aufweist, motiviert sie intrinsisch, weil das Verhalten an sich bereits einen Nutzen für den Akteur bietet und diesbezüglich instrumentell wirkt. Inwiefern eine Tätigkeit eine intrinsische Valenz aufweist, hängt von der jeweiligen Bedürfnisstruktur des Akteurs ab. Trotz der in der Literatur vielfach betonten individuellen Unterschiede, sind die Bedürfnisse und die daraus ableitbaren Nutzenfunktionen vieler Menschen fast identisch, sodass innerhalb einer Subkultur keine unterschiedlichen Wertvorstellungen erwartet werden.[575] In der Literatur wurden zum Beispiel Aufgabenmerkmale identifiziert, die tendenziell unabhängig von der Akteursindividualität motivierend wirken. Daher wird im Rahmen dieser Arbeit davon ausgegangen, dass wenn eine bestimmte Verhaltensweise, die über die Ausprägung der Prozessgestaltung erhalten werden soll, anhand der Entscheidungsbausteine so bewertet wird, dass sie mit einer hohen Leistungsbereitschaft verbunden ist, ein

[574] Anstelle des Begriffs Entscheidungskriterien werden ebenfalls die Begriffe Entscheidungselemente, Entscheidungsparameter, Entscheidungsbausteine synonym verwendet.

[575] Vgl. March/Simon (1976), S. 84.

gleiches bei anderen Individuen erwartet werden kann. Somit können tendenzielle Aussagen über die Verhaltenswirkung organisationaler Strukturen getroffen werden, ohne individuelle Bedürfnisfunktionen im Detail berücksichtigen zu müssen, sodass BPM Maßnahmen entsprechend des BPM Konzepts bewertet und Gestaltungsempfehlungen formuliert werden können, die eine möglichst hohe Leistungsbereitschaft der Prozessbeteiligten tendenziell hervorrufen.

Es wird angenommen, dass die Arbeitsleistung von der Ausprägung der einzelnen Entscheidungselemente abhängt und vor dem Hintergrund der eigenen Präferenzen gewählt wird, sodass sie niedrig ausfällt, wenn sie nicht als Mittel zur persönlichen Zielerreichung empfunden wird.[576] Auf die Teamarbeitskonstellation bezogen, die von BPM angestrebt wird, bedeutet dies, dass ein Gruppenmitglied nur dann im Sinne der Gruppe handelt, wenn ersichtlich ist, dass der dadurch erreichte Gruppenerfolg auch für den betrachteten Akteur von Nutzen ist.[577] Dabei soll von der in der Theorie vorhandenen Annahme, dass diese Elemente ein nicht lineares, monoton ansteigendes Produkt aus den Erwartungen und Werten in einer Funktion bilden[578] abgewichen und für diese Arbeit davon ausgegangen werden, dass alle Elemente in ihrer jeweiligen Ausprägung Einfluss auf die Verhaltensentscheidung ausüben, wobei jedoch nicht festgelegt ist, welches Element welches Gewicht hat und wie es mit den anderen Elementen im Rahmen einer mathematischen Funktion verbunden ist. Es sollen vielmehr vor diesem Hintergrund Maßnahmen von BPM diskutiert und in Verbindung mit weiteren theoretischen Aspekten hinsichtlich ihrer tendenziellen Vorteilhaftigkeit, inwiefern durch sie Verhaltensweisen generiert und gesteuert werden können, die für die Organisation vorteilhaft erscheinen, bewertet werden. Demzufolge wird nach wie vor von einem heuristischen Gestaltungsmodell ausgegangen, das heuristisches Entscheidungsverhalten der Akteure betrachtet und somit weder den Anspruch optimaler Prozessstrukturgestaltung noch die Annahme, dass Akteure optimale Entscheidungen treffen, beinhaltet.

Es wird darüber hinaus davon ausgegangen, dass Menschen eine Vorstellung darüber haben, ob und mit welcher Wahrscheinlichkeit die von ihnen durch Arbeit erbrachten Leistungen und Ergebnisse zu potenziellen Gratifikationen führen, wobei es von der individuellen Bedürfnisstruktur abhängt, was als Gratifikation verhaltenswirksam ist. Außerdem wird angenommen, dass Akteure Vorstellungen über den Zusammenhang zwischen ihren persönlichen Anstrengungen und dem daraus resultierenden Arbeitsergebnis haben.[579] Leistungsbereitschaft als Voraussetzung für Produktivität kann somit nur dann erwartet werden, wenn die Anstrengung von Prozessteilnehmern zu Ergebnissen führt, die von ihnen als wertvoll

---

[576] Vgl. Georgopoulos/Mahoney/Jones (1957).

[577] Vgl. Weinert (2004), S. 497.

[578] Vgl. House (1971), S. 322.

[579] Vgl. Schanz (1994), S. 93.

angesehen werden.[580] Dies kann im Rahmen der Beurteilung der Zielvalenz und durch die Bewertung der Be-/Entlohnungsvalenz insbesondere bei hoher Zielinstrumentalität geschehen. Es kann also erwartet werden, dass sich Akteure über erwartete Konsequenzen eine Meinung bilden, und die organisatorische sowie soziale Umwelt des Entscheidungsträgers determiniert, welche Konsequenzen er erwartet, welche nicht, welche Alternativen er in Betracht ziehen und welche er ignorieren wird.[581]

Die Weg-Ziel-Theorie liefert darüber hinaus Ansätze, unter welchen Bedingungen welches Führungsverhalten das Arbeitsverhalten von Akteuren im Sinne der Organisation positiv beeinflusst und welches Führungsverhalten unter welchen Umständen kontraproduktiv wirken kann. Obwohl im Rahmen dieser Arbeit davon ausgegangen wird, dass BPM entsprechend des bereits vorgestellten BPM-Konzepts keine relevanten Einflussmöglichkeiten auf das Führungsverhalten der beteiligten Akteure hat, sollen dennoch für die Verhaltensentscheidung im Sinne der Wahl der Höhe der Leistungsbereitschaft die Determinanten der Weg-Ziel-Theorie herangezogen werden, ohne den Führungsaspekt dabei in den Vordergrund zu stellen. Es wird davon ausgegangen, dass Führungsstile und deren Auswirkung auf Leistung und Motivation von Organisationsmitgliedern nicht grundlegend für die Ableitung von Anhaltspunkten hinsichtlich der Wirkung von Prozessgestaltungsmaßnahmen auf die Wahl des Leistungsverhaltens von Akteuren anhand der aufgeführten Entscheidungskriterien sind.

Es wird somit angenommen, dass die Leistungsbereitschaft von Organisationsmitgliedern von den Ausprägungen der Entscheidungselemente abhängt. Die Akteure gestalten entsprechend ihrer Präferenzen, die sich in einer hier nicht näher spezifizierten Nutzenfunktion widerspiegeln, ihr Leistungsangebot, was in Form von Arbeits- und Kontextverhalten beobachtbar ist. Dementsprechend wird angestrebt, Aussagen über das tendenzielle Leistungsverhalten von Organisationsmitgliedern treffen zu können und vor diesem Hintergrund BPM Vorgehensweisen, Methoden und Gestaltungsoptionen zu bewerten.

Die das Verhalten bestimmenden Ausprägungen der Entscheidungsbausteine hängen wiederum von Ausprägungen der Verhaltensdeterminanten ab, die im Folgenden beschrieben werden.

5.3 Verhaltensdeterminanten

Im Rahmen der verhaltenswissenschaftlichen Literatur wird Verhalten von einer Vielzahl unterschiedlicher Faktoren determiniert. Viele Modelle enthalten von BPM nicht beeinflussbare Faktoren wie etwa die Persönlichkeit, Arbeitsplatzsicherheit, Selbstwirksamkeit,[582] Stress,[583] Kontrollüberzeugung[584] etc. von Organisationsmit-

580 Vgl. Kieser/Kubicek (1992), S. 452ff.

581 Vgl. March/Simon (1976), S. 58, 131.

582 Vgl. Bandura (1977), S. 122.

gliedern. Demzufolge sollen in dieser Arbeit Determinanten im Vordergrund stehen, die in der Mehrzahl der Modelle Eingang finden, und auf die BPM entsprechend der vorgestellten Maßnahmen und Methoden einwirken kann. So kann aufgezeigt werden, welche Potenziale BPM bietet, Leistungsverhalten von Prozessbeteiligten durch Prozessdesign zu fördern. Grundidee ist, dass aufgrund der Leistungsorientierung von BPM mit Qualitäts-, Kosten-, Zeit- und Kundennutzenzielen, die vom Organisationsziel und -zweck abhängen, und der Tatsache, dass Arbeitsverhalten maßgeblich den Erfolg von Organisationen bestimmt, eine Verhaltenssteuerung aus BPM-Sicht im Rahmen der verfügbaren Mittel wünschenswert ist. Somit sind nur diejenigen Verhaltensdeterminanten relevant, die BPM beim Prozessdesign bestimmen kann. Die Betrachtung der Verhaltensdeterminanten konzentriert sich daher darauf, dass sie je nach ihrer Gestaltung mittels BPM eine unterschiedliche Wirkungsweise auf Leistungsverhalten entfalten, indem sie je nach Ausprägung eine unterschiedliche Ausprägung der Entscheidungskriterien bewirken. Auf diese Art und Weise sollen wie bereits angedeutet tendenzielle Aussagen zur Verhaltenssteuerung via BPM getroffen und Dilemmata der Prozessgestaltung wie etwa Vorteile durch Autonomie vs. Gruppenarbeit, Vorgabe von Zielen vs. Mitbestimmung, Standardisierung vs. Individualisierung etc. aufgedeckt werden. Ziel ist es, Aussagen zu treffen, welche Prozessgestaltung unter welchen Bedingungen eher vor dem Hintergrund des Hervorrufens von Leistungsbereitschaft der beteiligten Akteure vorteilhaft ist und mit welchen Problemen BPM konfrontiert wird, wenn es darum geht, bestmögliche Prozessstrukturen zu schaffen.

Es wurden nach intensiver Recherche folgende Verhaltensdeterminanten für das Verhaltenserklärungsmodell ausgewählt, mittels derer in den nachfolgenden Kapiteln tendenzielle Aussagen über den Zusammenhang zwischen Prozessgestaltung und Leistungsverhalten der Prozessbeteiligten getroffen werden:

- Ziele,
- Transparenz der Prozesse,
- Aufgabenmerkmale,
- Interaktion der Prozessbeteiligten,
- Persönliche Entwicklung der Prozessbeteiligten.

Das Verhaltenserklärungsmodell geht somit von dem Zusammenhang aus, dass BPM entsprechend des Organisationsziels und -zwecks die Prozessgestaltung anhand der Regelungen der Arbeitsteilung und Koordination vornimmt und damit Einfluss auf die aufgeführten Verhaltensdeterminanten ausübt, die wiederum die Ausprägungen der genannten Entscheidungskriterien bestimmen und entsprechend Eingang in die Nutzenfunktion und Erwartungswertbildung finden, wobei diejenige Verhaltensalternative, die eine aus Akteurssicht zufrieden stellende Lösung bietet,

---

[583] Vgl. Bronner (1973).

[584] Vgl. Spector (1982).

ausgewählt wird und in Form des gezeigten Leistungsverhaltens beobachtet werden kann.[585] Die Güte der Prozessgestaltung kann durch das gezeigte Leistungsverhalten und dem damit verbundenen Prozessergebnis kontrolliert werden und das Ergebnis für die Gestaltung von Prozessen zur Verbesserung der Strukturen verwendet werden.

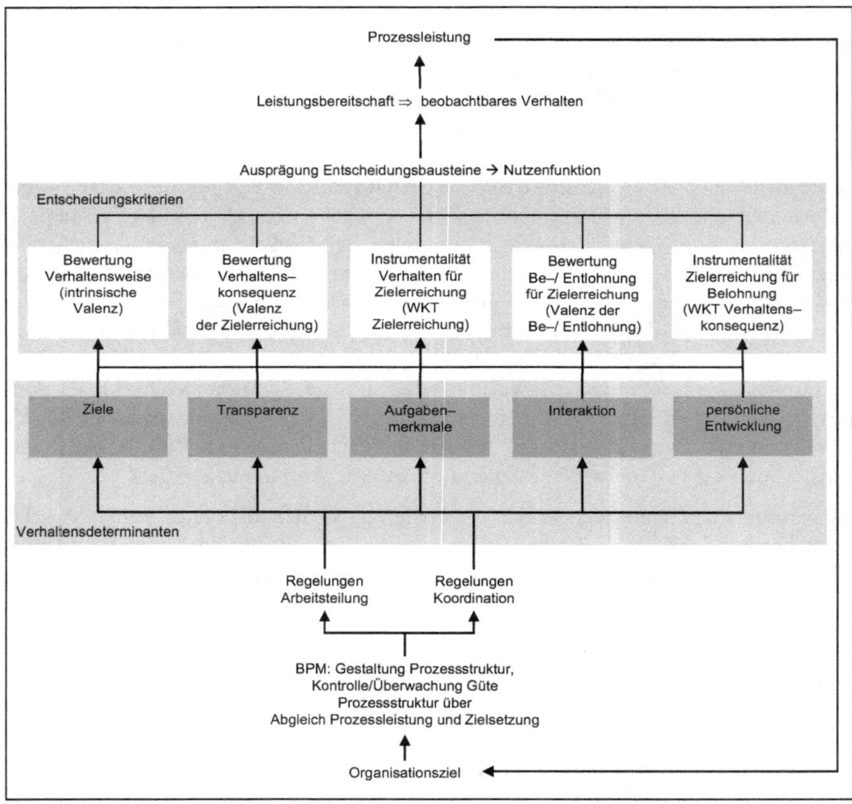

Abb. 12: Überblick über die Zusammenhänge des Verhaltenserklärungsmodells

Kritisch anzumerken ist, dass mögliche Interdependenzen zwischen den einzelnen Modellelementen keine Beachtung finden, um den für die Arbeit interessanten Zusammenhang zwischen Prozessstruktur und Verhalten vordergründig zu betrachten. Insofern findet eine erhebliche Komplexitätsreduktion statt, indem rekur-

[585] Schließlich stellt die Anzahl von Alternativen ein Folgeproblem der Gewinnung dar und kann nicht unendlich sein, weil das unökonomisch ist und viele Studien gezeigt haben, dass selbst oder gerade in wichtigen, komplexen Entscheidungssituationen nur wenige Alternativen in Betracht gezogen werden. Vgl. hierzu auch Hauschildt et al. (1983), S. 174ff.

sive Zusammenhänge und Einflussmöglichkeiten zwischen Elementen gleicher Ebene nur in geringem Maße berücksichtigt werden. Die nicht spezifizierte Nutzenfunktion führt dazu, dass das Modell keine Aussagen über die Bevorzugung von bestimmten Verhaltensalternativen gegenüber anderen treffen kann. Somit bleiben Bewertungskonflikte[586] wie etwa, wenn Verhaltensalternativen relativ hohe Nutzen aber geringe Wahrscheinlichkeiten aufweisen oder verschiedene Konsequenzen eines Verhaltens denkbar sind, die sehr unterschiedlich bewertet werden können, unberücksichtigt. Außerdem erschwert das Fehlen einer mathematischen Funktion das Treffen messbarer Aussagen. Die mangelnde Operationalisierbarkeit der Modelldaten lässt keine ausreichende Formalisierung, Symbolisierung, Kalkülisierung und Mathematisierung zu.[587] Weil somit Art und Umfang nicht exakt feststellbar sind, können über die Bildung von Teilräumen, die niedrig, mittel und hoch als Ausprägung aufweisen, tendenzielle Aussagen hinsichtlich der Höhe der Leistungsbereitschaft gemacht werden.[588] Der Vorteil des Verzichts auf eine spezifische Funktion liegt in der Vermeidung der mit Anwendung konkreter Funktionen einhergehenden Probleme, die sich aus der mangelnden Abbildbarkeit von Realität, der daraus resultierenden komplizierten praktischen Bestätigung der Konzeption und damit schwierigen empirischen Bestätigung der Aussagen ergeben. Zudem kann aufgrund des Verzichts, eine konkrete Nutzenfunktion zu verwenden, eine Vielzahl empirischer Studien zu Rate gezogen werden, welche die Wirkung struktureller Maßnahmen auf Verhalten thematisieren und tendenzielle Aussagen zur Förderlichkeit von Leistungsbereitschaft zulassen, ohne auf mathematische Funktionen oder individuelle Unterschiede Rücksicht nehmen zu müssen. Modelle ohne Kalküle sollen Beziehungen tendenziell aufzeigen und den Entscheidungsprozess der Wahl einer bestimmten Handlungsweise eines Organisationsmitgliedes gedanklich nachvollziehen.[589] Somit steht nicht der Wahlakt zwischen den Verhaltensalternativen im Vordergrund der Betrachtung sondern vielmehr die tendenzielle Wirkungsweise von Strukturen auf Verhaltensdeterminanten und deren tendenzielle Bewertung durch den Akteur, ohne sich dem Problem des Alternativenvergleichs[590] oder der Alternativensuche zu widmen.

---

[586] Vgl. hierzu auch March/Simon 1976, 107f.

[587] Vgl. Wagner (1966), S. 25.

[588] Vgl. Kieser/Walgenbach (2003), S. 73.

[589] Vgl. Wagner (1966), S. 25.

[590] Probleme aus dem Alternativenvergleich resultieren nicht nur aus der schwierigen Bewertung anhand der vorgestellten Kriterien, sondern auch aus den drei nicht überschneidungsfreien Verhaltensanomalien, mit denen in komplexen Entscheidungsprozessen zu rechnen ist. So kann es bei Informationspathologien zu einer zu geringen Informationsnachfrage, bei Intersektionspathologien zu einer Eskalation von Commitment und bei Bewertungspathologien zu einer Verlust-Eskalation kommen. Diesen kann jedoch zum Beispiel über die Begrenzung von Ermessensspielräumen und multipersonalen Entscheidungen entgegen gewirkt werden. Vgl. hierzu ausführlich Bronner (2004), S. 235ff.

Weitere Grenzen der Konzeption sind, dass die zur Berücksichtung empfohlenen individuellen Unterschiede keinen Eingang in die Betrachtung finden und stattdessen auf tendenzielle Aussagen abgestellt werden muss, die auf empirischen Befunden basieren, welche generelle Wirkungen bestimmter Strukturausprägungen auf Verhalten identifiziert haben. Die Tatsache, dass für die Verhaltensentscheidung nicht nur die Bewertung sondern auch die zugrunde liegende Wahrnehmung von Verhaltensalternativen individuell unterschiedlich, zum Beispiel aufgrund selektiver Wahrnehmung ausfallen kann,[591] wird ebenfalls nicht berücksichtigt. Somit kann das Modell über tendenzielle Aussagen nicht hinauskommen und nur Anregungen liefern, welche Ausprägungen Prozessgestaltung aufweisen sollte, um vorteilhafte Verhaltensweisen der Akteure hervorzubringen, ohne einen Anspruch auf Vollständigkeit erheben oder konkret messbare Aussagen tätigen zu können.

Die Einflussmöglichkeiten von BPM auf die ausgewählten Verhaltensdeterminanten sowie deren mögliche Wirkung auf die Ausprägungen der Entscheidungskriterien soll in den nun folgenden Kapiteln ausführlich beschrieben und diskutiert werden.

---

591 Vgl. March/Simon (1976), S. 141.

6 Verhaltensorientiertes Prozessmanagement

6.1 Ziele

Im Rahmen der Ausführungen über das Verhaltenserklärungsmodell und der vorgestellten BPM-Konzeptionierung wurde bereits die Relevanz von Zielsetzungen angedeutet. Ziele bilden nicht nur die Grundlage für effektives BPM, sie sind auch Gegenstand von BPM und Gegenstand der Verhaltensbewertungskriterien. Die Grundidee dieser Verhaltensdeterminante besteht darin, dass Organisationsziele über BPM im Rahmen der Prozessgestaltung verfolgt werden, indem BPM entsprechende Prozessziele und Leistungsstandards definiert, somit Möglichkeiten für Kontrolle und Feedback schafft und auf bestimmte prozesskonforme Verhaltenskonsequenzen abzielt.

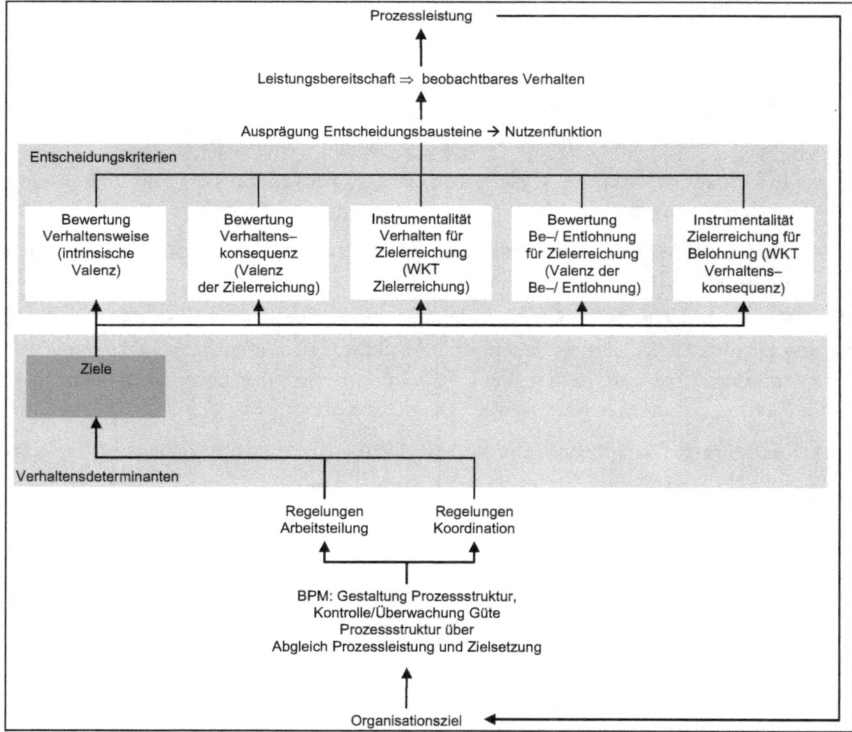

Abb. 13: Überblick über die im Kapitel dargestellten Zusammenhänge bezüglich der Verhaltensdeterminante „Ziele"

6.1.1 Zielbegriff und Aufgaben/Funktionen von Zielen

Menschen streben nach Zielen, die richtungweisend für ihr Verhalten sind.[592] Ziele müssen existieren, um überhaupt Ansprüche an Verhalten stellen und Verhalten beeinflussen zu können. Ohne Zielsetzungen ist kein systemkonformes Verhalten möglich.[593] Somit stellen operationale Formalziele implizite Verhaltensnormen im Sinne von Mindestvorgaben dar, welche die Anforderungen an das inhaltlich spezifizierte Entscheidungsproblem des Prozessbeteiligten zum Ausdruck bringen[594] und bedingen Orientierung bei der Aufgabenerfüllung. Ein Ziel ist demnach gekennzeichnet durch Zielinhalt, Zeitbezug (zeitlicher Geltungsbereich), sachlichen Geltungsbereich und Zielausmaß und besitzt folgende Funktionen:[595]

- Entscheidungsfunktion: Ziele liefern Kriterien zur Bewertung von Alternativen, wobei die Anforderung an einen überschneidungsfreien, operationalen, vollständigen und widerspruchsfreien Zielkatalog nach wie vor gestellt wird,
- Koordinationsfunktion: Teilaktivitäten werden durch die Ausrichtung auf ein gemeinsames Ziel integriert,
- Motivationsfunktion: Ziele dienen als Vorgabe zur Leistungsmotivation in Kombination mit Konsequenzen je nach Zielerfüllungsgrad,
- Informationsfunktion: Ziele informieren über zukünftige Aktivitäten und stellen heraus, was für die Organisation wichtig ist,
- Kontrollfunktion: Ziele ermöglichen Kontrolle, die ohne Zielsetzungen nicht möglich wäre.

Die Theorie der Zielsetzungen[596], welche in vielen empirischen Studien bestätigt werden konnte, stellt bewusste Ziele und Absichten als wesentliche Determinanten des Verhaltens dar, mit denen Verhalten erklärt, prognostiziert und beeinflusst werden kann.[597] Ziele werden wie folgt gekennzeichnet:[598]

- "Goal refers to a desired outcome in terms of level of performance to be attained on a task,
- Goal content refers to the object or result that is sought after,
- Goals should be set for outcomes that are critical or valued by the individual or the organization in which the person is employed,

---

592 Vgl. Mento et al. (1987); Tubbs (1986).

593 Vgl. Lassmann (1992), S. 187.

594 Vgl. Lassmann (1992), S. 80.

595 Vgl. Bea (2004), Sp. 1674, 1677.

596 Vgl. Locke (1968); Locke/Latham (1990).

597 Vgl. Latham (2000), S. 107.

598 Latham (2000), S. 115.

- Goals have to be SMART: specific, measurable, attainable, relevant, timed".[599]

Entsprechend dieser Definition des Zielbegriffs wird deutlich, dass allgemeine Oberziele nicht sinnvoll sind, sondern die Vorgabe von Formalzielen eine Mindestanforderung an BPM darstellt, damit Kompetenzspielräume von Entscheidungsträgern sinnvoll genutzt werden können.[600] Im Rahmen des Gestaltungsansatzes muss zwangsläufig von einem gegebenen Organisationsziel ausgegangen werden. Die Sicherung der Überlebensfähigkeit unter marktwirtschaftlichen Bedingungen kann zum Beispiel zu Rate gezogen werden, sodass die Vermeidung von dauerhaften Verlusten und Illiquidität vorausgesetzt wird, was dazu führt, dass das Streben nach Gewinn indirekt als Organisationsziel fungiert. Hieraus lassen sich dementsprechend die Unterziele für die Gestaltung wie etwa die Minimierung von Autonomie- und Koordinationskosten ableiten. Dieses Beispiel verdeutlicht, dass aus dem Ziel der Gewinnerzielung keine konkreten Handlungsvorschriften abgeleitet werden können. Demzufolge ist die Zerlegung in operationale Subziele notwendig. Zu berücksichtigen ist, dass gerade der Zusammenhang zwischen einem Oberziel wie Gewinnerzielung und den daraus deduktiv abgeleiteten organisatorischen Subzielen empirischer Natur ist und er somit vom Wissenstand und von der Kreativität des Gestalters bestimmt wird. Daher ist die bereits angedeutete Vielzahl an organisatorischen Subzielen, die mittels Organisationsgestaltung verfolgt werden sollen, in der Literatur nicht überraschend.

Teilziele mit sachlichem und zeitlichem Bezug, die zu den jeweiligen Oberzielen einen Beitrag leisten, sind notwendig, damit sie handlungsleitend wirken und die unendliche Menge der sonst in Frage kommenden Alternativen einschränken. Sie müssen demnach in einem Mittel-Zweck-Verhältnis zum übergeordneten Organisationsziel stehen und über BPM-Maßnahmen beeinflussbar sein.[601] Organisationsziele bilden dabei nach wie vor die Grundlage für die Prozessgestaltung im Rahmen von BPM. Sie können operationalisiert als Leistungsziffern für die jeweiligen Prozesse verwendet werden.[602] Ist die Strategie fixiert, können Vorgaben für die Erfüllung von Teilaufgaben, die sich konkret im Anspruchsniveau und der Gewichtung der teilaufgabenspezifischen Formalziele äußern, abgeleitet werden.[603] Dies führt dazu, dass ein Zielsystem entwickelt werden muss, bei dem der Bezug spezieller Ziele zu den Oberzielen nachvollziehbar ist und diese speziellen Teilziele aufgrund ihrer Operationalität Ansatzpunkte für Verhaltensweisen geben.[604] Somit sind auch langfristige Ziele in zeitnahe herunterzubrechen, da ansonsten der klare Bezug

[599] Vgl. Auch Mealina/Latham (1996).

[600] Vgl. Lassmann (1992), S. 138f.

[601] Vgl. Lassmann (1992), S. 141.

[602] Vgl. Fischermanns/Liebelt (2000), S. 87.

[603] Vgl. Lassmann (1992), S. 336f.

[604] Vgl. Kirchner/Rohmert (1974), S. 19.

zwischen Aktivität und Zielerreichungsgradfortschritt weniger deutlich und messbar ist, und Unsicherheiten bezüglich zukünftiger Entwicklungen einen höheren Anteil an der Zielerreichung erhalten.[605] Die Operationalität von Zielen kann anhand kardinaler (quantifizierbares Ziel anhand einer Verhältnis- oder Intervallskala), ordinaler (Rangordnungs- oder Reihenfolgenbildung) oder nominaler Formulierung (Klassifikation zum Beispiel in Ziel erreicht oder nicht erreicht) abgebildet werden.[606] Wie bereits bezüglich der Forderung nach einem konsistenten Zielsystem angedeutet, kommt es darauf an, die Zielinterdependenzbeziehungen bei der Zielformulierung zu berücksichtigen. Dabei können komplementäre (die Erfüllung des einen Ziels unterstützt das Erreichen des anderen), indifferente (die Erfüllung des einen Ziels hat keinen Einfluss auf das Erreichen des anderen) oder konkurrierende Beziehungen (die Erfüllung des einen Ziels verhindert das Erreichen des anderen) auftreten.[607] Insbesondere letzte Art der Interdependenz ist besonders für das Steuern von Verhalten über Ziele hinderlich. Dementsprechend finden sich in der Literatur viele Anforderungen an die Zielformulierung, damit eine verhaltenswirksame Beeinflussung hierüber möglich ist. Insbesondere darf das Zielsystem keine Bestandteile enthalten, deren Verhältnis zu unerwünschten Konflikten bei den Akteuren führt. Sind konflikterzeugende Unstimmigkeiten enthalten, so besteht die Gefahr, dass zur Leistungsstimulation angesetzte Maßnahmen umgekehrt Leistungshemmnisse schaffen.[608] Wichtig ist, dass die Durchgängigkeit der Zielauflösung von den Organisationszielen bis auf die operative Ebene erhalten bleibt.[609] Dass das Erfüllen dieser Anforderung höchst problematisch ist, wurde bereits im Rahmen der Vorstellung der BPM Ziele deutlich gemacht.

Neben der Einsicht, dass die Vorgabe von operationalisierten Formalzielen im Rahmen eines konsistenten Zielkatalogs Grundlage sein muss, um überhaupt Ansprüche an ein systemkonformes Verhalten stellen und auf Verhaltensweisen einwirken zu können, gibt es weitere Anforderungen an die Zielformulierung, um Verhalten über Ziele beeinflussen zu können.

6.1.2 Anforderungen an die Formulierung von Zielen

Entsprechend der Ergebnisse der Theorie der Zielsetzung ist anzustreben, dass BPM bei der Prozessgestaltung Prozessziele setzt, die „smart“ im Sinne von „specific“, „measurable“, „attainable“, „relevant“ und „timed“ sind. Es wurde herausgefunden, dass exakte, präzise formulierte Ziele wirksamer sind als vage, allgemeine Zielsetzungen und erstere im Vergleich zu letzteren eine größere Anstrengung und verbesserte Leistungen der Akteure nach sich ziehen.[610] Insbesondere, wenn Aktivi-

---

605 Vgl. Latham (2000), S. 114f.

606 Vgl. Becker-Biskaborn (1975), S. 47.

607 Vgl. Becker-Biskaborn (1975), S. 49.

608 Vgl. Hacker (2005), S. 357.

609 Vgl. Binner (2004), S. 635.

610 Vgl. Locke et al. (1978); Becker-Biskaborn (1975), S. 43.

täten nicht über persönliche Weisungen koordiniert werden, führen klare Zielvorgaben zu Leistungssteigerungen, weil über präzise Vorgabeinformationen der Entstehung von Verhaltensunsicherheiten entgegengewirkt werden kann.[611] Bei Existenz von Vorgesetztenunterstützung kann über die vorgesetzte Instanz eine Verdeutlichung der Verhaltenserwartungen erfolgen und somit die Interpretation der Zielvorgaben erleichtern.[612] Die Vorgabe von präzisen Zielen ermöglicht dem Akteur, die Valenz des Ziels einfacher zu bewerten, die Instrumentalität der Zielerreichung für seine Be-/Entlohnung festzustellen und den Beitrag verschiedener Verhaltensweisen für die Zielerreichung abzuschätzen. Geht BPM davon aus, dass die vorgegebenen Ziele von den Prozessbeteiligten getragen werden, ist um so eher ein von BPM gewünschtes Verhalten der Akteure zu erwarten, je präziser die Zielformulierung ausfällt. Problematisch ist, dass Ziele interindividuell verschieden interpretiert werden und unterschiedliche Ansichten darüber bestehen können, wann ein Ziel erreicht ist und an welchen Kriterien dies zu überprüfen ist.[613] Dieser Problematik kann gegebenenfalls über eine exakte Zielformulierung entgegengewirkt werden. Finden Ziele allerdings keine positive Bewertung bei den Prozessbeteiligten, wird dem Akteur der Zielkonflikt umso deutlicher bewusst, nämlich, dass durch seine Aufgabenerfüllung Ergebnisse erzielt werden sollen, die er selbst nicht für erstrebenswert hält, je klarer die Zielformulierung vorgenommen wird. Inwiefern vor diesem Hintergrund für die Prozessgestaltung empfohlen werden kann, gezielt unklare Zielsetzungen vorzugeben, soll in dieser Arbeit nicht weiter erörtert werden. Hierzu wären etwa moralische, ethische Aspekte einzuflechten, die nicht in diesem Zusammenhang Eingang in die Arbeit finden sollen. Außerdem wäre denkbar, dass BPM-Maßnahmen neben der klaren Zielformulierung auch auf Anreizinstrumente Bezug nimmt, um etwaige Interessenskonflikte zugunsten der Organisationszielerreichung auszugleichen.

Im Rahmen der Zielsetzungstheorie wurde ebenfalls herausgefunden, dass schwierige, spezifische Ziele zu signifikant höherer Arbeitsleistung führen als leichte, abstrakte oder gar fehlende. Bei gegebenen Fähigkeiten und Ziel-Commitment des Akteurs korreliert dessen Leistung mit der Zielvorgabenhöhe positiv. Der Akteur kann seinen Erfolg anhand der Ziele, die als Standards fungieren können, messen. Entsprechend der Modellannahmen führen herausfordernde Ziele zu einem Nutzen, wenn bei deren Erreichen andere Organisationsmitglieder die Leistung anerkennen und sich positive Folgen wie Einkommenszuwachs, Beförderung etc. ergeben. Zudem ist beim Erreichen schwieriger Ziele davon auszugehen, dass sich das positiv auf die persönliche Entwicklung eines Entscheidungsträgers auswirkt. Daher setzen sich Akteure für das Erreichen hoher Ziele ein.[614] Problematisch ist, dass es kein allgemeines Kriterium gibt, welches definiert, wann eine Zielsetzung heraus-

611 Vgl. Höller (1978), S. 92.

612 Vgl. Schanz (1994), S. 208.

613 Vgl. Becker-Biskaborn (1975), S. 43.

614 Vgl. Latham (2000), 107f.

fordernd ist. Es muss vielmehr auf die individuelle Disposition der einzelnen Prozessbeteiligten zurückgegriffen werden, um individuelle Ziele zu vereinbaren, die diesem Kriterium entsprechen. Andererseits erhöht diese Vorgehensweise die Komplexität des Zielsystems und die Schwierigkeit, ein für jede Aufgabenerfüllung konsistentes System zu schaffen. Diese Problematik greift in die weitere Forderung an die Zielformulierung, dass Ziele erreichbar also realistisch sein müssen, um einen Anreiz darstellen zu können.[615] Auf unpersönlicher Ebene ist jedoch aus BPM-Sicht kaum festzustellen, welche Zielvorgaben einerseits schwierig und andererseits erreichbar sind. Sind Aufgaben mit einem zu geringen Schwierigkeitsgrad versehen, signalisiert die Organisation, dass von dem Akteur eine niedrige Leistung erwartet wird, und es ist anzunehmen, dass dieser Erwartung entsprochen wird.[616] Studien haben gezeigt, dass Akteure zu Apathie neigen, wenn Erfolg zu leicht Ansprüche übersteigt. Liegen Ansprüche jedoch weit über den Erfolgen, wurde bei Organisationsmitgliedern Frustration und Verzweiflung festgestellt.[617] Sehr hohe Zielvorgaben können daher eine negative Leistungswirkung besitzen, denn der Anreiz des Erreichens fällt beim Prozessbeteiligten gering aus, da er für sich nur eine kleine Chance ausrechnet, die Vorgabe zu erfüllen. Wenn die sehr hohe Vorgabe dennoch verhaltenswirksam ist, können mittel- bis langfristig Stresserscheinungen auftreten, die wiederum eine effiziente Aufgabenerfüllung verhindern.[618] Daher wird in der Literatur empfohlen, mittelschwer erreichbare Ziele zu formulieren, da sie den größten Anreiz für eine entsprechende Aufgabenerfüllung stiften und einen leistungsoptimalen Schwierigkeitsgrad besitzen.[619]

Diese Zielformulierung kann partizipativ erfolgen und durch die aktive Teilnahme der Prozessbeteiligten zu einer herausfordernden Zielsetzung führen, die gleichzeitig akzeptiert wird und zu der sich die Akteure bekennen. Akzeptierte Ziele sind wirksamer als nicht akzeptierte.[620] Es konnte bestätigt werden, dass die Zielakzeptanz und die daraus folgende Leistung höher ist, wenn Partizipation im Zielfindungsprozess anstelle von Vorgaben von Zielen stattfindet,[621] und die Partizipation die Selbstwirksamkeit des Akteurs und seine Entdeckung aufgabenrelevanter Strategien erhöht.[622] Die zugrunde liegende Annahme hierbei ist, dass Akteure sich entsprechend ihres Selbstvertrauens und ihrer Erwartungen bezüglich der Verhaltenskonsequenzen verhalten. Das Ausmaß der Selbstwirksamkeit beschreibt das Selbstvertrauen eines Akteurs, durch Verhalten Ziele erreichen, gegebene Aufgaben erfüllen und Unerwünschtes vermeiden zu können. Solange das Ausmaß dieser

---

615 Vgl. Latham/Yukl (1975); Latham/Baldes (1995).

616 Vgl. Schanz (1994), S. 209.

617 Vgl. March/Simon (1976), S. 170.

618 Vgl. Gebert (1981).

619 Vgl. Atkinson (1975), S. 393ff.

620 Vgl. Tubbs (1993).

621 Vgl. Erez (1986); Erez/Arad (1986); Erez et al. (1985).

622 Vgl. Locke/Latham (1990).

Selbstwirksamkeit von einem Akteur auf Null geschätzt wird, besteht für ihn kein Handlungsgrund, da aus seiner Sicht kein Einfluss auf die Aufgabenerfüllung und Zielerreichung besteht. Somit steuert die Selbstwirksamkeit, welche Ziele von Akteuren verfolgt werden, welches Anstrengungsniveau hierfür gewählt wird und inwiefern Schwierigkeiten bei der Zielverfolgung ausgehalten werden.[623] Darüber hinaus kann davon ausgegangen werden, dass partizipative Zielvereinbarungen zu anspruchsvolleren Zielsetzungen und damit zu höheren Leistungen führen.[624] In einer Studie konnte gezeigt werden, dass 79% derjenigen Akteure, die von ihren Vorgesetzten höhere Erwartungen kommuniziert bekamen, im Vergleich zur Kontrollgruppe tatsächlich verbesserte Leistungen zeigte, wobei der Leistungszuwachs besonders bei denjenigen mit niedrigem Ausgangsniveau hoch war.[625] Bei festen Zielvereinbarungen ist allerdings darauf zu achten, dass die Prozessbeteiligten eine ausreichende Verhaltensflexibilität bewahren und nicht auf für die Organisation zum Beispiel notwendiges Kontextverhalten verzichten, weil es nicht unmittelbar der eigenen Zielerfüllung dient. Es muss sichergestellt werden, dass das für die Organisation jedoch insgesamt überlebenswichtige Verhalten wie etwa Hilfsbereitschaft unter den Mitgliedern bewahrt wird und auch Veränderungen wie etwa in der Umwelt Eingang in Zielvereinbarungen finden, sodass deren Veränderlichkeit gewährleistet ist. BPM unterstützt beide Gedanken in seiner Konzeptualisierung, indem zum einen der Optimierungsgedanke anspruchsvolle Zielsetzungen beinhaltet und zum anderen Gruppenarbeit eine wichtige Rolle einnimmt, die mittels Selbstabstimmung und damit Partizipation sowie klarer Verantwortung erfolgen soll. Aus Sicht der Prozessbeteiligten ist anzunehmen, dass Partizipation und damit einhergehende Zielakzeptanz sowohl eine positive Bewertung hinsichtlich der Zielvalenz als auch der Instrumentalität von Zielen für die Be- und Entlohnung bewirken. Da für jegliche Zielbildung ein Sinn benötigt wird, das heißt, dass der Sachverhalt, der den Menschen zum Handeln anregt und zum Ziel wird, für ihn bedeutsam sein muss,[626] erhält die Zielvalenz eine positive Bedeutung.

Um die Relevanz von Zielen bei der Formulierung sicherzustellen, sind Formalziele so zu formulieren, dass sie möglichst weitgehend im Einflussbereich des jeweiligen Entscheidungsträgers liegen und negative Auswirkungen auf andere Entscheidungsbereiche der Organisation vermieden werden.[627] BPM versucht dieser Anforderung durch Schnittstellenminimierung und Einhaltung des Kongruenzprinzips gerecht zu werden, was, wie bereits beschrieben, mit vielerlei Problemen verknüpft ist. Aus Akteurssicht ist diese Anforderung deshalb wichtig, weil als irrelevant erachtete Ziele keine Valenz besitzen und auch deren Instrumentalität für die Be- und Entlohnung fraglich ist. Inwiefern ein Akteur ein Verhalten intrinsisch moti-

[623] Vgl. Bandura (1977), S. 120f.

[624] Vgl. Antoni (1999), S. 573.

[625] Vgl. McNatt (2000); Kierein/Gold (2000).

[626] Vgl. Hacker (2005), S. 328.

[627] Vgl. Lassmann (1992), S. 139, 141.

vierend empfindet, das zu einem nicht relevanten Ziel führt, ist unklar. Es kann festgestellt werden, dass Leistungsantriebe auf Bedürfnisbefriedigung zurückgeführt werden können, aber kaum nachvollziehbar sind, denn „satisfaction is a totality or unitary concept representing a state of mind in the individual which has no single referent".[628] Der Mensch ist ein komplexes Wesen, „who perceives his world as a totality rather than as isolated experiences"[629] und, der seine Befriedigung sowohl aus privaten als auch beruflichen Verhältnissen als Ganzes bestimmt. Vor diesem Hintergrund kann der Leistungswille eines Akteurs als der Anteil der Bedürfnisbefriedigung über betriebliche Tätigkeit am Gesamtbefriedigungsziel dieses Akteurs gefasst werden, wobei deutlich wird, dass das zu erreichende Tätigkeitsziel aus Akteurssicht relevant hinsichtlich seiner Bedürfnisbefriedigung sein muss. Somit ist die Anforderung, bei der Prozessgestaltung relevante Ziele zu setzen zum einen aus Organisations- und zum anderen aus Akteurssicht zu erfüllen, was insbesondere bei divergierenden Interessen zum Tragen kommt und ausgeglichen werden muss.

Ziele sind darüber hinaus mit einem Zeitaspekt zu versehen. Dabei müssen zeitliche Belastungen[630] der Akteure insbesondere wegen möglicher gesundheitlicher Störungen und sozialen Benachteiligungen berücksichtigt werden.[631] Dass Belastungssenkung von Prozessteilnehmern durch Verminderung der Zeitbindung von der Aufgabenerfüllung als Maßnahme gegen Zeitdruck zum Beispiel zur Senkung von Ausschuss, Unfällen, Stress, Krankheiten, Überforderung, Fehlern führen können,[632] kann einerseits Zustimmung aus Sicht des BPM-Konzepts finden, wenn es darum geht, zum Beispiel Qualitätsziele zu erreichen. Zudem kann die Senkung der Parameter auch zu Kosteneinsparungen führen. Andererseits konfligiert die Berücksichtigung menschlicher Restriktionen bei der Zeitbindung von Zielen mit dem Ziel der Minimierung von Prozessdurchlaufzeiten. Somit müssen BPM-Maßnahmen möglichst geringe Prozessdurchlaufzeiten hervorbringen, ohne dabei die Akteure zu überfordern. Genau dieses jedoch kann wiederum individuell verschieden sein, sodass es aus BPM-Sicht schwierig ist, das geeignete Maß an Zeitdruck zu finden.[633] Hinzu kommt, dass eine möglichst gleichmäßige Kapazitätsauslastung angestrebt wird, um Arbeitsstaus zu vermeiden. Die Terminierung von Prozesszielen muss daher auch die gesamte zeitliche Taktung der Aktivitäten berücksichtigen, wenn es darum geht, möglichst effiziente Prozessabläufe zu gestalten.

---

628 Zaleznik et al. (1958), S. 256.

629 Zaleznik et al. (1958), S. 256.

630 Hierzu gehören zum Beispiel Biorhythmus vs. Schichtarbeit, Dauer- vs. Spitzenbelastung, Pausenregelung, Einflussnahme des Akteurs auf Arbeitszeit, Tätigkeitsfolgen etc.

631 Vgl. Rohmert/Landau (1979), S. 71ff.

632 Vgl. Leitner et al. (1987), S. 74.

633 Siehe Kapitel 6.1.1 bezüglich der Forderung nach schwierigen Zielen, deren Erreichen auch aufgrund zeitlicher Restriktionen herausfordernd sein kann.

Die Formulierung von Zielen, die den Anforderungen entsprechend der Theorie der Zielsetzungen genügen, bringen Standards hervor, die über die zielorientierte Aufgabenerfüllung ersichtlich werden. Diese Standards können Eingang in das mit der Prozessleistung verbundene Anreizsystem finden, das die Leistungserbringung der Akteure honoriert. Die Wirksamkeit eines Be- und Entlohnungssystems, das auf bestimmten Leistungsstandards basiert, ist abhängig davon, wie subjektiv präzise der Standard festgelegt, also die Instrumentalität der Zielerreichung für die Be- und Entlohnung deutlich ist. Je größer die subjektive Operationalität der Leistungskriterien, desto größer ist die Wirkung des Be-/Entlohnungssystems auf die wahrgenommenen Konsequenzen des Verhaltens.[634]

6.1.3 Anreize für die Zielerreichung

Zur Erhaltung ihrer Wettbewerbsfähigkeit sind Organisationen auf hohe Leistungsbereitschaft und den vollen Einsatz des Leistungspotenzials ihrer Mitglieder angewiesen. Das Problem der Zusammenführung verschiedener Aufgabenteile ist nicht nur ein mechanisches, sondern ganz wesentlich eine Frage möglicherweise auseinanderdriftender Orientierungen der Stelleninhaber und Abteilungen und die Sicherstellung deren Anschlussfähigkeit. Somit können die Koordinationsanforderungen sehr hoch sein, wenn sich individuelle Ziele nicht mit denen der Organisation und BPM decken. Bei abnehmender Bedeutung der Arbeit als Eigenwert müssen zunehmend Motivationsmittel eingesetzt werden, um erwünschtes Arbeitsverhalten der Beschäftigten zu generieren. Anreize dienen als Instrumente zur Ausrichtung des Verhaltens der Unternehmensmitglieder auf bestimmte Ziele.[635] Anreizsysteme sollen unterstützen, dass sich Prozessbeteiligte im Sinne der Prozessziele verhalten, da andere Instrumente zur Verhaltenssteuerung nur begrenzt wirksam sind. Hierzu gehören zum Beispiel Arbeitsverträge, die Arbeitsverhalten nicht präzise vorschreiben können oder auch Kontrollen von Arbeitsabläufen und -ergebnissen, denen aufgrund der Kontrollkosten Grenzen gesetzt sind, zumal auf Akteursebene oftmals die objektive Bestimmung des Erfolgsbeitrags unmöglich ist.

Die allgemeine Wohlstandssteigerung und der Ausbau sozialer Netze haben zur überwiegenden Absicherung der Bevölkerung und Sättigung grundlegender Konsumbedürfnisse geführt. Untersuchungsergebnisse belegen Veränderungen in den Ansprüchen von Akteuren, sodass materielle Ansprüche stark an Bedeutung und immaterielle, inhaltliche Ansprüche nach Verantwortung, Anerkennung und Selbstentfaltung im Vordergrund stehen.[636] Organisationsmitglieder wollen dementsprechend nicht nur materiell angemessen entlohnt und menschlich behandelt werden, sondern auch in Angelegenheiten mitbestimmen dürfen, die sie betreffen.[637] Somit ist die Ausrichtung von Anreizsystemen hinsichtlich monetärer Anreize, was im

634 Vgl. March/Simon (1976), S. 62.

635 Vgl. Nick (1974), S. 170.

636 Vgl. Pawlowsky (1984), S. 97.

637 Vgl. Noelle-Neumann/Strümpel (1985), S. 242.

Rahmen der Prozessgestaltung entsprechend des vorgestellten BPM-Konzepts nicht beeinflusst werden kann, nicht mehr adäquat. Traditionelle Anreizsysteme sind in der Regel nicht darauf ausgerichtet, prozessorientiertes Verhalten zu fördern, da oftmals die Leistung des Einzelnen nicht aber kooperatives Verhalten innerhalb von Prozessen oder über Schnittstellen hinweg belohnt wird. Die gezielte Gestaltung von Anreizsystemen zur Förderung prozessorientierten Verhaltens, das Aspekte der Kooperation und gegenseitige Rücksichtnahme betont, kann daher ein wesentlicher Aktionsparameter der Prozessorientierung von Akteuren sein, sodass eine Berücksichtigung daher notwendig erscheint.[638] Die Bereitschaft der Akteure, die von ihnen erwarteten Leistungen zu erbringen, wächst in dem Maße, wie ihre Bedürfnisse und Wertvorstellung mit den Möglichkeiten und Anforderungen des Unternehmens übereinstimmen. Das Verlangen nach kreativer und abwechslungsreicher Arbeit, Verantwortung, Sicherheit, Karriere, Macht und Prestige, Selbständigkeit, Vertrauen und sozialer Zugehörigkeit ist bei der Prozessgestaltung zu berücksichtigen. Einflussmöglichkeiten der Gestaltung bestehen über die Wahl der Koordinationsinstrumente zur Integration der einzelnen Arbeitsteile etwa bei der Gestaltung der Arbeitsinhalte, bei der Festlegung von Verantwortung im Rahmen der Arbeitsteilung und/oder bei der Schaffung von Raum für Selbständigkeit des Akteurs bei der Aufgabenerfüllung. Zu besonders wichtigen Anreizen gehören neben den bereits genannten Aspekten auch Kontaktmöglichkeiten im Betrieb und Aufstiegschancen, auf die in späteren Kapiteln Bezug genommen wird.[639]

Das Verhaltenserklärungsmodell bezieht sich bei der Bewertung der Verhaltensweise auf intrinsische und bei der Bewertung von Be- und Entlohnung auf extrinsische Motivation. Letztere stellt insbesondere Einkommensziele in den Vordergrund, die nur unmittelbar über BPM-Maßnahmen beeinflussbar sind. Denkbar ist, dass durch die Art und Weise der Arbeitsteilung die Zurechenbarkeit von Erfolgsbeiträgen ermöglicht und somit bestimmte Anreize gesetzt werden können.[640] Das Grundproblem materieller Entlohnung besteht darin, dass Aktivitäten der Wissensverteilung und -generierung nicht quantifizierbar sind, sodass diese nicht über Anreize gefördert werden können, für den Teamerfolg jedoch von wesentlicher Bedeutung sind.[641] Zudem konnte festgestellt werden, dass die explizite Honorierung von Teamarbeit keineswegs Erfolg versprechend ist, denn es gilt: „explicit incentives may destroy trust- and reciprocity based incentives“ und umgekehrt: „the presence of reciprocal motives may provide a reason for the absence of explicit incentives“.[642] Darüber hinaus besteht die Gefahr bei der Unterstützung zielkonformen Verhaltens durch die Nutzung von Anreizsystemen, dass der Arbeitseinsatz dadurch systematisch verzerrt werden kann, wenn Tätigkeitsteile besonders und

638 Vgl. Schwarzer/Krcmar (1995), S. 47.

639 Vgl. Fischermanns/Liebelt (2000), S. 72f.

640 Vgl. Holmström (1979).

641 Vgl. Gaitanides (2007), S. 201.

642 Fehr/Gächter (1998), S. 851.

andere, meist schwieriger messbare und weniger beobachtbare nicht entlohnt werden, sodass sich Akteure auf jene Aufgaben konzentrieren, die unter das Anreizsystem fallen und andere für die Organisationsziele wichtige Aspekte ihrer Arbeit vernachlässigen.[643] Dies wird insbesondere dadurch forciert, dass Akteure dazu tendieren, sich weniger Gedanken über die Übereinstimmung von Be-/ Entlohnungssystemen und Unternehmenszielen zu machen, wenn sie anhand von klar quantifizierbaren Vorgaben entlohnt werden. Somit werden suboptimale Zielsysteme erhalten.[644] Die Kosten eines Anreizsystems beschränken zudem dessen ökonomisch sinnvolle Anwendbarkeit. Der Konflikt besteht zwischen dem Ziel der vollständigen Erfassung des Erfolgsbeitrags von Prozessteilnehmern und der Kontrollierbarkeit und Nachvollziehbarkeit von Bemessungsgrundlagen sowie den Kosten für die Messung der Beiträge.[645] Auch Manipulationsmöglichkeiten beschränken den Einsatz von Anreizsystemen.

Während extrinsische Anreize die ökonomische Dimension von Anreizsystemen in den Vordergrund stellen, können intrinsische Anreize als verhaltenswissenschaftliche Dimension von Anreizsystemen begriffen werden, wobei psychologische und soziale Grundbedürfnisse im Vordergrund stehen wie etwa in dem Verhaltenserklärungsmodell die Bewertung der Verhaltensweise, die gewählt werden kann. Intrinsische Belohnung kann als Belohnung aus der Art und dem Inhalt der Aufgabe heraus definiert werden,[646] welche von BPM durch die Wahl der Arbeitsteilung und Koordination beeinflusst werden können. Zur Erzeugung intrinsischer Motivation bestehen keine gezielten Anreizsysteme, sondern es können nur Maßnahmen der Arbeitsgestaltung angegeben werden, welche ihre Entstehung ermöglichen wie etwa:

- interessante, herausfordernde Arbeit,
- prozedurale und distributive Gerechtigkeit,
- Gewährung von Partizipation und autonomen Entscheidungsspielräumen,
- offene Kommunikation.

Intrinsische Motivation kann darin begründet werden, dass sich Akteure für einen bedeutungs- und sinnvollen Teil der Arbeit verantwortlich fühlen, Fähigkeiten und Fertigkeiten anwenden, die ihnen ein Kompetenzerleben bereiten und Tätigkeiten ausüben, die ein Gefühl der Selbstbestimmung und Autonomie vermitteln.[647] Diese Ausprägungen können über die Gestaltung der Prozessteilaufgaben beeinflusst werden. Das Abstellen auf intrinsische Motivation ist zentral, wo extrinsische

---

[643] Weinert (2004), S. 225 formuliert entsprechend: „Eine Organisation bekommt nicht das, was sie möchte, sondern das, was sie belohnt."

[644] Vgl. Frey/Benz (2004), S. 25.

[645] Vgl. Frey/Benz (2004), S. 24.

[646] Vgl. Kesten (1998), 227.

[647] Vgl. Frey/Benz (2004), S. 26.

Anreize wenig wirksam sind, das heißt insbesondere bei komplexen Aufgaben, durch starke Interdependenzen geprägte Tätigkeiten, bei Aufgaben, deren Output schwer messbar oder schwierig auf den einzelnen Prozessbeteiligten zurechenbar ist. Durch die beziehungsorientierte Bereichsbildung und teamorientierte Aufgabenzuordnung ist dementsprechend BPM gefordert, Strukturen zu schaffen, die intrinsische Motivation hervorrufen. Problematisch hierbei ist, dass intrinsische Motivation schwer steuerbar ist und wie bereits beschrieben, keine gezielten Anreizsysteme diesbezüglich kreiert werden können. Daher ist bei der Arbeitsgestaltung darauf zu achten, dass konflikthafte Widersprüche zwischen intrinsischen und extrinsischen Motivationsgrundlagen vermieden werden.[648] Entsprechend der verhaltenswissenschaftlichen Entscheidungstheorie ist festzustellen, dass die Reichweite der Fremdbestimmung, wie etwa durch Prozessgestaltung mittels BPM, immer begrenzt und somit jede Organisation darauf angewiesen ist, dass ihre Mitglieder auch freiwillig Leistungen erbringen, also intrinsisch motiviert sind.[649]

Problematisch ist, dass individuelle Anreizsysteme einen größeren direkten Einfluss auf individuelle Leistungsbereitschaft haben als Systeme, die auf Gruppenarbeit basieren.[650] Die Forderung, verursachungsgerecht und quantifiziert Leistungsbeiträge zu beurteilen greift im Konzept der gruppenbasierten Prozessarbeit zu kurz, denn diese wird durch job-enrichment and job-enlargement gekennzeichnet, sodass insbesondere qualitative Elemente die Arbeit kennzeichnen. Prozessteams entfalten eine Wirkung, wenn innerhalb und zwischen Gruppen explizites und implizites Wissen ausgetauscht, verknüpft und neues Wissen generiert wird. Da in diesem Prozess qualitative Elemente eine wesentliche Rolle spielen, wird die Leistungsbeurteilung und somit die Anreizsetzung um diese Elemente zu ergänzen sein.[651] Eine individuelle Beitragsentlohnung bei Gruppenarbeit wird als ineffizient angesehen.[652] Demzufolge müssen im Rahmen eines Anreizsystems die Arbeitsebene (Gruppe oder Individuum) und die Belohnungsebene (Gruppe oder Individuum) einander entsprechen und aufeinander abgestimmt sein.[653] BPM muss demzufolge Arbeitsstrukturen schaffen, die insbesondere die intrinsische Motivation[654] der Akteure weckt und auf Gruppenebene eine hohe Leistungsbereitschaft hervorruft, ohne von materiellen und extrinsischen Anreizstrukturen abhängig zu sein. Das erfolgt insbesondere über die Arbeitsteilung, die damit einhergehende Festlegung der Aufgabenmerkmale und die Koordination, welche im Rahmen der Gruppenarbeit

---

648 Beispielsweise sollte kein finanzielles Interesse an gesundheitsschädigenden oder dequalifizierenden Tätigkeiten entwickelt werden.

649 Vgl. Göbel (2004), Sp. 1314.

650 Vgl. March/Simon (1976), S. 62.

651 Vgl. Osterloh/Frost (2003), S. 20f.; Schober (2002), S. 199.

652 Vgl. Weinert (2004), S. 422ff.

653 Vgl. Weinert (2004), S. 426.

654 Wie bereits beschrieben können so Kernkompetenzen durch die Bündelung von Wissen gehalten und weiterentwickelt werden, was über extrinsische Anreizsetzung nicht möglich ist.

vornehmlich auf Selbstabstimmung basiert, die wiederum Eingang in Interaktionen findet, welche entsprechend des Modells auf Verhalten einwirken.

Anreizsysteme, welche die verhaltensbeeinflussende Wirkung von Zielsystemen unterstützen sollen, stellen entsprechend materielle und immaterielle Be-/ Entlohnung in Aussicht, was voraussetzt, dass der Grad der Aufgabenerfüllung und Zielerreichung festgestellt und den Prozessbeteiligten übermittelt werden muss. Somit spielen Feedback und Kontrolle eine wichtige Rolle, wenn es darum geht, Verhalten von Akteuren über Prozessziele zu steuern.

6.1.4 Rolle von Kontrolle und Feedback

Effektive Kontrolle ist grundlegend für hohe Leistung.[655] Das Ausmaß von Kontrolle über die Arbeitsleistung und deren Honorierung ist entscheidend für das Leistungsverhalten.[656] Feedback über die Zielerreichung und somit Kontrolle über den Zielerreichungsgrad sind unabdingbar, da sie die Prozessbeteiligten über ihre Verhaltenskonsequenzen informieren und darüber deren Bewertung von Valenzen und Wahrscheinlichkeiten bei der Bewertung von Verhaltensalternativen wesentlich beeinflussen. Die Annahme, dass Organisationsmitglieder den Erfolg ihrer Aktionen bewerten wollen, konnte in empirischen Studien bestätigt werden.[657] Daher wird die Wichtigkeit von Feedback im Konzept der Zielsetzungstheorie betont.[658] Insbesondere extrinsische Belohnung kann nur dann erfolgen, wenn eine erfolgreiche Arbeitsdurchführung bemerkt und entsprechend gewertet wird.[659] Es wird neben den Annahmen, dass das Verhalten von Organisationsmitgliedern davon abhängt, welche Ebene (Individual- oder Gruppenebene) belohnt wird, ob herausfordernde Arbeit bereitgestellt wird und welche Leistungsziele vorgegeben werden, insbesondere davon ausgegangen, dass das Verhalten entsprechend der Be-/ Entlohnung gesteuert werden kann.[660] Das heißt je größer die Abhängigkeit der Be-/ Entlohnung von der Leistung von einem Akteur eingeschätzt wird, desto günstiger wird er die Konsequenzen der Verhaltensentscheidung für eine Leistungssteigerung einschätzen.[661] Be-/Entlohnung entsprechend der Zielerreichung im Rahmen der Aufgabenerfüllung können aus Sicht der Prozessbeteiligten nicht nur absolut, sondern auch vergleichend bewertet werden. Die Gleichheitstheorie[662] stellt dar, dass Akteure das Verhältnis ihres Aufwands zur Be-/Entlohnung und das Verhältnis anderer, für sie relevanter Personen im ähnlichen Arbeitsverhältnis und deren

---

[655] Vgl. Scarpello/Vandenberg (1987).

[656] Vgl. Weinert (2004), S. 422.

[657] Vgl. March/Simon (1976), S. 62.

[658] Vgl. Weinert (2004), S. 218f.

[659] Vgl. Porter/Lawler (1968)

[660] Vgl. Hales/Tamangani (1996), S. 749.

[661] Vgl. March/Simon (1976), S. 61.

[662] Vgl. Adams (1963), (1965).

Be-/Entlohnung mit dem eigenen vergleichen und die Forderung stellen, dass die Be-/Entlohnung entsprechend fair ist. Wird diesem Gerechtigkeitsanspruch nicht Rechnung getragen, wirkt sich das leistungsmindernd aus. Wenn nun davon ausgegangen wird, dass BPM Arbeitsstrukturen schafft, die insbesondere Teamarbeit zulassen sollen, ist insbesondere vor dem Hintergrund der Koordination über Selbstabstimmung fraglich, inwiefern vergleichbare Arbeitsarrangements geschaffen und dem Fairnessaspekt Rechnung getragen werden kann. Werden standardisierte, routinierte Abläufe geschaffen, ist seitens BPM bei der Prozesszielsetzung darauf zu achten, dass mit den Aktivitäten verbundene Be-/Entlohnungen gerecht angewendet werden können, indem etwa eine eindeutige verursachungsgerechte Leistungsbeitragszuordnung vorgenommen werden kann. Dies ist insbesondere bei zum Beispiel gut strukturierten Prozesstätigkeiten mit eindeutigen Verantwortungsbereichen und mangelnden Interdependenzen der Fall. Vor dem Hintergrund des verhaltensorientierten Ansatzes[663] wird Verhalten von den Konsequenzen, die es hervorruft kontrolliert. Das bedeutet, dass Verhalten dann wiederholt wird, wenn positive Konsequenzen darauf folgen und nach negativen Verhaltensergebnissen vermieden wird. Auch dieser Ansatz betont die Relevanz von Kontrolle und Feedback zur Verhaltenssteuerung, wenn auch aus anderer Perspektive, die keine kognitiven Verhaltensaspekte berücksichtigt und dem komplexen Geschehen des Arbeitens nicht gerecht werden kann, so dass dieser Ansatz keine explizite Berücksichtung in der Arbeit findet.

Das BPM-Konzept beinhaltet den Aspekt der Kontrolle und des Feedbacks. Zum einen tragen die Schnittstellenminimierung und das one-face-to-the-customer Prinzip in Kombination mit Service-level-agreements dazu bei, dass Kundenfeedback direkt zum Verantwortlichen gelangt. Zum anderen soll über das Prozesscontrolling sichergestellt werden, dass Prozesse die geplante Leistungsfähigkeit zeigen und bei negativen Abweichungen entsprechend der daran anschließenden Analyseergebnisse verbessert werden. Der Kontrollaspekt steht allerdings im Widerspruch zur Gestaltung von Abläufen, die von Teams bearbeitet werden sollen. Der Teamansatz erschwert die Kontrolle der einzelnen Leistungsbeiträge, die entsprechende Anreizsetzung zu höheren Leistungen und die Festlegung eines schwierigen aber realistischen Zielniveaus im Rahmen von Partizipation. Demgegenüber können Prozesse mit routinierten Einzelaufgabenbereichen der Anforderung an eine individuelle Zielsetzung eher folgen, diese entsprechend einzelner Bedürfniskonstellation prozessual mit bestehenden Anreizsystemen verknüpfen und für eine vereinfachte Kontrollierbarkeit der Prozessgüte über die Nachvollziehbarkeit der Einzelleistungen sorgen. Insofern steht BPM vor dem Dilemma einerseits klare Ziele zu formulieren und andererseits flexible Strukturen zu schaffen, die bei Umweltänderungen auch Zieländerungen veranlassen, einerseits Zielkontrolle über eindeutige Zuweisungen zu ermöglichen und andererseits über Schnittstellenminimierung große Aufgabenbereiche zu schaffen, die über Teamarbeit ausgefüllt werden, einer-

[663] Vgl. Skinner (1971).

seits individuellen Anforderungen gerecht werden zu müssen und andererseits ökonomisch sinnvolle Prozesse zu gestalten, die aus Kosten- und Zeitsicht ökonomisch und insgesamt Personen unabhängig sind, um damit die Überlebensfähigkeit der Organisation sichern.

6.1.5 Implikationen für BPM

An dieser Stelle wird erneut deutlich, dass es keine optimale Strukturgestaltung aufgrund der damit verbundenen Komplexität geben kann. Die Dilemmata führen ihrerseits wiederum zu unterschiedlichen Bewertungen anhand der Entscheidungskriterien. Zum Bespiel kann davon ausgegangen werden, dass je individueller die Ablaufgestaltung auf die Akteure zugeschnitten ist, desto eher können diese Verhalten mit hoher Valenz zur Lösung von Aufgabenstellungen einsetzen, Ziele mit hoher Valenz anstreben und entsprechend hoch bewertete individuelle Be-/Entlohnungen für die Aufgabenerfüllung erhalten. Die mangelnde Standardisierung kann allerdings neben geringerer ökonomischer Sinnhaftigkeit dazu führen, dass dem Fairnessgedanken nicht Rechnung getragen werden kann, und die Prozessbeteiligten gerade bei dem Vergleich des eigenen Aufwands zur Generierung eigenen Nutzens im Vergleich zu anderen keine eindeutigen Abhängigkeiten mehr erkennen können, sodass insgesamt die Einschätzung der jeweiligen Instrumentalität von Verhalten und Zielen in ihrer Bewertung sinken.

Wie an dieser Stelle bereits angedeutet, spielt Transparenz des Prozesssystems eine wichtige Rolle für die Beeinflussung von Verhalten. Doch bevor dieser Aspekt genauer betrachtet wird, sollen die folgenden Tabellen die wesentlichen Zusammenhänge dieses Kapitels zusammenfassen und darstellen, wie BPM durch Regelungen der Arbeitsteilung und Koordination über die Verhaltensdeterminante „Ziele“ die Ausprägung der Entscheidungskriterien und damit die Leistungsbereitschaft der Prozessbeteiligten positiv beeinflussen kann.

	Entscheidungskriterien / BPM Gestaltungsmöglichkeiten	Valenz Verhalten	Valenz Zielerreichung	Instrumentalität Verhalten für Zielerreichung	Valenz Be-/Entlohnung	Instrumentalität Zielerreichung für Be-/Entlohnung
Regeln der Arbeitsteilung	**Aufgabenintegration, Generalisierung, Minimierung von Schnittstellen, Minimierung von Interdependenzen, ganzheitliche Rundumbearbeitung, one-face-to-the-customer**			Selbstwirksamkeit wegen minimaler Interdependenzen, Zielerreichungskontrolle, Feedback		Zielerreichungskontrolle, Feedback
	Aufgabenkongruenz, Übereinstimmung von Verantwortung, Entscheidungs- und Bearbeitungskompetenz			Selbstwirksamkeit wegen Beeinflussbarkeit des verantworteten Bereichs		Selbstkontrolle
	eindeutige Verantwortungszuweisung			Zurechenbarkeit der Zielerreichung		Anspruch aufgrund Zurechenbarkeit der Zielerreichung
	gleichmäßige Kapazitätsauslastung				Fairness von Aufwand der Akteure zu deren Ertrag	
	beziehungsorientierte Bereichsbildung, Teamarbeit			je nach Effektivität und Effizienz der Arbeitsverteilung im Team sowie Zurechenbarkeit der Leistungsergebnisse		je nach Zurechenbarkeit der Leistungsergebnisse

Tab. 1: Einflussmöglichkeiten von BPM auf Leistungsbereitschaft über die Verhaltensdeterminante „Ziele" mittels Regelungen der Arbeitsteilung[664]

	Entscheidungskriterien / BPM Gestaltungsmöglichkeiten	Valenz Verhalten	Valenz Zielerreichung	Instrumentalität Verhalten für Zielerreichung	Valenz Be-/Entlohnung	Instrumentalität Zielerreichung für Be-/Entlohnung
Regeln der Koordination	**Standardisierung über Outputnormen, Zweckregeln, Service-level-agreements**	Selbstbestimmung, Verhaltensautonomie zum Erreichen „smarter" Ziele	Befriedigung des Bedürfnisses nach Vorgaben und Kontrolle, „smarte" Ziele, konsistenter Zielkatalog	Zielerreichungskontrolle, Feedback		Zielerreichungskontrolle, Feedback
	Standardisierung über Ausführungsregeln, Verfahrensanweisungen	Verhaltenssicherheit		Vorgabe zielführenden Verhaltens		Verhaltensformalisierung mit Eingang in Be- und Entlohnungspraktiken
	Selbstabstimmung	je Übereinstimmung von Bedürfnis nach und Ausprägung der Einschränkung von Autonomie	Partizipation bei Zielsetzung, Zielidentifikation	Selbstkontrolle		Selbstkontrolle
	Hierarchie, persönliche Weisung	je Übereinstimmung von Bedürfnis nach und Ausprägung der Einschränkung von Autonomie	Verdeutlichung Zielrelevanz, Partizipation bei Zielsetzung, Zielidentifikation	Verdeutlichung Verhaltensinstrumentalität, je nach Effektivität und Effizienz der Arbeitsverteilung an nachgeordnete Stellen		Verdeutlichung Zielinstrumentalität

Tab. 2: Einflussmöglichkeiten von BPM auf Leistungsbereitschaft über die Verhaltensdeterminante „Ziele" mittels Regelungen der Koordination[665]

---

[664] Wird die Arbeitsteilung zum Beispiel entsprechend der Aufgabenkongruenz vorgenommen, folgt daraus, dass die Prozessbeteiligten ihren verantworteten Aufgabenbereich beeinflussen können und in Verbindung mit einer erhöhten Selbstwirksamkeit die subjektive Wahrscheinlichkeit des Verhaltens zur Zielerreichung aus Akteurssicht genauer einschätzen können, was bei selbst gewähltem Verhalten den Wert der Instrumentalität des Verhaltens erhöht.

[665] Sollen zum Beispiel Ziele über Verfahrensanweisungen erreicht werden, wird über die Vorgabe von Verhaltensweisen eine Verhaltenssicherheit erzeugt, was zu einer positiven Verhaltensvalenz führen kann. Des Weiteren kann der Akteur davon ausgehen, dass zielführende Verhaltensvorschriften formuliert sind, was die Instrumentalität des vorgegebenen Verhaltens für die Zielerreichung erhöht. Zudem kann ebenfalls vom Prozessbeteiligten erwartet werden,

6.2 Transparenz

Nicht nur vor dem Hintergrund der Bewertung der Verhaltensalternativen, die sich etwa in der Beurteilung der Instrumentalitäten, welche Teil der Entscheidungsbausteine im Verhaltenserklärungsmodell sind, niederschlagen, sondern auch aufgrund der Anforderung, ein konsistentes Zielsystem bei der Gestaltung von Abläufen zugrunde zu legen, ist Transparenz wichtig, um systemkonformes Verhalten zu fördern. Auch die Integration der Arbeitsteilung verlangt nach Transparenz, um die einzelnen Tätigkeiten zielorientiert aufeinander abstimmen und koordinieren zu können.

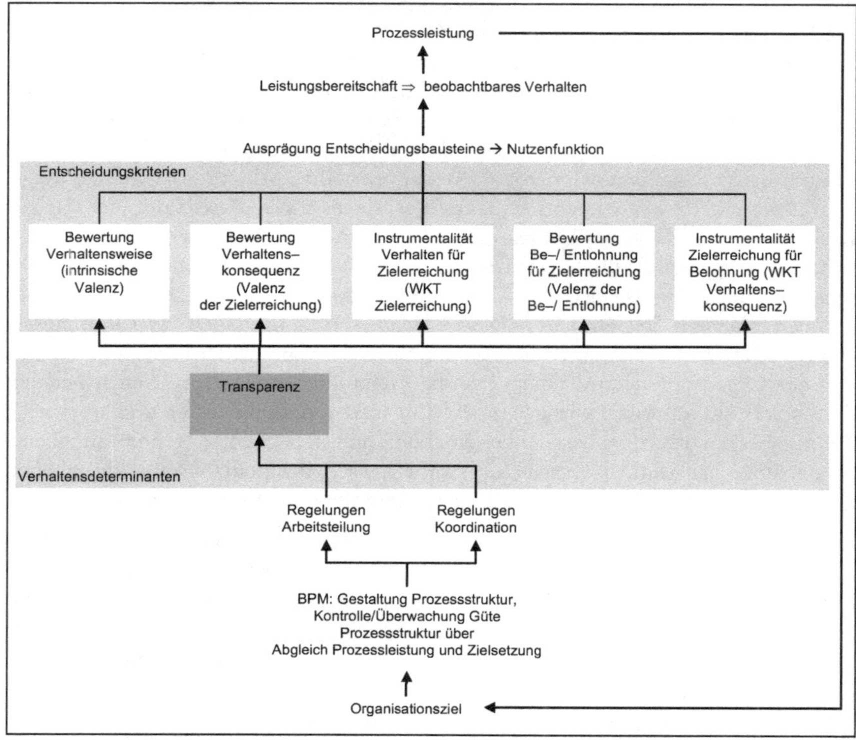

Abb. 14: Überblick über die im Kapitel dargestellten Zusammenhänge bezüglich der Verhaltensdeterminante „Transparenz“

dass bei Eingang der Verhaltensformalisierung in Be-/Entlohnungspraktiken bei Befolgung der Anweisungen eine hohe Instrumentalität der Zielerreichung für die entsprechende Be-/ Entlohnung besteht.

6.2.1 Rolle der Transparenz für die Zielerreichung

Durch Zerlegung der organisatorischen Gesamtaufgabe in Teilaufgaben muss deren Zusammenführung zur Bearbeitung des Ganzen führen. Das Problem besteht darin, dass wenn Aufgaben durch ein Subziel etwa einem Prozessteam zugeordnet worden sind, die Tendenz besteht, dass andere Subziele und andere Zielaspekte der Gesamtorganisation bei Entscheidungen dieses Teams ignoriert werden. Das führt insbesondere dann zu Konflikten, wenn das Zielsystem nicht absolut konsistent ist und über Interdependenzen Entscheidungen negativ auf andere einwirken.[666] Die Arbeitsteilung stellt sich dann als Arbeitsfraktionierung dar, wobei die zeitliche und mengenmäßige Unterteilung eines Arbeitsauftrags in übersichtliche Teile für einen Akteur für ihn zum Ziel werden können.[667] Die Differenzierung der Gesamtaufgabe in Teilaufgaben führt zu einer Kommunikationsverdünnung, denn mit wachsender Organisationsgröße besteht die Tendenz, dass Akteure nur noch innerhalb ihres Bereichs Informationen austauschen. Dies wiederum führt zur Einengung des Blickwinkels bei der Aufgabenerfüllung und Barrieren für den notwendigen Wissenstransfer zwischen den einzelnen Akteuren.[668] In der Regel überblickt ein Prozessteilnehmer daher nur einen engen Ausschnitt der für die Realisierung des Gesamtziels relevanten internen und externen Abläufe, sodass trotz einer gegebenenfalls vorhandenen Identifizierung des Organisationsmitglieds mit den Organisationszielen das Risiko dysfunktionaler Verhaltensweisen vorhanden ist.[669] Bei der Reglementierung von Prozessen kann jedoch ein Ordnungssystem geschaffen werden, das Stabilität, Kontinuität, Vorhersagbarkeit und Planbarkeit der Organisation ermöglicht. Für die Gesamtzielerreichung ist entscheidend, dass jeder Akteur weiß, wie genau die Organisation funktioniert und in welche Richtung sie steuert, sodass auch Interaktionen zwischen Akteuren möglichst prognostizierbar sind.[670] Gerade die so wichtige Akzeptanz von vorgegebenen Zielen wird über das Verständnis über den Gesamtzusammenhang erhöht.

Der Gesamtorganisationserfolg wird in hohem Maße durch den auf eine organisatorische Maßnahme zurückzuführenden Ressourcenbedarf, die Qualität und Zeit der Abstimmung von Entscheidungsinterdependenzen und die Leistungsbereitschaft der Entscheidungsträger beeinflusst, sodass Transparenz die Voraussetzung für die Wahrnehmung von Interdependenzen von Entscheidungen oder zum Beispiel Ressourcen bildet. Transparenz ermöglicht erst den verantwortlichen Umgang mit Ressourcen- und Entscheidungsinterdependenzen, weil den Prozessbeteiligten der Zusammenhang zwischen ihren einzelnen Aufgabenfeldern und die Auswirkungen ihres Verhaltens auf das Gesamtsystem deutlich werden. Die Moti-

[666] Vgl. March/Simon (1976), S. 142.

[667] Vgl. Hacker et al. (1995), S. 310.

[668] Vgl. Schreyögg (2003), S. 159f.

[669] Vgl. Lassmann (1992), S. 2.

[670] Vgl. Weinert (2004), S. 596.

vation eines Entscheidungsträgers äußert sich letztlich konkret in der Bereitschaft zur kostenwirtschaftlichen Ressourcennutzung und effektiven Interdependenzabstimmung.[671] Somit besteht das Ziel der Prozessgestaltung darin, transparente Prozessstrukturen zu schaffen,[672] die gewünschtes Verhalten durch Erkenntnis der Sinnhaftigkeit und Offenbarung von Fehlverhalten durch Nachvollziehbarkeit hervorrufen.[673] Das Streben von Menschen nach dem Gefühl, etwas Sinnvolles zu leisten und eine entsprechend hohe Leistungsbereitschaft zu entwickeln, die diesen Sinn erfüllt, konnte trotz individueller Unterschiede wiederholt festgestellt werden[674] und fordert implizit den Überblick über den Gesamtzusammenhang der arbeitsteiligen Vorgänge in Organisationen, um den Einzelbeitrag hinsichtlich seines Zwecks einordnen und den Sinngehalt der Arbeit erkennen zu können. Auch zielorientierter Wissenstransfer und Bündelung von Kernkompetenzen durch Prozessaktivitäten sind nur möglich, wenn die Akteure neben dem Zielsystem der Organisation auch die einzelnen Zusammenhänge kennen.[675] Mangelnde Transparenz der Vorgänge verursacht mangelndes Teilen von Informationen, was zu Verdächtigungen, Gerüchten, Misstrauen, Verschwendung von Zeit, Wissen und Ideen führen kann.[676] Durch Sichtbarkeit von Interdependenzen wird mitunter die Bereitschaft zur Kooperation und Selbstabstimmung gefördert, da Entscheidende erkennen, dass sie jeweils aus einem koordinierten Vorgehen Nutzen ziehen und gemeinsam zu einer erhöhten Gesamtzielerreichung beitragen können.[677]

6.2.2 Maßnahmen zur Schaffung von Transparenz

Transparenz kann im Rahmen des BPM-Konzepts insbesondere durch Formalisierung und Dokumentation der Prozessabläufe erreicht werden. Durch die konsequente Prozessorientierung ist Transparenz über die entsprechenden Prozessketten, deren Ressourcenverzehr und Beitrag zur Wertschöpfung herstellbar.[678] Eine Erhöhung des Rückmeldeumfangs von Tätigkeiten kann ebenfalls ihre Durchschaubarkeit erhöhen,[679] die mit Hilfe des Grads an erforderlichen Informationen über die Organisation zur Aufgabendurchführung messbar ist. Hierbei handelt es sich um Informationen über die Arbeitsorganisation am Arbeitsplatz und über die Gesamtorganisation.[680] Das Informationssystem hat dementsprechend sicherzustel-

---

671 Vgl. Lassmann (1992), S. 142, 175.

672 Vgl. Scholz/Vrohlings (1994), S. 38f.

673 Vgl. Lassmann (1992), S. 175.

674 Vgl. Barber et al. (1992); Fricko/Behr (1992); Miller/Monge (1986); Quarstein et al. (1993).

675 Vgl. Lassmann (1992), S. 134.

676 Vgl. Mullins (2005), 611.

677 Vgl. Rückwardt (1978), S. 193.

678 Vgl. Eversheim (1995), S. 15.

679 Vgl. Hacker et al. (1995), S. 217.

680 Vgl. Hacker et al. (1995), S. 217.

len, dass jedes Organisationsmitglied über den Stand der organisatorischen Entwicklung, die aktuellen Probleme und die angestrebten Ziele informiert ist.[681]

6.2.3 Implikationen für BPM

BPM benötigt für die Gestaltung von Prozessabläufen Transparenz, da ohne Überblick über den Gesamtzusammenhang keine den Anforderungen entsprechende Gestaltung über die Festlegung der Arbeitsteilung und Koordination möglich ist. Zudem lässt Transparenz die Rückverfolgung von Fehlern und Identifikation ihrer Ursachen zu. Transparenz ist dementsprechend Grundvoraussetzung für die Modellierung, Kontrolle und Verbesserung von Abläufen sowie deren Unterstützung durch IT. Da Transparenz eine wichtige Rolle für die Zielerreichung der Gesamtorganisation und deren Kontrolle einnimmt, liegt es im Interesse von BPM die Gestaltung so vorzunehmen, dass möglichst transparente Abläufe geschaffen werden, deren Interdependenzen von alle Prozessbeteiligten nachvollzogen werden können. Hierbei wird BPM mit dem Dilemma konfrontiert, dass Transparenz insbesondere dann leicht zu erreichen ist, wenn eine möglichst umfassende und detaillierte Aufgabenhierarchie geschaffen wird. Andererseits ist denkbar, dass für den jeweiligen Akteur die Transparenz seines Aufgabenbereichs steigt, je mehr Dezentralisierung und Differenzierung vermieden und keine detaillierte Zerteilung von Arbeitsabläufen vorgenommen werden. Dieses spiegelt die Wahl von BPM zwischen den tendenziellen Gestaltungsoptionen wieder, klare, individuelle Arbeitsbereiche mit eindeutigem Verantwortungsumfang zu gestalten, die zum Beispiel über festgelegte Regeln aufeinander abgestimmt werden können, oder Aufgabenbereiche an Teams zu delegieren und die Arbeitsverteilung und Koordination im Rahmen der Selbstabstimmung stattfinden zu lassen.

Die Transparenz der Abläufe ermöglicht Prozessbeteiligten die Einordnung ihrer Tätigkeit in den Gesamtprozess und verdeutlicht ihnen die Abhängigkeiten und den Einfluss ihrer Ergebnisse bezüglich anderer Vorgänge.[682] Aus Akteurssicht ist Transparenz wichtig, um entsprechend des Verhaltenserklärungsmodells Verhaltensalternativen erkennen und bewerten zu können. Demzufolge können nicht nur Valenzen ermittelt, sondern auch Instrumentalitäten identifiziert werden. Mittels des Gesamtüberblicks kann darüber hinaus auch festgestellt werden, inwiefern die Prozessgestaltung nach Fairnessgesichtspunkten vorgenommen wurde. Allerdings ist zu berücksichtigen, dass Transparenz, zum Beispiel durch Formalisierung die Gefahr von Verhaltensrigidität, Inflexibilität und Autonomieeinschränkung in sich birgt, und sich Akteure aufgrund der offensichtlichen Nachvollziehbarkeit und Kontrollierbarkeit ihrer Aktivitäten weniger innovativ und flexibel verhalten oder auf Tätigkeiten verzichten, die nicht zum unmittelbaren Aufgabenbereich gehören, jedoch der Zielerreichung der Organisation dienen würden. Transparenz ist daher nur bis zu einem gewissen Grad von Akteuren erwünscht und akzeptiert, was sich

[681] Vgl. Schreyögg (2003), S. 287.

[682] Vgl. Eversheim (1995), S. 142.

zum Beispiel in der Ablehnung des „gläsernen Mitarbeiters“ wiederfindet. BPM muss daher darauf achten, einerseits ausreichend für Transparenz zu sorgen, um selbst gestalterisch fähig sein zu können, andererseits die Transparenz nicht zu übertreiben, um die Akzeptanz der Prozessbeteiligten zu wahren. Eine vollständige Transparenz ist somit nicht anzustreben, zumal eine lückenlose Dokumentation auch aus ökonomischer Sicht nicht sinnvoll ist.

Die nachfolgenden Tabellen fassen die wesentlichen Zusammenhänge zusammen und stellen dar, wie BPM durch Regelungen der Arbeitsteilung und Koordination über die Verhaltensdeterminante „Transparenz“ die Ausprägung der Entscheidungskriterien und damit die Leistungsbereitschaft der Prozessbeteiligten positiv beeinflussen kann.

	Entscheidungskriterien BPM Gestaltungsmöglichkeiten	Valenz Verhalten	Valenz Zielerreichung	Instrumentalität Verhalten für Zielerreichung	Valenz Be-/Entlohnung	Instrumentalität Zielerreichung für Be-/Entlohnung
Regeln der Arbeitsteilung	**Aufgabenintegration, Generalisierung, Minimierung von Schnittstellen, Minimierung von Interdependenzen, ganzheitliche Rundumbearbeitung, one-face-to-the-customer**			Ganzheitlichkeit der Aufgabe, geringe Anzahl Beteiligter		
	Aufgabenkongruenz, Übereinstimmung von Verantwortung, Entscheidungs- und Bearbeitungskompetenz			Dokumentation von Verantwortungs-, Entscheidungs- und Bearbeitungszuordnung		
	Eindeutige Verantwortungszuweisung			Dokumentation von Verantwortungsbereichen		
	Gleichmäßige Kapazitätsauslastung					
	Beziehungsorientierte Bereichsbildung, Teamarbeit					

Tab. 3: Einflussmöglichkeiten von BPM auf Leistungsbereitschaft über die Verhaltensdeterminante „Transparenz“ mittels Regelungen der Arbeitsteilung[683]

[683] Wird im Rahmen der Arbeitsteilung zum Beispiel auf Aufgabenintegration abgezielt, können über die damit einhergehende Ganzheitlichkeit der Aufgabe und der aufgrund der Schnittstellenminimierung geringeren Anzahl an Prozessbeteiligten dem Akteur die organisationalen Zusammenhänge verdeutlicht und somit transparenter gemacht werden, so dass sich daraus die Instrumentalität von Verhalten für die Zielerreichung besser abschätzen lässt.

	Entscheidungskriterien / BPM Gestaltungsmöglichkeiten	Valenz Verhalten	Valenz Zielerreichung	Instrumentalität Verhalten für Zielerreichung	Valenz Be-/Entlohnung	Instrumentalität Zielerreichung für Be-/Entlohnung
Regeln der Koordination	**Standardisierung über Outputnormen, Zweckregeln, Service-level-agreements**		Dokumentation der Zielsetzung und Zielerreichung	Dokumentation von Kontrollmechanismen und Feedback	Dokumentation von Be-/Entlohnung	Dokumentation von Kontrollmechanismen und Feedback
	Standardisierung über Ausführungsregeln, Verfahrensanweisungen	Verhaltensformalisierung, Verhaltenssicherheit aufgrund Dokumentation Verhaltensvorschriften, Motivation bei Bedürfnis nach Transparenz und angemessener Regelungsdichte (vs. gläserner Akteur)		Dokumentation des Zusammenhangs		Dokumentation des Zusammenhangs
	Selbstabstimmung					
	Hierarchie, persönliche Weisung					

Tab. 4: Einflussmöglichkeiten von BPM auf Leistungsbereitschaft über die Verhaltensdeterminante „Transparenz" mittels Regelungen der Koordination[684]

Sowohl Ziele als auch die damit einhergehende Kontrolle und die dafür notwendige Transparenz zielen auf das Verhalten von Akteuren ab, das im Rahmen der Aufgabenerfüllung beeinflusst werden soll. Die Aufgabenerfüllung richtet sich nach den Merkmalen der übertragenen Aufgaben, denen im folgenden Kapitel besondere Aufmerksamkeit geschenkt werden soll.

6.3 Aufgabenmerkmale

Verhalten wird durch Arbeitsaufgaben angeregt und gelenkt.[685] Diese wiederum entspringen Arbeitsabläufen, welche der Organisationszielerreichung dienen und über BPM gestaltet werden.

[684] Die Formalisierung von Regelungen wie zum Beispiel die Dokumentation von Zweckregeln und Service-level-agreements erzeugt Transparenz und erleichtert den Organisationsmitgliedern die Abschätzung der Instrumentalitäten.

[685] Vgl. Frieling/Hoyos (1978), S. 12.

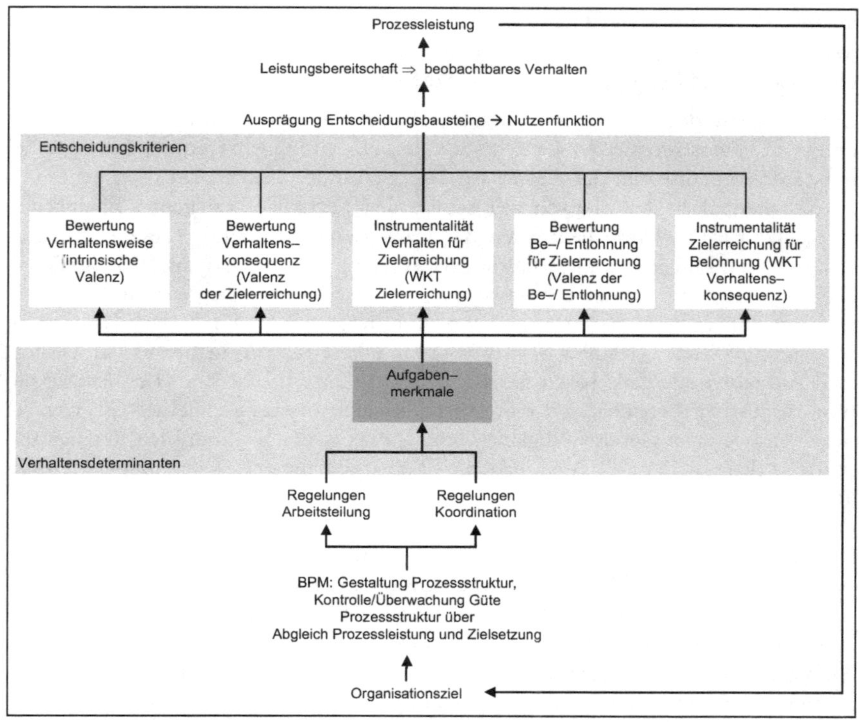

Abb. 15: Überblick über die im Kapitel dargestellten Zusammenhänge bezüglich der Verhaltensdeterminante „Aufgabenmerkmale"

Von herausragendem Einfluss auf die zu gestaltenden Prozesse ist sowohl die Arbeitsteilung als auch die Koordination. Erst sie legt für Individuen und Gruppen die konkreten Aufträge, Ausführungsbedingungen und damit die Arbeitsanforderungen der Arbeitstätigkeit fest. Der Grad der Aufteilung von Tätigkeiten auf verschiedene Akteure bzw. ihre Kombination als Zuordnung zu einem oder einigen wenigen Arbeitenden bestimmt sowohl ausschlaggebend die erforderliche und die mögliche Kooperation zwischen den Akteuren als auch den Inhalt, insbesondere die Anforderungsvielfalt und damit die Struktur der Arbeitstätigkeit jedes einzelnen Prozessbeteiligten.[686]

Ausgangsproblem ist, dass die Gesamtaufgabe zu umfangreich für eine Person ist und somit die Arbeitsteilung festgelegt werden muss. Die Varietät des differenzierten Systems hängt vom Ausmaß der gewählten Spezialisierung der Stellen und Abteilungen ab.[687] Je stärker eine Organisation differenziert ist (je tiefer die Arbeits-

686 Vgl. Hacker (2005), S. 119f.

687 Vgl. Schreyögg (2003), S. 113.

teilung und je unterschiedlicher dadurch die Abteilungen), desto problematischer wird die Integration. Intensive Integrationsbemühungen hingegen drängen auf Homogenität und verringern tendenziell die Differenzierung.[688]

Entsprechend der bereits diskutierten Möglichkeiten der Funktionsteilung wird unter verhaltensorientierten Gesichtspunkten einer möglichst hohen Leistungsbereitschaft von Akteuren der Ansatz verfolgt, den menschlichen Leistungsbeitrag so zu gestalten, dass der Mensch mit seinen der Technik überlegenen Fähigkeiten eingesetzt wird.[689] Diese beinhalten die Vorausschau und Interpretation von Zuständen, Lernfähigkeit und Erfahrungsverwertung sowie Flexibilität. Bei gefährlichen Arbeitsgängen ist der Einsatz von Akteuren zu verhindern bzw. die Organisationsmitglieder durch den Einsatz von Automatisierung und Mechanisierung zu schützen. Da Ziele erreichbar sein müssen und diese über Aufgaben erfüllt werden, sind Aufgaben ebenfalls so zu gestalten, dass sie ausführbar sind. Bei der Gestaltung des Arbeitsbereichs sind daher grundsätzlich die menschlichen Grenzen zu beachten wie etwa Geschwindigkeit, Genauigkeit, Kraft, Reaktionszeit, Konzentrationsfähigkeit etc., um die Ausführbarkeit der Arbeit sicherzustellen. Diese menschlichen Grenzen sind individuell unterschiedlich, sodass im Grunde Tätigkeitsanforderungen in Relation zu Kenntnissen und Geübtheit des jeweiligen Organisationsmitglieds gestaltet werden müssen. Dies lässt jedoch keine Standardisierung von Aufgaben zu, sodass BPM anstrebt, Akteure bei der Gestaltung von Anforderungen als Referenzpunkt zu wählen, die die zu gestaltende Tätigkeit bereits erlernt haben, sodass ein ausreichendes Maß an Routine und Erfahrung sowie die mit der Aufgabe verbundenen Kenntnisse und Fähigkeiten vorhanden sind und von einer dementsprechend ausreichenden Leistungsfähigkeit ausgegangen werden kann.[690]

Untersuchungen, die der Annahme, dass Leistungsbereitschaft unter anderem von Aufgabenmerkmalen abhängt, gefolgt sind, haben den Einfluss von Aufgabenmerkmalen auf Verhalten analysiert und in der Literatur zu einer Vielfältigkeit der Schematisierung von Aufgaben und ihren Merkmalen geführt. So werden Aufgabentypen mit Motivationspotenzial identifiziert wie zum Beispiel:[691]

- Aufgaben mit umfangreichen Freiheitsgraden hinsichtlich Zielsetzungs- und Entscheidungsmöglichkeiten und mit der Möglichkeit zum Ausnutzen der eigenen Befähigung sowie zu deren Weiterentwicklung,
- Aufgaben, die Selbständigkeit verlangen und die Möglichkeit zur Verantwortungsübernahme bieten,
- Aufgaben mit Freiheitsgraden für eine schöpferische Ausführungsweise,
- Aufgaben mit ausgeprägter, auch intellektueller Anforderungsvielfalt,

688 Vgl. Schreyögg (2003), S. 158.

689 Vgl. Kirchner/Rohmert (1974), S. 27.

690 Vgl. Volpert et al. (1983), S. 34f., 47.

691 Vgl. Herzberg/Mausner/Snyderman (1959); Hackman/Oldham (1974), (1980).

- Aufgaben, deren Gelingen echtes Erfolgserleben und eine entsprechende soziale Bewertung ermöglichen.

Empirische Befunde zeigen, dass die Identifikation von Akteuren mit der Aufgabe positiven Einfluss auf das Arbeitsverhalten hat, da die Arbeit dann als belohnend empfunden wird und gewünschte Verhaltensweisen gezeigt werden.[692] Dementsprechend muss eine Ablauforganisation von allen beteiligten Akteuren getragen werden, indem sie sich mit den Prozessen und den damit einhergehenden Aufgaben identifizieren und die mit der Prozessorganisation erschlossenen Potenziale auch wirklich ausgeschöpft werden können.[693] Die Identifikation mit der Aufgabe ist umso größer[694]

- je weniger die Aufgabe als „Einschulung" oder nicht als endgültige Tätigkeit betrachtet wird,
- wenn die Aufgabe keine Aufstiegsmöglichkeit (Sprungbrett) bietet,
- je länger der Zeitraum währt, in dem die Aufgabe ausgeführt wird,
- je mehr die Aufgabe einen hohen Grad an technischer Fertigkeit erfordert,
- je mehr eine bestimmte Aufgabe individuelle Autonomie beim Fällen von Entscheidungen reflektiert,
- je mehr eine bestimmte Aufgabe die Anwendung nicht einer einzigen, sondern einer Anzahl verschiedener Regeln erfordert.

Aufgrund von Unsicherheit und Ambiguität von Entscheidungssituationen, die aus der Komplexität und Dynamik der internen und externen Umwelt resultieren, stellt die Strukturgestaltung zunehmend die Kriterien Aufgabenvariablität (Unterschiedlichkeit der Aufgabenerfüllung im Zeitablauf), Neuartigkeit (Zahl der Ausnahmen, mit denen Aufgabenträger konfrontiert werden), Interdependenzen und Eindeutigkeit (Analysierbarkeit der Aufgaben und Ausmaß, in dem Korrektheit der Aufgabenerfüllung vorausbestimmt werden kann) in den Vordergrund.[695]

Ein einschlägiges Modell, was die in der Literatur als besonders wichtig genannten Aufgabenmerkmale aufgreift und in sich vereint, ist das Modell der motivationsorientierten Arbeitsorganisation.[696] Dieses Modell stellt die Verbindung zwischen Aufgabenmerkmalen und Arbeitsmotivation bzw. -leistung her und soll die Grundlage der Betrachtung bilden, was BPM bei der Prozessgestaltung zu berücksichtigen hat, wenn über Arbeitsteilung und Koordination Aufgaben modelliert werden und dabei eine möglichst hohe Leistungsbereitschaft hervorgerufen werden soll. Dem-

---

692 Vgl. Schanz (1982), S. 17; March/Simon (1976).

693 Vgl. Eversheim (1995), S. 25.

694 Vgl. March/Simon (1976), S. 74.

695 Vgl. Laux/Liermann (2002), S. 244ff., Staehle (1999), S. 646.

696 Vgl. Hackman/Oldham (1974).

entsprechend soll zunächst im Folgenden das Modell der motivationsorientierten Arbeitsorganisation vorgestellt werden.

6.3.1 Aufgabenmerkmale der motivationsorientierten Arbeitsorganisation

Das Modell der motivationsorientierten Arbeitsorganisation konzentriert sich auf fünf zentrale Tätigkeitsmerkmale, nämlich Anforderungsvielfalt (V), Geschlossenheit der zu erfüllenden Aufgabe (G), Bedeutung der Aufgabe für andere (B), Autonomie im Sinne von Freiheitsgraden für selbstständige Zielstellungen mit Entscheidungen über Tätigkeitsinhalte und -formen (A) und Rückmeldung über die Tätigkeitsergebnisse (R). Diese Merkmale wirken vermittelt über so genannte kritische Erlebenszustände als kausale Verbindungsglieder auf die Leistung und das Verhalten und werden durch ein (gleichfalls mit Hilfe des Untersuchungsinstrumentariums abgeschätztes) Bedürfnis nach Selbstentwicklung modifiziert. Damit ergibt sich folgende Verrechnungsformel zum so genannten Motivierungspotenzial (MPT) von Tätigkeiten:[697]

$$MPT = \frac{(V + G + B)}{3 \cdot A \cdot R}$$

Diese Verrechnungsformel lässt Gewichtungen im Sinne von Kompensationsmöglichkeiten für die additiv verknüpften Merkmalsdimensionen V, G und B sowie die Betonung der multiplikativ einbezogenen Dimension A und R als notwendige Bedingungen erkennen. Zahlreiche Überprüfungen durch Faktorenanalysen, Regressionsanalysen und pfadanalytische Untersuchungen[698] sowie Nachuntersuchungen der vom Modell vorhergesagten Wirkungen der Tätigkeitsmerkmale bestätigen die Aussagen der Formel nur mit wesentlichen Einschränkungen. Die hier interessierenden Tätigkeitsmerkmale haben teilweise ein anderes Gewicht, auch das Unterschätzen der Kooperation innerhalb dieser Merkmale ist nicht gerechtfertigt.[699] Innerhalb des kompensierbaren Komplexes der Merkmalsdimension V, G und B, die über die erlebte Bedeutung der ausgeübten Tätigkeit wirken sollen, zeichnet sich eine hervorstechende Rolle der Anforderungsvielfalt ab, die der Autonomie (Freiheitsgrade für Zielsetzungen) nahe kommt.[700]

Im Rahmen dieser Arbeit sollen daher keine Vorgaben zur Verknüpfung der Variablen gemacht, sondern nur Aussagen mittels des Modells fundiert werden, dass Aufgabenmerkmale leistungsrelevant und Verhalten über deren Gestaltung von BPM beeinflussbar sind. Die Zusammenhänge zwischen den einzelnen Merkmalen und der Leistungsbereitschaft werden in den nun folgenden Kapiteln dargestellt.

---

[697] Vgl. Hacker (2005), S. 340.

[698] Vgl. Schmidt/Schweissfurth/Kleinbeck/Rutenfranz (1981); Schmidt/Kleinbeck/Rohmert (1981).

[699] Vgl. Hacker (2005), S. 340.

[700] Vgl. Hacker (2005), S. 341.

6.3.1.1 Aufgabenvielfalt

Eine Kerndimension der Prozesstätigkeit bildet die Aufgabenvielfalt ab, die das Ausmaß in dem die Ausführung einer Arbeit unterschiedliche Fähigkeiten und Fertigkeiten verlangt und somit das Anspruchsniveau der Tätigkeiten widerspiegelt.[701] Da wie bereits beschrieben insbesondere die intrinsische Belohnung verhaltenswirksam ist, erhält dieses Aufgabenmerkmal besondere Beachtung, weil festgestellt werden kann, dass Arbeit als intrinsische Belohnung empfunden wird, wenn die Aufgabe vielfältig ist.[702] Es wird daher angenommen, dass Aufgabenvielfalt demnach dazu beiträgt, dass Prozesstätigkeiten mit dieser Ausprägung kaum dysfunktionales Verhalten nach sich ziehen. Eine motivationsorientierte Arbeitsorganisation zeichnet sich demnach durch ihre hohe Ausprägung des quantitativen und qualitativen Ausmaßes an Vielgestaltigkeit in den Tätigkeiten aus. Die Vielfalt wird durch Aufgabenintegration erreicht, das heißt die Integration von verschiedenen Aufgabeninhalten soll nicht lediglich Schnittstellen mit anderen Akteuren reduzieren sondern Aufgaben mit Anforderungsvielfalt, das heißt anforderungsverschiedene Tätigkeiten sowie Tätigkeitsspielraum für eigenständiges zeitliches und inhaltliches Disponieren und Entscheiden schaffen.[703] Die Tätigkeitsmerkmale betreffen im Wesentlichen vielfältige geistige und körperliche Anforderungen, sodass auch die Vielfalt an Körperhaltungen und Bewegungsformen möglichst abwechselungsreich sein sollen. In einer Studie kommen Hacker/Fritsche/Richter/Iwanowa zu dem Schluss, dass mindestens zwei bis drei unterschiedliche Teiltätigkeiten in einer Aufgabenstellung enthalten sein müssen. Dabei ist jedoch das Feststellen problematisch, ab wann sich Teiltätigkeiten hinreichend differenzieren, um als unterschiedlich gelten zu können. Darüber hinaus wird gefordert, dass Aufgaben nicht nur eine Ausführungskomponente besitzen, sondern deren Vor- und Nachbereitung sowie deren Organisation und Kontrolle entscheidend sind, um im Rahmen der dann gegebenen zyklischen Vollständigkeit einer Aufgabe die entsprechende Vielfältigkeit aufweisen zu können. Aufgabenvielfalt wird somit nicht nur über Selbstkontrolle erreicht, sondern auch mit den damit einhergehenden Korrekturmöglichkeiten, die eine Tätigkeit aufweisen sollte.

Dieser Anspruch, vielfältige Aufgaben für Akteure bereit zu stellen, wird im Rahmen des BPM-Konzepts unterstützt, da hier auf Aufgabenintegration abgezielt wird, die mit einer Erhöhung der Aufgabenvielfalt einhergeht. Vor dem Hintergrund der Kosten-, Zeit- und Qualitätsziele muss jedoch zwischen Generalisierungs- und Spezialisierungsvorteilen abgewogen werden. Spezialisierung ermöglicht

---

[701] Vgl. Hackman/Oldham (1980); Schreyögg (2003), S. 243f.

[702] Vgl. Schanz (1982), S. 17.

[703] Vgl. Hacker (2005), S. 147.

die Verbesserung der Wirksamkeit und Produktivität menschlicher Arbeit.[704] Drei Effekte können zur Produktivitätssteigerung beitragen:[705]

- Personen, die sich auf wenige Aufgaben konzentrieren, entwickeln eine bessere Geschicklichkeit bei der Ausführung, sodass die Produktionskosten sinken,
- durch die Konzentration müssen die Personen nicht zwischen verschiedenen Tätigkeiten hin und her wechseln und sparen damit Zeit,
- die Konzentration führt auch dazu, dass Personen auf natürliche Weise versuchen, die immer gleichen Abläufe zu verbessern und schließlich zu automatisieren. Dieses initiiert Innovationen von Geschäftsprozessen und Standardisierung von Output.

Die Hypothese, dass die Arbeitsteilung die produktiven Kräfte der Arbeit sehr fördert und verbessert, hat sich bis heute gehalten.[706] Die Aufspaltung komplexer Gesamtaufgaben in weniger komplexe Arbeitsbereiche verringert die Anforderungen, die an einen Prozessteilnehmer gestellt werden und kann Spezialisierungseffekt ermöglichen. Hierzu gehört, dass Aufgabenträger leichter speziellen Qualifikationen entsprechend eingesetzt werden und somit höhere Produktivität erreichen können, die Einarbeitung neuer Akteure erleichtert wird und die Kontrolle der Leistungsbeiträge einfacher durchführbar ist.[707]

Allerdings ist zu starke Spezialisierung und der damit verbundene Aufwand, der für die Koordination geleistet werden muss, mit erheblichen Nachteilen verbunden. Sie schränkt das Aufgabenspektrum ein und verringert die Vielfalt von Aufgaben, sodass die Ausformung der Vielfalt an Verhaltensmustern und die Ausdifferenzierung des Fähigkeitenprofils fast unmöglich sind.[708] Zu hohe Spezialisierung führt zu eintönigen Arbeitsprozessen, verringert Konzentration und damit die Qualität der Arbeitsleistung, die geistige Forderung ist ungenügend, sodass es zu Arbeiten unter dem Fähigkeitsniveau von Prozessbeteiligten kommen kann, was einer Verschwendung menschlichen Leistungsvermögens gleichkommt.[709] Forschreitende Arbeitsteilung führt zu wenigen unterschiedlichen Arbeitsgängen, die dem Akteur wenig Gelegenheit bieten, seinen Verstand zu üben, da damit gerechnet werden kann, dass kaum Hindernisse auftreten und somit auch keine Gedanken zu deren Beseitigung notwendig sind. Dieses kann das Verlernen problemlösenden Denkens nach sich ziehen und Einfältigkeit sowie Stumpfsinnigkeit verursachen, da die geistige Trägheit die Fähigkeit differenzierter Empfindungen abstumpft und zum

---

704 Vgl. Kirchner/Rohmert (1974), S. 57.

705 Vgl. Smith (1996), S. 12f.

706 Vgl. Smith (1996), S. 9; Picot et al. (2005), S. 1f.

707 Vgl. Alewell (2004), S. 40.

708 Vgl. Schreyögg (2003), S. 236f.

709 Vgl. Kieser/Kubicek (1992), S. 78f.

Verlust von Urteilsfähigkeit auch gegenüber vielen Dingen des täglichen Lebens führt. Sehr spezialisierte Arbeit erstickt Unternehmergeist, beeinträchtigt körperliche Tüchtigkeit und behindert die Fähigkeit, Kräfte mit Energie und Ausdauer für eine andere Tätigkeit als der erlernten einzusetzen. Hochgradig arbeitsteilige Prozessaufgaben, die auf spezifischen beruflichen Fertigkeiten beruhen, opfern die geistige und soziale Tauglichkeit der Akteure, die damit betraut werden.[710] Die Ursache hierfür liegt in der Entfremdung als Konsequenz der Arbeitsteilung, die in der Literatur in verschiedene Dimensionen eingeteilt wird:[711]

- Machtlosigkeit: Erwartung des Individuums, das Ergebnis seines Verhaltens nicht selbst bestimmen zu können, da es sich von seiner Umwelt kontrolliert fühlt, ohne diese selbst beeinflussen zu können,[712]
- Sinnlosigkeit: das Funktionieren der Organisation kann nicht verstanden und somit die Bedeutung des eigenen Handelns für den Gesamtzusammenhang nicht begriffen werden,
- Normenlosigkeit: Erfahrung der Unfähigkeit, gesellschaftlich akzeptierbare und wünschenswerte Ziele über Kanäle zu erreichen, die von der Gesellschaft oder sozialen Organisationen gebilligt werden,
- Isoliertheit: Ziele der Organisation werden vom Individuum nicht mehr akzeptiert und
- Selbstentfremdung: Arbeit, die ausschließlich als Mittel zum Zweck wahrgenommen wird, was in engem Zusammenhang mit Macht- und Sinnlosigkeit steht.

Mikropolitische und transaktionskostentheoretische Überlegungen betonen die bei der Mengenteilung gegebene Substituierbarkeit des Leistungsbeitrages einzelner Aufgabenträger, welche die Gefahr opportunistischen Verhaltens vermindert. Der Vorteil liegt darin, dass durch diese Art der Arbeitsteilung die Funktionsfähigkeit des Gesamtsystems stabilisiert wird, da mehrere Aufgabenträger mit gleichen Teilaufgaben versehen werden.[713] Der Zusammenhang zwischen Arbeitsteilung und Produktivitätsverlusten, Fluktuation, Absentismus, einseitigen Belastungen, erhöhtem Erholungsbedarf, spezifischen Erkrankungen und entsprechenden Folgekosten wird oftmals in der psychologisch geprägten Forschung dargestellt, sind jedoch nicht eindeutig im Fokus der BPM-Literatur zu finden. Lediglich Humanisierungsaspekte fordern die Verringerung der Arbeitsteilung und Gegenmaßnahmen hinsichtlich negativer Spezialisierungsfolgen zum Beispiel durch job-enlargement, job-rotation, job-enrichment oder der Einrichtung teilautonomer Arbeitsgruppen.[714]

[710] Vgl. Smith (1996); Schanz (1994), S. 70f.

[711] Vgl. Seeman (1959).

[712] Vgl. Gaitanides (1976), S. 96.

[713] Vgl. Kossbiel (1974).

[714] Vgl. Alewell (2004), S. 42.

Bei Job-enlargement werden mehrere strukturell gleichartige, miteinander in Beziehung stehende zum Teil hochspezialisierte Arbeitsfunktionen bzw. -aufgaben zu einer größeren Gesamtaufgabe zusammengefasst, sodass der Tätigkeitsspielraum quantitativ in horizontaler Richtung erweitert wird.[715] Diese Maßnahme zielt darauf ab, die Identifikation mit Arbeitsergebnissen zu erleichtern, Monotonie zu verringern, Qualifizierung zu ermöglichen, Arbeitsmotivation bzw. Interesse an der Aufgabe zu erhöhen, den Arbeitszyklus zu verlängern, die Qualität zu verbessern und insgesamt somit die Wirtschaftlichkeit zu vergrößern. Job-rotation stellt eine spezielle Form von job-enlargement dar, indem die Prozessbeteiligten mehrere gleichartige Aufgaben im zeitlichen Wechsel ausführen, was darauf abzielt, dass physische einseitige Belastung und Monotonie verringert, Qualifizierung ermöglicht, Interesse an den Aufgaben hervorgerufen, Flexibilität des Arbeitssystems erhöht, Leistungsergebnisse verbessert und die Wirtschaftlichkeit vergrößert wird.[716] Die horizontale Spezialisierung wird verringert, weil die Prozessbeteiligten unterschiedliche Einzeltätigkeiten ausführen und die dazu benötigten Kenntnisse in der Regel hierfür zunächst erwerben müssen.[717] Bei job-enrichment werden strukturell gleiche und verschiedene Arbeitsfunktionen bzw. -aufgaben zu einer neuen Aufgabe mit qualitativer Bereicherung des Arbeitsinhalts zur Vergrößerung des Handlungsspielraums zusammengefasst, was auch mit einer Zunahme der Entscheidungs-, Kontroll-, Durchführungs- und Verantwortungskompetenzen des Organisationsmitglieds einhergeht. Die Zusammenfassung erfolgt in horizontaler und vertikaler Richtung, und dem Prozessbeteiligten wird eine weitgehende Selbständigkeit auferlegt und gewährt, indem er Entscheidungen über die eigene Arbeit selbst trifft, sodass die Aufgabenerfüllung in gewissem Umfang selbst geplant, gesteuert und das Ergebnis kontrolliert wird. Durch diese Vergrößerung individueller Handlungsspielräume erfolgt ein Abbau vertikaler Spezialisierung.[718]

Bei der Gestaltung von Abläufen mit der Ausführung durch teilautonome Arbeitsgruppen wird der Gedanke des job-enrichments auf Gruppenarbeit übertragen, indem Kleingruppen zusammenhängende Aufgabenvollzüge eigenverantwortlich zu erfüllen haben und über entsprechende Entscheidungs- und Kontrollkompetenzen verfügen.[719] Demzufolge wirkt die Aufgabenvielfalt dem so genannten modernen Taylorismus, bei dem im Rahmen der Prozessgestaltung möglichst große Spezialisierungsvorteile mittels entsprechender Arbeitsteilung und Koordination über Reglementierung und Standardisierung erzielt werden sollen, entgegen.[720] Herstellen von Aufgabenvielfalt über Aufgabenintegration verringert die Gefahr dysfunktionalen Verhaltens aufgrund von Unterforderung, Langeweile und Ermü-

[715] Vgl. Schanz (1994), S. 166.

[716] Vgl. Rohmert/Weg (1976), S. 29.

[717] Vgl. Schanz (1994), S. 166.

[718] Vgl. Schanz (1994), S. 167.

[719] Vgl. Steinmann/Heinrich/Schreyögg (1976), S. 40.

[720] Vgl. Weinert (2004), S. 596.

dung durch die Nutzung einer möglichst breiten Palette an Fähigkeiten und Fertigkeiten. Zudem kann festgestellt werden, dass die Spezialisierung im Hinblick auf prozessorganisatorische Ziele ihre Grenzen hat, weil die damit verbundene Bildung von Schnittstellen mit entsprechend zu koordinierenden Interdependenzen[721] verbunden ist und an sich auch einen Zeitaufwand verursacht, der in der Regel deutlich höher ist, als die reduzierten Bearbeitungszeiten.[722] Die Frage nach einer sinnvollen Gestaltung von Prozessen vor dem Hintergrund der Ausprägung der Aufgabenvielfalt, die im Gegensatz zur Generierung von Spezialisierungsvorteilen steht, kann also immer nur in Bezug auf die gesetzten Ziele beantwortet werden.[723] Hochgradige Spezialisierung kann insbesondere bei konstanten Aufgabenstrukturen über Spezialisierungseffekte zu Produktivitätssteigerungen führen, sodass bei der Arbeitsteilung mit geringer Spezialisierung und breiten Tätigkeits- und Entscheidungsspielräumen Produktivitätsverluste möglich sind. Die Ausgestaltung der Arbeitsteilung, die systematisch und umfassend deren Wirkungen und die Trade-Offs zwischen den Spezialisierungs-, Motivations-, Anreiz-, Trainings- und Qualifizierungseffekten berücksichtigt, muss an sehr vielen verschiedenen Merkmalen der Aufgaben ansetzen.[724]

In Forschungsarbeiten konnten bei der Rücknahme der Arbeitsteilung positive Auswirkungen auf Produktivität, Reduzierung von Krankenstand und höhere Qualität der Prozessleistung festgestellt werden.[725] Die Rückführung der Arbeitsteilung wird mittels IuK-Technologie und ihren gesteigerten Anwendungsmöglichkeiten wie gleichzeitige Nutzung von Informationen an verschiedenen Orten, Speicherung von und Verfügung über Expertenwissen, schnelle Suchprozeduren in komplexen Informationsfeldern etc. unterstützt. Allerdings wird davon ausgegangen, dass der Reintegration von Aufgaben zu Komplettprozessen aufgrund der Problematik, dass die menschliche Kapazität Restriktionen unterworfen ist, und die Aufgabenintegration in erster Linie im Rahmen der Integration von bestimmten Prozessen insbesondere Routineprozesse etwa in der Administration wie Auftragsbearbeitung, Sachbearbeitung etc. beschränkt wird, enge Grenzen gesetzt sind.[726] Auch wenn sich diese Dilemmata auf die Gestaltung von Prozessen niederschlagen und sich aus Sicht von BPM schwierig abzuwägende Gestaltungsoptionen zwischen Spezialisierung und Generalisierung ergeben, steht aus Akteurssicht fest, dass eine möglichst weitgehende Aufgabenvielfalt anzustreben ist, welche nicht überfordernd wirken darf, um eine möglichst hohe Leistungsbereitschaft hervorzurufen.

---

721 Vgl. March/Simon (1976), S. 143.

722 Vgl. Fischermanns/Liebelt (2000), S. 234.

723 Vgl. Griese/Sieber (2001), S. 30.

724 Vgl. Alewell (2004), S. 43f.

725 Vgl. Ridder/Janisch/Bruns (1993).

726 Vgl. Schreyögg (2003), S. 206.

Aufgabenvielfalt kann neben Aufgabenintegration[727] auch über Aufgaben- und Tätigkeitswechsel zwischen anforderungsverschiedenen Tätigkeiten zum Beispiel über job-rotation erhöht werden. Rotationen können planmäßig vorgegeben oder frei wählbar durchgeführt werden, es können Arbeitsplätze mit Springertätigkeiten vorgesehen werden, es können Wechselrhythmen geplant werden, sodass diese BPM-Maßnahme verschiedene Variationsmöglichkeiten aufweist. Die Bildung selbstorganisierender Gruppen, welche Arbeitsmethoden, Arbeits- und Funktionsteilung, Aufgabenfestlegung und Zeitplanung selbst ausüben, kann ebenfalls zu einer Vielfalt von Aufgaben eines Organisationsmitgliedes führen.[728] Es wird allerdings darauf hingewiesen, dass bei Aufgabenwechsel nur ähnliche und ergänzende Aufgaben vorgesehen werden sollten, um die Ausführung zu erleichtern, die Beanspruchung zu verringern und die Steigerung der Fertigkeiten des Akteurs zu ermöglichen. Daher ist ein dauernder Wechsel etwa von groben und feinen Tätigkeiten und einseitige Belastung durch eine Tätigkeit zu vermeiden.[729] Hierbei kommt erneut das Problem der Individualität der Organisationsmitglieder zum Vorschein, dem BPM nicht gerecht werden kann, da eine absolute individuelle Festlegung der Aufgabenvielfalt pro Prozessarbeitsstelle nicht vorgenommen werden kann. Somit muss aus Akteurssicht davon ausgegangen werden, dass tendenziell eine hohe Aufgabenvielfalt eine höhere Leistungsbereitschaft bei Prozessteilnehmern auslöst als eine mit starker Spezialisierung einhergehende Arbeitsteilung. BPM befindet sich in dem Zielkonflikt, dass die Maßnahmen zur Schaffung von Aufgabenvielfalt einerseits konform zur Zielsetzung des BPM-Konzepts sind, indem etwa Gruppenarbeit, Schnittstellenminimierung, Reduktion von Interdependenzen, Integration von Aufgaben zur kundenorientierten Rundumbearbeitung avisiert werden, andererseits jedoch ein hoher Koordinationsaufwand mit entsprechenden Kosten und Zeitansätzen dabei entsteht, welcher aus BPM-Sicht zu vermeiden ist.

6.3.1.2 Ganzheitlichkeit

Für die Gestaltung von Einzeltätigkeiten, das heißt den Umfang für einen Prozessbeteiligten, muss ein sinnvoller Arbeitsinhalt vorgesehen werden, damit eine hohe Leistungsbereitschaft generiert werden kann. Die Sinnhaftigkeit von Aufgaben kann durch ihren Ganzheitlichkeitscharakter hergestellt werden, indem die Tätigkeit die Erstellung eines abgeschlossenen und eigenständig identifzierbaren „Arbeitsstücks" verlangt. Je höher die Ganzheitlichkeit einer Aufgabe, desto leichter fällt dem Akteur die Einordnung seiner Leistungsbeiträge in den Gesamtzusammenhang, was die Verhaltenswirksamkeit von Transparenz unterstreicht. Die

[727] Die Vergrößerung des Umfangs ausführender Tätigkeiten zum Beispiel über Zusammenfassung mehrerer Arbeitsplätze entspricht einer Aufgabenerweiterung im Rahmen des Konzepts job-enlargement. Die Anreicherung von Aufgaben durch Hinzunahme von vor- und nachbereitenden, kontrollierenden, organisierenden, korrigierenden Tätigkeiten entspricht dem job-enrichment.

[728] Vgl. Hacker et al. (1995), S. 309, 312; Volpert et al. (1983), S. 89.

[729] Vgl. Kirchner/Rohmert (1974), S. 56f.; Becker-Biskaborn (1975), S. 362.

Ganzheitlichkeit einer Tätigkeit zielt auf die erlebte Sinnhaftigkeit einer Aufgabe ab und zeigt den Zusammenhang zur horizontalen Aufgabenspezialisierung auf. Je höher die Ganzheitlichkeit, desto höher die Relevanz der Tätigkeit im Gesamtzusammenhang.[730]

Die Vollständigkeit einer Arbeit ist bedingt durch ihre zyklische[731] Regelkreisstruktur sowie ihrer hierarchischen Struktur. Erstere wird durch die Bestandteile von vor-, nachbereitenden, ausführenden, kontrollierenden, prüfenden, korrigierenden und organisierenden Arbeitsleistungen, letztere wird durch die Vielfalt und Variabilität geistiger bzw. kognitiver Anforderungen gekennzeichnet.[732] Die Ganzheitlichkeit beinhaltet dementsprechend, dass die Durchführung von Vorgängen mit deren Vor- und Nacharbeit verbunden und die Kontrolle der geleisteten Arbeit durch den Akteur selbst vorgesehen ist, sodass sich Mischanforderungen, das heißt Anforderungen aus wechselnden Inhaltsbereichen und Regulationsebenen ergeben. Dieses soll Interesse an der Arbeit erhöhen, Leistungsentfaltung ermöglichen, Monotonie vermeiden und die Leistungsfreisetzung verbessern,[733] da angenommen wird, dass, wenn ein Individuum an der Arbeit nicht interessiert ist, sich dafür dann nicht engagiert und sein Interesse auf den Zeitfaktor anstelle auf die Arbeit konzentriert.[734]

Die Zerlegung von Aufgaben in Segmente und eine getrennte organisatorische Verankerung dieser kann demotivierend sein, wenn insbesondere kein geschlossener Verantwortungsbereich für die Teilfunktion entsteht und sich schwer zu koordinierende und intransparente Entscheidungsinterdependenzen ergeben.[735] Bei unvollständigen Tätigkeiten oder partialisierten Handlungen „fehlen weitestgehend Möglichkeiten für ein eigenständiges Zielsetzen und Entscheiden, für das Entwickeln individueller Arbeitsweisen oder für ausreichend genaue Rückmeldungen“[736]. Vollständige Tätigkeiten bieten demgegenüber Möglichkeiten des Setzens von Zielen, Teilzielen und Entscheidungsmöglichkeiten in allen Phasen der Aufgabenerledigung, gewähren also Tätigkeits- bzw. Handlungsspielraum. Vollständige Aufgaben beinhalten demnach auch selbständige Handlungsvorbereitungen, Auswahl der Mittel, Ausführungsfunktionen mit Ablauffeedback und die Kontrolle mit Resultatfeedback.[737] Das bedeutet zusammenfassend, dass die Aufgabenvollstän-

---

730 Vgl. Schreyögg (2003), S. 243f.; Schanz (1994), S. 159.

731 In der Literatur wird zum Teil auch von sequentieller Regelkreisstruktur gesprochen, vgl. Hacker et al. (1995).

732 Vgl. Hacker et al. (1995), S. 12, 98f.

733 Vgl. Kirchner/Rohmert (1974), S. 55.

734 Vgl. Israel (1972), S. 260.

735 Vgl. Lassmann (1992), S. 367; Rice (1958) und Emery (1959), die Hinweise auf die motivationale Bedeutung der Ganzheitlichkeit bzw. Vollständigkeit („wholeness“) von Aufgaben geben.

736 Hacker (1987), S. 35; vgl. hierzu auch Volpert (1974).

737 Vgl. Ulich (1991), S. 230.

digkeit ausreichende Tätigkeitserfordernisse beinhalten und Kooperation ermöglichen sowie individuelle Entscheidungsmöglichkeiten auf der Grundlage von Freiheitsgraden und Lern- bzw. Übertragungsmöglichkeiten von Leistungsvoraussetzungen auf andere Tätigkeiten bereithalten muss.[738]

Ganzheitliche Aufgaben können durch eine Erhöhung der Zyklusdauer geschaffen werden. Die Zyklusdauer kennzeichnet den Zeitabstand zwischen zwei gleichartig wiederkehrenden Aufträgen. Durch systematischen Wechsel zwischen anforderungsverschiedenen Arbeitsplätzen oder durch das Zusammenlegen von anforderungsverschiedenen Teilen zu stark zergliederter Aufträge auf einen Arbeitsplatz (Arbeitserweiterung) entstehen zunächst hinsichtlich des Ausführens abwechslungsreichere, anforderungsverschiedenere Tätigkeiten. Durch das Einbeziehen dispositiver Aufgaben des Vorbereitens, Organisierens und Kontrollierens in die Aufträge für Individuen (Arbeitsbereicherung) oder Kleingruppen (selbstorganisierte Gruppenarbeit) können zyklisch und hierarchisch vollständige Tätigkeiten für Individuen und Gruppen erzeugt werden.[739]

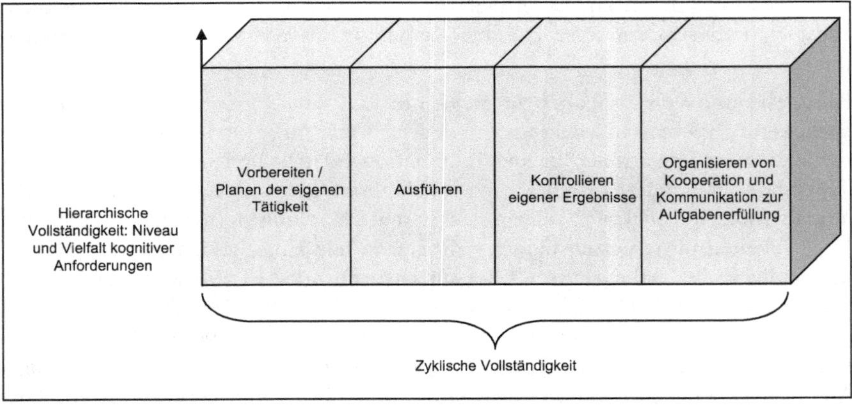

Abb. 16: Zyklische und hierarchische Vollständigkeit von Aufgaben[740]

Vollständige Tätigkeiten, die Kooperationsanforderungen und auftragsbedingte Verantwortung einschließen zeigen die positivsten Werte bei kurz- und langfristigen Beanspruchungsfolgen und weisen keine Fehlbeanspruchungen auf, während unvollständige, partialisierte Tätigkeiten mit negativen kurzfristigen Beanspruchungsfolgen verbunden sind. Bei unvollständigen Aufgabenstrukturen ist das Erleben von Stress signifikant erhöht. Insbesondere für ältere Organisationsmitglieder konnte gezeigt werden, dass eine Erweiterung des Arbeitsinhalts auf der Dimension der zyklischen Vollständigkeit das Stresserleben entscheidend zu ver-

[738] Vgl. Hacker (2005), S. 255.

[739] Vgl. Hacker (2005), S. 146.

[740] In Anlehnung an Hacker et al. (1995), 30

mindern vermag und weniger negative Verhaltensweisen nach sich zieht.[741] Zyklische Vollständigkeit kann das Fehlen von inhaltlichen und zeitlichen Freiheitsgraden kompensieren, unvollständige Tätigkeiten lassen bei Existenz von zeitlichen und/oder inhaltlichen Freiheitsgraden positive Auswirkungen erwarten.[742]

BPM zielt im Rahmen seiner Zielsetzung, Schnittstellen zu minimieren, kundenorientierte Rundumbearbeitung zu gewährleisten und damit Aufgaben zu integrieren auf eine Ganzheitlichkeit von Aufgabenstellungen ab. Ähnlich wie der Aspekt der Aufgabenvielfalt steht jedoch auch das Aufgabenmerkmal der Ganzheitlichkeit in Widerspruch zur Arbeitsteilung, die durch BPM vorgenommen werden muss. Durch Arbeitsteilung zwischen Menschen und Funktionsteilung, die zwischen Mensch und Maschine existiert, entstehen unvollständige, partialisierte Tätigkeiten.[743] Diese unvollständigen Aufgaben verteilen die Gesamtarbeit der Organisation so, dass bei zu starker Arbeitsteilung keine förderlichen Arbeitsinhalte für die Akteure entstehen. Es ist dann wahrscheinlich, dass sie die Bedürfnisbefriedigung von Organisationsmitgliedern behindern und sogar die psychische Gesundheit gefährden können.[744] Vollständige, fordernde Tätigkeiten sind für die Leistungsmotivierung, für das Wohlbefinden und die psychische Gesundheit sowie für das Verhindern von Dequalifizierung der Prozessbeteiligten unerlässlich.[745] Sie zeichnen sich dadurch aus, dass sie die vorhandenen Qualifikationen der Akteure trainierend erhalten, Hinzulernen ermöglichen und Ansatzpunkte für eine intrinsische Arbeitsmotivation im Sinne des Motivierungspotenzials der Tätigkeit liefern.[746] Demnach ist erneut festzustellen, dass aus Akteurssicht die Arbeitsteilung nur so weit wie nötig bei der Prozessgestaltung vorzusehen ist. Akzeptable Gründe für Arbeitsteilung können demnach sein:[747]

- Beschränkung der zu beherrschenden Kenntnisse und Fähigkeiten,
- Beschränkung der an einem Arbeitsplatz räumlich zusammenfassbaren Verrichtungen, zum Beispiel wegen Platzmangels,
- Auslastung wertvoller Betriebsmittel,
- Abschirmung von Teilarbeiten, zum Beispiel wegen besonderer Gefährlichkeit oder Belastung der Umgebung.

Somit ist bei verhaltensorientierter Prozessgestaltung darauf zu achten, dass bei einer Arbeitsteilung, die insbesondere Spezialisierungsvorteile hervorbringen soll, nichtsdestotrotz Elemente ganzheitlicher Aufgabenstrukturen einzuflechten sind,

---

741 Vgl. Richter/Uhlig (1998), S. 413.

742 Vgl. Hacker et al. (1995), S. 50.

743 Vgl. Volpert (1974); Hacker (1989).

744 Vgl. Oesterreich/Volpert (1999); Schweitzer (1971); Volpert (1980).

745 Vgl. Rau (2004); Rau/Richter (1996); Richter (1994); Wieland et al. (2004)

746 Vgl. Hacker (2005), S. 255.

747 Vgl. Kirchner/Rohmert (1974), S. 55f.

um die negativen Folgen der Spezialisierung zu vermeiden und positive Wirkungen von vollständigen Aufgabenstrukturen auf das Verhalten zu nutzen. Andernfalls dürfte zumindest die Valenz des Verhaltens sehr niedrig ausfallen und bei Entfremdung auch die Bewertung des zu wählenden Verhaltens durch die Entscheidungsbausteine Zielvalenz, Instrumentalität des Verhaltens für Zielerreichung, Instrumentalität der Zielerreichung für Belohnung zu gering sein, um eine hohe Leistungsbereitschaft der Prozessbeteiligten zu erhalten. Ganzheitlichkeit von Aufgaben führt demnach nicht nur zu einer hohen Valenz des Verhaltens, sondern auch zu höherer Instrumentalitätsbewertung, da mit geringeren Interdependenzen zu rechnen ist. Aufgrund der damit verbundenen Komplexität, sind vollständige Aufgaben häufig nur als Gruppenaufgaben gestaltbar, sodass das Erleben ganzheitlicher Arbeit in modernen Arbeitsprozessen mehrheitlich nur möglich ist, wenn interdependente Teilaufgaben zu vollständigen Gruppenaufgaben zusammengefasst werden. Diese Zusammenfassung wiederum ermöglicht ein höheres Maß an Selbstregulation und sozialer Unterstützung, was die Leistungsbereitschaft allgemein erhöht.[748]

6.3.1.3 Bedeutungsgehalt

Wie bereits angedeutet, ist die Einordnung der Tätigkeit in einen Sinnzusammenhang wichtig, um Leistungsbereitschaft bei Prozessbeteiligten herzustellen. Dieser Sinnzusammenhang kann durch die Ganzheitlichkeit der Aufgabe, welche wiederum in der Regel eine gewisse Vielfalt an Tätigkeiten mit sich bringt, in Kombination mit Transparenz in der Organisation erzeugt und dem Akteur verdeutlicht werden. Es wird davon ausgegangen, dass das Engagement für Arbeit von der Gelegenheit des Individuums abhängt, die Arbeit als sinnvoll zu erfahren und Kontrolle über sie ausüben zu können.[749] Die Wertung der Sinnhaftigkeit von Aufgaben besteht jedoch nicht nur durch die Wahrnehmung des mit der Tätigkeit beauftragten Prozessteilnehmers, sondern auch in der Einschätzung und Beurteilung der Arbeitsleistung durch andere, sodass diese umfassenden Einfluss auf die Arbeitstätigkeit gewinnt. Somit ist der Bedeutungsgehalt einer Aufgabe ebenfalls verhaltenswirksam und beschreibt das Ausmaß, in dem die Tätigkeit einen bedeutsamen und wahrnehmbaren Nutzen für andere innerhalb und außerhalb der Organisation hat.[750] Daher ist auch in diesem Zusammenhang das Schaffen eines in sich geschlossenen und eigenständig identifizierbaren Arbeitsprozesses für das Erleben der Arbeitssituation wichtig und bildet die Grundlage dafür, dass auszuführende Tätigkeiten als relevant wahrgenommen werden, was durch eine entsprechende Zielsetzung unterstrichen wird, zu der die verteilten Aufgaben beitragen müssen.[751] Die Bewertung des Bedeutungsgehalts einer Tätigkeit ist demnach von der Ein-

---

[748] Vgl. Ulich (1991), S. 231.

[749] Vgl. Israel (1972), S. 260.

[750] Vgl. Hackman et al. (1975).

[751] Vgl. auch das Kapitel Ziele und der Zusammenhang zwischen Aufgabenerfüllung und Zielrelevanz.

schätzung der Leistung durch andere abhängig. Der Prozessbeteiligte weiß um diese Wertungen, erwartet sie und projiziert sein geplantes Tun darauf, was sich insbesondere in der Instrumentalität der Zielerreichung für Be-/Entlohnung niederschlägt. Die Verlagerung des Ziels vom sachlichen Ergebnis und seinem Nutzen auf die Anerkennung der eigenen Person kann jedoch den sachlichen Erfolg einer Tätigkeit gefährden. Die Ursache besteht darin, dass die durch den Druck des Strebens nach Wertschätzung entstehende subjektive Zielverschiebung zu Veränderungen in der Struktur der Tätigkeit und über diese im Arbeitsergebnis führen kann.[752]

BPM zielt darauf ab, für die Zielerreichung nur relevante Aufgaben zu vergeben und alle überflüssigen Tätigkeiten zu eliminieren. Insofern unterstützen BPM-Maßnahmen die Forderung, nur Prozessaktivitäten zu schaffen, die einen Bedeutungsgehalt für Dritte beinhalten. Hierbei kann es sich um interne und externe Kunden handeln. Allerdings wird bei der Beschreibung dieses Aufgabenmerkmals ebenfalls deutlich, dass es insbesondere auf die Wahrnehmung der Aufgabenbedeutung Dritter für den Akteur ankommt, um eine entsprechende Leistungsbereitschaft zu entwickeln. Das bedeutet, dass es hierbei um die Möglichkeiten zu Kooperation und arbeitsbezogener Kommunikation geht und als Voraussetzung umfassende Informationen einschließlich der Rückmeldung über die Stellung der Aufgabe im Gesamtarbeitsprozess der Organisation und die Möglichkeit zu Übernahme von Verantwortung für sinnvolle Arbeitsschritte vorhanden sein müssen. Hierbei kann BPM die strukturellen Voraussetzungen schaffen, nicht jedoch das Feedback Dritter erzwingen, was den Bedeutungsgehalt der Aufgabe eines jeden Akteurs unterstreicht. Daher ist es aus BPM-Sicht wichtig, die Abläufe so transparent zu gestalten, dass die Relevanz der Prozesse und ihrer Aufgaben deutlich wird und jeder Prozessteilnehmer auch ohne Feedback Dritter weiß, dass die Güte der Aufgabenerfüllung und somit seine Verhaltensentscheidung hinsichtlich des Ausmaßes seiner Leistungsbereitschaft entscheidend für die Gesamtorganisationszielerreichung ist.

6.3.1.4 Autonomie

Wie bereits angedeutet kommt es bei der Entscheidung, welches Leistungsverhalten ein Akteur für seine Aufgabenerfüllung wählt, auf das Ausmaß an, in dem die Arbeit Unabhängigkeit und sachlichen sowie zeitlichen Spielraum bei der Ausführung lässt.[753] Im Fokus ist das Ausmaß der persönlichen Freiheit und Unabhängigkeit bei der Aufgabenerfüllung, was auch die Verantwortung für Erfolg und Misserfolg einschließt, da weitgehende Autonomie dazu führt, dass Arbeitsergebnisse den Anstrengungen und der Initiative der Aufgabenträger zurechenbar sind.[754] Die motivationsorientierte Arbeitsorganisation wird somit entsprechend der Ausprä-

---

[752] Vgl. Hacker (2005), S. 356.

[753] Vgl. Hackman et al. (1975).

[754] Vgl. Schanz (1994), S. 160.

gung des Entscheidungs- und Kontrollraums, das heißt anhand des Ausmaßes selbständiger Planungs-, Entscheidungs-, Organisations- und Kontrollbefugnisse widergespiegelt.[755] Die Tätigkeitsmerkmale betreffen im wesentlichen den Tätigkeitsspielraum in zeitlicher und inhaltlicher Sicht, die Möglichkeit der Verantwortung für sinnvolle Arbeitsschritte und Aktivitäten in Form von auf selbständigen Denkleistungen beruhenden Verfahrenswahlen, die eigene Zielstellungen und Möglichkeiten zu schöpferischen Betätigungen einschließen.[756] Die strengste Form der Koordinierung ist durch eine weitgehende oder gar völlige Aufgabe der Autonomie der Akteure gekennzeichnet. Die Auferlegung von detailregelnden Verhaltensnormen, die dem gebundenen Prozessteilnehmer jegliche Entscheidungsfreiheit nehmen, weil er entweder zum Nichthandeln gezwungen oder aber zum Vollzugsorgan eines anderen Entscheidungsträgers degradiert wird, ist die Folge davon.[757]

Der Autonomiegrad ist zum Beispiel messbar über:[758]

- Zeitbindung bei Tätigkeiten mit in der Regel vorhersehbaren Anforderungen auf einem Kontinuum von keinen Freiheitsgraden, da extreme zeitliche Bindung (Dispositionsspielraum < 3 Minuten) vorgegeben ist, bis weitestgehend frei wählbare Arbeitseinteilung,
- Anteil selbst zu veranlassender Verrichtungen auf einem Kontinuum zwischen 0%-100%, wobei es sich bei letzterem um eine aktiv vorausschauende Tätigkeit handelt,
- Freiheitsgrade des Vorgehens (Umfang und Art der im Arbeitsauftrag getroffenen inhaltlichen Vorgaben) auf einem Kontinuum von Aufgaben, bei denen alles festgelegt ist, sodass keine inhaltlichen Freiheitsgrade existieren bis zu Aufgaben, deren Tätigkeitsbereich nur festgelegt ist und Freiheitsgrade bezüglich Abfolge von Teiltätigkeiten, Wege, Mittel und Ergebniseigenschaften sowie eigenständige Aufgabenfindung bestehen,
- die Existenz möglicher und/oder erforderlicher Entscheidungen, dass entweder keine Entscheidungen erforderlich sind oder Entscheidungen getroffen werden müssen, deren Alternativen bis hin zu effektivitätsbestimmende Unterschiede aufweisen und deren Konsequenzen nicht offensichtlich sind, sodass ein Ableiten und Kalkulieren notwendig ist,
- Planumfang eigener Tätigkeiten auf einem Kontinuum von Aufgaben, die keine Planung enthalten, da Vergegenwärtigen zukünftiger Schritte nicht erforderlich ist bis hin zu Aufgaben, die das Entwickeln von auf wechselnde Bedingungen übertragbaren Plänen (Strategien) auf der Ebene von Teiltätigkeiten oder Tätigkeiten zur Auftragserfüllung verlangen.

---

755 Vgl. Schreyögg (2003), S. 242f.

756 Vgl. Hacker et al. (1995), S. 15.

757 Vgl. Schneider (1967), S. 262.

758 Vgl. Hacker et al. (1995), S. 219ff.

Unter der Annahme, dass Autonomie zu höherem Leistungsverhalten führt, wird dementsprechend gefordert, dass Akteure entsprechende Freiheitsgrade und Dispositionsspielräume bei der Aufgabenerfüllung erhalten.[759]

Im Konzept des Handlungsspielraums geht es darum, Individuen und Gruppen Freiräume zur Regulierung ihrer Tätigkeit zu geben, um so eine stärkere Motivation der Handelnden zu ermöglichen. Dies wird durch die Tendenzen in der Entwicklung von Arbeitsstrukturen mittels job-enrichment, Gruppenarbeit sowie Strategien der Dezentralisierung in Organisationen unterstützt.[760] Der Tätigkeitsspielraum bezeichnet die Gesamtheit der Entscheidungsmöglichkeiten für selbständige Zielsetzungen im auftragsgerechten Handeln im Sinne der Beeinflussbarkeit („control") der eigenen Tätigkeit und ihrer Ausführungsbedingungen auf der Grundlage von Durchschaubarkeit der Arbeitssituation und Vorhersehbarkeit von Anforderungen.[761] Höhere und präzisere Anforderungen mit Entscheidungsmöglichkeiten bei Freiheitsgraden führen unmittelbar zu höheren eigenständigen Zielsetzungen und diese wiederum zu größeren Anstrengungen, mit deren Hilfe bessere Leistungen entstehen.[762] Tätigkeitsspielräume haben weit reichende Wirkungen. Ein gebotener Tätigkeitsspielraum:[763]

- beeinflusst die Wahrnehmung und Beurteilung der (Arbeits-)Situation positiv,[764]
- erhöht die intrinsische Arbeitsmotivation,[765]
- steigert die Qualifizierungsbereitschaft, den Lerntransfer[766] sowie
- das Wohlbefinden und reduziert das Risiko von arbeitsbedingten psychischen Fehlbeanspruchungen vom Typ der Ermüdung, der Monotonie, des Stresserlebens sowie psychosomatischer Beschwerden.[767]

Bei der Gestaltung von Aufgaben sollen wie bereits vor dem Hintergrund der Zielsetzung und Vielfältigkeit von Aufgaben auch in puncto Autonomie nicht zu geringe Anforderungen an Akteure gestellt werden zum Beispiel dadurch, dass Entscheidungen bei der Aufgabenerfüllung getroffen werden müssen mit dem Ziel, Interesse an Prozessaufgaben zu fördern, Selbstbestätigung durch die Arbeit zu ermöglichen und insbesondere die Wirksamkeit menschlicher Arbeit zu verbes-

---

759 Vgl. Hacker et al. (1995), S. 315.

760 Vgl. Faust et al. (1994).

761 Vgl. Hacker (2005), S. 135.

762 Vgl. Hacker (2005), S. 329; Vgl. auch Theorie der Zielsetzungen in Locke/Latham (1990).

763 Vgl. Hacker (2005), S. 136f.

764 Vgl. Lankenau (1984).

765 Vgl. Hackman & Oldham (1974).

766 Vgl. Lankenau (1984).

767 Vgl. Karasek & Theorell (1990); Schaubroeck & Merrit (1997); Schmidt/Hollmann (2003); Warr (1990); Wall et al. (1996).

sern.[768] Das Anforderungs-Tätigkeitsspielraum-Modell (demand-control-model)[769] geht davon aus, dass sogar hohe Anforderungen nicht zu gesundheitskritischen Beanspruchungen führen, wenn ausreichende Tätigkeitsspielräume eingeräumt sind; sie tragen unter diesen Bedingungen vielmehr zum Erlernen verbesserter Leistungsvoraussetzungen bei. Hingegen sind hohe Anforderungen bei fehlendem Tätigkeitsspielraum mit einem erhöhten Risiko für das Entstehen von Fehlbeanspruchungen verbunden.[770] Noch wenig geklärt ist, bis zu welchem noch zu operationalisierendem „Umfang" von Tätigkeitsspielräumen diese förderliche Wirkung reicht. Es liegt nahe, dass nicht gelten dürfte: je mehr Entscheidungsmöglichkeiten, desto besser die Leistung. Vielmehr ist eine nicht-lineare Beziehung zwischen Umfang der Tätigkeitsspielräume und positiven Auswirkungen in der Form zu erwarten, dass mit wachsendem Tätigkeitsspielraum der Umfang der erzielbaren positiven Wirkungen kleiner wird und schließlich keine Verbesserung mehr gelingt.[771] Es kann in jedem Fall festgestellt werden, dass Arbeitsplätze mit geringem Handlungsspielraum zur Verringerung des Wohlbefindens, chronischen, psychischen, körperlichen Beschwerden wie auch Depressionen, Apathie-Zustände, Magengeschwüre, Herzinfarkte[772] und dem Abbau intellektueller Leistungsfähigkeiten vor allem im Bereich geistiger Beweglichkeit führen.[773] Wie Untersuchungen zeigen, können dementsprechend die mit dem Verständnis von Rationalisierung systematisch verbundenen Einschränkungen von Handlungs- und Gestaltungsspielräumen Störungen im Wohlbefinden und andauernde psychische und körperliche Beschwerden sowie einen Abbau der individuellen Leistungsfähigkeit verursachen.[774] Es wird daher davon ausgegangen, dass der Grad an Entscheidungs-, Handlungsfreiheit, Macht bzw. Einflussgewalt den Grad der Erfüllung von psychologisch-physiologischen Bedürfnissen bestimmt und Einstellungen sowie Verhalten von Akteuren, insbesondere deren Arbeitszufriedenheit, Engagement, Verantwortungsgefühl und Identifikation mit Organisationszielen beeinflusst.[775]

Die Überprüfung und Veränderung im Sinne einer Vereinfachung von Abläufen und Aktivitäten bringt es mit sich, dass nicht nur bei der Prozessverbesserung, sondern vor allem auch bei der regelmäßigen Prozessdurchführung Kompetenzen in stärkerem Maße auf nachgeordnete Mitarbeiter verlagert werden. Dieses empowerment muss nicht nur gewollt, sondern auch inhaltlich vorbereitet sein. Vor allem die Qualifizierung der Mitarbeiter ist hierbei als kritischer Erfolgsfaktor anzusehen. Dabei ist zu berücksichtigen, dass ein empowerment als „Ermächti-

[768] Vgl. Kirchner/Rohmert (1974), S. 29.

[769] Vgl. Karasek (1979).

[770] Vgl. Hacker (2005), S. 137.

[771] Vgl. Warr (1990).

[772] Vgl. Frese et al. (1978).

[773] Vgl. Kohn (1981).

[774] Vgl. Volpert (1983), S. 83f; Ulich (2004), 231.

[775] Vgl. Weinert (2004), S. 598.

gung" der Mitarbeiter zugleich mit einem „Machtverlust" der Führungskräfte verbunden sein kann.[776] Sicher ist, dass die Leistungsbereitschaft tendenziell mit Ausweitung des Kompetenzspielraums zunimmt und die Spielräume der vorgesetzten und nachgeordneten Stellen auszubalancieren sind.[777] Enge Aufgabenstellungen ohne eigene Dispositionsfähigkeit werden nicht akzeptiert und fördern die Bereitschaft, den Arbeitsplatz oder die Organisation zu wechseln.[778] Hervorgehoben wird, dass bei der Prozessgestaltung unter Berücksichtigung des Aspekts der Autonomie die Aufgaben einer Tätigkeit persönliche Gestaltungsmöglichkeiten enthalten sollen, zum Beispiel Auswahl, Benutzung, Anordnung von Arbeitsmitteln, Festlegung der zeitlichen Aufeinanderfolge unterschiedlicher Teilaufgaben, um somit Interesse an und Initiative bei der Arbeit zu ermöglichen.[779] Organisationen, in denen sich die Mitglieder als einflussreich erleben, verfügen über ein größeres Erfolgspotenzial.[780] Treffen Mitarbeiter Entscheidungen über ihre Arbeit im Wesentlichen selbst, so zeigen sie ein erheblich größeres Engagement und der organisatorische Erfolg steigt beträchtlich.[781]

Entscheidungsinterdependenzen sind weitgehend zu vermeiden, denn positive motivationale Effekte sind besonders dann zu erwarten, wenn Prozessbeteiligte im Rahmen ihrer Aufgabenerfüllung weitgehend unabhängig sind, die Möglichkeit der verursachungsgerechten Erfolgszuordnung (Feedback) vorhanden sind und über die Schaffung autonomer Arbeitsbereiche unterschiedliche Teilaktivitäten in einem Aufgabenbereich zusammengefasst werden (Aufgabenvielfalt).[782] Bei Interdependenzen strukturieren die Entscheidungen übergeordneter Einheiten das Entscheidungsfeld der interdependenten Einheiten der nachgeordneten Ebene. Aus Sicht der nachgeordneten Ebene erfolgt damit eine Absorption der Ungewissheit des gesamten Entscheidungsproblems durch die übergeordnete Einheit mittels Vorgabe von Entscheidungsprämissen für nachgeordnete Ebenen. Dieser Strukturierungsbeitrag der Leitungseinheiten kann gesamtzielkonformes Entscheidungsverhalten der Handlungsträger auf der nachgeordneten Ebene nach sich ziehen. Leistet eine übergeordnete Einheit nur einen geringen Strukturierungsbeitrag, müssen von nachgeordneten Einheiten mehr Entscheidungsmöglichkeiten anderer Einheiten einkalkuliert werden.[783] Eine zunehmende Dezentralisierung von Aktivitäten und Entscheidungen erfordert eine stärkere Vernetzung der dezentralen agierenden Prozessteilnehmer. Außerdem ist die Transparenz der dezentral durchgeführten

776 Vgl. Töpfer (1996), S. 224.

777 Vgl. Lassmann (1992), S. 172.

778 Vgl. Ridder (2004), S. 30.

779 Vgl. Kirchner/Rohmert (1974), S. 57.

780 Vgl. Schreyögg (2003), S. 262.

781 Vgl. Schreyögg (2003), S. 286.

782 Vgl. Lassmann (1992), S. 172.

783 Vgl. Lassmann (1992), S. 182f., 322.

inhaltlichen Aktivitäten wichtig, um inhaltliche Widersprüche von vorgesehenen Aktivitäten und dadurch Blindleistung zu vermeiden.[784]

In der Prozessgestaltung ist jedoch eine absolute Autonomie der Prozessteilnehmer aufgrund der Autonomiekosten nicht erstrebenswert. Daher gehört zur Arbeitsorganisation auch die Vorgabe der Ausführungsweisen von Tätigkeiten durch organisatorische Festlegungen und Arbeitsvorschriften. Anweisungen bzw. Regeln und selbst Arbeitshilfen werden arbeitsteilig von anderen Menschen entwickelt, und ihre Anwendung wird häufig überwacht. Damit vermindern sie die Freiheitsgrade bei den Ausführenden selbst und deren Möglichkeiten zu einer selbständigen oder gar schöpferischen Betätigung. Sie schränken Handlungsspielräume ein, und umso mehr Regeln geschaffen werden, desto mehr wird der Leistungsprozess und seine Steuerung standardisiert.[785] Der Regelungswille steht im Widerspruch zum Motivationsanspruch, denn die formale Regelung will keine andere Motivation als die der Regelerfüllung.[786] Die Prozessgestaltung muss daher ein optimales Verhältnis von hilfreicher, lehrender und entlastender Vorgabe auf der einen und Spielraum für individuelle Gestaltungsmöglichkeiten auf der anderen Seite suchen.[787] Dies kann über Partizipation erfolgen.

Mitbestimmung führt zur Identifikation mit der Organisation, erhöht das Interesse an Arbeit und die Qualität des Arbeitslebens, erfüllt zumindest anteilig die Bedürfnisse nach Autonomie und Verantwortlichkeit, führt zu Akzeptanz von Entscheidungen und Vorgehensweisen und erhöht das Engagement und somit die Produktivität und Arbeitsleistung.[788] Partizipation kann durch den Inhalt und das Ausmaß der Teilhabe an Entscheidungen gekennzeichnet werden, wobei der Fokus auf horizontale und laterale Beziehungszusammenhänge gelegt wird im Gegensatz zu Delegation, wo es um die Weitergabe von Entscheidungsbefugnissen geht und vertikale Beziehungszusammenhänge betrachtet werden.[789] Durch Partizipation wird eine höhere Wirtschaftlichkeit und Entscheidungsqualität erzielt, Reibungsverluste vermieden und Konfliktpotenzial verringert.[790] Wenn Prozessteilnehmer in Entscheidungen einbezogen werden, die etwa Verbesserungen in Produktivität, Leistungsqualität, Kostensenkungen betreffen, kann das geistige, praktische Erfahrungspotenzial der Mitarbeiter voll ausgeschöpft werden, was bei den Akteuren wiederum zu erhöhter Motivation, besserem Selbstwertgefühl, gestärkter Identifikation mit der Arbeit und Gesamtorganisation führt, Kenntnisse und Fähigkeiten durch Entscheidungsteilnahme der Organisationsmitglieder erweitert sowie Stress

---

784 Vgl. Töpfer (1996), S. 225.

785 Vgl. Schreyögg (2003), S. 110.

786 Vgl. Schreyögg (2003), S. 18.

787 Vgl. Hacker (2005), S. 120.

788 Vgl. Neuhaus (2002); Brooke et al. (1988).

789 Vgl. Wagner (2004), Sp. 1117.

790 Vgl. Antoni (1999).

reduziert. Dieses geht einher mit geringerem Fernbleiben vom Arbeitsplatz, selteneres Zuspätkommen, erhöhte Qualität von Arbeitsergebnissen in der Anwendung von Verfahren (Methoden, Abläufe, Kontrollen) und Technik (Werkzeuge, Maschinen, Material) sowie Verbesserung von Sozialem (Teamfähigkeit, Einstellung zur Arbeit, Führungsverhalten). Somit kann über Partizipation eine positive Verhaltensbeeinflussung stattfinden. Daher weisen Konzepte zur direkten Partizipation überwiegend positive Einschätzungen in Hinsicht auf Qualität, Sicherheit, Absentismus, Gewinne, ROI auf, sofern sie durch geeignete Instrumente (Vergütungsmodelle, Arbeitssicherheitskonzepte, Personalentwicklung) begleitet werden. „Participation works - if conditions are appropriate“.[791] Somit wird in der Literatur festgestellt, dass Strukturen mit Partizipationsmöglichkeiten notwendig sind.[792]

Delegation, die ebenso die Entscheidungsautonomie und Mitbestimmung von Prozessbeteiligten kennzeichnet, kann auf einem Kontinuum zwischen mangelnder Delegation von Entscheidungskompetenzen und vollständiger Delegation von Entscheidungskompetenzen festgemacht werden. Beides sind jedoch Extreme und unrealistische Möglichkeiten eines Delegationsgrads. Entscheidungen sind desto weniger delegierbar,[793]

- je langfristiger ihre Perspektive und zeitliche Reichweite,
- je mehr Organisationsbereiche von dieser Entscheidung betroffen sind und
- je größer das finanzielle Risiko der Entscheidung ist.

Delegation ist dann notwendig, wenn die Kapazität der übergeordneten Einheit nicht ausreicht, bei bestimmter Komplexität und Dynamik der Problemstruktur ein Entscheidungsproblem zu lösen und/oder wenn die Informationskapazität der übergeordneten Einheit nur durch unangemessene Vergröberung der problemgerechten Informationsstruktur angepasst werden kann. Die Verringerung des Delegationsgrades führt zur Einschränkung des Kompetenzspielraums der Einheiten auf der nachgeordneten Ebene und stellt höhere Anforderungen an die Informationskapazität der Leitungseinheit.[794] Ist der Kompetenzspielraum eingeschränkt, kann der Mangel an Tätigkeitsspielräumen und Freiheitsgraden für eigenständiges Zielsetzen und Entscheiden zu einem Mangel an Beeinflussbarkeit und Kontrollierbarkeit von Tätigkeiten führen und das Kongruenzprinzip verletzen. Somit wird auch die mögliche Verantwortungsübernahme von Akteuren für ihr Verhalten und der daraus folgenden Konsequenzen gefährdet, weil kein Organisationsmitglied

---

[791] Strauss (1998), S. 195ff.

[792] Vgl. Mullins (2005), S. 597.

[793] Vgl. Lassmann (1992), S. 248f.

[794] Vgl. Lassmann (1992), S. 250, 322.

etwas verantworten kann, was es nicht zu beeinflussen vermag.[795] Der Verantwortungsgrad ist messbar durch:[796]

- Inhalte individueller Verantwortung, die von keiner eindeutig individuell zugeordneten Verantwortung bis zur Verantwortung für Menge und Güte eigener Ergebnisse mit Konsequenzen für die Entlohnung und/oder soziale Bewertung, konkrete materielle Verantwortlichkeit für (Sach-)Werte und/oder forderungsgerechte Erfüllung der Aufträge anderer, Verantwortung für Sicherheit bzw. Gesundheit anderer Menschen reicht, wobei mindestens eine Verantwortungsübernahme für Menge und Güte eigener Ergebnisse mit Konsequenzen für die Entlohnung und/oder soziale Bewertung bei der Aufgabengestaltung gefordert wird,
- Umfang individueller Verantwortung für Ergebnisse, die von keiner bis hin zur Verantwortung für das Endergebnis reicht, wobei mindestens eine Verantwortungsübernahme von Prozessbeteiligten für Zwischenergebnisse erfolgen soll,
- Umfang individueller Verantwortung für Personen, die von keiner bis zur Verantwortung für mehrere Abteilungen reicht, wobei im Rahmen der Prozessgestaltung die Akteure mindestens die Verantwortung für die eigene Arbeitstätigkeit übernehmen sollen,
- Umfang individueller Verantwortung für Maschinen bzw. Anlagen, die von keiner bis zur Verantwortung für gesamte Anlagen reicht. Gefordert wird, dass zumindest die Prozessbeteiligten bei der Aufgabenerfüllung die Verantwortung für eigens benutzte Anlagen und Maschinen übernehmen,
- Gemeinschaftliche Verantwortung für Leistungen, die, wenn die Verantwortung für Leistung nur individuell festgelegt ist, nicht vorhanden ist und bis zur Zurechnung der Verantwortung durch kollektive Einschätzung der individuellen Beiträge zur Gruppenleistung reichen kann, wobei das Resultat ein Ergebnis in vollständiger Verantwortlichkeit der Gruppe darstellt.

Die Motivationswirkung durch Verantwortungsübernahme ergibt sich nur dann, wenn die relevanten Entscheidungen auch von den jeweiligen Mitgliedern in Eigenverantwortung getroffen und beeinflusst werden können.[797] Daher ist bei der Gestaltung von Prozessen zu berücksichtigen, dass die Verantwortlichkeit durch Aufgabenerweiterung und Einräumen von Entscheidungs- und Kontrollspielräumen gefördert wird.[798] Insbesondere der Mangel an Kontrolle über die eigene Arbeitssituation zum Beispiel bezüglich Arbeitsfluss, Ablaufgeschwindigkeit, Gleichmäßigkeit des Arbeitsflusses, Entscheidungen, Überwachungs- und Quali-

795 Vgl. Hacker (2005), S. 255.

796 Vgl. Hacker et al. (1995), S. 227f.

797 Vgl. Mellewigt (2004), Sp. 1364.

798 Vgl. Becker-Biskaborn (1975), S. 6.

tätsprüfungsstrategien bieten einen negativen Stressor für Prozessbeteiligte,[799] sodass deren Leistungsbereitschaft sinkt. Zu enge und zu viel Überwachung durch Dritte führt zu geringerer Initiative und schlechterer Einstellung der Prozessbeteiligten gegenüber der ihr übertragenen Aufgabenerfüllung.[800] Daher unterstützen alle organisatorischen Maßnahmen, welche die Selbstkontrolle fördern und stärkere Einbindung in Entscheidungsprozesse über Dezentralisation von Entscheidungsprozessen, Integration durch Ziele, Delegation von Verantwortung, Etablieren von Gruppenentscheidungen ermöglichen, die Gestaltung von Aufgaben, welche eine von innen heraus motivierte Arbeitshaltung, also intrinsische Motivation, hervorbringen.[801]

Autonomie kann auch über zeitliche Freiheitsgrade erreicht werden. Bei der Gestaltung von Arbeitsabläufen können zeitliche Abhängigkeiten bei der Arbeit durch entsprechende Tätigkeitsstrukturen mit wahlfreiem Arbeitsrhythmus und wahlfreier Arbeitsgeschwindigkeit vermieden werden, was Erholung und soziale Bedürfnisse durch entsprechende Lage und Dauer der Arbeitszeit (zum Beispiel Zeit für das Bringen von Kindern zum Kindergarten, freies Wochenende etc.) ermöglichen kann.[802] Insbesondere Arbeitspausen haben einen spezifischen Erholungszweck und sind bei der Erhaltung der Leistungsfähigkeit der Akteure bei der Arbeitsgestaltung zu berücksichtigen. Die Akteursleistung kann in einem konstant gehaltenen Zeitraum unter Umständen durch Einschaltung von Pausen erhöht werden. Allerdings können Pausen durch Arbeiten mit verminderter Intensität nicht ersetzt werden.[803] Daher ist es wichtig, dass Pausen organisiert sind, weil in nicht organisierten Pausen in der Regel Entspannungszeiten durch Nebentätigkeiten kaschiert, zur Nahrungsaufnahme genutzt oder zur Vorverlegung des Feierabends missbraucht werden.[804] Insofern stellt sich hier für BPM das Problem einerseits Pausen im Arbeitsablauf den individuellen Bedürfnissen wie etwa entsprechend des Erholungsbedarfs der einzelnen Akteure gemäß zu gestalten und andererseits keinen Raum für ineffektive, unorganisierte Pausen zu lassen. Da die Senkung motivational bedingtem Absentismus aufgrund von erhöhter zeitlicher Autonomie festgestellt werden kann,[805] wird gefordert, dass der menschliche Arbeitsanteil im freien Rhythmus ausführbar sein und freie Leistungsentfaltung ermöglichen soll, indem dauernde zeitliche Bindungen vermieden werden wie etwa die Taktbindung an Maschinen oder Personen oder Zeitbindung aufgrund von Teilautomatisierung.[806] Zeitsouveränität zielt auf die Konkretisierung dessen, was die individualisierte

[799] Vgl. Weinert (2004), S. 282.

[800] Vgl. Mullins (2005), S. 611; March/Simon (1976), S. 55.

[801] Vgl. Schreyögg (2003), S. 230; Lassmann (1992), S. 250f.

[802] Vgl. Becker-Biskaborn (1975), S. 82.

[803] Vgl. Becker-Biskaborn (1975), S. 315, 317.

[804] Vgl. Graf et al. (1970).

[805] Vgl. Schanz (1994), S. 101.

[806] Vgl. Kirchner/Rohmert (1974), S. 29.

Organisation in allgemeiner Weise zum Ausdruck zu bringen versucht, nämlich Möglichkeiten der Selbstselektion und die Schaffung verschiedener Arbeitssituationen. Sie bezieht sich auf die Forderung, eigenverantwortliche Bewirtschaftung von Zeitbereichen sowohl in quantitativer als auch in qualitativer Hinsicht zuzugestehen, sodass Umfang und Lage der Arbeitszeit nach individuellen Gesichtspunkten abgestimmt werden kann und impliziert, damit das überhaupt zum Tragen kommen kann, die Chance der Realisierbarkeit, also ein breit gefächertes Angebot an praktizierten und praktizierbaren Modellen der Zeitallokation.[807] Zeitsouveränität ist in gewissem Umfang über Gleitzeitregelung erreichbar, wobei Kern- bzw. Blockzeiten mit Anwesenheitspflicht zur wechselseitigen Abstimmung bestehen.[808]

Bei der Personalerhaltung wird in der Literatur häufig auf die motivationsfördernde Arbeitszeitflexibilisierung hingewiesen, wobei dies allerdings nur im Team und weniger bei der Besetzung von Schnittstellen und übergreifenden Gremien mit Koordinationsaufgaben für realisierbar gehalten wird. Ansonsten drohen aufgrund der Entkopplung von Betriebszeiten und persönlicher Arbeitszeit Präsenzprobleme in diesem Bereich und damit Unterbrechungen im Leistungserstellungsprozess.[809] Dementsprechend wird BPM mit dem Konflikt zwischen zeitlicher Entkopplung von Akteuren, damit diese ihre Aufgabenerfüllung entsprechend ihrer Leistungsfähigkeit einteilen können und dem Ziel, minimale Prozessdurchlaufzeiten durch exakte zeitliche Abstimmung der Aktivitäten aller Prozessbeteiligten bei der Prozessgestaltung zu erreichen, konfrontiert. In dem Maße, in dem die Aufgabenerfüllung von vielfältigen Taktgebern wie Maschinentempi, Prozesstempi und Tempi anderer Prozessteilnehmer und von konventionellen Taktungen wie Wochentagen, Arbeitswochen usw. entkoppelt werden, entsteht zeitlicher Dispositionsspielraum, der bei mangelnden Interdependenzen motivierend wirkt und dann zum Entfallen von Abstimmungsaufwand führt.[810]

BPM stehen vielfältige Gestaltungsmaßnahmen zur Verfügung, um Autonomie zu schaffen. Insbesondere über job-enrichment und die Einrichtung teilautonomer Arbeitsgruppen werden den Prozessbeteiligten Handlungsspielräume bei der Aufgabenerfüllung eingeräumt. Bei ersterem werden strukturell verschiedenartige Tätigkeitselemente (Planungs-, Ausführungs-, Kontrolltätigkeiten) in eine umfassendere Handlungseinheit, die in jedem Fall kognitive Elemente im Sinne von Denkleistungen mit antizipatorischen Anforderungen einschließt, integriert, während bei letzterem der Gedanke des job-enrichments übernommen, das Zuordnungsprinzip „one man - one task“ jedoch überwunden wird, sodass zu den wesentlichen Merkmalen auch die selbständige Verteilung der Arbeitsrollen zählt.[811]

[807] Vgl. Terriet (1978), S. 113.

[808] Vgl. Schanz (1994), S. 101.

[809] Vgl. Schober (2002), S. 43.

[810] Vgl. Hacker (2005), S. 144.

[811] Vgl. Volpert et al. (1983), S. 89.

Hierarchieabbau bzw. Enthierarchisierung (deverticalisation) als Folge von job-enrichment beschreibt den Abbau hierarchischer Stufungen durch Übertragung von Vorgesetztenfunktionen auf Mitglieder nachgelagerter Ebenen, sodass die dadurch funktionslos gewordenen Stellen eliminiert werden.[812] Die Maßnahme des job-enrichments basiert somit auf empowerment. Weitreichende Kompetenzen, Befugnisse und Wissen werden auf Prozessteilnehmer übertragen und deren Autonomie damit erhöht. Akteure werden ermächtigt, ihren Leistungsbeitrag zu einem wesentlichen Teil selbst zu bestimmen und Informationen für den Aufgabenvollzug nach eigenem Ermessen aufzunehmen. Empowerment versteht sich daher in erster Linie als alternative Form der Unternehmenssteuerung, mit der nicht nur die Koordinations- und Organisationskosten gesenkt, sondern die Freisetzung von Motivation und Kreativität erreicht wird.[813] Es wird verstärkt eingesetzt, um die Leistungsfähigkeit dadurch zu erhöhen, dass Anforderungen an die Flexibilität von Organisationen nicht mehr ausschließlich an das Management, sondern in gleicher Weise an die Koordinations- und Kontrollfähigkeit von Prozessbeteiligten und Gruppen geknüpft werden.[814] Somit wird empowerment häufig auf Basis von Teams und Projekten eingesetzt, sodass die Gesamtaufgabe Gruppen übertragen wird, die selbst Arbeit verteilen und nach eigenem Ermessen die Koordination mit angrenzenden Teams betreiben. Durch diese Selbstabstimmung verschmelzen Ausführung und Führung, und die (Re-)Integration von Arbeitsabläufen wird möglich, indem Aufgaben, die einstmals zur Effizienzsteigerung getrennt wurden wieder so zusammengefasst werden, dass integrierte Aufgabenfolgen entstehen.[815]

Allerdings steht die Forderung, Prozessbeteiligten weitgehende Autonomie bei der Aufgabenerfüllung einzuräumen, damit eine möglichst hohe Leistungsbereitschaft generiert werden kann im Konflikt mit den damit einhergehenden Autonomiekosten. BPM zielt darauf ab, möglichst stabile, effiziente Abläufe zu gestalten, deren Outputs den vereinbarten Service-level-agreements entsprechen und nicht durch dysfunktionale Verhaltensweise gefährdet werden. Die Abläufe sollen eine Transparenz aufweisen, sodass der Gesamtzusammenhang, der Leistungsbeitrag zur Zielerfüllung, die Sinnhaftigkeit der Aufgaben, der Verantwortungsumfang aller Prozessbeteiligten erkennbar sind und eine Prozesskontrolle möglich ist. Je höher der Autonomiegrad, desto größer die Handlungsspielräume der Akteure und desto geringer die Prognostizierbarkeit des Verhaltens, sodass die Anforderungen an die Koordination der einzelnen Leistungsträger und die damit einhergehenden Kosten steigen. Je höher der Interdependenzgrad zwischen den Prozessbeteiligten, desto eher ist somit die Einschränkung von Freiheitsgraden bei der Aufgabenerfüllung notwendig, wenn nicht alternativ hierzu Arbeitsgruppen gebildet werden, die für die Ausführung, Arbeitsverteilung, Abstimmung und letztlich das Prozessergebnis

812 Vgl. Rohmert/Weg (1976), S. 31.

813 Vgl. Schreyögg (2003), S. 280f.

814 Vgl. Ridder (2004), S. 33.

815 Vgl. Schreyögg (2003), S. 280.

die Verantwortung übernehmen. Auch ein Zielkonflikt zwischen der Ressourcennutzung und Autonomie kann entstehen, der letztlich daraus resultiert, dass auf mögliche Vorteile der Größendegression durch die Zuweisung von Ressourcen auf autonome Prozessketten verzichtet wird. Insofern kann auch der Aspekt der Ressourcennutzung den Autonomiegrad restringieren.[816] Zudem muss bei der Prozessgestaltung auch sichergestellt sein, dass eine Verlagerung von Handlungs-, Entscheidungskompetenzen und Verantwortung auf nachgeordnete Ebenen von den Akteuren auch tatsächlich übernommen und zur Durchführung der Organisationszielsetzung genutzt wird.[817] Je größer die Autonomie desto größer die Gefahr, dass dysfunktionales Verhalten beobachtet werden kann, weil die Anzahl der Verhaltensalternativen steigt und insbesondere divergierende Interessen bei der Bewertung von Alternativen zu Verhaltensweisen führen kann, die für die Organisation nachteilig sind.

Aus Akteurssicht kann festgestellt werden, dass mit zunehmender Autonomie die Instrumentalität des Verhaltens für die Zielerreichung, zum Beispiel aufgrund erhöhter Selbstwirksamkeit,[818] und die Valenz des Verhaltens, zum Beispiel weil der Akteur über erhöhte Wahlfreiheit bezüglich seines Verhaltens verfügt, steigen. Solange Autonomie nicht in Form von Willkür in der Organisation wahrgenommen, sondern lediglich hinsichtlich Wahlfreiheiten von Mitteln und Wegen zur Erreichung gegebener Organisationsziele genutzt wird, ist nicht mit negativer Einschätzung der Instrumentalität der Zielerreichung auf Be-/Entlohnung seitens der Akteure zu rechnen. Diese verfügen in der Regel nicht direkt über ihre Be- und Entlohnung, sondern sind von der Vergabe durch Dritte, die eben auch diese Autonomie besitzen, abhängig.

BPM kann wie bereits an einigen Beispielen gezeigt der Forderung nach Autonomie aufgrund seiner Zielsetzung nur begrenzt folgen. Die Höhe der Autonomie- und Koordinationskosten ist möglichst gering zu halten, die Prozessgestaltung kommt nicht ohne Regelungen aus, die wiederum Autonomie einschränken und auch die zeitliche Abstimmung der Aktivitäten ist für die Aufgabenintegration notwendig, sodass ebenfalls die zeitliche Souveränität nur in geringen Maßen erreicht werden kann. Andererseits enthält das BPM-Konzept auch den Anspruch, gute Entscheidungen in den Prozessen durch die Teilnehmer zu generieren und auf Partizipation und Prozessteams zu setzen. Ebenfalls gehört das Element der Selbstkontrolle und Verantwortungsübernahme für eigene Aktivitäten zum Fokus von BPM, was das Einräumen von Handlungsspielräumen notwendig macht. Das Ausmaß des Autonomiegrads hängt auch mit dem Grad der Interdependenzen zusammen, welcher aus Sicht von BPM möglichst zu minimieren ist. Interdependenzen können durch Entscheidungszentralisierung verringert werden. Diese

816 Vgl. Corsten (1996), S. 38.

817 Vgl. Binner (2004), S. 634f.

818 Vgl. Banduras Konzept über Selbstwirksamkeit in Bandura (1977).

wiederum kommt einer Einengung der Autonomie nachgeordneter Ebenen gleich. Gewähren von Autonomie ist nur bei geringen Interdependenzen sinnvoll, was über die beziehungsorientierte Bereichsbildung erreicht werden kann. Die Interdependenzen werden in die Bereiche verlagert, sodass die Bereiche an sich relativ autonom agieren können. Dieses Prinzip findet sich in der Teamorientierung des BPM-Konzepts wieder, wo Gruppenaufgaben über Selbstorganisation koordiniert und Gruppen an sich über Zielvorgaben gesteuert werden können.

Problematisch an der Forderung, dass Aufgaben im Rahmen zu gestaltender Prozesse aus Akteurssicht Autonomie aufweisen sollen, ist, dass die Effizienzthese, dass hohe Entscheidungsautonomie zu hoher Motivation führt, keine Allgemeingültigkeit besitzt, da auch Akteure mit geringerer Einschätzung ihrer Selbstwirksamkeit, hoher Risikoaversion oder etwa mit vorrangig extrinsischer Motivationskomponente denkbar sind.[819] In diesem Fall entfaltet zum Beispiel eine hohe Entscheidungsautonomie keine bzw. geringe Motivationswirkungen, und bei Überforderung hinsichtlich der Ausfüllung des Handlungsspielraums ist sogar Demotivation durch Autonomie möglich. Aus Akteurssicht wäre daher eine individuelle Lösung anzustreben, die jedoch ökonomisch und damit aus BPM-Sicht nicht sinnvoll ist. Auch wenn vor diesem Hintergrund nicht zwingend davon ausgegangen werden kann, dass das Aufgabenmerkmal der Autonomie absolut motivierend wirkt, soll entsprechend den verhaltenswissenschaftlichen Erkenntnissen gefolgt und angenommen werden, dass wie bereits ausgeführt, eingeräumte Autonomie tendenziell die Leistungsbereitschaft der Prozessbeteiligten erhöht.

6.3.1.5 Feedback

Wie bereits angedeutet, ist Feedback für die Leistungsbereitschaft bei der Aufgabenerfüllung relevant und beeinflusst das Verhalten von Akteuren. Es wird durch das Ausmaß an Information, das dem Prozessbeteiligten über die Ergebnisse seiner Arbeit zukommt, gekennzeichnet und erhält seine motivierende Bedeutung über die Rückmeldung des Aufgabenerfolgs. Die Feedbackkomponente einer Aufgabe ist somit eng an ihre Zielsetzung geknüpft. Die zugrunde liegende Annahme ist, dass aus individueller Sicht ein Wunsch nach Kontrolle besteht, und Kontrollinformationen sind Rückkopplungen über den Leistungserfolg. Die Einrichtung von Rückkopplungskanälen trägt der menschlichen Erwartung Rechnung, etwas über die Folgen der eigenen Tätigkeiten zu erfahren und Möglichkeiten zur Selbstkontrolle der eigenen Arbeit zu erhalten.[820] Es ist festzustellen, dass Feedback Konsequenzen auf zukünftiges, leistungsbezogenes Verhalten in Abhängigkeit der Kontrollinformation hat.[821] Mit wachsendem zeitlichen Abstand zwischen Leistung und Kontrollinformation wird die Funktion der Kontrolle im Sinne der Hinweis-, Lern- und Motivationsfunktion abgeschwächter wirksam. Je öfter die Kontrollinformati-

---

819 Vgl. Lassmann (1992), S. 142, 251.

820 Vgl. Schanz (1994), S. 164.

821 Vgl. Lawler (1976), Sp. 1268.

on erfolgt, desto größere Verhaltenswirksamkeit ist zu erwarten, wobei ein individuell unterschiedlicher Schwellenwert angenommen werden muss, denn zu schnell aufeinander folgende Kontrollinformationen lassen sich nicht mehr zwingend adäquat verarbeiten und werden gegebenenfalls auch als überflüssig betrachtet.[822]

Feedback ist messbar über die Menge und Quellen von Rückmeldungen. Die Ausprägung reicht von keiner Rückmeldung über die Rückmeldung durch Dritte bis zur permanenten Rückmeldung durch den Tätigkeitsverlauf selbst. Für die Aufgabengestaltung wird gefordert, dass Akteure zumindest Feedback über ihre Aufgabenerfüllung durch Dritte erhalten. Feedback ist weiterhin messbar durch die Differenziertheit und den Zeitpunkt von Rückmeldungen durch andere Personen. Aufgaben können diesbezüglich ohne Rückmeldungen oder etwa mit sofortigen Rückinformationen über Art und Häufigkeit bestimmter Fehler erfüllt werden. Der Anspruch bei der Prozessgestaltung ist, dass Aufgaben so zugeschnitten werden, dass die Prozessbeteiligten zumindest grobes und sofortiges Feedback auf ihre Leistung erhalten.[823] Der Erfolg der Tätigkeit soll für den Akteur als Mengenleistung durch das vorgegebene Arbeitspensum, Zählen der abgearbeiteten Vorgänge etc. und in Form von Qualität durch Selbstkontrolle erkennbar sein, um Erfolgserlebnisse bei der Aufgabenerfüllung zu ermöglichen.[824] Daher müssen die im Rahmen von Prozessdesign gestalteten Tätigkeiten Erfolgskontrollen zulassen.[825] Selbstregulation kann im Rahmen von BPM zum Beispiel durch das Vorsehen dezentraler Planungssysteme bei der Aufgabenerfüllung erleichtert werden.[826]

Voraussetzung hierfür ist, dass die Wahrnehmbarkeit von Kontrollinformationen sichergestellt ist[827] und die Leistungsbeurteilung anhand von objektiven Maßstäben vorgenommen werden kann, wobei Möglichkeiten zur Selbstbeurteilung zu schaffen sind. Durch Erhöhung des Rückmeldeumfangs kann die Durchschaubarkeit der Tätigkeit erhöht werden, indem zum Beispiel Prüftätigkeiten für eigene Ergebnisse oder offene Kommunikation zwischen den Akteuren und den Prüfinstanzen etabliert wird. Dieses fördert die Einschätzung der Instrumentalität von erreichten Zielen für die damit verbundene Be-/Entlohnung. Feedback unterstützt auch die Bewertung der Instrumentalität von Verhalten für die Zielerreichung. Je nach Disposition des Individuums ist sogar denkbar, dass Erfolg motiviert und Misserfolg anspornt, sodass Feedback auch auf die Bewertung der Verhaltensvalenz Einfluss ausüben kann.

Auch aus BPM-Sicht ist für die Gestaltung von Prozessen wichtig, dass Prozessbeteiligte über ihre Leistungsgüte Feedback erhalten. Die mit der Prozessgestaltung

822 Vgl. Schanz (1994), S. 212.

823 Vgl. Hacker et al. (1995), S. 218f.

824 Vgl. Kirchner/Rohmert (1974), S. 56.

825 Vgl. Kirchner/Rohmert (1974); Gubser (1968); Hacker (1969).

826 Vgl. Antoni (1996), 386.

827 Vgl. Becker-Biskaborn (1975), S. 28.

verbundene Anforderung Ziele zu setzen, sodass systemkonformes Verhalten ermöglicht und gefordert werden kann und die damit verbundenen Kontrollmechanismen, welche den Zielerreichungsgrad feststellen, können nur dann verhaltenswirksam werden, wenn die Ziel- und Kontrollinformationen den Akteuren zur Verfügung gestellt werden. Über Feedback wird erst die Beeinflussung von Verhalten möglich. Insbesondere Prozesscontrolling basiert auf diesem Mechanismus, der Grundlage für jegliche kontinuierlichen Verbesserungsprozesse ist. Insofern ist BPM mit seinen Zielen und Maßnahmen bestrebt, Aufgaben zu schaffen, die möglichst zeitnahes und ausreichendes Feedback bieten, um nicht nur die Prozessgüte an sich feststellen zu können, sondern insbesondere auch den Akteur in die Lage zu versetzen gegebenenfalls sein Verhalten so anzupassen, dass eine bestmögliche Zielerreichung möglich ist.

6.3.1.6 Fazit motivationsorientiertes Organisationsmodell

Die Verhaltenswirksamkeit der Aufgabenmerkmale Vielfalt, Ganzheitlichkeit, Bedeutungsgehalt, Autonomie und Feedback konnte in unterschiedlichen Studien umfassend nachgewiesen werden. Aufgrund individueller Unterschiede ist es jedoch schwierig, Aufgaben Akteur spezifisch zu gestalten, weil damit erhebliche Kosten verbunden sind und der Fortbestand von Organisationen aufgrund ihrer Personenunabhängigkeit konterkariert wird. Hinzu kommt dass BPM zum Teil Ziele verfolgt, die zu anderen als den aus Akteurs-Sicht geforderten Aufgabenmerkmalen führt. Es ist anzunehmen, dass zwischen den Merkmalen des Modells wie etwa zwischen Vielfalt, Geschlossenheit, Bedeutungsgehalt und Autonomie signifikante Interkorrelationen bestehen und die Unabhängigkeit der Kriterien nicht gegeben ist. Auch spielen viele verschiedene Konsequenzen eine Rolle, zum Beispiel kann sorgfältiges Arbeiten die Leistungsmenge und damit unter Umständen den Verdienst senken, Fehler reduzieren und somit wiederum zu Anerkennung durch Vorgesetzte führen, sodass die Wirkung der einzelnen Aufgabenmerkmale auf das Verhalten zwar abschätzbar sein kann, durch das Zusammenwirken der Merkmale jedoch die Verhaltenswirksamkeit von Aufgabenmerkmalen aus BPM-Sicht nur schwer nachvollziehbar sein dürfte. Die mangelnde Operationalisierbarkeit der Kriterien erhöht dieses Problem.[828] Zudem konnte bereits dargestellt werden, dass selbst innerhalb eines Merkmals verschiedene Effekte auftreten können, die sowohl zu erhöhter als auch zu verminderter Leistungsbereitschaft je nach Akteur führen können. Darüber hinaus bestehen zahlreiche Konflikte im Rahmen der Zielsetzung von BPM, sodass eine Maßnahmenfindung allein vor diesem Hintergrund hinsichtlich einer bestmöglichen Aufgabengestaltung äußerst schwierig ist. Die Dilemmata zwischen den BPM-Maßnahmen und möglichen negativen Wirkungen auf Akteure erhöhen die Komplexität des Gestaltungsproblems.

Deutlich wird, dass aus Akteurs-Sicht eine tendenziell höhere Leistungsbereitschaft entsprechend der Bewertung von Verhaltensmöglichkeiten anhand der Entschei-

---

[828] Vgl. Lassmann (1992), S. 170f.

dungsbausteine gezeigt wird, wenn es darum geht, vielfältige, ganzheitliche und für Dritte relevante Aufgaben zu erfüllen, die durch entsprechende Freiheitsgrade gekennzeichnet sind und Feedback über den Erfolg geben. Es konnte festgestellt werden, dass die Arbeitsgestaltung intrinsisch motiviert und somit eine höhere Verhaltensvalenz ergibt, wenn die Aufgabenstellung als sinnvoll erlebt wird. Dieses ist umso eher der Fall, je breiter die Fähigkeiten und Fertigkeiten der Prozessteilnehmer genutzt werden und die Aufgabenstellung einen zusammenhängenden Aufgabenerfüllungsprozess umfasst, sodass eine abgeschlossene Leistung entsteht, die möglichst geringe Überschneidungen mit anderen Aufgabenerfüllungsprozessen aufweist. Zudem muss jeder Leistungserbringer Kenntnis vom Ergebnis seiner Anstrengung erhalten, was über rückkoppelnde Informationen insbesondere hinsichtlich der Qualität der Leistung, verursachungsgerechte Messung individueller Beiträge und mit objektiven Beurteilungskriterien erreicht werden kann.[829] Die Möglichkeit der Zuordnung des Arbeitserfolgs auf den Einzelnen nimmt mit Abgeschlossenheit bzw. Ganzheitlichkeit der Aufgabe und Autonomie des Aufgabenträgers tendenziell zu. Dies wiederum unterstreicht den engen Zusammenhang zwischen den einzelnen Verhaltensdeterminanten.

BPM zielt wie gezeigt ebenfalls darauf ab, ganzheitliche und für Dritte relevante Aufgaben zu schaffen sowie Leistungsfeedback zur Verfügung zu stellen. Die Bildung beziehungsorientierter Prozesseinheiten führt zu einer Übertragungsmöglichkeit ganzheitlicher Aufgaben an Prozessteams.[830] Die Betonung der Kundenorientierung und Einführung von Kundenbeziehungen durch explizite Service-level-agreements fördert die Verantwortungsübernahme der beteiligten Akteure hinsichtlich der Gestaltung ihrer Beziehungen, sodass damit eine gewisse Autonomie gewährleistet wird und sich direkte Rückkopplung ergibt, indem sich dem Aufgabenträger über seinen Kundenkontakt eine weitere Informationsquelle über die Qualität seiner Arbeit erschließt.[831] Im Rahmen der Diskussion über Spezialisierungsvorteile wurde bereits angedeutet, dass eine Reglementierung von Handlungsspielräumen sowie die Eingrenzung von Vielfalt durch Spezialisierung effizienter sein kann, so lange diese Vorteile nicht über dysfunktionale Verhaltensweisen zum Beispiel aufgrund von Demotivation durch starke Arbeitsteilung der Prozessbeteiligten kompensiert werden. Auch wenn bei dem in dieser Arbeit verwendeten Modell auf eine spezifische mathematische Funktion verzichtet wurde, wie sie dem Modell von Hackman und Oldham zugrunde liegt, sind gewisse Kompensationen zwischen den einzelnen Aufgabenmerkmalen denkbar, sodass etwa eine eingeschränkte Autonomie und starke Spezialisierung durchaus eine hohe Leistungsbereitschaft hervorrufen können, wenn etwa eine hohe Verhaltensinstrumentalität zur Zielerreichung besteht, dieser ein hoher Wert beigemessen und/oder dieser wiederum eine hohe Instrumentalität für den Erhalt von Be-/Entlohnung unterstellt wird.

---

[829] Vgl. Lassmann (1992), S. 168f.

[830] Vgl. Hackman (1977), S. 137.

[831] Vgl. Schanz (1994), S. 164.

Problematisch ist bei der Betrachtung von Aufgabenmerkmalen als Verhaltensdeterminante, dass die Aussagen darüber, welche Ausprägung zu einer tendenziell höheren Bewertung des Verhaltens anhand der Entscheidungsbausteine nicht nur individuell unterschiedlich ausfallen können, sondern darüber hinaus auch von der jeweiligen Entscheidungssituation abhängig sein können. Insofern ist eine Verallgemeinerung der Aussagen im Sinne einer Übertragbarkeit bei abweichenden situativen Konstellationen nur unter erheblichen Vorbehalten möglich.[832] Daher erscheint eine Ergänzung der bisher beschriebenen Aufgabenmerkmale um weitere sinnvoll.

6.3.2 Weitere verhaltensrelevante Aufgabenmerkmale

Im Folgenden soll die Aufgabenstruktur auch hinsichtlich ihrer Dynamik, Komplexität, der damit verbundenen Aufgabenunsicherheit und hinsichtlich ihres Routinegrads betrachtet werden, um deren mögliche Wirkung auf das Verhalten von Akteuren in der Prozessgestaltung ebenfalls berücksichtigen zu können.

Dynamik

Die Dynamik der Aufgabenstruktur wird durch die Häufigkeit, Stärke, Irregularität der Änderungen eines Entscheidungsproblems bestimmt und spiegelt sich in der mangelnden Vorhersehbarkeit des Zeitpunktes der für die Aufgabenerfüllung kritischen Ereignisse wider.[833] Die Dynamik ist somit von den Umweltbedingungen abhängig, welche wiederum von deren Unsicherheitsgrad determiniert werden. Der Umweltunsicherheitsgrad hängt von der Bestimmtheit der Umweltinformationen, der Häufigkeit der Änderungen dieser Informationen und der Zeitspanne der Rückkoppelungszyklen ab. Eine unsichere Umwelt führt in der Regel zu einem äußerst niedrigen Grad an Strukturierung und Formalisierung und enthält stark partizipative Elemente. Die Verteilung von Macht und Autorität ist eher gleichmäßig, und die Koordination ist kaum über Hierarchie, Pläne und Vorschriften möglich,[834] sodass je schneller sich die Situation ändert, desto eher ein umso höherer Grad an Selbständigkeit der agierenden Prozessteilnehmer erforderlich ist.[835] Häufige und starke Änderungen der Problemstruktur erfordern Ad-hoc-Entscheidungen nahe am Realisationszeitpunkt, die nur bei einer Delegation von Entscheidungskompetenzen an spezialisierte Einheiten möglich sind. Dynamik bildet somit zeitliche Restriktionen der Abstimmung interdependenter Aktivitäten. Bei hoher Änderungsrate kann ein permanenter Abstimmungsbedarf erforderlich sein, sodass insbesondere dann die beziehungsorientierte Bereichsbildung nahe liegend ist, um den Koordinationsbedarf insgesamt möglichst gering zu halten. Eine statische Aufgabenumwelt lässt starke Formalisierung, schwache Differenzie-

[832] Vgl. Lassmann (1992), S. 170.

[833] Vgl. Lassmann (1992), S. 82, 84.

[834] Vgl. Rückwardt (1978), S. 54ff.

[835] Vgl. March/Simon (1976), S. 179.

rung, kurz- und mittelfristige Zeitorientierung sowie Koordination über Hierarchie, Pläne und Vorschriften zu. Im Vergleich zu dynamischen Umweltbedingungen fällt der Koordinationsbedarf eher gering aus. Somit ergibt sich die widersprüchliche Situation, dass gerade in statischen Umwelten, die einen vergleichsweise geringeren Koordinationsbedarf aufweisen, gerade BPM mit seinen Maßnahmen und Zielen Anschlussmöglichkeit zur Umsetzung findet, während die strukturellen Gestaltungsmöglichkeiten von Aufgaben in dynamischen Umweltbedingungen vergleichsweise gering ausfallen, und genau hier ein hoher Koordinationsbedarf besteht.[836]

	Einzelfall	Projektfall	Regelfall	Routinefall
Aufgaben-komplexität und -variabilität	sehr hoch	hoch	niedrig	sehr niedrig
Plan- und Strukturier-barkeit	sehr niedrig	niedrig	hoch	sehr hoch
Gleichartigkeit	sehr niedrig	gering	hoch	sehr hoch
Wiederholungs-grad	sehr selten	selten	häufig	sehr häufig
Determinier-barkeit fester Prozessfolgen	sehr niedrig	niedrig	hoch	sehr hoch
BPM Schwerpunkt	sehr selten	selten	häufig	sehr häufig

Tab. 5: Regelbarkeit von Aufgabenstrukturen in Abhängigkeit der Dynamik ihrer Umweltsituation[837]

Vor dem Hintergrund der anzustrebenden Aufgabenvielfalt und herausfordernden Zielsetzung wird gefordert, die Veränderlichkeit der Aufgabe, die im Geschäftsprozess abgewickelt wird, und damit die Flexibilität des Leistungsbündels nach Möglichkeit aus motivationstheoretischer Sicht hoch zu gestalten.[838] Statische Umweltbedingungen mit entsprechenden Aufgabenregelungen können zu einer Unterforderung der Aufgabenträger führen. Hierbei muss allerdings berücksichtigt werden, dass durch die Veränderlichkeit der Aufgabenstellung die Einschätzung der In-

[836] Vgl. Nippa (1996), S. 54.

[837] In Anlehnung an Nippa (1996), S. 54.

[838] Vgl. Griese/Sieber (2001), S. 151.

strumentalität des Verhaltens für die Zielerreichung und die Instrumentalität der Zielerreichung für die Be-/Entlohnung nicht negativ beeinflusst werden. BPM strebt an, möglichst stabile Abläufe zu schaffen und bei dynamischen Umwelten deren Veränderlichkeit durch Maßnahmen der Arbeitsteilung zu reduzieren, um effiziente und gestaltbare Abläufe zu erhalten. Darüber hinaus sollen vor dem Hintergrund des Kostenziels möglichst geringe Autonomie- und Koordinationskosten verursacht werden. Jegliche Form der Dynamik erhöht jedoch diese Kosten, sodass BPM einerseits Aufgaben gestalten muss, die der Dynamik wenig ausgesetzt sind, andererseits jedoch die notwendige Flexibilität der Organisation gewährleisten. Über Maßnahmen wie etwa job-rotation kann eine gewisse Variabilität der Tätigkeit und somit die Änderung von Aufträgen erreicht werden, um insbesondere in statischen Aufgabenumwelten Leistungsbereitschaft hervorzubringen. Eine Prozessgestaltung mit dem Ziel, eine hohe Aufgabenveränderlichkeit zu schaffen, gibt das zugrunde gelegte BPM-Konzept jedoch nicht her.

Komplexität

Die Komplexität einer Aufgabe bestimmt die Schwierigkeit des Entscheidungsproblems und steigt,[839]

- je weniger eine Aufgabe strukturiert ist (Strukturiertheit einer Aufgabe beschreibt, in welchem Ausmaß eine Problemstellung in exakte, einander eindeutig zuzuordnende Lösungsschritte zerlegbar ist),
- je veränderlicher eine Aufgabe ist (Veränderlichkeit der Aufgabe beschreibt zusätzlich, wie vorhersehbar Änderungen bei den Qualitäten, Terminen, Mengen und Preisen von Inputs, Outputs und den verwendeten Hilfsmitteln sind und hängt mit der Häufigkeit der Aufgabe zusammen),
- je weniger häufig sie vorkommt (Häufigkeit der Aufgabe bezieht sich auf das erwartete Volumen der in einem Zeitabschnitt zu bewältigenden Einheit einer Aufgabenart) und
- je niedriger ihre Ähnlichkeit zu anderen Aufgaben ist (Ähnlichkeit bezieht sich immer auf ein Bündel von Aufgaben und fragt, inwiefern die Prozesse zur Aufgabenerfüllung technologische und marktliche Verwandtschaft aufweisen).

Ein Entscheidungsproblem mit einer hohen Zahl und Verschiedenheit der Variablen sowie Beziehungen zwischen den Variablen ist daher als komplex einzustufen.[840] Komplexität ist ebenfalls messbar über die Vorhersehbarkeit von Ereignissen, die bestimmtes Verhalten erfordern. Aus Sicht verhaltensorientierter Prozessgestaltung wird gefordert, dass die zu schaffenden Aufgabenstrukturen zumindest das Auftreten bestimmter Erfordernisse vorhersehbar machen.[841] Bei schlecht

839 Vgl. Griese/Sieber (2001), S. 21, 24.

840 Vgl. Lassmann (1992), S. 82.

841 Vgl. Hacker et al. (1995), S. 219.

strukturierten Tätigkeiten ist ein innovatives Entscheidungsverhalten gefordert, das heißt die Entscheidungsträger sind zur selbständigen Generierung einer problemgerechten Informationsstruktur und/oder eines angemessenen Problemlösungsverfahrens auf ihre Fähigkeiten zu intelligentem und problemorientierten Verhalten angewiesen. Ihnen muss daher Entscheidungs- und Informationsautonomie eingeräumt und damit auf die mit der Standardisierung einhergehende Schematisierung des Aufgabenerfüllungsprozesses verzichtet werden. Kommunikationsstrukturen, die alle Teilnehmer miteinander direkt verbinden, sind insbesondere bei komplexen Aufgaben und einer relativ geringen Anzahl der Beteiligten vorteilhaft hinsichtlich der Übertragungsgeschwindigkeit und -genauigkeit der Informationen sowie der Stabilität des Prozesses zum Beispiel bei Ausfall eines Beteiligten.[842] Die Aufgabengestaltung muss daher in Abhängigkeit von Dynamik und Komplexität erfolgen. Detaillierte Regelungen für Aufgaben mit einer hohen Variabilität sind ineffizient, weil die damit einhergehenden Problemlösungsverfahren nur auf spezifische Situationen zugeschnitten und für andere inadäquat sind.[843] Sie sind nur bei wenig komplexen und wenig dynamischen Aufgabenstrukturen sinnvoll, die hinreichend genaue Prognosen der Entscheidungssituationen erlauben. Komplexe und dynamische Aufgabenstrukturen erfordern fallweise Regelungen, damit sich die Prozessteilnehmer den wechselnden Bedingungen der Entscheidungsfindung anpassen können. Aus organisatorischer Sicht ist es zweckmäßig, Entscheidungskompetenzen zu delegieren und damit den organisatorischen Einheiten einen höheren Autonomiegrad einzuräumen, wodurch der horizontale Abstimmungs- bzw. Koordinationsbedarf hinsichtlich interdependenter Aktivitäten zunimmt.[844] Sehr komplexe, jedoch wenig dynamische Aufgaben interdependenter Bereiche können im Rahmen einer einmaligen umfassenden Regelung abgestimmt werden, sodass der Abstimmungsbedarf im Zeitablauf erheblich reduziert werden kann, wenn die entwickelte Problemlösung beibehalten wird. Die Statik des Aufgabenumfeldes führt dazu, dass eine Einrichtung fortlaufender Koordination nicht unbedingt erforderlich ist. Sehr komplexe Tätigkeiten können somit, wenn sie unter immer gleichen Bedingungen wiederholt werden, schließlich soweit automatisiert werden, dass sie ohne Zuwendung des Bewusstseins ablaufen können. Die Entwicklung bestimmter Regelungen entlastet von unnötigen Aktivitäten und eröffnet den Raum für den Aufbau noch komplexerer Tätigkeiten.[845] Bei statischen und wenig komplexen Aufgaben ist der Koordinationsbedarf gering. Hier ist das Etablieren von indirekten Kommunikationswegen über Zentraleinheiten möglich, weil die Gefahr der Überlastung dieser Einheit eher gering ist, da nur relativ „einfache“ Informationen mit niedrigem Verzerrungs- und Filterungspotenzial transportiert werden müssen, sodass qualita-

842 Vgl. Lassmann (1992), S. 81, 276.

843 Vgl. Schreyögg (2003), S. 110.

844 Vgl. Lassmann (1992), S. 82f., 85, 275.

845 Vgl. Volpert et al. (1983), S. 32.

tive Einbußen eher selten und straffe Kommunikation mit einem klaren Ansprechpartner, nämlich der Zentraleinheit, ohne Verzerrungen möglich ist.[846]

Die Fähigkeit einer Organisation, komplexe, höchst interdependente Aufgabenstrukturen zu erhalten, wird durch die Kapazität zur Bewältigung der für die Koordination erforderlichen Kommunikation begrenzt. Kommunikation in Prozessen, die komplexe, interdependente Tätigkeiten beinhalten, wird insbesondere geprägt durch:[847]

- Kommunikation wegen mangelnder Regelungen,
- Kommunikation, um Regeln zu initiieren, etablieren, koordinieren bzw. täglich zu berichtigen,
- Kommunikation, um die Daten für die Anwendung von Strategien zur Verfügung zu stellen, die für Aufgabenerfüllung notwendig sind,
- Kommunikation, um Arbeitsabläufe hervorzurufen (als Stimuli) und
- Kommunikation über Ergebnisse von Aktivitäten.

Je größer die Effizienz der Kommunikation ist, desto größer ist das Zugeständnis an die Interdependenz. Der Informationsinhalt und dessen Darbietung beeinflussen die Vorausschau zukünftiger Situationen und damit die Komplexität von Tätigkeiten.[848] Prozessdesign muss daher sicherstellen, dass Informationen relevant, erkennbar, aufgabengerecht, essentiell, eindeutig, vollständig und deren Verarbeitung sequenziell möglich ist, um die Ausführung sichern, Fehlleistungen verhindern und menschliche Arbeit wirksam machen zu können.[849]

Unstrukturierte Aufgaben lassen individuellen Fähigkeiten mehr Raum und bringen die Prozessleistung der Akteure besser zur Geltung. Komplexität, die mit Aufgabenvielfalt, Autonomie, Ausbau von Wissen und Fertigkeiten sowie interpersonaler Kommunikation und damit verbundenen sozialen Beziehungen einhergeht, führt zu höherer Leistungsbereitschaft.[850] Komplexe Aufgabenstellungen sind herausfordernd und steigern tendenziell die Verhaltensvalenz sowie die Motivation, die damit verbundene höhere Schwierigkeit der Zielerreichung zu meistern. Andererseits dürfte die Instrumentalität des Verhaltens für die Zielerreichung unklarer sein.

BPM-Maßnahmen zielen darauf ab, Komplexität zu reduzieren. Eine hohe Komplexität von Aufgaben erschwert deren Regelung und gefährdet die Prozessstabilität eher als mangelnde Komplexität von Aufgaben. Zudem ist der Koordinationsaufwand bei komplexen Tätigkeiten höher als bei geringerer Komplexität, was zu

---

846 Vgl. Lassmann (1992), S. 277f.

847 Vgl. March/Simon (1976), S. 150.

848 Vgl. Kirchner/Rohmert (1974), S. 55.

849 Vgl. Becker-Biskaborn (1975), S. 87, vgl. hierzu auch die Ausführungen in Kapitel 4.4.3 zur Bedeutung von Kommunikation und Qualität von Information.

850 Vgl. Weinert (2004), S. 226.

höheren Koordinationskosten führt. Mittels Arbeitsteilung kann Komplexität jedoch aufgrund der bereits erläuterten Problematiken hinsichtlich der Auswirkungen von Arbeitsteilung auf die Leistungsbereitschaft nicht vollständig reduziert werden. BPM muss daher bei der Prozessgestaltung einen gewissen Grad an Komplexität in Kauf nehmen, um nicht nur eine ökonomisch sinnvolle Lösung, sondern auch eine motivierende Prozessaufgabenstruktur zu erhalten, die keine dysfunktionalen Verhaltensweisen nach sich zieht. So kann auch an dieser Stelle festgehalten werden, dass die mangelnde Operationalität von Komplexität die Schwierigkeit für BPM erhöht, Prozesse so zu gestalten, dass deren beinhaltete Aufgabenkomplexität weder zu hoch noch zu niedrig ist.

Aufgabenunsicherheit

Unsicherheit schlägt sich in der Mehrdeutigkeit von Wegen und Zielen in der Aufgabenerfüllung nieder. Insbesondere letzteres ist durch ein konsistentes und transparentes Zielsystem zu vermeiden. Die Koordinationsrelevanz ergibt sich in Abhängigkeit von der Unsicherheit, die aus hoher Dynamik und hoher Komplexität von Aufgaben resultiert, sodass gilt, dass die Koordination von Interdependenzen und Delegation von Entscheidungskompetenzen umso erforderlicher wird, je ungewisser die Aufgabenerfüllung ist.[851] Mit zunehmender Aufgabenungewissheit spielen technokratische Koordinationsformen wie Pläne und Regelungen eine geringere und horizontale, auf direkten persönlichen Kontakten beruhende Koordinationsformen eine stärkere Rolle. Je höher das Ausmaß der zu bewältigenden Unsicherheit, desto geringer der Grad der Regelbarkeit arbeitsteiliger Entscheidungs- und Kommunikationsprozesse. Entscheidungsinterdependenzen, die aufgrund von Arbeitsteilung unvermeidbar sind, verursachen ein Prognoseproblem hinsichtlich des Entscheidungsverhaltens anderer Einheiten, sodass koordinationsrelevante Informationen notwendig sind, damit möglichst keine Entscheidungen unter Unsicherheit getroffen werden müssen. Ist die Abstimmung der Entscheidungsinterdependenzen erforderlich, ist die Einschränkung der horizontalen Informationsautonomie durch die Festlegung des Ereignisses notwendig, das die Informationsübermittlung auslöst, Festlegung der Kommunikationsinhalte, Regelung der Informationsübermittlung etc. Die Strukturierung und Regelung von Kommunikation beeinflussen das Ausmaß der Ungewissheit durch Entscheidungsinterdependenzen. Informationsaustausch reduziert diese und damit auch die Autonomiekosten. Zu berücksichtigen ist allerdings, dass Prozessteilnehmer bzw. organisatorische Einheiten häufig nicht in der Lage sind, den eigenen Informationsbedarf exakt anzugeben und den Informationsbedarf anderer einzuschätzen.[852] Transparenz und damit verbundener Einblick in die Zusammenhänge kann diesem Problem entgegenwirken.

---

[851] Vgl. Lassmann (1992), S. 85.

[852] Vgl. Lassmann (1992), S. 274f.

Aufgabenunsicherheit kann aus Akteurssicht herausfordernd und positiv auf die Valenz des Verhaltens wirken. Sie erschwert jedoch die Einschätzung der Instrumentalität des Verhaltens für die Zielerreichung und gegebenenfalls auch die Instrumentalität der Zielerreichung für die Be-/Entlohnung. Da bei Unsicherheit Aktivitäten ergriffen werden, die der Reduktion dieser Unsicherheit dienen und nicht zwingend Mehrwert für den Kunden schaffen, ist aus BPM-Sicht Unsicherheit zu vermeiden und die Herausforderung von Aufgaben durch die damit verbundene Zielsetzung sowie den bereits diskutierten Aufgabenmerkmalen wie etwa Vielfalt in der Aufgabenstrukturgestaltung zu erzielen, um eine erhöhte Leistungsbereitschaft zu erhalten. Je weniger Unsicherheit bei der Aufgabenerfüllung vorhanden ist, desto eher kann Verhalten prognostiziert und gesteuert werden. BPM-Maßnahmen können auf den Unsicherheitsgrad von Aufgaben einwirken, indem sie die Determiniertheit von Aufgaben erhöhen. Diese ist abhängig vom Ausmaß, in dem der Soll-Zustand und der Ist-Zustand bekannt sind und in dem die zur Aufgabenerfüllung notwendigen Informationen vorhanden und zuverlässig sind. Je weniger Informationen über die Art der zukünftig zu erfüllenden Aufgaben vorliegen, desto weniger können Prozesse formuliert werden.[853] BPM muss daher über ein eindeutiges, konsistentes Zielsystem verfügen, dieses den zu gestaltenden Prozessen zugrunde legen und ein transparentes Arbeitsablaufsystem entwickeln. Darüber hinaus sind die Informationen entsprechend der genannten Anforderungen zur Verfügung zu stellen und Kommunikationsprozesse so zu gestalten, dass Unsicherheit möglichst vermieden wird, zum Beispiel über eindeutig formulierte Abläufe.

Routinegrad

Repetitive Tätigkeiten sind sich selbst genügende, restriktive und in ihren sozialen Bezügen verkümmerte Arbeit, da sie den Akteur an der Ausbildung und Entfaltung seiner Kenntnisse und Fähigkeiten hindern.[854] Sie stellen einen standardisierten Aufgabentyp dar mit vorgegebenen aufgabenauslösenden Ereignissen, vorgegebenen Alternativen soweit mehrere Alternativen überhaupt erforderlich sind und vorgegebenen Entscheidungsregeln.[855] Der Grad, bis zu dem Aktivitäten als routinisiert gelten, ist abhängig davon, inwiefern die Auswahltätigkeit durch die Entwicklung einer festgelegten Reaktion auf genau definierte Stimuli vereinfacht wurde. Ist kein Suchverhalten notwendig und verbleibt die Auswahltätigkeit in Form einer eindeutig definierten und systematisch ablaufenden, routinisierten Denkarbeit erhalten, ist eine routinisierte Aktivität vorhanden.[856] Bei hohem Routinegrad kehren gleiche Arbeitssituationen immer wieder und Tätigkeiten werden anhand genau definierter Regelungen ausgeführt. Je eher individuelle Aktivitäten geregelt werden können, desto prognostizierbarer sind diese Aktivitäten und je größer die Repetiti-

853 Vgl. Schmidt (1970), S. 358.

854 Vgl. Kern/Schumann (1970), S. 66.

855 Vgl. Rückwardt (1978), S. 62.

856 Vgl. March/Simon (1976), S. 133ff.

vität individueller Aktivitäten desto größer ist deren Regelbarkeit. Um zum Beispiel automatische Verfahren einzusetzen, ist die Aufgabe bis ins kleinste Detail zu beschreiben und die Ausführung eines jeden Schritts festzulegen. Der Grad, in dem Tätigkeiten nicht routinisiert sind, ist abhängig, inwieweit problemlösende Aktivitäten vorangehen, die mit der Entwicklung neuer Verhaltensweisen verbunden sind.[857]

Geregelte Aufgaben involvieren routinisierte, reproduktive Problemlösungen, sodass die Ausführung über die Rekonstruktion der Regelinhalte ohne extensive, schwierige Suchprozesse und Berechnungen erfolgt. Reproduktive Problemlösungen liegen vor, wenn die Problemlösung hauptsächlich auf systematischer Durchsuchung nach Lösungen des Gedächtnisses beruht, die in fast fertiger Form dort vorhanden sind. Produktive Problemlösungen werden durch die Konstruktion neuer Lösungen aus mehr oder weniger originären Unterlagen kreiert, sodass neue Situationen, für die keine Regelungen bestehen, zur Bildung neuer Verhaltensweisen durch Rekombination bereits vorhandener Routinen führen können. Daher ist Ziel der Standardisierung, dass der Bereich der Situationen, die durch Kombination einer relativ kleinen Anzahl von Regelungen bewältigt werden können, so weit wie möglich zu vergrößern. Handlungsalternativen, die bei der Rekombination des Repertoires an Verhaltensweisen herangezogen werden, werden begrenzt, da die Komplexität der Aufgabe nur mit begrenzten Kräften des Akteurs bewältigt werden kann. Je mehr Prozessregelungen Output, Ziel und Ergebnisse spezifizieren, desto eher sind die Instrumentalitäten bzw. die Mittel-Ziel-Verbindungen für den Prozessteilnehmer herzustellen.[858] Es konnte festgestellt werden, dass, wenn ein Individuum mit hoch strukturierten und mit unstrukturierten Aufgaben konfrontiert wird und nicht unter Zeitdruck steht, es die Erfüllung der strukturierten Aufgaben vorzieht. Ungeregelte Tätigkeiten werden eher dann umgesetzt, wenn Ressourcen für Ziele bereitgestellt werden, die ungeregelte Aktivitäten erfordern, keine alternativen Ziele zugelassen werden, die durch geregelte Tätigkeiten verwirklicht werden können und persönliche Weisungen vorgenommen werden.[859] Das verdeutlicht, dass aus Akteurssicht ein gewisses Maß an Aufgabenstruktur die Leistungsbereitschaft fördert und sogar einem höheren Autonomiegrad vorgezogen werden kann. Inwieweit diese Struktur jedoch die Ausprägung von Routine aufweisen muss, ist fraglich. Die Aufgabenunsicherheit bestimmt, wie sinnvoll eine Routinisierung von Aufgabenerfüllungsprozessen sinnvoll ist, was wiederum von der Komplexität und Dynamik der arbeitsteilig zu erfüllenden Aufgabenstruktur abhängt.[860] Bei starker Veränderlichkeit der Aufgaben wird man den dynamischen Prinzipien den Vorrang lassen müssen,[861] sodass die Ausgestaltung der Aufgaben-

857 Vgl. March/Simon (1976), S. 133.

858 Vgl. March/Simon (1976), S. 138.

859 Vgl. March/Simon (1976), S. 173.

860 Vgl. Lassmann (1992), S. 81.

861 Vgl. Nordsieck (1934), S. 49.

organisation nicht nur ex ante, sondern auch situativ bestimmt wird.[862] Unterstellt man ein völliges Gleichbleiben aller Betriebsaufgaben hinsichtlich Ziel, Rhythmus und Objekt, so würde dies bedeuten, dass der Arbeitsablauf in inhaltlicher und zeitlicher Beziehung völlig und bis ins Einzelne hinein organisatorisch regelbar wäre,[863] denn „je konstanter die Aufgaben eines Betriebes nach Ziel, Rhythmus und Objekten, desto mechanisierbarer sein Arbeitsvollzug“[864]. Je höher der Mechanisierungsgrad des Arbeitsprozesses, desto ineffizienter ist jedoch auch die Zuweisung eines in sich geschlossenen Arbeitsganges bzw. Teilprozesses auf einen Arbeitsträger. In diesem Falle eignet sich eine Spezialisierung und Routinisierung bis auf die Ebene einer einzigen Arbeitstufe.[865] Da die Voraussetzung des Gleichbleibens von Betriebsaufgaben in keinem Fall ganz zutrifft, stehen sich beim Arbeitsablauf statische und dynamische Strukturelemente als Gegensätzlichkeiten gegenüber. Generelle Regelungen von Arbeitsvollzügen sind daher nur dort sinnvoll, wo sich absehen lässt, dass sich Vorgänge in gleicher bzw. ähnlicher Form wiederholen. Kreativen Aufgaben fehlen in der Regel klar gegebene Wiederholungsmerkmale, und im Grenzfall sind organisatorisch nur noch die Zuständigkeit und Kompetenz ohne jegliche nähere Konkretisierung regelbar. Dies führt zu erhöhten Anforderungen an die Leistungsfähigkeit von Akteuren, die mit einem hohen dispositiven Freiheitsgrad ausgestattet sind. Eine Zentralisierung von Entscheidungen ist vor diesem Hintergrund nicht sinnvoll, und vieles muss der informalen Organisation überlassen werden.[866]

Bei der Gestaltung von Prozessen wird darauf abgezielt, von der aufwendigen Einzelfallbehandlung zum ökonomisch sinnvolleren Routinefall zu kommen.[867] Sich häufig wiederholende Aufgaben führen zum Auftreten von Lerneffekten, und die damit verbundene routinemäßige Abwicklung von Tätigkeiten zu einer Verringerung des Koordinationsbedarfs. Repetitive Aufgaben sind regelbar, planbar und standardisierbar. Sie können üblicherweise bis ins Detail festgelegt werden, sodass ein hoher Formalisierungsgrad möglich, ökonomisch sinnvoll und eine kostengünstige, mit wenig Zeit verbundene Reglementierung möglich ist. Die Koordination fällt umso leichter, je besser es gelingt, koordinationsrelevante Vorgänge zu standardisieren, denn Standardisierung von Vorgängen erleichtert Standardisierung der Koordination und damit die Anwendung dementsprechender Koordinationsmechanismen.[868] Weitgehende Standardisierung, die Vorgabe expliziter Verhaltensnormen und damit der Verzicht auf Verlagerung der Entscheidungsbefugnisse auf nachgeordnete Ebenen führen zu einer Zentralisation der Entscheidungen, die

---

862 Vgl. Schober (2002), S. 64.

863 Vgl. Nordsieck (1934), S. 121.

864 Nordsieck (1934), S. 59.

865 Vgl. Schober (2002), S. 63.

866 Vgl. Bleicher (1969).

867 Vgl. Griese/Sieber (2001), S. 150.

868 Vgl. Rückwardt (1978), S. 61, 64, 194.

keinen hohen Koordinationsbedarf verursacht und die Interdependenzproblematik entschärft.[869] Werden hingegen im Wechsel ungleiche Aufgaben erfüllt, steigen die Rüstzeiten, wobei es keine Rolle spielt, ob es sich um „geistige" Rüstzeiten eines Aufgabenträgers oder um Rüstzeiten für ein Sachmittel handelt. Diese Rüstzeiten fallen bei Routinisierung und Standardisierung geringer aus.[870] Werden die für die Aufgabenerfüllung notwendigen Tätigkeiten in eine geschickte und zweckmäßige Reihenfolge gebracht, kann die Ausführung schneller erfolgen. Die gestalteten Verrichtungsfolgen sind bei entsprechender Wiederholungshäufigkeit zu standardisieren, sodass ein Routinisierungseffekt eintritt. Hierbei kann es sich auch lohnen, räumliche Nähe zwischen den beteiligten Akteuren herzustellen und deren Anordnung dem Arbeitsablauf anzupassen, sodass zum Beispiel Transportzeiten möglichst niedrig ausfallen. Werden im Rahmen der Prozesstätigkeiten verschiedene Objekte bearbeitet, ist ein möglichst geringer Wechsel bei den Arbeitsobjekten anzustreben, damit ein Routinisierungseffekt eintritt und eine schnellere Bearbeitung gefördert wird, indem Zeiten für das Umdenken entfallen.[871] Dementsprechend sind bei Routineaufgaben Ad-hoc-Entscheidungen eher selten zu treffen. Es konnte festgestellt werden, dass sich Akteure schriftlich fixierte Regeln als weniger einschnürend empfinden als eine direkte Abhängigkeit von hierarchisch übermittelten Weisungen, auch wenn objektiv der Entscheidungsspielraum nicht größer sein muss.[872] Daher wird eine Steuerung durch generelle Regelungen, insbesondere bei routinisierten Aufgaben, wo persönliche Weisungen ohnehin tendenziell als überflüssig empfunden werden, der Steuerung durch Anordnungen höherer Stellen vorgezogen.[873]

Da es bei repetitiven Aufgaben regelmäßig nicht um Problemlösungssituationen, welche hohe Anforderungen an die Leistungsfähigkeit von Aufgabenträgern stellen, geht,[874] stellen das Vorbereiten, Organisieren und Kontrollieren höhere kognitive Anforderungen dar als das rasche routinisierte Ausführen.[875] Prozesstätigkeiten mit stark spezialisierten Aufgaben, die einen hohen Wiederholungsgrad aufweisen wirken tendenziell demotivierend, da mit ihnen mangelnde Aufgabenvielfalt und die mit hochgradiger Arbeitsteilung einhergehenden Probleme verbunden sind. Solche in der Regel niedrig qualifizierten und inhumanen Aufgaben sind daher entweder zu automatisieren oder inhaltlich aufzuwerten.[876] Bei gleich bleibenden Anforderungen, fehlenden Übertragungserfordernissen auf andere Tätigkeiten und Vorliegen unvollständiger Tätigkeiten werden wesentliche kognitive Vorberei-

[869] Vgl. Lassmann (1992), S. 250.

[870] Vgl. Fischermanns/Liebelt (2000), S. 233.

[871] Vgl. Fischermanns/Liebelt (2000), S. 230.

[872] Vgl. Gouldner (1963); Blau/Schoenherr, (1971).

[873] Vgl. Kieser/Kubicek (1992), S. 427.

[874] Vgl. Rückwardt (1978), S. 64.

[875] Vgl. Hacker (2005), S. 254.

[876] Vgl. Rohmert/Weg (1976), S. 131.

tungsoperationen überflüssig. Ein Ausweg ist das Angebot vollständiger Tätigkeiten.[877] Alternativ werden Maßnahmen wie job-rotation bei der Prozessgestaltung integriert, um Langeweile, Monotonie und Dequalifikation bei den Prozessteilnehmern zu vermeiden.[878] Überlegungen zum job design mit dem Ziel, Autonomiegrad und Tätigkeitsbereich durch kollektive Verantwortung im Team zu erweitern und somit Motivation und Produktivität zu verbessern und gleichzeitig die Kosten durch den Wegfall von Hierarchiestufen zu sparen, führen dazu, Routineaufgaben Teams zum Beispiel teilautonomen Arbeitsgruppen zuzuordnen, damit sie auf diese Art und Weise eine motivierende Wirkung entfalten.[879]

Dementsprechend ist aus Akteurssicht ein zu hoher Routinegrad bei der Aufgabenerfüllung nicht erstrebenswert. Routinen reduzieren Komplexität und ermöglichen eine genauere Einschätzung der Instrumentalitäten von Verhalten und Zielerreichung im Rahmen des Verhaltenerklärungsmodells. Sie können Standardisierungsvorteile, damit einhergehend Zeit- und Qualitätsvorteile bei der Prozessleistungserstellung, eine hohe Verhaltensprognostizierbarkeit und somit geringen Koordinationsbedarf und -aufwand mit sich bringen. Führen Routinen jedoch zu rigiden Vorgehensweisen, mangelnde Flexibilität, Verkümmerung von Fähigkeiten, Dequalifikation von Akteuren und damit einhergehend zum Verlust von Motivationspotenzialen, sodass das Erreichen der Organisationsziele gefährdet wird, können diese Nachteile von Routinen, die eng mit den beschriebenen Problematiken zu starker Arbeitsteilung, Standardisierung und Automatisierung verbunden sind, deren Vorteile überkompensieren. Aus BPM-Sicht ist daher eine Regelungsdichte zu erzielen, welche die Art von Routinen hervorbringt, deren Vorteile bestmöglich überwiegen. Auch erhöhte Koordinationskosten durch notwendige Aufgabenaufwertungen zu Motivationszwecken sind zu berücksichtigen. Da die Nachteile von der individuellen Reaktion eines jeden Prozessbeteiligten auf den Routinisierungsgrad seiner Aufgabenstellung abhängen, stellt sich BPM auch an dieser Stelle das Problem, wie individuell Prozesse zu gestalten sind, um einerseits die persönlichen Fähigkeiten bestmöglich zur Leistungserstellung nutzen und andererseits mittels Personenunabhängigkeit den Organisationsfortbestand sichern sowie ökonomisch sinnvolle, generelle Regelungen anwenden zu können. Der Konflikt wird darin deutlich, dass zwar die Instrumentalitätseinschätzungen durch Routinen für Akteure einfacher sein dürften, die Verhaltensvalenz jedoch nur bis zu einem gewissen Grad bei steigender Routine zunehmen und dann abnehmen dürfte. Somit wird das Streben von BPM, möglichst stabile, routinisierte Abläufe zu schaffen durch motivationsorganisatorische Aspekte begrenzt.

---

[877] Vgl. Hacker (2005), S. 257.

[878] Vgl. Weinert (2004), S. 226.

[879] Vgl. Cohen/Ledford (1994), S. 13; Wall et al. (1986), S. 280.

6.3.3 Implikationen für BPM

Viele Studien konnten zeigen, dass Aufgabenmerkmale maßgeblich das Arbeitsverhalten von Akteuren beeinflussen. Dabei sind nicht nur die Anforderungen an motivationsorientierte Organisationsgestaltung gemäß Hackman/Oldham, sondern auch die Umwelteinflüsse, denen Tätigkeiten ausgesetzt sind und Aufgaben einen dynamischen, komplexen, unsicheren und/oder routinisierten Charakter verleihen, welche ebenfalls die Wahl der Organisationsausgestaltung maßgeblich beeinflussen, zu berücksichtigen. Die Verhaltensvalenz kann zum Beispiel durch Vielfalt der auszuführenden Tätigkeiten und damit verbundener Freiheitsgrade zur Prozessaufgabenerfüllung erhöht werden. Die Verhaltensinstrumentalität für die Zielerreichung kann aus Akteurssicht umso besser eingeschätzt werden, je höher der Bedeutungsgehalt und die Ganzheitlichkeit der Aufgabe sind und Feedback den Prozessteilnehmern zur Verfügung steht. Die Valenz von Zielen kann bei hoher Aufgabendynamik, Komplexität und Unsicherheit ebenso negativ beeinflusst werden wie die Erwartung der Instrumentalitäten von Verhalten für die Zielerreichung sowie die der Zielerreichung für die damit verbundene Be-/Entlohnung. Ein hoher Routinegrad hingegen kann gerade die Einschätzung von Instrumentalitäten verbessern, jedoch bei zu hohem Ausprägungsgrad negativ auf die Verhaltensvalenz wirken. Insofern ist aus BPM-Sicht bei der Prozessgestaltung sicherzustellen, dass effiziente Prozesse mit vielfältigen, ganzheitlichen und bedeutsamen Aufgabenstellungen für die Beteiligten entstehen. Dabei soll eine Reduktion von Komplexität, Dynamik und Unsicherheit über Standardisierung und Routinisierung erreicht werden, in deren Rahmen Tätigkeiten produktiv ausgeführt werden, ohne dysfunktionale Verhaltensweisen hervorzurufen. Feedback sollte möglichst aus der Aufgabenstellung direkt an die Prozessbeteiligten erfolgen. Die hierbei von BPM auszugleichenden Dilemmata erschweren die bestmögliche Prozessgestaltung, was erneut unterstreicht, dass BPM in keinem Fall dem Anspruch optimale Prozesse hervorzubringen genügen kann. Vielmehr sind die Einflussfaktoren, die Akteure zu einer Auswahl eines bestimmten Verhaltens anhand der dargestellten Entscheidungsbausteine bewegen mit den BPM-Zielen abzugleichen und für ein Erreichen der Ziele der Gesamtorganisation so in Einklang zu bringen, dass eine möglichst hohe Leistungsbereitschaft der Prozessbeteiligten erzeugt wird. Die zugrunde liegenden möglichen Interessenkonflikte wie etwa das Streben der Akteure nach Autonomie und Individualität sowie die Zielsetzung von BPM über Standardisierung und Koordination möglichst prognostizierbares und kontrollierbares Verhalten zu erzeugen wurden bereits erörtert. Insbesondere vor dem Hintergrund der Problematik, dass individualisierte Organisationsgestaltung den Zeit-, Kosten- und Qualitätszielen nicht gerecht werden kann, ist die Frage der Gestaltung von Aufgaben und den damit verbundenen Merkmalen sehr herausfordernd und aufgrund ihrer entscheidenden Wirkung auf Verhalten die wichtigste, wenn es darum geht, den Ansätzen der motivationsorientierten Organisationsgestaltung zu folgen.

Wie bereits erörtert kann BPM mittels Regelungen der Arbeitsteilung und Koordination die Aufgabenmerkmale derartig beeinflussen, dass die Entscheidungskriterien eine Ausprägung annehmen können, die tendenziell hohe Leistungsbereitschaft hervorruft. Die nachfolgenden Tabellen fassen die wesentlichen Zusammenhänge zusammen und stellen dar, wie BPM durch Regelungen der Arbeitsteilung und Koordination über die Verhaltensdeterminante „Aufgabenmerkmale" die Ausprägung der Entscheidungskriterien und damit die Leistungsbereitschaft der Prozessbeteiligten positiv beeinflussen kann.

	Entscheidungskriterien BPM Gestaltungsmöglichkeiten	**Valenz Verhalten**	**Valenz Zielerreichung**	**Instrumentalität Verhalten für Zielerreichung**	**Valenz Be-/Entlohnung**	**Instrumentalität Zielerreichung für Be-/Entlohnung**
Regeln der Arbeitsteilung	**Aufgabenintegration, Generalisierung, Minimierung von Schnittstellen, Minimierung von Interdependenzen, ganzheitliche Rundumbearbeitung, one-face-to-the-customer**	Aufgabenvielfalt, Ganzheitlichkeit, Bedeutungsgehalt, Aufgaben- / Kundenfeedback	Kundenorientierung / Erfüllen relevanter Kundenwünsche	Aufgaben- / Kundenfeedback	anerkennendes Kundenfeedback / Aufgabenfeedback	Bedeutungsgehalt der Aufgabe unterstreicht Anspruch auf Be-/Entlohnung
	Aufgabenkongruenz, Übereinstimmung von Verantwortung, Entscheidungs- und Bearbeitungskompetenz	zyklisch vollständige Aufgaben, Selbstwirksamkeit, Selbstkontrolle		zyklisch vollständige Aufgaben, Selbstwirksamkeit, Selbstkontrolle		
	eindeutige Verantwortungszuweisung	Selbstkontrolle, Eigenverantwortung		Selbstkontrolle, Eigenverantwortung, Kontrolle / Feedback		Zurechenbarkeit der Leistung
	gleichmäßige Kapazitätsauslastung	gleichmäßige Verteilung von Autonomie				
	beziehungsorientierte Bereichsbildung, Teamarbeit	je nach Effektivität und Effizienz der Arbeitsverteilung im Team, je nach Einschränkung des Bedürfnisses nach Autonomie, je nach Routinegrad der Arbeit und Bedürfnis nach Kompensation von Langeweile durch sozialen Kontakt		gegenseitige Unterstützung bei komplexen Aufgaben und/oder hoher Aufgabenunsicherheit		

Tab. 6: Einflussmöglichkeiten von BPM auf Leistungsbereitschaft über die Verhaltensdeterminante „Aufgabenmerkmale" mittels Regelungen der Arbeitsteilung[880]

[880] Wird im Rahmen der Arbeitsteilung zum Beispiel auf eine eindeutige Verantwortungszuweisung geachtet, ermöglicht die daraus resultierende Eigenverantwortung, dass das vor diesem Hintergrund gewählte Verhalten als auch dessen Instrumentalität eine positive Bewertung erhält.

	Entscheidungskriterien BPM Gestaltungsmöglichkeiten	Valenz Verhalten	Valenz Zielerreichung	Instrumentalität Verhalten für Zielerreichung	Valenz Be-/Entlohnung	Instrumentalität Zielerreichung für Be-/Entlohnung
Regeln der Koordination	**Standardisierung über Outputnormen, Zweckregeln, Service-level-agreements**	interessante und herausfordernde Aufgaben aufgrund „smarter" Ziele, Verhaltensautonomie		je nach Aufgabenkomplexität und -unsicherheit, Kontrolle / Feedback		
	Standardisierung über Ausführungsregeln, Verfahrensanweisungen	je Übereinstimmung von Bedürfnis nach Vorgaben sowie Fremdkontrolle und Ausprägung der Regelungsdichte, Sinnhaftigkeit des Verhaltens wegen Verhaltensvorgaben zum Erreichen „smarter" Ziele		Vorgabe nur relevanter Aufgaben mit Ausführungsanweisungen zum Erreichen „smarter" Ziele bei statischen, routinisierten und/oder gut strukturierten Aufgaben		Anspruch auf Be-/Entlohnung beim Befolgen von Vorgaben der Ausführungsanweisungen
	Selbstabstimmung	Selbstregulation		gegenseitige Unterstützung bei komplexen, dynamischen und oder unsicheren Aufgaben		
	Hierarchie, persönliche Weisung			Unterstützung bei komplexen, dynamischen und/oder unsicheren Aufgaben		

Tab. 7: Einflussmöglichkeiten von BPM auf Leistungsbereitschaft über die Verhaltensdeterminante „Aufgabenmerkmale" mittels Regelungen der Koordination[881]

Hinzu kommt, dass Verhalten von Organisationsteilnehmern nicht nur durch deren direkte Aufgabenstellung mit ihrer jeweiligen Merkmalsausprägung beeinflusst werden, sondern auch aufgrund der mit Arbeitsteilung und Koordination einhergehenden Interdependenzen und sozialen Interaktion ihre Verhaltensentscheidungen treffen, was im folgenden Kapitel näher betrachtet werden soll.

6.4 Interaktion

Die Zuordnung von Aufgaben an eine Gruppe[882] ist die theoretische Leitidee für die Gestaltung einer Prozessorganisation.[883] Ein solches Prozessteam soll Bereichsdenken überwinden und ist für eine prozessorientierte Zusammenarbeit erforderlich.[884] Sowohl Koordination aufgrund von Arbeitsteilung als auch die Ausrichtung von BPM auf Gruppenarbeit führen zu Interaktionen zwischen Prozessteilnehmern. Die Betrachtung der Gruppenebene ist für die Prozessgestaltung zur Verhaltenssteuerung ebenfalls deshalb relevant, weil Menschen in Gruppen Dinge tun, die sie selbst allein nicht tun würden,[885] sodass festgestellt werden kann, dass das Ge-

[881] Werden Prozessaktivitäten zum Beispiel über Selbstabstimmung koordiniert, ermöglicht dies bei komplexen, dynamischen und/oder unsicheren Aufgaben gegenseitige Unterstützung in der intensiven Zusammenarbeit, die wiederum die Instrumentalität des Verhaltens für die Zielerreichung erhöhen kann.

[882] Ergänzend zum Gruppenbegriff werden die Begriffe Prozessteam und Team synonym verwendet.

[883] Vgl. Schober (2002), S. 209.

[884] Vgl. Eversheim (1995), S. 121.

[885] Vgl. Asch (1957); Milgram (1974); Zimbardo (1969).

samtverhalten von Gruppenmitgliedern „mehr" ist als die Summe des individuellen Verhaltens der einzelnen Mitglieder.[886] Dementsprechend wird im Rahmen dieses Kapitels die Beeinflussung von Interaktion durch BPM und ihr möglicher Einfluss auf die Leistungsbereitschaft betrachtet.

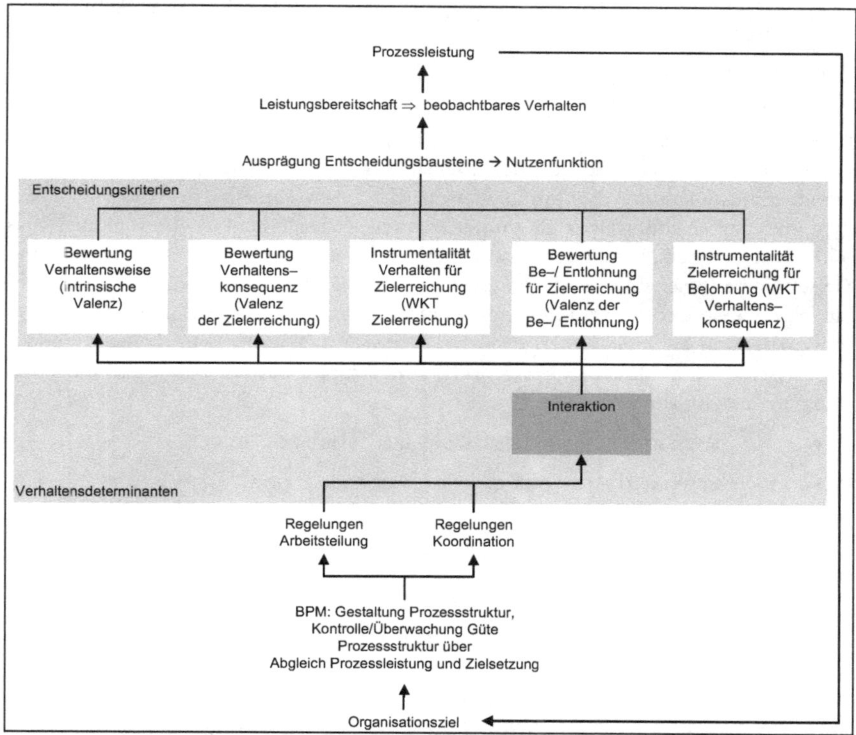

Abb. 17: Überblick über die im Kapitel dargestellten Zusammenhänge bezüglich der Verhaltensdeterminante „Interaktion"

6.4.1 Gruppenmerkmale

Die Gruppe beeinflusst jeden Einzelnen hinsichtlich dessen Menge und Qualität von Arbeitsleistung, Motivation und Loyalität.[887] Sie befriedigt die Bedürfnisse nach sozialem Kontakt. Arbeit ohne Interaktion zwischen Prozessbeteiligten kann keine hohe Leistungsbereitschaft hervorrufen.[888] Gruppen sind mehrdimensionale leben-

[886] Vgl. Weinert (2004), S. 393.

[887] Vgl. Weinert (2004), S. 452.

[888] Vgl. hierzu auch die Ergebnisse des Hawthorne Experiments, die Ausführungen des Human-Relations Ansatzes, das Linking Pin Modell von Likert und die Inhalte der Bedürfnistheorien etwa von McGregor, Alderfer, Herzberg oder Maslow. Vgl. Schreyögg (2003).

dige, soziale Systeme, bei denen zumindest drei Interaktionsebenen differenziert werden können:[889]

- Technisch-rationale Ebene: formale Arbeitsbeziehungen und -abläufe,
- Kommunikativ-koordinatorische Ebene zur Durchführung und Verbesserung von Abläufen,
- Sozialdynamische Ebene: Geflecht der emotionalen Beziehungen der Gruppenmitglieder.

Teamarbeit wird hier als eine Arbeitsform aufgefasst, bei der mehrere Akteure über eine gewisse Zeit, nach bestimmten Regeln und Normen eine aus mehreren Teilaufgaben bestehende Arbeitsaufgabe bearbeiten, um gemeinsame Ziele zu erreichen, die hierfür unmittelbar zusammenarbeiten und sich als Gruppe fühlen.[890] Das heißt Prozessbeteiligte müssen eine gemeinsame, aufgabenbezogene Identität und Zielsetzung entwickeln, damit von Gruppenarbeit gesprochen werden kann. Indem Einzelpersonen kooperativ interagieren sind Mitglieder eines Teams bei der Aufgabenbearbeitung aufeinander angewiesen, sodass aufgabenbedingte Interdependenzen zwischen den Akteuren bestehen.[891] Ein Gruppe besteht somit aus einer begrenzten Anzahl Mitglieder, die[892]

- interagieren und gelegentlich face-to-face Kontakt haben,
- in Verhalten und Arbeitsleistung interdependent sind,
- sich einander bewusst sind und sich als Gruppe wahrnehmen, sodass eine Abgrenzung von der Organisationsumwelt und eine Gruppenidentifikation bzw. ein -zugehörigkeitsgefühl besteht,
- ein gemeinsames Ziel anstreben und
- konkrete Rollen haben.

Gruppen können neben der regulären Arbeitsorganisation existieren wie zum Beispiel Projektteams oder in die reguläre Arbeitsorganisation integriert sein wie etwa Prozessteams und mit unterschiedlich großem Handlungsspielraum ausgestattet sein.[893] Für die Koordination und Integration der Arbeiten sind gegenseitige hohe Verlässlichkeit hinsichtlich Initiativen und Verantwortlichkeiten sowie hohes Commitment gegenüber Teammitgliedern, Organisation und Prozessaufgabe notwendig.[894] Die Häufigkeit der Interaktionen, die wahrgenommene Ähnlichkeit der Gruppenmitglieder und die Qualität der erlebten Be-/Entlohnungen bedingen den

[889] Vgl. Wiendieck (2004), S. 390.

[890] Vgl. Antoni (1999), S. 380.

[891] Vgl. Mankin et al. (1996), S. 24.

[892] Vgl. Gebert/Rosenstiel v. (2002), S. 141f.; Weinert (2004), S. 389ff., 452.

[893] Vgl. Antoni (1996), S. 381f.

[894] Vgl. Weinert (2004), S. 20.

Erfolg der Gruppenentwicklung,[895] welche über das anfängliche gegenseitige Kennenlernen, das Aushandeln der sozialen Struktur, die Herausbildung von Verhaltens- und Leistungnormen zur Leistungsphase der Gruppenarbeit führt.[896]

Die Leistung von Prozessteams hängt von deren Effektivität und Effizienz ab. Die Effektivität ist in drei Dimensionen messbar:[897]

- Erfüllen von Standards, die Kunden in mengenmäßiger, zeitlicher und qualitätsmäßiger Hinsicht an das Prozessergebnis stellen,
- Erkennen und Korrigieren von Fehlern, sodass kein ernsthafter Schaden entsteht, und Nutzen von Chancen, mit jeder Vorgangsarbeit den Prozess weiter zu vervollkommnen,
- Lernfortschritt und Wohlbefinden der Gruppenmitglieder aufgrund Erfahrungen in der Gruppenarbeit.

Prozessteams sind effizient, wenn Outputempfänger mit der erbrachten Leistung zufrieden sind, die langfristige Lebensfähigkeit der Gruppe gewährleistet ist und Gruppenmitglieder auch zukünftig bereit sind, miteinander zu arbeiten sowie positive Erfahrungen der Gruppenarbeit zu weiterem aktiven Einbringen der Mitglieder führen.[898] Kriterien für Gruppeneffizienz sind zum Beispiel: Produktionsleistung pro Teammitglied und Stunde, verursachte Kosten, Abfall bzw. produzierter Ausschuss, Fernbleiben vom Arbeitsplatz, Kündigungshäufigkeit etc.[899] Sowohl Effektivität als auch Effizienz von Prozessteams können über die Organisation im Rahmen der Gesamtstrategie und Zielsetzung, Festlegung von Autoritätsstruktur und formalen Regeln, Ausprägung von Leistungsbewertungs- bzw. Anreizsystem, Gestaltung von Arbeitsteilung und Wahl der Koordinationsmechanismen beeinflusst werden. Beispielsweise über die Strukturierung von Arbeitsprozessen, Anordnung von Arbeitsplätzen, Integration oder Isolation von Arbeitsbereichen, Festlegung der Kommunikationsbeziehungen, Bildung formaler Gruppen kann BPM die Gruppenbildung tendenziell fördern oder verhindern. Gruppenbildung und die Art und Weise der Gruppenarbeit beeinflusst je nach Ausprägung des Gruppenerfolgs nicht nur direkt die Prozessleistung, sondern auch indirekt die Leistungsbereitschaft der Organisationsmitglieder, weil sozialer Kontakt an sich motivierend wirkt. Auf beide Effekte soll in den folgenden Kapiteln eingegangen werden.

6.4.2 Sozialer Kontakt, soziale Bedürfnisse in Interaktionen

Interaktionen am Arbeitsplatz kompensieren insbesondere dann Defizite sozialer Bedürfnisse, wenn kein zufrieden stellendes Familien- bzw. Privatleben der Pro-

895 Vgl. Bass (1960), S. 60.

896 Vgl. Tschan (2000).

897 Vgl. Hackman/Wageman (2005), S. 272.

898 Vgl. Hackman (1987).

899 Vgl. Likert (1961), (1967); Katz et al. (1950).

zessbeteiligten vorhanden ist.[900] Es konnte festgestellt werden, dass Tätigkeiten zur intrinsischen Belohnung führen, wenn sich Akteure bei der Aufgabenerfüllung wegen der möglichen Kontakte wohl fühlen.[901] Der Mensch ist ein geselliges Wesen und strebt nach sozialen Kontakten auch wenn das Ausmaß individuell unterschiedlich ist, sodass im Rahmen von Gruppenarbeit Gefühle der Sicherheit und des Geborgenseins entstehen können.[902] In jedem Fall ist die Gruppe aus Akteurssicht eine verhaltensrelevante Umwelt, die zur Realisierung individueller Bedürfnisse beiträgt und sogar das Anpassen individuellen Verhaltens zum Beispiel über Verweigerung wichtiger Informationen, Wertschätzung, Sanktionierung etc. erzwingen kann.[903] Forschungsergebnisse zeigen, dass immaterielle Be-/ Entlohnungen, wie beispielsweise Kommunikation, Beziehungen und Teilnahme an Entscheidungen, Motivation entscheidend beeinflussen.[904] Prozessteilnehmer werden im Wesentlichen durch die Befriedigung sozialer Bedürfnisse, wie Zugehörigkeitsgefühl, Identität, Bereitschaft und Wille zur Integration in Organisationen im Rahmen von Beziehungen mit Kollegen motiviert. Sie reagieren stärker auf soziale Einflüsse, Normen und Standards ihrer Gruppe als auf materielle Be-/Entlohnungs- oder Kontrollsysteme. [905] Insbesondere informelle Gruppen erfüllen menschliche Bedürfnisse im Arbeitsleben, denen die formale Organisation nicht immer Rechnung trägt und unterstützen persönliche Interessen, Ziele und Werte. Die Einrichtung von Teamarbeit erleichtert die Kontaktaufnahme zwischen beteiligten betrieblichen Stellen insbesondere zur Lösung von Arbeitsproblemen, ermöglicht somit Leistungsentfaltung und erleichtert die Ausführung von Tätigkeiten.[906] Kommunikation bzw. Interaktion gehen über die reine Aufgabenerfüllung hinaus und können insofern notwendig sein, als sie nicht nur Bedürfnisse befriedigen, sondern auch den nicht vollständig regelbaren aber gleichermaßen wichtigen Informationsfluss ermöglichen. Hierzu wurden gerade für Arbeitsgruppen, die räumlich voneinander getrennt sind, Büro- und Telekommunikationsmittel wie etwa Teleheimarbeit und Videokonferenzen entwickelt, die physischen Transport und die damit verbundenen Transportzeiten- und -kosten reduzieren. Obwohl diese beiden Techniken hohes Einsatzpotenzial bei der Prozessorganisation versprechen, werden sie nicht in dem Maße eingesetzt, wie es ursprünglich prognostiziert wurde. Das Bedürfnis des Menschen nach sozialem Kontakt führt dazu, dass Prozessbeteiligte es vorzie-

---

900 Vgl. Weinert (2004), S. 48.

901 Vgl. Schanz (1982), S. 17.

902 Vgl. Cartwright (1968), S. 104f.

903 Vgl. Lassmann (1992), S. 160.

904 Vgl. Lewin/Lippit/White (1939); Likert (1961); Roethlisberger/Dickson (1964).

905 Vgl. hierzu Katz et al. (1950); Likert (1961); Fleishman (1953 a), (1953b), (1953c); Stogdill (1948), (1959); Cartwright/Zander (1968).

906 Vgl. Rohmert/Weg (1976), S. 142.

hen, weit zu reisen und den direkten Kontakt zu suchen anstatt moderne Techniken einzusetzen.[907]

Aufgrund der Orientierung von BPM hinsichtlich Kosten-, Zeit- und Qualitätsziele, dient der Aspekt der Gruppenarbeit als Organisationsstruktur weniger dem sozialen Kontakt von Prozessteilnehmern untereinander, um deren Kontaktbedürfnisse als solche zu befriedigen, sondern vielmehr der Vorteilhaftigkeit von Gruppenarbeit, kundenorientierte Rundumbearbeitung sowie Prozesse im Rahmen ganzheitlicher Aufgabenstellungen Prozessteams zuweisen und von diesen mittels Selbstabstimmung effizient durchführen lassen zu können. Formale Gruppen werden gebildet, um vorgegebene Ziele zu erfüllen und die damit verbundenen Aufgaben zu erledigen, die vom Einzelnen nicht bewerkstelligt werden können.[908] Demzufolge verfolgen BPM Ansätze die Etablierung von Interaktion zwischen Prozessbeteiligten nicht vordergründig, um motivierende Geselligkeit der Akteure herzustellen. Dieser Aspekt kommt allenthalben zum Tragen, wenn es darum geht, sehr einfache, im Detail geregelte Routineaufgaben von Prozessteilnehmern ausführen zu lassen, die tendenziell dysfunktionale Verhaltensweisen nach sich ziehen, wenn nicht sozialer Kontakt die Nachteile der Aufgabenstellung kompensiert und aus Akteurssicht die Tätigkeit erträglich macht. Es konnte festgestellt werden, dass sozialer Kontakt insbesondere bei langweiligen, monotonen, einfachen, geregelten Aufgaben Motivation erzeugen kann.[909] Die Teamorientierung von BPM verfolgt das Ziel, mittels dieser Organisationsform die festgelegten Ziele zu erreichen, sodass Gruppenarbeit unter Erfolgsgesichtspunkten zu gestalten und zu nutzen ist.

6.4.3 Gruppeneffizienz und -erfolg

Gruppen sind in das Zielsystem der Organisation eingebunden und müssen Leistungen erbringen, die der Zielerreichung der Gesamtorganisation dienen. Es gibt verschiedene Modelle über Faktoren, welche die Gruppeneffizienz direkt beeinflussen. Als Determinanten werden unter anderem vielfach die Häufigkeit der Interaktion, Gruppenzusammensetzung, Strukturierung ihrer Arbeit und Interdependenzen genannt.[910] Mit wachsender Mitgliederzahl sinkt einerseits die Wahrscheinlichkeit für die unmittelbare Zusammenarbeit der Teammitglieder und andererseits steigt die Wahrscheinlichkeit der Bildung von Subgruppen. Die Gruppengröße bestimmt die Qualität, Quantität und Richtung erhaltener bzw. weitergeleiteter Informationen und somit die Koordinationsfähigkeit der Gruppe sowie die Lenkung und Veränderung ihres Verhaltens. Aufgrund der überproportional steigenden Komplexität der Kommunikationsstruktur scheint es schwierig, Teams mit

[907] Vgl. Fischermanns/Liebelt (2000), S. 56.

[908] Vgl. Weinert (2004), S. 452.

[909] Vgl. hierzu auch die Ausführungen in Kapitel 4.4 zu den nachteiligen Wirkungen starker Arbeitsteilung und hohem Routinegrad auf das Verhalten von Prozessbeteiligten.

[910] Vgl. Campion et al. (1993); Stevens/Campion (1999); Wiendieck (2004), S. 390.

mehr als zehn Mitgliedern zu unterhalten.[911] Die Leistungsfähigkeit einer Gruppe in Abhängigkeit ihrer Größe ist jedoch vor dem Hintergrund ihrer Aufgabe zu sehen. So können kleinere Gruppen mit fünf bis sechs Mitgliedern in der Regel zum Beispiel rascher Aufgaben abschließen und Entscheidungen schneller koordinieren bzw. umsetzen, während größere Gruppen eine bessere Problemlösungskompetenz aufweisen, solange nicht wenige Mitglieder dominieren, sich Untergruppen entwickeln und ein übermäßig langer Entscheidungsprozess zugrunde liegt, was die Bedeutung der Teamzusammensetzung für erfolgreiche Gruppenarbeit andeutet.[912]

Vor dem Hintergrund der Zusammensetzung von Teams erweist sich Gruppenarbeit umso effizienter, je mehr die Kriterien des „right mix", „timing" und „purposing" erfüllt sind.[913] Ein „right mix" liegt vor, wenn das Team aus maximal zehn Mitgliedern mit heterogen ausgeprägter fachlicher Kompetenz und einer Mischung aus sozialer Kompetenz, Problemlösungswissen und funktionalem Expertenwissen besteht.[914] Beim „timing" ist zu berücksichtigen, dass Teams erst dann besonders hohe Leistungen bringen, wenn sie die typischen Phasen der Gruppenbildung des „Forming, Storming, Norming" bereits durchlaufen haben. In Studien konnte gezeigt werden, dass besonders hohe Gruppenleistungen bei einer Zusammenarbeit zwischen ein und fünf Jahren erzielt werden können, denn zuvor sind die Phasen des so genannten Zusammenraufens und der Formulierung von Gruppennormen notwendig, bevor eine hohe Leistung erbracht werden kann. Demzufolge verwenden erfolgreiche Gruppen viel Zeit damit, sich über Ziele klar zu werden und konkrete Ziele zu formulieren, was als „purposing" bezeichnet wird.[915]

Im Rahmen von BPM wird die Ausführung eines Geschäftsprozesses je nach Umfang einer Person, dem Case Worker oder einer Gruppe von Personen, dem Case Team, übertragen.[916] Der Case Worker bzw. das Case Team ist dabei nicht nur mit der Prozessausführung betraut, sondern auch berechtigt, alle Entscheidungen, die ausschließlich den anvertrauten Prozess betreffen, selbst zu treffen. Nach welchen Regeln eine Leistung erbracht wird, bestimmt somit nicht der vorgesetzte gesamtverantwortliche Process Owner, sondern die mit der Ausführung Beauftragten selbst, was dem Ansatz des empowerments entspricht.[917] Jedes Team legt selbst

---

911 Vgl. Högl (2004), Sp. 1402.

912 Vgl. Weinert (2004), S. 400.

913 Vgl. Osterloh/Frost (2003), S. 113.

914 Vgl. Rosenstiel v. (2000), S. 236ff.; Vgl. Osterloh/Frost (2003), S. 113.

915 Vgl. Osterloh/Frost (2003), S. 113; Schober (2002), S. 174.

916 Unabhängig davon, ob die Ausführung eines Prozesses einer Person oder einer Gruppe zugeordnet wird, wird in dieser Arbeit vorausgesetzt, dass jegliche Aufgabenerfüllung nicht gänzlich ohne Interaktion zwischen Akteuren auskommt. Somit bestehen auch bei der Prozessbearbeitung durch nur eine Person Abhängigkeiten zu Leistungen anderer Akteure, sodass ebenfalls in diesem Fall Aspekte von Gruppenarbeit und Interaktion bei der Prozessgestaltung zu berücksichtigen sind.

917 Vgl. Hammer/Champy (1993).

die Abläufe seiner Tätigkeiten fest. Dadurch entfällt die Notwendigkeit einer übergeordneten Koordination, die Kommunikations- und Entscheidungswege werden verkürzt und die Flexibilität steigt.[918] Um alle anstehenden Aufgaben selbständig lösen zu können, weisen erfolgreiche Prozessteams folgende Merkmale auf:[919]

- unterschiedliche Fähigkeiten der Teammitglieder,
- häufige „face-to-face"-Kontakte,
- gemeinsames Ziel,
- Zusammengehörigkeitsgefühl (Teamgeist, esprit de corps, Wir-Gefühl),
- eigene Gruppennormen,
- wechselseitige (statt hierarchische) Kontrolle,
- partizipative Kooperation,
- Zusammenarbeit über einen längeren Zeitraum hinweg,
- und im Innenverhältnis keine Vorgesetzten.

Das Prinzip der Organisation über Case Teams stößt jedoch zum Beispiel dann an Grenzen, wenn sich das Team nicht bei der Ausfüllung seiner Entscheidungsspielräume einigen kann oder sich Entscheidungen nicht nur auf den zu verantwortenden Prozess, sondern auch auf andere Geschäftsprozesse auswirken.[920] Mangelnde Einigung kann über Entscheidungen von außen gelöst werden, indem der Process Owner im Innenverhältnis vermittelnd als Moderator und Coach auftritt und im schlechtesten Fall mit Hilfe seiner finalen Entscheidungs- und Weisungsrechte gegenüber dem Case Team eingreift.[921] Im Außenverhältnis sorgt er dafür, dass die Rahmenbedingungen für das Case Team geeignet definiert werden. Hierfür tritt er einerseits als Informationsvermittler auf, der, in Abstimmung mit Process Ownern anderer Geschäftsprozesse, für die Sinnhaftigkeit und Zielorientierung der Rahmenbedingungen sorgt. Andererseits ist er aber auch als Vertreter des Case Teams zu sehen, der die Interessen des Teams gegenüber externen Einflussgruppen geltend machen kann.[922] Der Vorteil dieser Rollenzuweisungen und anzustrebenden Gruppenzusammensetzung liegt darin, dass auf Eigenverantwortung und Selbstorganisation gebaut wird, was zu einer besseren Ausrichtung der Aktivitäten auf Kundenbedürfnisse, höherer Qualität von Entscheidungen, geringeren Widerständen bei der Umsetzung von Entscheidungen und damit einhergehend möglicherweise geringeren Einigungskosten führt. Allerdings ist zu berücksichtigen, dass die in der Literatur beschriebene Rollenteilung zwischen Process Owner und Case

918 Vgl. Best/Weth (2005), S. 134.

919 Vgl. Steinmann/Schreyögg (1993); Rosenstiel v. (2000); Griese/Sieber (2001), S. 90.

920 Vgl. Griese/Sieber (2001), S. 88.

921 Vgl. Osterloh/Frost (2003), S. 116.

922 Vgl. Griese/Sieber (2001), S. 88f.

Team bzw. Case Worker eher als idealtypisch anzusehen ist und in der Praxis oftmals nicht so klar umgesetzt wird.[923]

Unter Zugrundelegung der Logik des Input-Process-Output-Modells[924] kann gezeigt werden, dass sich die personenbezogenen Merkmale wie Sozial-, Fachkompetenz und Teamorientierung in erster Linie direkt auf den Teamerfolg auswirken, während teambezogene Merkmale, zum Beispiel Kohäsion und Homogenität indirekt den Teamerfolg beeinflussen. Die Wirksamkeit von Teams hängt demnach nicht nur von den von BPM nicht zu beeinflussenden individuellen Charakteristika der beteiligten Akteure und dem organisationalen bzw. situativen Kontext wie Organisationsklima und Anreizsystemstruktur ab, sondern auch von den Aufgabenmerkmalen zum Beispiel Komplexität, der Gruppenzusammensetzung und der Koordination sowie Kommunikationsstruktur der Teamarbeit ab.[925] Insbesondere letztere kann den Erfolg von Prozessteams durch den Erwerb, die Verteilung und den Ausbau kollektiver Wissensbestände sichern.[926] Die Hawthorne-Experimente zeigten, dass interne Gruppenstrukturen und -prozesse sowie informelle Regeln die Arbeitsweise und Leistung einer Gruppe in hohem Maße prägen.[927] Teamstrukturen ohne Privilegien sind zum Beispiel vorteilhafter für Gruppenarbeit, denn während sich in hierarchischen Organisationsformen Personen über Status in der Organisation definieren, ist es im Rahmen von Teamarbeit wichtig, welchen Beitrag jeder Einzelne zum Erfolg der Gruppe einbringt.[928] Die Bereitschaft des Teams sich anzustrengen ist von der Aufgabenstruktur abhängig. Motivierende Teamaufgaben umfassen einen ganzheitlichen und sinnvollen Geschäfts(teil)prozess, für den die Beteiligten die Verantwortung übernehmen und verlässliche Informationen über die Ausführung erhalten.[929] Die Gruppe leistet mehr als ihr bestes Mitglied, wenn komplexe Aufgaben zu lösen sind und die unterschiedlichen Sichtweisen der einzelnen Mitglieder zur Kreativitätsentfaltung beitragen, da die Lösung von neuen Anregungen und dem Prinzip des Fehlerausgleichs profitiert.[930] Insbesondere Teams mit interdependenten Aufgaben nutzen kollektives Wissen und Fähigkeiten ihrer Mitglieder, um die Aufgabenerfüllung zu perfektionieren. Sie erzeugen qualitativ hochwertige soziale Prozesse, extensives gegenseitiges Lernen und kollektive Gruppenverantwortung für die Gruppenleistung. Je höher die Aufgabeninterdependenz, desto mehr Kommunikation, gegenseitige Unterstützung und Wissens-

[923] Vgl. Griese/Sieber (2001), S. 91.

[924] Vgl. McGrath (1964).

[925] Vgl. Salas et al. (1992); Tannenbaum et al. (1992)

[926] Vgl. Gaitanides (2007), S. 191. Vgl. auch die Ausführung zur Relevanz von Kernkompetenzen und Wissensvermittlung im Rahmen von Prozessabläufen zur Sicherung von Wettbewerbsvorteilen in Kapitel 4.1.

[927] Vgl. Mayo (1945), (1966); Roethlisberger/Dickson (1964); Gillespie (1991).

[928] Vgl. Caprano (1996), S. 149.

[929] Vgl. Gaitanides (2007), S. 192.

[930] Vgl. Rosenstiel v. (1980), Sp. 802; Kesten (1998), S. 237.

transfer sind zu beobachten.[931] Insbesondere bei reziproker Interdependenz, wo sich Aktivitäten und Prozesse gegenseitig bedingen und sich die Prozessarbeit simultan vollzieht, herrscht ein hoher Abstimmungsbedarf, der letztlich nur von Prozessteams geleistet werden kann, deren Koordination über Selbstabstimmung erfolgt.[932] Diese Art der Interdependenz, welche mittels der Sachlogik und organisatorischer Designentscheidungen die Aufgabenstruktur und die Mikrostruktur der Arbeitsteilung innerhalb des Teams bestimmt,[933] tritt dann auf, wenn sich Wege von Prozessen nicht scharf definieren lassen und erst im Vollzug präzisiert werden können.[934] Aufgabenergebnisinterdependenzen hingegen forcieren weniger den Koordinationsbedarf als vielmehr die Koordinationsmotivation von Prozessbeteiligten, da bei hoher Ergebnisinterdependenz die Belohnung des Einzelnen von den Leistungsbeiträgen anderer abhängt, sodass Hilfsbereitschaft Erträge fördert während unterlassene Kooperation Erträge schmälert. Daher ist es wichtig, dass Ergebnis- und Aufgabeninterdependenzen konsequent im Einklang stehen, um sowohl Arbeitsmotivation als auch Anstrengungsbereitschaft hervorzurufen.[935] Insgesamt kann beobachtet werden, dass höherer Koordinationsbedarf aufgrund von Aufgabeninterdependenzen Teamgeist fördert, denn die Überwindung von Schnittstellenproblemen und die Beseitigung von Konfliktpotenzialen werden als Herausforderung verstanden, welche die intrinsische Motivation aktivieren und damit die Bewertung der Verhaltensvalenz steigern.[936] Teamgeist, was in der Literatur auch im Rahmen von kooperativem Engagement und Organization Citizenship Behavior (OCB) behandelt wird, setzt Vertrauen und Fairness innerhalb des Prozessteams voraus, denn Teamentwicklung besteht in der Formulierung von Regeln der Zusammenarbeit. Die Erarbeitung eines derartigen Routinenkatalogs bildet die Basis für institutionelles Vertrauen, aus dem sich wechselseitige Verlässlichkeit entwickeln kann.[937] Zudem soll eine Kultur des ständigen Lernens und selbstkritischen Hinterfragens Kommunikation kontinuierlich verbessern und fortwährend neue Lösungsansätze liefern, sodass nachgewiesen werden kann, dass dieses proaktive Hinterfragen, welches Teil des Teamgeistes ist, in einem hoch signifikanten Zusammenhang mit Teamerfolg steht.[938] Die Parallelität von Ergebnis- und Aufgabeninterdependenzen hat darüber hinaus positive Effekte auf die Kreativität von Prozessteams,[939] sodass festgestellt werden kann, dass die Gruppeneffektivität und der Teamerfolg mit wachsendem Ausmaß an Interdependenzen und Prozessintegration

931 Vgl. Campion et al. (1993), S. 827; Campione t al. (1996), S. 823ff.

932 Vgl. Schreyögg (2003), S. 123.

933 Vgl. Wageman (1995), S. 146f.

934 Vgl. Gaitanides (2007), S. 197.

935 Vgl. Gebert (2004), S. 35.

936 Vgl. Gebert (2004), S. 34f.

937 Vgl. Gebert (2004), S. 76.

938 Vgl. Gebert (2004), S. 25.

939 Vgl. Gaitanides (2007), S. 198.

steigt.[940] Dieses widerspricht jedoch den Forderungen, wie sie etwa dem Aufgabenmerkmal Autonomie zugrunde liegen, dass möglichst geringe Interdependenzen bei der Prozessgestaltung geschaffen werden sollen.

Wie bereits erläutert hängt der Prozessteamerfolg von dem Engagement der Gruppenmitglieder ab. Ihre Zusammenarbeit ist umso aktiver, je geringer die räumliche Distanz zwischen ihnen, je ähnlicher der ethnische Background und je ähnlicher ihre Bezahlung, ihr Status und ihre Aufgaben sind.[941] Die Ähnlichkeiten zwischen den Prozessbeteiligten und die räumliche Nähe erleichtern den Vergleich untereinander und die auch die Übernahme der Ziele anderer, denn Menschen neigen dazu, die eigene Position mit der anderer zu vergleichen und Ziele anderer quasi als ihre eigenen zu akzeptieren.[942] Dieses spiegelt sich in der Gruppenidentifikation wider, sodass durch die Gruppe individuelle Zielsetzungen derer beeinflusst werden, die sich mit ihr identifizieren. Je stärker die Identifikation mit dem Prozessteam, desto aktiver die Mitarbeit des Prozessbeteiligten und desto geringer die Neigung, die Gruppe zu verlassen.[943] Demzufolge hängen die Effizienz und der Erfolg von Prozessteamarbeit ebenfalls von dem Grad der Identifikation der Prozessbeteiligten mit ihrem Prozessteam ab. Ein Individuum identifiziert sich mit seiner Gruppe umso stärker,[944]

- je höher Grad der Wahrnehmung gemeinsamer Ziele unter Gruppenmitgliedern ist,
- je größer die Anzahl der in der Gruppe befriedigten individuellen Bedürfnisse ist,
- wenn individuelle Ziele mit der Wahrnehmung der Gruppennorm übereinstimmen, denn eine Identifikation mit der (Sub-)Gruppe impliziert Akzeptanz von und Konformität mit Gruppennormen ,
- je geringer das Ausmaß des Wettbewerbs zwischen Gruppenmitgliedern ist,
- je länger der Prozessbeteiligte dem Prozessteam angehört,[945] denn die Dauer der Gruppenmitgliedschaft bestimmt oft das Interaktionsausmaß und somit auch die Befriedigung der Bedürfnisse innerhalb der Organisation, welches die Identifikation mit der Organisation determiniert,
- je größer das wahrgenommene Prestige der Gruppe ist, denn zum Beispiel je produktiver eine Subgruppe in der Organisation ist, desto größer ist die Identifikation mit dieser Subgruppe und

[940] Vgl. Wageman (1995), S. 148.

[941] Vgl. March/Simon (1976), S. 71.

[942] Vgl. March/Simon (1976), S. 63.

[943] Vgl. March/Simon (1976), S. 71f.

[944] Vgl. March/Simon (1976), S. 63-74.

[945] Diese Aussage gilt nicht für das erste Gruppenmitgliedsjahr.

- je kleiner die Gruppengröße ist.

Die Identifikation und damit die Gruppenzugehörigkeit verbessert die individuelle Anpassungsfähigkeit, das seelische, geistige und körperliche Umgehen mit Arbeitsbedingungen sowie die allgemeine Zufriedenheit und verringert Krankenstand, Abwesenheit, Stress, Frustration, Kündigungshäufigkeit im Vergleich zu Organisationsmitgliedern, die Außenseiter sind und keiner kohäsiven Gruppe angehören.[946]

Die Ausprägung der Kohäsion wird durch die Ausprägung des Übereinstimmungsgrads bzw. über die Höhe der Differenz zwischen den Gruppen- und Einzelzielen der Teammitglieder bestimmt.[947] Es konnte gezeigt werden, dass kohäsive Gruppen bzw. Abteilungen in der Regel ein besser funktionierendes Kommunikationssystem haben, insbesondere mehr Motivation alles Relevante zu kommunizieren und weniger Perzeptionsfehler aufweisen als schwachkohäsive Gruppen, sodass der Kommunikationsprozess reibungsloser und rascher verläuft sowie Inhalte schneller und zuverlässiger aufgenommen werden.[948] Eine hohe Gruppenkohäsion führt insbesondere dann zu besseren Leistungen, wenn in der Gruppe hohe Leistungsziele bestehen. Kohäsion allein bei geringen Leistungsnormen führt nur zu geringer Produktivität, das heißt, dass Gruppenmitglieder, die gern zusammen sind, weil sie sich mögen, nicht zwingend effizienter sind und eine geringere Produktivität aufweisen als Teams mit geringer Kohäsion und hoher Leistungsnorm.[949] Die Voraussetzung für eine mittlere bis hin zu möglichst hoher Produktivität ist eine entsprechende Zielsetzung, die zu hohen Leistungen motiviert. Der bereits genannte „right mix" bedeutet, dass neben den vorliegenden Kompetenzen auch die Voraussetzungen für einen hohen Kohäsionsgrad gegeben sein müssen. Dies erklärt sich aus den Ergebnissen der Gruppenforschung, wonach kohäsive Arbeitsgruppen eine höhere Leistungsfähigkeit und höhere Leistungsziele aufweisen.[950] Der Kohäsionsgrad hängt neben der Gruppengröße auch von den Interaktionsmöglichkeiten der Gruppenmitglieder und der Relevanz der Gruppenarbeit für die Gesamtleistung des Unternehmens ab.[951] Durch überlappende, teilautonome Prozessteams bildet die Prozessorganisation die ideale Voraussetzung für eine hohe Gruppenkohäsion. Beim Management des Gruppenverhaltens kann es folglich nur darum gehen, den dysfunktionalen Wirkungen einer hohen Kohäsion, wie Meinungskonformität oder Abschottung gegenüber anderen Gruppen,[952] zu begegnen und die hohe Kohäsion

946 Vgl. Weinert (2004), S. 417.

947 Vgl. Weinert (2004), S. 410.

948 Vgl. Schreyögg (2003), S. 261.

949 Vgl. Schreyögg (2003), S. 260; Weinert (2004), S. 406ff.

950 Vgl. Mullen/Copper (1994).

951 Vgl. Litterer (1965), S. 86ff.

952 Vgl. Tannenbaum (1966), S. 58ff.

für eine hohe Prozessleistung zu nutzen.[953] Gruppenkohäsion ist somit nicht von vornherein positiv zu bewerten.

Je größer die Kohäsion des Prozessteams ist, desto intensiver sind Interaktionen zwischen den Prozessbeteiligten und desto größer ist die Einheitlichkeit der Teammeinung, wobei die Einheitlichkeit der Meinung wiederum die Kohäsion verstärkt. Vorteilhaft hierbei ist, dass eine Vereinheitlichung der Meinung die Möglichkeit vermindert, dass ein Akteur von der Gruppe widersprüchliche Anweisungen erhält. Dies fördert wiederum die Identifikation mit dem Team, da ein Individuum seine Gruppenmitgliedschaft in der Regel so auswählt, dass es den Konflikt minimiert, der durch unterschiedliche gestellte Anforderungen entstehen kann.[954] Kernsymptome des Gruppendenkens sind:[955]

- Glaube an Unverletzbarkeit, Unangreifbarkeit, Selbstüberschätzung, übertriebener Optimismus, welche zu einer geringen Einschätzung von Entscheidungsrisiken führen,
- Glaube an moralische Überlegenheit, sodass abweichende Meinungen nicht nur als falsch, sondern als verwerflich klassifiziert werden und unmittelbarer Druck auf abweichende Gruppenmitglieder ausgeübt wird,
- Kollektive Rationalisierungstendenzen, welche eine selektive Aufnahme und Bewertung von Informationen zur Rechtfertigung der Überzeugungen nach sich ziehen,
- Stereotypisierungen, die zu einer Abwertung von Außengruppen führen und Kontakte zu Nichtmitgliedern reduzieren,
- Selbstzensur, sodass Gruppenmitglieder Bedenken unterdrücken, offene Diskussionen unterbleiben und eine Illusion der Einmütigkeit entsteht.

Gruppendenken ist besonders dann wahrscheinlich, wenn ein hohes „Wir-Gefühl", strukturelle Defizite wie Abschottung der Gruppe, Homogenität der Gruppenmitglieder, oder etwa eine dominante Führung bei unstrukturierter Methodik sowie Zeit- und Erfolgsdruck vorhanden sind.[956] Dementsprechend wird Gruppendenken durch Abschottung der Gruppe nach außen, direktive Führung, Fehlen von Entscheidungsprozeduren und einem homogenen ideologischen Hintergrund bedingt.[957] Problematisch ist, dass Gruppendenken zu einseitigem, alternativlosen Denken führen kann. Dies ist insbesondere dann der Fall, wenn Gruppendenken zu Gruppendruck führt und Zwang zu Konformität entsteht, der bei von Gruppennormen abweichenden Verhaltensweisen in Konflikten resultiert, die wiederum

---

953 Vgl. Schober (2002), S. 174f.

954 Vgl. March/Simon (1976), S. 59, 91.

955 Vgl. Janis (1982), S. 174f.

956 Vgl. Wiendieck (2004), S. 395.

957 Vgl. Schoppek/Putz-Osterloh (2004), S. 495.

die Leistung des Teams schmälern.[958] Je größer die Kontrollmöglichkeiten der Gruppe bezüglich der Umwelt des einzelnen Gruppenmitglieds sind, desto größer ist der Gruppendruck, der darüber hinaus auch umso stärker wirkt, je mehr sich das betroffene Gruppenmitglied mit der Gruppe identifiziert.[959] So können unter Umständen Abweichungen von Gruppennormen zu Mobbing führen, sodass abweichende Gruppenmitglieder systematisch belästigt oder von wichtigen Gruppenentscheidungen ausgeschlossen werden.[960] Demzufolge sind organisatorische Maßnahmen, die negative Effekte von Gruppendenken auf Leistung unterbinden, wichtig.[961] Der „right mix“ soll sicherstellen, dass eine Meinungsvielfalt im Prozessteam durch den unterschiedlichen Background der Mitglieder besteht. Zudem wirken das Bilden von Parallelgruppen und die Mitgliedschaft von Akteuren in verschiedenen Teams, das Schaffen mittlerer Kohäsion aufgrund von Mitgliederwechsel etwa durch job-rotation Gruppendenken entgegen.[962]

Druckstärke und Druckrichtung organisatorischer Teams und außerorganisatorischer Gruppen beeinflussen die Entscheidung für eine hohe oder geringe Leistungserbringung,[963] da Einzelleistungen unter dem Einfluss von Gruppen sowohl aktiviert als auch gehemmt werden können.[964] Es konnte zum Beispiel festgestellt werden, dass gut gelernte, dominante Reaktionen bei Anwesenheit anderer begünstigt werden, während schwierige Aufgaben in der sozialen Situation Ängste aktivieren und ungeübte Tätigkeiten behindern. Das von Prozessteams verlangte selbständige Handeln führt häufig zu mehr Druck und psychologischen Belastungen der Akteure, sodass Führung zur Unterstützung der Betroffenen in dieser Situation unerlässlich ist. Besonders Informationsvergabe, die das Gewicht der Tätigkeit in Bezug auf den Organisationserfolg verdeutlicht, erhöht die Arbeitsmotivation, indem Stressphasen, eine für den Kunden wertvolle und von ihm anerkannte Leistung zu erbringen, als Erfolg empfunden werden können.[965] Allerdings zeigen empirische Befunde, dass Leistungen vielfach unter der des besten Gruppenmitglieds bleiben, weil Konformitätstendenzen wirksam sind, oder eine Einigung auf dem kleinsten gemeinsamen Nenner angestrebt wird.[966] Gruppen sind daher nicht immer besser in ihrer Leistungsfähigkeit als Einzelne, wenn Selbstblockaden, Gruppendruck, Gruppendenken, Konformitätszwang herrschen und unkritisches, alternativloses, innovationsloses Denken erzeugt wird.[967] Neben möglicher Inkom-

958 Vgl. Weinert (2004), S. 409ff.; Högl (2004), Sp. 1406.

959 Vgl. March/Simon (1976), S. 59.

960 Vgl. Osterloh/Frost (2003), S. 113.

961 Vgl. Weinert (2004), S. 430.

962 Vgl. Osterloh/Frost (2003), S. 112.

963 Vgl. March/Simon (1976), S. 58f.

964 Vgl. Wiendieck (2004), S. 391.

965 Vgl. Caprano (1996), S. 149, 151.

966 Vgl. Steiner (1972), S. 19ff.

967 Vgl. Weinert (2004), S. 389, 395.

petenz der Mitglieder kann die geringe Leistung auch durch den Einfluss informeller Intragruppenbeziehungen hervorgerufen werden. Dies ist zum Beispiel der Fall, wenn eine Sachentscheidung zum Austragen von Rivalitäten genutzt wird und dadurch die Ressourcen nicht für die Problemlösung, sondern für Störfaktoren eingesetzt werden.[968] Machtkämpfe in Diskussionen können die Qualität des Urteils negativ beeinflussen und die Akzeptanzbedingung verletzen. Dysfunktionale Wirkungen können durch Autoritätsdruck oder Kompetenzzuschreibungen entstehen, indem sich die Mitglieder der Problemlösungsgruppe der Meinung von hierarchisch höher stehenden anpassen.[969] Empirische Befunde zeigen, dass nur wenige Untersuchungen Synergieeffekte in Gruppenarbeiten aufweisen, weil gruppendynamische Prozesse den freien Informationsaustausch behindern, nur suboptimale Ergebnisse ermöglichen, und das in der Gruppe vorhandene Wissen nur unvollständig genutzt wird. Zum Teil wird in Gruppen zum Beispiel denjenigen mit Misstrauen begegnet, die besser informiert sind, wenn ihnen eigennützige Interessen unterstellt werden.[970]

Es muss nicht nur eine optimale Koordination der Einzelbeiträge gegeben sein, sondern zusätzlich ein Motivationseffekt wirksam werden, der jedes Mitglied zu seinen individuellen Höchstleistungen anspornt.[971] Es kann zum Beispiel durch Schaffung gemeinsamer Zuständigkeiten Verantwortung für Entscheidungen als Ganzes nicht mehr Einzelnen zugeordnet werden und der Versuch, Einzelbeiträge zu honorieren, zu einer unproduktiven Konkurrenzsituation innerhalb des Prozessteams führen, was in der Regel eine Verschärfung unterschiedlicher Interessen und die Manifestation bestehender Konfliktpotenziale nach sich zieht. Durch eine Bewertung der Gruppengesamtleistung wird auf die Bewertung von Einzelleistungen verzichtet und die Entscheidungsautonomie aus Sicht des Einzelnen aufgrund geteilter Kompetenzen eingeschränkt. Mangelndes Leistungsfeedback an die einzelne Person, fehlende Einzelverantwortung für das Gruppenergebnis, mangelndes Verantwortungsgefühl für den Einzelbeitrag aufgrund der Intransparenz der Wichtigkeit individueller Leistungsbeiträge können wiederum zu einer abnehmenden Leistungsmotivation führen, die sich mit zunehmender Gruppengröße tendenziell verstärken und die Gefahr der Abschiebung von Verantwortung sowie mangelndes Verantwortungsbewusstsein und Leistungszurückhaltung erhöhen dürfte.[972] BPM muss daher transparente Prozessstrukturen schaffen, welche die Leistungsbeiträge nachvollziehbar machen und ein Belohnungssystem der Organisation ermöglichen, welches sowohl Konkurrenzdruck unter den Mitgliedern und Demotivation vermeidet als auch die Übernahme von Verantwortung für die Aufgabenerfüllung jedes einzelnen Prozessteilnehmers forciert. Menschen neigen dazu, Verantwortung

968 Vgl. Rosenstiel v. (1980), Sp. 801; Kesten (1998), S. 238.

969 Vgl. Kesten (1998), 239.

970 Vgl. Strasser/Stewart (1992).

971 Vgl. Wiendieck (2004), S. 393.

972 Vgl. Lassmann (1992), S. 173f., 271f.

abzuschieben, wenn sie bemerken, dass auch andere an ihrer Stelle eingreifen könnten. Es kann dementsprechend festgestellt werden, dass bei Gruppenentscheidungen eine Bereitschaft, höheres Risiko einzugehen, besteht, da sich die einzelnen Gruppenmitglieder nicht mehr allein für ein mögliches Misslingen verantwortlich fühlen. Dieser Risikoschub ist hingegen geringer, wenn Personen auch für die Gesamtgruppe Verantwortung übernehmen.[973] In der Literatur werden die Gefahr der leistungshemmenden Tendenz von Gruppenarbeit im Rahmen von social loafing und die damit zusammenhängende Leistungszurückhaltung auf Kosten anderer unter dem Stichwort des Trittbrettfahrens diskutiert.[974] Insbesondere, wenn Einzelleistungen im Verbund der Gesamtleistung nicht mehr identifizierbar sind, sind diese Leistungshemmungen beobachtbar.[975] Es wird daher empfohlen, dass herausfordernde und wichtige Aufgaben gestellt werden, der Beitrag jedes Einzelnen erkennbar ist und die persönliche Verantwortung für die Aufgabenerfüllung an die jeweiligen Aufgabenträger vergeben wird,[976] sodass Leistungsträger nicht mehr bereit sind, Minderleistungen Einzelner durch eigene Anstrengungen auszugleichen, insbesondere dann, wenn diese Minderleistungen als Motivations- und nicht als Fähigkeitsmangel gedeutet werden können.[977] Es muss daher aus organisatorischer Sicht eine Balance zwischen Teamleistung und deren Wertschätzung einerseits und Anerkennung individueller Beiträge andererseits hergestellt werden, ohne produktivitätsschädigende Konkurrenz zwischen Prozessbeteiligten oder social loafing zu erzeugen,[978] sondern Vorteile der Teamarbeit zu nutzen.

Diese liegen zum Beispiel vor, wenn der „right mix" unter den Mitgliedern die unterschiedlichen Fähigkeiten der Beteiligten zusammenführt und die Qualität der Entscheidungen erhöht bzw. das Urteilsvermögen verbessert und die bereits diesbezüglich genannten negativen Effekte von Gruppenkohäsion und Gruppendenken vermieden werden. Gruppenentscheidungen weisen eine bessere Qualität und höhere Effektivität bei komplexen Entscheidungen auf.[979] Sie sind gegenüber Einzelentscheidungen überlegener je mehr verschiedene Ideen entwickelt und je mehr Informationen beschafft werden sollen, insbesondere dann, wenn die Aktivitäten in einem unklaren Umfeld zu vollziehen sind. Teams werden hauptsächlich dazu eingesetzt, das Kerngeschäft zu erledigen und zum Beispiel Produkte und Dienstleistungen zu entwickeln.[980] Die Aufgabenerfüllung durch Einzelpersonen führt im Vergleich zur Teamarbeit zu besseren Lösungen, wenn weniger komplexe Entscheidungen vorliegen wie etwa beim Erstellen von Anweisungen, Regeln und

---

973 Vgl. Wiendieck (2004), S. 393.

974 Vgl. Högl (2004), Sp. 1406; Weinert (2004), S. 430.

975 Vgl. Wiendieck (2004), S. 391f.

976 Vgl. Weinert (2004), S. 430.

977 Vgl. Wiendieck (2004), S. 392.

978 Vgl. Weinert (2004), S. 624.

979 Vgl. Michaelsen et al. (1989).

980 Vgl. Mohrmann et al. (1995); Mohrmann/Quam (2000); Weinert (2004), S. 624.

Bestimmungen.[981] Formalen Gruppen wird eine deutlich bessere Lösungswahrscheinlichkeit als Einzelpersonen zugeschrieben, wenn folgende Vorrausetzungen erfüllt werden:[982]

- Unabhängigkeitsbedingung: alle Gruppenmitglieder müssen unabhängig voneinander nach der Lösung suchen, es darf keine „Nachplapperer" geben,
- Kommunikationsbedingung: die Gruppenmitglieder müssen miteinander in Kontakt stehen und einander über ihre Erkenntnisse und Ergebnisse unterrichten,
- Akzeptanzbedingung: die korrekte Lösung eines Mitgliedes muss von den anderen anerkannt werden.

Die Gestaltungsfrage ob Entscheidungen von einem Team oder einem Individuum vorteilhafter getroffen werden können, ist daher vom Effizienz- bzw. Effektivitätskriterium abhängig. Zudem bewirkt das Zusammengehörigkeitsgefühl eine größere Kontaktintensität und somit eine größere Identifikation mit dem Team, die wiederum in höherer Arbeitszufriedenheit, geringeren Fehlzeiten und niedrigerer Fluktuation resultieren kann. Die Informationsspeicherkapazität des Teams und vergleichsweise geringerer Erhebungsaufwand und geringere Abrufzeit sind den Möglichkeiten des Einzelnen ebenso überlegen wie die Entwicklung von Phantasie und kreativen Problemlösungsansätzen durch sich ergänzende Assoziationsfelder der Teammitglieder. Gemeinsame Normen können Einigungskosten einsparen, und kollektive bzw. wechselseitige Kontrolle Trittbrettfahren verhindern. Im Rahmen von Teamarbeit kann über „Face-to-face"-Kommunikation bei komplexen Aufgaben Entscheidungsunsicherheit reduziert und Widerstände bei partizipativer Entscheidungsfindung verringert werden. Je mehr die Prozessbeteiligten bei Entscheidungen beteiligt sind, desto wahrscheinlicher ist es, dass etwaig existierender Gruppendruck anschließend die Forderungen der Organisation unterstützt. Somit bietet die Mitwirkung am Entscheidungsprozess der Organisation die Möglichkeit, die Macht der Prozessteams heranzuziehen, um die Normen der Organisation durchzusetzen.[983]

Das Konzept der Gruppenarbeit wird in der Literatur auch als Fundament moderner Organisationen bezeichnet, welches die Zielerreichung erleichtert, Produktivitätserhöhung und Effizienzsteigerung ermöglicht, Kreativität freisetzt, bessere Entscheidungen hervorbringt und die menschlichen Bedürfnisse nach Zusammenhalt und Gemeinsamkeit, Affiliation, Selbstwertschätzung, Identität bzw. Einfluss und Schutz, Unterstützung sowie Rückhalt bei Stress und Krisen befriedigt.[984] Als wesentliche Motive zur Einführung von Prozessteams werden Qualität und konti-

981 Vgl. Weinert (2004), S. 407ff., 411ff.

982 Vgl. Hofstätter (1956), S. 611ff.

983 Vgl. March/Simon (1976), S. 78.

984 Vgl. Weinert (2004), S. 389f.

nuierliche Verbesserung genannt, indem auf die positiven ökonomischen Effekte wie etwa Qualitätsverbesserung von Gütern und Dienstleistungen, höhere Produktivität oder verbesserte Durchlaufzeiten durch Gruppenarbeit verwiesen wird.[985] Nichtsdestotrotz kann aus den Ausführungen abgeleitet werden, dass Teamorganisation mit ihrem geringen Grad an festgelegten internen Strukturen eine komplexe und potenziell konfliktreiche Form der Arbeitsorganisation darstellt.[986] Aus den vielfältigen Wirkungen von Gruppenarbeit ziehen Gebert und von Rosenstiel das Fazit, dass es sich bei dem Leistungsvorteil der Gruppe lediglich um eine theoretische Chance handelt, da sich Gruppen in der Realität durch informale Einflüsse meist selbst behindern.[987] Allerdings konnten Versuche auch belegen, dass bei Bestehen eines starken Zusammengehörigkeitsgefühls und klaren Zielvorgaben Synergieeffekte auftreten können, und die Gruppenleistung größer sein kann als die Summe der Einzelleistungen.[988]

6.4.4 Implikationen für BPM

Interaktion an sich, die bei der Aufgabenerfüllung vollzogen werden kann, befriedigt das menschliche Bedürfnis nach sozialem Kontakt und kann somit die Verhaltensvalenz erhöhen. Da Interaktion aus Sicht des BPM-Konzepts zum Erreichen der Organisationsziele dienen soll und die Zusammenkunft von Akteuren an sich nicht zwingend die Produktivität erhöht, wird Interaktion bei der Prozessgestaltung vor dem Hintergrund des Erfolgs von Prozessteamarbeit konzipiert. Die sich dabei ergebenen Interdependenzen in der Teamarbeit führen einerseits zu Partizipation bei Gruppenentscheidungen, andererseits schränken sie die Autonomie jedes Akteurs in seiner Entscheidungsfreiheit ein. Dies beeinflusst die Bewertung der Zielvalenz, und die Interdependenzen können für die Prozessbeteiligten zu einer unklareren Einschätzung der Instrumentalität von Verhalten für die Zielerreichung führen. Auch die Problematik der Erfolgszurechnung von Gruppenarbeitsergebnissen auf die Einzelleistung kann die Einschätzung der Instrumentalität der Zielerreichung für die Be-/Entlohnung negativ beeinflussen. Je nach Identifikation mit dem Prozessteam und der Übereinstimmung von individuellen, Gruppen- und Organisationszielen ist aus Akteurssicht die Verhaltensvalenz unterschiedlich zu bewerten. Wenn Prozessteams mit Problemen wie Gruppendenken und Gruppendruck behaftet sind, können, wenn auch dadurch die Instrumentalitäten für die Prozessbeteiligten deutlicher werden, die Bewertungen der Verhaltens-, Ziel- und Be-/ Entlohnungsvalenz darunter aufgrund von mangelnder Identifikation mit der Teamarbeit leiden.

Das BPM-Konzept sieht Prozessteams als Aufgabenträger vor, und Gruppenarbeit bildet einen integralen Bestandteil bei der Gestaltung von Prozessen insbesondere

---

985 Vgl. Benders et al. (1999).

986 Vgl. Högl (2004), Sp. 1406.

987 Vgl. Gebert/Rosenstiel v. (2002), S. 153f.

988 Vgl. Brown (1988), S. 141.

vor dem Hintergrund der Ganzheitlichkeit der Prozesserfüllung als Ziel von BPM. Die Prozessidee führt daher strukturell zur Bildung von Prozessteams und Prozessmanagern, die einen zusammenhängenden Aufgabenkomplex bearbeiten.[989] Geschäftsprozesse werden als teamspezifischer Interaktionsprozess konstruiert, und teambezogene Interaktionsprozesse intervenieren zwischen Input und Output. Geschäftsprozesse sind teamartige Interaktionsprozesse, aber nicht jeder teamartige Interaktionsprozess ist auch ein Geschäftsprozess, sodass die Existenz von Prozessteams Aufgabenmerkmale voraussetzt, die typischerweise aus der Modellierung eines Prozesses hervorgehen, wobei insbesondere crossfunktionale, integrierte Aufgabenkomplexe vorliegen müssen.[990] Die Bildung von Teams erfolgt wie bereits angedeutet aus den Merkmalen und Anforderungen der Aufgabe heraus. Aufgaben mit Verarbeitung hoher Komplexität und Unsicherheit bedingen möglichst direkte Zusammenarbeit verschiedener Individuen mit ihren unterschiedlichen Fähigkeiten und Erfahrungen.[991] Entsprechend der Ausführungen, welche Aufgabenmerkmale tendenziell eine höhere Leistungsbereitschaft bei Prozessbeteiligten hervorrufen und vor dem Hintergrund der Aspekte, bei denen Teamarbeit vorteilhafter ist als die Aufgabendelegation an Einzelpersonen, sind herausfordernde, interessante und psychologisch anspruchsvolle Aufgaben eher einer Gruppe zuzuordnen. Das Teilen einer gemeinsamen Problematik und die Wahrnehmung der Gruppenzugehörigkeit an sich, führt bei heterogener Zusammensetzung zu einem mittleren Grad an Gruppenkohäsion, die bei entsprechend herausfordernder Zielsetzung in einer erhöhten Gruppenleistung und Effektivität resultiert.[992] Mittels der Prozessteambildung können Schnittstellen abgebaut, wenig zeitaufwendige Kommunikation und Abstimmung erreicht und Durchlaufzeiten verringert werden. Die Abflachung der Hierarchie führt tendenziell zu Kosteneinsparungen und vermehrter Selbstkontrolle. Die Folge hiervon ist die Delegation interessanter Tätigkeiten, die Kompetenz und eine gewisse Autonomie der Akteure verlangen, eine kundenorientierte Rundumbearbeitung sowie eine individuelle Betreuung der Kunden ermöglichen.[993] Diese empowerte Arbeitsorganisation dient als zentrale Motivationsgrundlage.[994]

Um die Leistungsfähigkeit von Gruppen zu gewährleisten, wird in der Literatur empfohlen den möglichen negativen Auswirkungen von Teamarbeit auf Produktivität mehr Beachtung zu schenken. Der interaktive Arbeitsstil von Teams ist verglichen mit hierarchischeren Organisationsformen grundsätzlich zeit- und kostenintensiver. Daher liefert die Teamorganisation nicht notwendigerweise positive Ergebnisse in jedem Kontext. Es kommt vielmehr darauf an, dass Prozessteams ein den Anforderungen der jeweiligen Prozessaufgabe und des jeweiligen organisatori-

[989] Vgl. Schober (2002), S. 80.

[990] Vgl. Gaitanides (2007), S. 191.

[991] Vgl. Hauschildt (1997).

[992] Vgl. Weinert (2004), S. 425.

[993] Vgl. Osterloh/Frost (2003), S. 71.

[994] Vgl. Schober (2002), S. 176.

schen Kontextes entsprechendes Maß an interner und externer Zusammenarbeit finden.[995] Konflikte zwischen und innerhalb von Prozessteams können zum Beispiel aufgrund von Ressourcenknappheit, Inkonsistenzen im Zielkatalog oder durch Unvereinbarkeit des Zeitrahmens entstehen.[996] Sie sind im Rahmen von BPM durch die Implementierung von Koordinationsmechanismen so zu handhaben, dass destruktive Wirkungen unter Kontrolle und konstruktive Wirkungen zur Entfaltung kommen. Beispielsweise wird Konfliktstimulierung und offene Konfliktaustragung (confrontation) in erfolgreichen Unternehmen vorrangig angewendet und in weniger erfolgreichen Unternehmen Konflikte überspielt bzw. ausgeglichen (smoothing) oder Entscheidungen erzwungen (forcing).[997] Daher ist eine offene Kommunikationsprozessstruktur zu gestalten. Es ist zum Beispiel sicherzustellen, dass Gruppen wie bereits angedeutet heterogen zusammengesetzt sind, um über die Minderung von Selbstbestätigungstendenzen produktive Konflikte zu begünstigen. Es ist günstig, Mitarbeiter mit verschiedenen Expertisen in einem Team zusammenzufassen, damit sie in direkter Zusammenarbeit an der Lösung des gemeinsamen Problems arbeiten[998] und mittels der Interdisziplinarität Spezialisierungsvorteile genutzt werden können. Da Gruppen zu riskanteren Entscheidungen neigen, als das nach dem Durchschnitt der individuellen Risikoneigungen der Mitglieder erwartet werden kann,[999] soll die heterogene Zusammensetzung diesem Effekt entgegenwirken. Zudem sollen sich Gruppen in Subgruppen teilen und wieder zusammenkommen, um zu verhindern, dass sich in der Gesamtgruppe dominante Normen bilden und verfestigen, die eine Einseitigkeit des Denkens und Handelns begünstigen. Durch diese Art der Prozessteamkonzeption soll eine besonders hohe Güte der Entscheidungsqualität erzeugt werden. Da Gruppenentscheidungen in der Regel einen höheren Zeitbedarf aufweisen, müssen ihre Entscheidungsqualität und niedrigere Widerstände aufgrund der Partizipation der Gruppenmitglieder bei der Umsetzung diesen Aufwand kompensieren.[1000] Über geringere Fehlentscheidungen können darüber hinaus Kosten und Zeit für Nachbesserungen gespart werden.

Wichtig ist zudem in der Aufgabenerfüllung klare Zuständigkeiten zu schaffen, sodass auch bei selbständiger Arbeitsverteilung von Prozessteams letztendlich Prozessaktivitäten klare Aufgabenstellungen und Verantwortlichkeiten sowie das Erkennen einzelner Leistungsbeiträge zulassen.[1001] Gruppenarbeit erfordert die Delegation von Verantwortung und Kompetenzen, damit sich die Gruppe innerhalb des übertragenen Verantwortungsbereichs selbst regulieren kann. Die Delega-

---

[995] Vgl. Olson et al. (2001).

[996] Vgl. Weinert (2004), S. 429.

[997] Vgl. Lassmann (1992), S. 162.

[998] Vgl. Högl (2004), Sp. 1404.

[999] Vgl. Stoner (1961).

[1000] Vgl. Osterloh/Frost (2003), S. 113.

[1001] Vgl. Wiendieck (2004), S. 397.

tion der Verantwortung für ein Prozessergebnis an eine organisatorische Einheit ist immer ein Dilemma: einerseits ist die Organisation auf Kreativität und Flexibilität autonomer Teams angewiesen, andererseits liegt die Befürchtung nahe, dass sich die Autonomie in Anarchie umkehrt. Der scheinbare Widerspruch lässt sich durch die Delegation von Entscheidungskompetenzen und die gleichzeitige Vorgabe von Zielen sowie von deren konsequenten Überwachung zum Beispiel im Rahmen von Prozesscontrolling lösen.[1002] Dementsprechend sind verständliche, teamspezifische Kennzahlen, Zielsetzungs- und Feedbacksysteme notwendig, sodass die Kontrolle der Qualität der Teamarbeit im Team selbst, mit Vorgesetzten sowie vor- bzw. nachgelagerten Bereichen bzw. Prozessteams regelmäßig durchgeführt werden kann.[1003] Allerdings müssen Kontrollsysteme dysfunktionale Konsequenzen zum Beispiel aufgrund von Gruppendruck, der nicht uneingeschränkt organisationale Forderungen unterstützt, verhindern, ohne es dabei den Teams unmöglich zu machen, notwendige Funktionen zu erfüllen.[1004] Darüber hinaus sollen Kennzahlen-, Zielsetzungs- und Feedbacksysteme zusammen mit transparenten Prozessstrukturen eine bestmögliche Aufgabenverteilung ermöglichen, sodass zum Beispiel nicht eine Gruppenleistung erheblich unterhalb der Leistung des besten Mitgliedes bleibt, weil die Aufgabenstellung von jedem Gruppenmitglied einen vorgeschriebenen Beitrag fordert und das schwächste Mitglied den Engpassfaktor darstellt.[1005] Kooperation innerhalb der Prozessteams ist für die Erbringung einer bestmöglichen Prozessleistung unabdingbar. Insbesondere in kohäsiven Gruppen sind bei Aufgabenstellungen, die von den Akteuren als für die Organisation bedeutsam gehalten werden kompensatorische Anstrengungen der „stärkeren" Gruppenmitglieder wahrscheinlich, was wiederum die „Schwächeren" zu erhöhter Leistung anspornen kann.[1006]

Bei schwierigen Aufgaben, für deren Bewältigung die Vermittlung tätigkeitsbezogener Kenntnisse und Fähigkeiten notwendig sind, bildet Kooperation die Grundlage.[1007] Sie ist zur Förderung von Leistung und Produktivität weitaus wirksamer als Prozessaktivitäten, die Konkurrenz zwischen den Beteiligten und individuelle Bemühungen hervorbringen. Kooperation ohne innerorganisationaler Konkurrenz führt zu höheren Leistungen und Produktivität als Teamarbeit mit innerorganisationaler Konkurrenz.[1008] Insbesondere bei Interdependenzsituationen mit hoher Konfliktintensität wie bei Ressourcenknappheit besteht die Gefahr dysfunktionaler Verhaltensweisen, die zum Beispiel über die Etablierung einer Integrationseinheit, bei der ein unabhängiger Entscheider die Vermittlungsfunktion übernimmt, oder

1002 Vgl. Best/Weth (2005), S. 134.

1003 Vgl. Antoni (1996), S. 386.

1004 Vgl. March/Simon (1976), S. 75.

1005 vgl. Wilke/van Knippenberg (1990), S. 350.

1006 Vgl. Wiendieck (2004), S. 392.

1007 Vgl. Schanz (1994), S. 253.

1008 Vgl. Johnson et al. (1981).

über die Mitgliedschaft von Prozessbeteiligten in mehreren Teams verringert werden kann.[1009] Zur Gestaltung der Interdependenzen bei Prozessteamarbeit wird daher empfohlen, dass optimale Ressourcenverteilungsschlüssel mit entsprechender Transparenz und Ressourcenzugänglichkeit für alle Zugriffsgruppen gestellt, Gruppen nicht nur heterogen besetzt, sondern auch deren Mitglieder regelmäßig für kurze Zeit im Rahmen von Rotationen getauscht werden, ein konsistenter Zielkatalog, welcher den Anforderungen der Zielsetzungstheorie entspricht, und Leistungsstandards wie etwa durch Service-level-agreements vorgegeben werden.[1010] Dieses soll den bereits angedeuteten Konfliktpotenzialen von Gruppenarbeit entgegenwirken. BPM wird hierbei erneut mit dem Dilemma konfrontiert, dass einerseits eine beziehungsorientierte Bereichsbildung bei der Prozessgestaltung empfohlen wird und aufgrund der Zielsetzungen des BPM-Konzepts die daraus folgende Prozessteamkonzeption mit ihren Leistungsvorteilen genutzt werden soll, andererseits jedoch im Rahmen der Teamarbeit starke Interdependenzen geschaffen werden, die generell wegen ihrer Konfliktpotenziale möglichst zu vermeiden sind. Die nachfolgenden Tabellen fassen die wesentlichen Zusammenhänge zusammen und stellen dar, wie BPM durch Regelungen der Arbeitsteilung und Koordination über die Verhaltensdeterminante „Interaktion" die Ausprägung der Entscheidungskriterien und damit die Leistungsbereitschaft der Prozessbeteiligten positiv beeinflussen kann.

[1009] Vgl. Lassmann (1992), S. 211.

[1010] Vgl. Weinert (2004), S. 430.

BPM Gestaltungsmöglichkeiten	Entscheidungskriterien	Valenz Verhalten	Valenz Zielerreichung	Instrumentalität Verhalten für Zielerreichung	Valenz Be-/Entlohnung	Instrumentalität Zielerreichung für Be-/Entlohnung
Regeln der Arbeitsteilung	Aufgabenintegration, Generalisierung, Minimierung von Schnittstellen, Minimierung von Interdependenzen, ganzheitliche Rundumbearbeitung, one-face-to-the-customer	kleine Gruppengröße steigert Relevanz einzelnen Verhaltens				
	Aufgabenkongruenz, Übereinstimmung von Verantwortung, Entscheidungs- und Bearbeitungskompetenz					
	eindeutige Verantwortungszuweisung			Zurechenbarkeit der Gruppenleistung auf Einzelbeiträge		Zurechenbarkeit der Gruppenleistung auf Einzelbeiträge
	gleichmäßige Kapazitätsauslastung					
	beziehungsorientierte Bereichsbildung, Teamarbeit	Befriedigung Bedürfnis nach sozialem Kontakt insbesondere bei Routineaufgaben, Verhalten auf Basis qualitativ besserer Entscheidungen, Teamgeist, Einschränkung Autonomie	je nach Übereinstimmung von Organisations-, Gruppen- und Individualziel	Fehlerausgleich von Gruppenarbeit, qualitativ bessere Entscheidungen, wechselseitige Kontrolle	Befriedigung Bedürfnis nach sozialem Kontakt, B/E mittels sozialer Zugehörigkeit, Kommunikation, Partizipation durch Gruppe	Einklang von Ergebnis- und Aufgabeninterdependenz

Tab. 8: Einflussmöglichkeiten von BPM auf Leistungsbereitschaft über die Verhaltensdeterminante „Interaktion" mittels Regelungen der Arbeitsteilung[1011]

BPM Gestaltungsmöglichkeiten	Entscheidungskriterien	Valenz Verhalten	Valenz Zielerreichung	Instrumentalität Verhalten für Zielerreichung	Valenz Be-/Entlohnung	Instrumentalität Zielerreichung für Be-/Entlohnung
Regeln der Koordination	Standardisierung über Outputnormen, Zweckregeln, Service-level-agreements		hohe Gruppenleistungsziele orientiert an „smarte" Ziele	Sicherstellen zielführender Gruppenarbeit, Kontrolle und Feedback		
	Standardisierung über Ausführungsregeln, Verfahrensanweisungen					
	Selbstabstimmung	Partizipation, Empowerment				
	Hierarchie, persönliche Weisung	finale Entscheidung		finale Entscheidung, Verdeutlichung, Beratung, Unterstützung der Mittelfindung für Zielerreichung		

Tab. 9: Einflussmöglichkeiten von BPM auf Leistungsbereitschaft über die Verhaltensdeterminante „Interaktion" mittels Regelungen der Koordination[1012]

[1011] Wird bei der Arbeitsteilung im Rahmen von Teamarbeit zum Beispiel auf eine eindeutige Verantwortungszuweisung geachtet, ist mit einer Zurechenbarkeit der Gruppenleistung auf Einzelbeiträge zu rechnen, welche dem einzelnen Akteur eine leichtere Abschätzung der Verhaltensinstrumentalität ermöglicht.

[1012] Wird die Aufgabenerfüllung zum Beispiel über persönliche Weisung koordiniert, kann diese insbesondere bei finalen Entscheidungen die Verhaltensvalenz erhöhen, wenn die entschei-

Da mittels BPM lediglich mittels Ablaufstrukturen Rahmenbedingungen geschaffen werden können, die das gewünschte Verhalten nicht erzwingen können, ist der Einfluss der Prozessgestaltungsmaßnahmen auf die tatsächliche Umsetzung letztendlich begrenzt. Insbesondere Fähigkeiten, Wissen, Sozial- und Kommunikationskompetenz sowie Persönlichkeitsmerkmale der beteiligten Akteure beeinflussen die Güte von Gruppenarbeit, die Befriedigung sozialer Bedürfnisse[1013] und wirken sich direkt auf den Teamerfolg aus.[1014] Die strukturelle Gestaltung wirkt dagegen nur mittelbar. Durch Vorgabe von Kommunikations-, Informationsflüssen und Aktivitätenreihenfolgen kann interdisziplinäre Teamarbeit forciert oder unterbunden werden. Inwiefern jedoch heterogene Charaktere die Gruppenarbeit und -kohäsion positiv beeinflussen, oder wie genau Prozessteams ihre Arbeit organisieren liegt außerhalb der Steuerungsmöglichkeiten von BPM. Daher kann bei der Prozessgestaltung der Erfolg von Prozessteams nicht zwingend sichergestellt, sondern nur die Rahmenbedingungen durch Prozessdesign hierfür geschaffen werden, indem darauf geachtet wird, dass Regeln zur Aufgabenerfüllung und die Art und Weise der Arbeitsteilung günstige Voraussetzungen liefern, Vorteile der Prozessteamarbeit zu nutzen und deren Nachteile zu unterbinden. Hierbei muss sichergestellt werden, dass die Regeln wiederum keine bedrohliche Einengung individueller Entscheidungsspielräume, keinen Verlust von Individualität und negative Konsequenzen durch Konformitätszwang nach sich ziehen und neben den bereits genannten negativen Effekten zum Beispiel auch die persönliche Entwicklungsperspektive der Prozessbeteiligten nicht gefährden. Die Relevanz persönlicher Entwicklung von Akteuren bei der Aufgabenerfüllung und deren Wirkung auf ihre Leistungsbereitschaft und ihr Arbeitsverhalten soll in dem nun folgenden Kapitel erörtert werden.

6.5 Persönliche Entwicklung

Die Möglichkeiten für Prozessbeteiligte, sich im Rahmen ihrer Aufgabenerfüllung persönlich weiterzuentwickeln, beeinflussen ihre Verhaltensentscheidungen. Die Entfaltung der Human-Ressourcen ist nicht nur eine bloße Frage der Persönlichkeit oder des guten Willens, sondern auch eine des organisatorischen Milieus bzw. der Organisationsstruktur, die von ausschlaggebender Bedeutung sind, da sie in ihren Nebeneffekten ungewollt destruktiv wirken, Eigeninitiative lähmen, Teamarbeit entmutigen und Interesse an der Arbeit verhindern können.[1015] Zudem führen

---

dende Person vorgibt, was zu tun ist, worauf sich etwa die Gruppe bei vorliegender Teamarbeit zuvor nicht einigen konnte oder wenn bei Einzelaufgaben durch die Vorgesetztenentscheidung dem Akteur die Verhaltensunsicherheit genommen werden konnte. Dementsprechend kann durch die persönliche Weisung auch die Instrumentalität des Verhaltens für die Zielerreichung erhöht werden.

[1013] Vgl. Antoni (1996), S. 384.

[1014] Vgl. McGrath (1964).

[1015] Vgl. Schreyögg (2003), S. 218.

neue Aus- und Weiterbildungsangebote zu neuen Qualifikationen, die eine bessere Wirtschaftlichkeit beim Ressourceneinsatz bedeuten können. Somit liegt persönliche Weiterentwicklung im Sinne von Weiterbildung im Interesse von BPM nicht nur zwecks Kosteneinsparungen aufgrund von Erfahrungskurveneffekten, sondern auch zur Sicherung von Innovationsfähigkeit, sodass auch langfristig das Erreichen der Organisationsziele möglich ist.[1016]

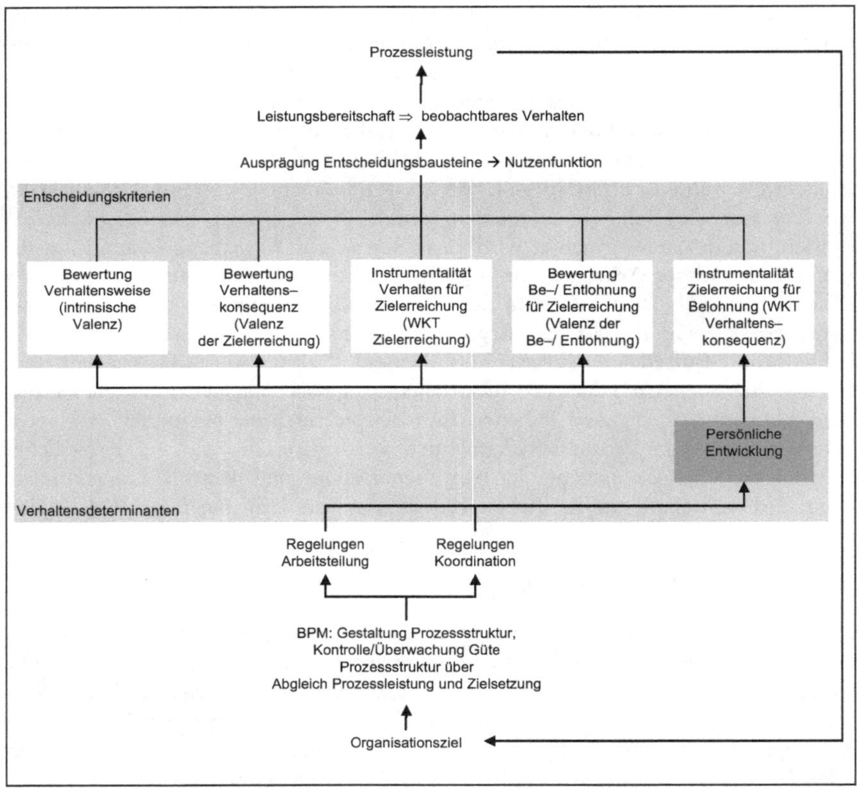

Abb. 18: Überblick über die im Kapitel dargestellten Zusammenhänge bezüglich der Verhaltensdeterminante „Persönliche Entwicklung“

Es wird angenommen, dass jeder Mensch nach einer „reifen“ Persönlichkeit strebt, sodass Organisationsstrukturen so gestaltet werden sollten, dass sie Entfaltungsmöglichkeiten bieten, Entscheidungspartizipation ermöglichen, Vertrauen schaffen, vielseitige Informationswege eröffnen, (Arbeits-) Gruppen als organisatorisches Element integrieren, Fremdkontrolle durch weitestgehende Selbstkontrolle substi-

1016 Vgl. Griese/Sieber (2001), S. 155.

tuieren etc.[1017] Dies führt zu der Anforderung an die Organisation, dieses Reifestreben zuzulassen und zu ermöglichen, dass über die Erreichung individueller Ziele zugleich die Organisationsziele erreicht werden. Aus der Aufgabenzuordnung auf Prozessbeteiligte lassen sich die Anforderungen an die Fähigkeiten und der notwendige Qualifizierungsbedarf ableiten.[1018] Dies führt in der Regel zu der Erkenntnis, dass neben einer Verbesserung der Fachkompetenz vor allem auch die dispositive Kompetenz der Mitarbeiter und ihre Sozialkompetenz im Zuge der Aufgabenerfüllung weiterentwickelt werden müssen. Die dispositive Kompetenz umfasst dabei die Fähigkeit, selbständige Steuerungs- und Entscheidungsfunktionen zu übernehmen, um als Intrapreneur handeln zu können. Die Sozialkompetenz ist insbesondere auf die Verbesserung der Teamfähigkeit auszurichten, um so Schnittstellenprobleme auch im zwischenmenschlichen Kontakt zu vermeiden.[1019] Prozesse, die in ihrer Arbeitsteilung die Weiterentwicklung dieser Kompetenzen fördern und damit die persönliche Entwicklung der Prozessbeteiligten vorantreiben, sind aus verhaltensorientierter Sicht anzustreben. Dabei unterstützen diejenigen Ausprägungen der bereits genannten Verhaltensdeterminanten, die tendenziell Leistungsbereitschaft fördern, die Möglichkeiten der Prozessbeteiligten, sich im Rahmen der Aufgabenerfüllung persönlich weiterzuentwickeln.

Um eine Prozesstätigkeit potenziell als persönlichkeitsfördernd bezeichnen zu können, muss zunächst gesichert sein, dass nach einer langzeitigen Ausübung zumindest keine Dequalifizierung entsteht und auch keine gesundheitsschädlichen Beeinträchtigungen, welche die Leistungsfähigkeit schmälern, auftreten.[1020] Im Zusammenhang mit der Implementierung von Prozessorganisationen wird auf die gestiegenen Anforderungen an die Mitarbeiter verwiesen.[1021] Die aus verhaltensorientierter Sicht geforderten Aufgabenmerkmale wie zum Beispiel Aufgabenvielfalt bieten Möglichkeiten zur Anwendung und lernabhängigen Erweiterung der Qualifikation und stellen vielfältige geistige und/oder körperliche Anforderungen. Autonomie führt zu einer Übernahme von Verantwortung für sinnvolle Arbeitsschritte und selbständige Denkleistungen, die zu Verfahrenswahlen führen, die eigene Zielstellungen und Möglichkeiten kreativen Denkens einschließen. Die Forderungserfüllung, soziale Interaktion in die Aufgabenerfüllung zu integrieren, resultiert in Möglichkeiten zu umfassender Kooperation und arbeitsbezogener Kommunikation, die wiederum Raum für persönliche Weiterentwicklung bieten. Herausfordernde Ziele und das Feedback über die Güte der Aufgabenerfüllung bilden die Basis für Lern-, Leistungsfortschritte und persönliche Weiterentwicklung der Prozessbeteiligten. Die Schaffung von Transparenz eröffnet zudem den Überblick über die Stellung der jeweiligen Aufgabe und Leistung im Gesamtbearbeitungspro-

[1017] Vgl. Argyris (1975).

[1018] Vgl. Töpfer (1996), S. 235.

[1019] Vgl. Töpfer (1996), S. 236.

[1020] Vgl. Hacker et al. (1995), S. 42.

[1021] Vgl. Schober (2002), S. 201.

zess der Organisation, sodass Räume für persönliche Entwicklung sichtbar werden können.[1022] Demzufolge muss die Erkennbarkeit des individuellen Beitrages zum Gesamtanliegen der Organisation[1023] als Basis von als sinnvoll erlebbaren individuellen Zielsetzungen auf der Grundlage von Freiheitsgraden im Arbeitsauftrag gegeben sein. Als Grundbedingung der Persönlichkeitsentwicklung im Arbeitsprozess wird dabei auch auf die Leistungsbewertung verwiesen, die nicht nur über Sanktionen oder materiellen Anreizen, sondern ebenfalls in Form von Anerkennung, Bestätigung der Persönlichkeit und bezüglich der übernommenen Verantwortung erfolgen soll.[1024] Letztendlich ist jedoch festzustellen, dass die Operationalisierung von Merkmalen, die eng mit der Persönlichkeitsentwicklung verbunden sind, schwierig ist.[1025] Im Rahmen der Arbeitskategorisierung nach VERA[1026] ist der Versuch unternommen worden, die Persönlichkeitsförderung durch Arbeit mittels bestimmter Kriterien der Arbeitsbewertung festzustellen.

6.5.1 Arbeitskategorisierung nach VERA

Inwiefern eine Arbeit persönlichkeitsfördernd wirkt, wird im Rahmen der Arbeitskategorisierung nach VERA anhand der Arbeitsbewertung ermittelt. Die Bewertungskriterien konzentrieren sich insbesondere auf die Aufgabenmerkmale wie etwa den Umfang des Arbeitsinhalts (Vielfältigkeit der Aufgabenstellung), Umfang des Handlungsspielraums, Komplexität der Aufgabe etc.[1027] Es wird beurteilt, welche Regulationserfordernisse eine Aufgabe enthält. Hierzu existieren fünf Ebenen, wobei die unterste Ebene lediglich eine sensumotorische Regulation erfordert, das heißt, dass bei der Aufgabenerfüllung keine bewusste Planung für die zu regulierende Abfolge von Arbeitsbewegungen notwendig ist. Die nächst höhere Ebene umfasst eine Handlungsplanung. Die Abfolge der Arbeitsschritte muss vorab festgelegt werden bzw. die Abfolge der Tätigkeiten ist immer wieder so unterschiedlich, dass sie vorab gedanklich vergegenwärtigt werden muss. Die Planung reicht dann bis zum Arbeitsergebnis. Die dritte Ebene enthält eine Teilzielplanung, da vorab nur eine grob bestimmte Abfolge von Aktivitäten geplant werden können, wobei jede eine eigene Planung erfordert. Anschließend muss erneut die weitere Vorgehensweise durchdacht werden. Die nächst höhere Ebene umfasst die Koordination mehrerer Handlungsbereiche. Mehrere Teilzielplanungen von sich gegenseitig bedingenden Teilen des Arbeitsprozesses sind miteinander zu koordinieren. Bedingungen für andere, nicht selbst zu leistende Teilzielplanungen müssen beach-

---

1022 Vgl. Hacker et al. (1995), S. 15.

1023 Vgl. hierzu die Ausführungen zu den Verhaltensdeterminanten Ziele, Transparenz und Aufgabenmerkmalen wie Bedeutungsgehalt und Autonomie.

1024 Vgl. Hacker et al. (1995), S. 94.

1025 Vgl. Hacker et al. (1995), S. 42f.

1026 VERA ist eine Abkürzung für Verfahren zur Ermittlung von Regulationserfordernissen in der Arbeitstätigkeit, vgl. auch Volpert et al. (1983).

1027 Vgl. Volpert et al. (1983), S. 86.

tet werden. Die höchste Ebene beinhaltet die Erschließung neuer Handlungsbereiche. So müssen zum Beispiel neu einzuführende, ineinander greifende Arbeitsprozesse, ihre Koordination und materiellen Bedingungen geplant werden.

5. Ebene: Aufgabenerfüllung erfordert Erschließung neuer Handlungsbereiche: z.B. Planung neu einzuführender, ineinander greifender Arbeitsprozesse, deren Koordination und materiellen Bedingungen
4. Ebene: Aufgabenerfüllung erfordert Koordination mehrerer Teilzielplanungen von sich gegenseitig bedingenden Arbeitsprozessteilen: Bedingungen für andere nicht selbst zu leistende Teilzielplanungen müssen beachtet werden
3. Ebene: Aufgabenerfüllung erfordert eine Teilzielplanung: vorab können Aktivitäten nur grob geplant werden, sodass jede einzelne eine eigene Planung erfordert, anschließend Durchdenken der weiteren Vorgehensweise
2. Ebene: Aufgabenerfüllung erfordert eine Handlungsplanung: Vergegenwärtigung der Arbeitsschritte und Festlegung ihrer Reihenfolge bis hin zum Arbeitsergebnis
1. Ebene: Aufgabenerfüllung erfordert sensumotorische Regulation: keine Planung für die zu regulierende Abfolge von Arbeitsbewegungen

Abb. 19: Regulationserfordernisse einer Aufgabe unterteilt in fünf Ebenen

Bei der Arbeitsbewertung entsprechend der Zuordnung der Tätigkeiten zu den genannten Ebenen wird davon ausgegangen, dass hohe Erfordernisse zu positiven Konsequenzen für die Persönlichkeitsentwicklung und niedrige zu negativen Konsequenzen führen.[1028] Der Grad, inwieweit die Überlegungen und Entscheidungen des Akteurs in der Aufgabenerfüllung gefordert werden bestimmt die (Weiter-) Entwicklung seiner Persönlichkeit, seine Ausbildung und seine Erfahrung.[1029] Daher ist das bei der Gestaltung von Prozessen mit Aufgaben, die eine persönliche Entwicklung der Prozessbeteiligten forcieren, anzustreben, einen möglichst hohen Zeitanteil in einer möglichst hohen Ebene pro Tätigkeit im Rahmen der jeweiligen Prozessaufgabenerfüllung zu erreichen. Somit spiegelt sich die Güte der Prozessgestaltung aus dieser Sicht im auf der Grundlage der Regulationserforderniseinstufung der Aufgabe und des zeitgewichteten Durchschnitts wider. Eine Erhöhung des zeitgewichteten Durchschnitts und die Verschiebung der Verteilung der Regulationserfordernisse in Richtung höherer Ebenen führen im Rahmen des VERA-Konzepts zu einer Tätigkeitsbewertung, die eine höhere Persönlichkeitsförderlich-

[1028] Vgl. Leitner et al. (1987), S. 15f.

[1029] Vgl. Leitner et al. (1987), S. 13; Vgl. hierzu auch die Ausführungen zur Förderung von Motivation durch Autonomie und nachteilige Wirkungen von zu hoher Regelungsdichte, Spezialisierung und zu hohem Routinegrad.

keit und Humanität der Aufgabenstellung feststellt. Die Erhöhung der Regulationserfordernisse insgesamt, wenn zum Beispiel Aufgaben mit hohen Erfordernissen durch die Prozessgestaltungsmaßnahme einen höheren zeitlichen Anteil bekommen, ohne dass sich die Aufgabenstruktur verändert, wird positiv bewertet, sodass eine Betonung der höheren Erfordernisse im zeitgewichteten Anteil für ein besseres Ergebnis nach VERA erkennbar ist. Demzufolge sind Aufgaben, die nur einen geringen Teil der Arbeitszeit beanspruchen sekundär verbesserungswürdig. Die Prozessgestaltung ist negativ zu bewerten, wenn sich die Erfordernisse für einen Arbeitsplatz erhöht und für andere verringert haben.[1030]

In der Literatur wird darauf verwiesen, dass nicht nur die Vertreter der Handlungsregulationstheorie der Auffassung sind, dass es bei der Verbesserung der Arbeit vor allem darauf ankommt, dass Arbeitsaufgaben anspruchsvoll sind und sie dem Arbeitenden Gelegenheit zum Einsatz und Entwicklung von Planungs- und Entscheidungsfähigkeiten geben, sondern dass dieser Anspruch auch der allgemeinen Grundüberzeugung der meisten Autoren entspricht, die sich mit diesem Thema auseinandersetzen.[1031] Die Forderung, dass Arbeitsteilung Aufgabenstellungen hervorbringen muss, die eine persönliche Entwicklung fördern, kann über verschiedene Maßnahmen erfüllt werden. Einige bereits erläuterte BPM-Maßnahmen zur Erreichung der Ziele des BPM-Konzepts tragen ebenfalls zur Sicherstellung bzw. Erhöhung der Möglichkeiten zur persönlichen Entwicklung der Prozessbeteiligten bei. So führen Maßnahmen des job-enrichments zu einer Erhöhung der Regulationsebene.[1032] Die Einführung von Arbeitsgruppen führt in der Regel ebenfalls zu erhöhten Regulationserfordernissen, weil eine selbständige Verteilung der Arbeitsrollen innerhalb der Gruppe von den Beteiligten vorgenommen werden muss, wenn nicht vorausgesetzt wird, dass die Akteure allein verantwortlich planen.[1033] Auch Partizipation, sodass nach der Prozessgestaltung zu der Aufgabenstellung dazu gehört, mitverantwortlich zu sein, erhöht die Regulationsebene, wenn zuvor eine geringere Entscheidungskompetenz vorhanden war.[1034] Der tendenzielle Hierarchieabbau aufgrund von Schnittstellenminimierung und Delegation von Verantwortung- und Entscheidungskompetenzen an nachgelagerte Stellen unterstützt die Erhöhung der Regulationsebene von Aufgaben im Zuge von Prozessdesign. Die Gestaltung möglichst ganzheitlicher Aufgaben führt zur Übernahme von vorbereitenden, planenden und nach der Ausführung auch kontrollierenden Tätigkeiten, was ebenfalls die persönlichen Weiterentwicklungsmöglichkeiten der Akteure unterstützt. Aus BPM ergeben sich somit personalwirtschaftliche Implikationen wie etwa steigende Anforderungen an die Kenntnisse der Prozessbeteiligten, welche die Fähigkeit und den Willen nicht nur zu selbständigem und selbstverantwort-

[1030] Vgl. Volpert et al. (1983), S. 84f., 88.

[1031] Vgl. Volpert et al. (1983), S. 10.

[1032] Vgl. Volpert et al. (1983), S. 90.

[1033] Vgl. Volpert et al. (1983), S. 90f.

[1034] Vgl. Volpert et al. (1983), S. 146f.

lichem Handeln, sondern auch zu lebenslangem Lernen benötigen, ohne dabei im Rahmen ihrer persönlichen Entwicklung den Schwerpunkt auf vertikale Mobilität innerhalb der Organisation zu setzen.[1035] Da die bisherige Betrachtung die persönliche Entwicklung nicht vor dem Hintergrund von hierarchischer Karriereentwicklung beinhaltete, soll das im folgenden Kapitel geschehen.

6.5.2 Die Rolle der Karriere

Karriereanreize zählen nach wie vor zu den wirksamsten Mitteln, um die Leistungsbereitschaft von Organisationsmitgliedern zu fördern.[1036] Dabei liegt die Annahme zugrunde, dass Akteure nach Aufstieg und wachsender Belohnung streben, wobei berücksichtigt werden muss, dass Belohnungen individuell unterschiedlich als solche wahrgenommen werden. So kann zum Beispiel festgestellt werden, dass je höher die Ebene in der Organisation ist, desto weniger Aktivitäten geregelt werden, und dieser Autonomiezuwachs einen Anreiz darstellen kann aufzusteigen.[1037] Insbesondere leistungsabhängige Mobilität in der Organisation fällt günstig auf die wahrgenommenen Konsequenzen gezeigten Verhaltens und die damit verbundene Produktivität aus und fördert die Leistungsbereitschaft der Prozessbeteiligten. Diese wird umso mehr hervorgerufen, je größer die subjektive Operationalität der Kriterien der Beförderungsentscheidung ist. Daher wirkt eine Beförderung nach Dienstjahren weniger produktiv als ein Aufstieg, der an einen Leistungsindex gebunden ist.[1038]

Das BPM-Konzept kann über die Gestaltung der Arbeitsabläufe die Wirkung von Anreizsystemen fördern, jedoch selbst keine Karrierepfade vorgeben und Aufstiegsmöglichkeiten festlegen. Bei Kernprozessen stellt implizites, betriebsspezifisches Know-How Grundlage von Wettbewerbsvorteilen dar, was aus Sicht des BPM-Konzepts hinsichtlich der Karriereplanung der Prozessbeteiligten bedeutet, statt Spezialisten vorzugsweise Prozessgeneralisten mit einem hohen Anteil an unternehmensspezifischem Wissen zu entwickeln. Bei Supportprozessen ist die technische Kompetenz in Form von Methodenwissen und Anwendungs-Know-how vordergründig. Die persönliche Entwicklung beruht auf der Vermittlung und Aktualisierung von Techniken, da es sich hier um explizites, in der Branche und im Markt bekanntes Know-how handelt. Aufgrund der in Supportprozessen möglichen Nutzung von Erfahrungskurvenvorteilen und damit einhergehenden Produktivitätssteigerungen bei Routineprozessen, ist die Entwicklung der Prozessbeteiligten zu Spezialisten aus ökonomischer Sicht zweckmäßiger als die Ausbildung zum Prozess-Generalisten.[1039] Daher verläuft der Pfad einer kompetenzorientierten

[1035] Vgl. Drumm (1995), S. 11f.

[1036] Frey et al. (1999).

[1037] Vgl. March/Simon (1976), S. 62.

[1038] Vgl. March/Simon (1976), S. 60.

[1039] Vgl. Schober (2002), S. 204.

Karriere[1040] vorrangig in einer Seitwärtsbewegung durch die Kernprozesse eines Unternehmens.[1041] Da das Prozessdesign mit der Einführung von Gruppenarbeit, Schnittstellenminimierung, Gestaltung ganzheitlicher Aufgabenstellungen insgesamt jedoch zur „Deverticalisierung" führt, existieren weniger hierarchische Stufungsmöglichkeiten und geringere Aufstiegsmöglichkeiten, sodass einerseits übertriebenes Karrierestreben mit negativen Begleiterscheinungen abgebaut werden kann und andererseits weniger Möglichkeiten bestehen, Leistungsbereitschaft über Aufstiegsanreize zu erzeugen.[1042] Somit erschwert die Prozessorganisationsstruktur vertikale Karrieren. Mit der Abflachung von Hierarchien „verschwinden die meisten Sprossen der vordem üblichen Karriereleiter"[1043], und bei der Karriereplanung ergeben sich zunehmend Schwierigkeiten, da die traditionelle Karriere in Form des vertikalen Aufstiegs in einer Prozessorganisation nicht möglich ist.[1044] Der Karrierepfad kann in einer horizontalen Seit-Aufwärts-Bewegung zwischen verschiedenen Prozessen und organisatorischen Einheiten verlaufen.[1045] Allerdings ist im BPM-Konzept keine Prozessgestaltung vorgesehen, die neben den bereits genannten BPM-Zielen auch Karrierepfade berücksichtigt und Tätigkeiten dahingehend zusammenstellt, dass Leistungsbereitschaft der Akteure darüber hervorgerufen wird, dass sie sich durch verschiedene Prozesstätigkeiten „hocharbeiten" können und sich im Rahmen vertikaler Mobilität persönlich weiterentwickeln.

Persönliche Weiterentwicklung wird daher eher über die Konzeptualisierung der Arbeitsteilung gefördert, indem Aufgaben entsprechend der geforderten Merkmale Selbstbestätigung ermöglichen und die Leistungsfreisetzung verbessern.[1046] Zudem behindert eine „steil" gegliederte Hierarchie mit vielen Hierarchiestufen und die durch eine solche Gliederung damit verbundene Trennung zwischen Verantwortung, Entscheidungs- und Bearbeitungskompetenz die Erfüllung des Kongruenzprinzips,[1047] die ganzheitliche Aufgabenstellung mit den Ziel einer vollständigen, kundenorientierten Rundumbearbeitung mit möglichst wenigen Schnittstellen und eine rasche, offene Kommunikation, da die Ergebnisse Reibungsverluste an den zahlreichen Abteilungs- bzw. Bereichsgrenzen sowie die Gefahr von Kompetenzüberschneidungen bzw. kompetenzfreie Räume sind, und es zu unnötigen Liege-, Abstimmungs- und Kontrollzeiten kommt, die der Zielerreichung von BPM entgegen stehen.[1048] Somit forciert BPM den Hierarchieabbau, zum Beispiel durch die

1040 Vgl. Fuchs (1998), S. 85.

1041 Vgl. Göbel (1996), S. 558.

1042 Vgl. Rohmert/Weg (1976), S. 139.

1043 Hammer/Stanton (2000), S. 75.

1044 Vgl. Hammer/Stanton (2000), S. 75.

1045 Vgl. Schober (2002), S. 43.

1046 Vgl. Rohmert/Weg (1976), S. 139.

1047 Das Kongruenzprinzip fordert die Übereinstimmung von Aufgabe, Kompetenz und Verantwortlichkeit. Vgl. Brings (1977), S. 30f.

1048 Vgl. Eversheim (1995), S. 137.

Delegation von Verantwortung und Entscheidungskompetenz an die Prozessbeteiligten.[1049] Mittels einer flachen Hierarchie werden die Verantwortungsbereiche der Prozessbeteiligten ausgeweitet und Spielraum für die Auswahl von Maßnahmen zur Zielerreichung eröffnet, die Existenz geschlossener Aufgabenvollzüge gefördert, Fremdkontrollen bei Aufrechterhaltung der Rechenschaftspflicht abgebaut und Selbstkontrolle gestärkt.[1050] Es wird davon ausgegangen, dass mit dem Abbau von „steilen" Hierarchien eine effizientere Aufgabenbearbeitung durch sach- und entscheidungskompetente Teams verbunden ist, auf deren Ebene eine Aufgabenkoordinierung mittels Selbstabstimmung möglich ist. Vor dem Hintergrund der Leistungsbereitschaft von Prozessbeteiligten aufgrund von hierarchischen Aufstiegschancen müssen unter verhaltensorientierten Gesichtspunkten die Grundlagen der Be-/Entlohnung und Beurteilung angepasst werden, um eine Valenz von Verhalten, Zielsetzung und Be-/Entlohnung seitens der Prozessbeteiligten zu erhalten, die eine hohe Leistungsbereitschaft hervorbringt und eine Orientierung hinsichtlich vertikaler Mobilität in der Organisation weniger reizvoll erscheinen lässt.

6.5.3 Persönliche Entwicklung durch Aufgabenerfüllung

Die Arbeitsaufgabengestaltung muss eine Aufgabenorientierung der Prozessbeteiligten hervorbringen, welche die Entwicklung der Persönlichkeit im Arbeitsprozess fördert und zur Aufgabenerfüllung motiviert, ohne dass es der ständigen Kompensation durch von außen kommender Stimulation bedarf. Der Beitrag von Emery[1051] über „Characteristics of Socio-Technical-Systems" betont zwei Voraussetzungen für das Entstehen einer Aufgabenorientierung. Zum einen muss die arbeitende Person Kontrolle über die Arbeitsabläufe und die dafür benötigten Hilfsmittel haben, wobei unter Kontrolle die Freiheit, zwischen verschiedenen Möglichkeiten auszuwählen bzw. die Möglichkeit, auf Abläufe Einfluss zu nehmen, verstanden wird. Zum anderen müssen die strukturellen Aufgabenmerkmale so beschaffen sein, dass sie in der ausführenden Person Kräfte zur Vollendung oder Fortsetzung der Arbeit auslösen. Dementsprechend begünstigen die Gestaltungsmerkmale Ganzheitlichkeit, Anforderungsvielfalt, Möglichkeiten zur sozialen Interaktion, Autonomie sowie Lern- und Entwicklungsmöglichkeiten die Entwicklung einer Aufgabenorientierung[1052] und bestätigen die zuvor erarbeiteten Erkenntnisse und hergeleiteten Zusammenhänge. In der Literatur wird zudem hervorgehoben, dass für die Theorie und Praxis persönlichkeitsfördernde Arbeitsgestaltung dem Konzept der vollständigen Aufgabe bzw. der vollständigen Tätigkeit oder der vollständigen Handlung eine besondere Bedeutung zukommt.[1053]

1049 Vgl. Eversheim (1995), S. 142.

1050 Vgl. Sauerbrey, G. (1988); Zäpfel (1989).

1051 Vgl. Emery (1959).

1052 Vgl. Emery (1959); Emery/Thorsrud (1982).

1053 Vgl. Tomaszewski (1981); Hacker (1986); Hacker (1987); Volpert (1987).

Darüber hinaus erfordern Kernprozesse wegen der Aufgabenvielfalt und der strategischen Bedeutung eine technische, soziale und konzeptionelle Kompetenz der Teammitglieder.[1054] Das Recht zur Selbstorganisation und Selbstregulation in und zwischen Prozessteams führt zu Lern- und Entwicklungsprozessen und zur Generierung neuer Technologien „on the job“.[1055] Die Notwendigkeit zu einer Mehrfachqualifikation der Prozessbeteiligten erklärt sich auch aus der Aufgabenkomplexität, den Handlungs- und Entscheidungskompetenzen der Prozessteams, der Mitarbeit in wechselnden Prozessteams und der teaminternen und -übergreifenden Selbstabstimmung sowie der Selbstorganisation und Selbstkontrolle im Arbeitsprozess.[1056] Dementsprechend kommt der persönlichen Weiterentwicklung über die generelle Anforderung an die Prozessbeteiligten, Fähigkeiten zur Eigenverantwortung, zur selbständigen Führung und Selbstkontrolle sowie ausgeprägte kommunikative und soziale Kompetenzen zu entwickeln, eine besondere Bedeutung zu.[1057]

6.5.4 Implikationen für BPM

Das Ausmaß, in dem die Prozessaufgabenerfüllung zur persönlichen Weiterentwicklung beiträgt, beeinflusst die Verhaltenswahl des Akteurs. Verhalten, das direkt der persönlichen Weiterentwicklung dient oder dieser entspringt dürfte eine positive Valenz aufweisen. Ziele, die sowohl mit der Aufgabenerfüllung verbunden sind als auch beim Erreichen mit einer persönlichen Entwicklung einhergehen, dürften ebenfalls positiv bewertet werden. Darüber hinaus kann davon ausgegangen werden, dass eine persönlichkeitsfördernde Be-/Entlohnung von den Akteuren auch positiv bewertet wird. Über die persönliche Weiterentwicklung können Akteure eine Verbesserung ihrer Verhaltenswirksamkeit erreichen, welche die Einschätzung der Instrumentalität ihres Verhaltens hinsichtlich der Zielerreichung erhöht. Daher ist aus Akteurssicht die Prozessgestaltung so vorzunehmen, dass mittels der Aufgabenerfüllung persönliche Perspektiven zur Weiterentwicklung eröffnet werden.

Für die Qualität der Gestaltung der Prozessorganisation ist vor allem die Leistungsfähigkeit und -bereitschaft der Aufgabenträger ausschlaggebend. Die Leistungsfähigkeit zeigt sich in der Aufgabenerfüllung, der damit verbundenen Prozessleistung und in der durch Ausbildung und Erfahrung erreichten intellektuellen Verfassung der Prozessmitglieder. In Prozessen, in denen tendenziell hoch qualifizierte Aufgabenträger eingesetzt sind, können tendenziell weniger strenge Formalisierungen verwendet, Entscheidungsbefugnisse delegiert, Kommunikationsbeziehungen freigegeben und Kontrollen vermindert werden.[1058] Je besser dementsprechend ein Akteur ausgebildet ist, desto größer wird tendenziell der Freiraum der prozessorganisatorischen Gestaltung. Und auch vor dem Hintergrund der Wettbewerbsfähig-

[1054] Vgl. Gerum et al. (1996), S. 501.

[1055] Vgl. Schober (2002), S. 203.

[1056] Vgl. Hammer /Champy (1994), S. 92ff.

[1057] Vgl. Schober (2002), S. 190f.

[1058] Vgl. Fischermanns/Liebelt (2000), S. 72.

keit von Organisationen und der damit verbundenen Bündelung von Kernkompetenzen in Kernprozessen sowie der Notwendigkeit der stetigen Verbesserung von Abläufen, ist die persönliche Weiterentwicklung aller Organisationsmitglieder für das Fortbestehen der Organisation wichtig. Wie bereits festgestellt hat Wissen unter dem Aspekt der Wissensübertragung im Rahmen von BPM eine wichtige Bedeutung, weil Wissen der wichtigste Bestandteil von Kernkompetenzen ist und die individuellen Fähigkeiten und Kenntnisse der Organisationsmitglieder das organisationale Wissen ausmachen. Schließlich ist es die Aufgabe der Prozessorganisation, den Wert des Wissens durch Bündelung und Verknüpfung zu entfalten.[1059] Die Basis hierfür bildet die persönliche Entwicklung der Prozessbeteiligten. Da wie bereits angedeutet das BPM-Konzept entgegen hierarchieorientierter Karrierepfade eher eine Abflachung von Hierarchie hervorruft, muss durch BPM Maßnahmen die persönliche Weiterentwicklung im Rahmen der Aufgabenerfüllung gefördert werden. Maßnahmen wie etwa job-enrichment, job-rotation, empowerment und teilautonome Gruppenarbeit sowie eine den genannten Merkmalen entsprechende Aufgabenstrukturgestaltung tragen neben ihrer Verwendung zur Erreichung von Kosten-, Zeit- und Qualitätszielen zur persönlichen Entwicklung der Prozessbeteiligten bei. Die Vorgabe von Zielen ohne eine detaillierte Regelung der Vorgehensweise zur Zielerreichung fördert ebenfalls den Lernfortschritt und die Entwicklung der Akteure.

Problematisch ist, dass die persönliche Entwicklung anhand der Aufgabenstellung nicht nur individuell sehr unterschiedlich verläuft, sondern insbesondere auch als persönliche Perspektive individuell verschieden wahrgenommen und interpretiert wird. Zudem wird BPM mit dem Dilemma konfrontiert, die Akteure möglichst effizient einzusetzen, sodass vermieden wird, Prozessbeteiligten Aufgaben zu übertragen, denen sie mit Unsicherheit, fehlenden Kenntnissen etc. begegnen. Dadurch können Wissens- und Erfahrungsvorteile möglichst umfassend genutzt werden. Allerdings ist fraglich, inwiefern sich für diese Prozessbeteiligten neue Weiterbildungs- und persönliche Entwicklungschancen ergeben, wenn sie dort, wo sie ihre bisherigen Fähigkeiten und Kenntnisse weitreichend einbringen können, hauptsächlich eingesetzt werden. Somit sind Arbeitsbedingungen notwendig, die den Akteuren sowohl ermöglichen, ihre Kenntnisse, Fähigkeiten und Fertigkeiten in die Arbeit einzubringen, als auch diese im Rahmen der Aufgabenerfüllung zu erweitern.[1060] Bestenfalls wird Arbeit so verteilt, dass die Prozessbeteiligten die Möglichkeit erhalten, ihre Qualifikation nicht nur zu erhalten, sondern auch zu verbessern.[1061] Da Prozessgestaltung personenunabhängig erfolgt, sind diese Forderungen nur schwer von BPM zu erfüllen, zumal der Fokus der Gestaltungsmaßnahmen in erster Linie auf der Erreichung der Organisations- und genannten BPM-Ziele liegt. Zweifellos liegt es im Interesse von BPM, persönlichkeitsfördernde

[1059] Vgl. Gaitanides (2007), S. 61.

[1060] Vgl. Leitner et al. (1987), S. 13.

[1061] Vgl. Rohmert/Weg (1976), S. 137.

Aufgabenstellungen hervorzubringen, wenn dieses die Leistungsbereitschaft der Akteure hebt und darüber die Ziele bestmöglich erreicht werden. Da die in den vorherigen Kapiteln aus verhaltensorientierter Sicht geforderten BPM-Maßnahmen[1062] auch zur persönlichen Weiterentwicklung beitragen, erscheint ein gesonderter Fokus des BPM-Konzepts auf die Persönlichkeitsförderlichkeit der Prozessaufgabenstellung nicht zwingend notwendig. Sie ist bei der Beachtung der aus Akteurssicht geforderten Prozessgestaltungsmerkmale implizit enthalten.

Die nachfolgenden Tabellen stellen die wesentlichen Zusammenhänge dar und zeigen, wie BPM durch Regelungen der Arbeitsteilung und Koordination über die Verhaltensdeterminante „persönliche Entwicklung" die Ausprägung der Entscheidungskriterien und damit die Leistungsbereitschaft der Prozessbeteiligten positiv beeinflussen kann.

BPM Gestaltungsmöglichkeiten		Entscheidungskriterien: **Valenz Verhalten**	**Valenz Zielerreichung**	**Instrumentalität Verhalten für Zielerreichung**	**Valenz Be-/Entlohnung**	**Instrumentalität Zielerreichung für Be-/Entlohnung**
Regeln der Arbeitsteilung	**Aufgabenintegration, Generalisierung, Minimierung von Schnittstellen, Minimierung von Interdependenzen, ganzheitliche Rundumbearbeitung, one-face-to-the-customer**	Job enrichment und empowerment, fachliche Weiterbildung, Weiterentwicklung Entscheidungskompetenz da wegen Hierarchieabbau Entscheidungsdelegation, Umgehen mit Feedback / Kritik / Anregungen	Kompetenzen ermöglichen Verständnis von Zielrelevanz	Verhaltenswirksamkeit wegen erhöhter Kompetenzen	Aufgabenorientierung anstelle Hierarchieorientierung, Mehrfachqualifikation, Anerkennung / Macht / Status aufgrund von Kompetenzen	Honorierung persönlicher Weiterentwicklung
	Aufgabenkongruenz, Übereinstimmung von Verantwortung, Entscheidungs- und Bearbeitungskompetenz	Weiterentwicklung Entscheidungskompetenz / dispositive Kompetenz		Weiterentwicklung Entscheidungskompetenz / dispositive Kompetenz		
	eindeutige Verantwortungszuweisung	Eigenverantwortung ermöglicht Reifestreben, Umgehen mit Feedback / Kritik / Anregungen				Honorierung persönlicher Weiterentwicklung
	gleichmäßige Kapazitätsauslastung					
	beziehungsorientierte Bereichsbildung, Teamarbeit	Sozialkompetenz				

Tab. 10: Einflussmöglichkeiten von BPM auf Leistungsbereitschaft über die Verhaltensdeterminante „Persönliche Entwicklung" mittels Regelungen der Arbeitsteilung[1063]

[1062] Vgl. insbesondere die Anforderungen an Zielsetzungen in Kapitel 6.1, Aufgabenmerkmale in Kapitel 6.3 und Interaktion in Kapitel 6.4.

[1063] Wird im Rahmen der Arbeitsteilung zum Beispiel auf die Einhaltung der Aufgabenkongruenz geachtet, kann der Akteur dadurch seine Entscheidungskompetenzen und dispositiven Fähigkeiten ausbauen, was zu einer positiven Bewertung der Verhaltensvalenz und einer im Rahmen des Lernfortschritts immer besseren Einschätzung der Verhaltensinstrumentalität führen kann.

	Entscheidungskriterien / BPM Gestaltungsmöglichkeiten	Valenz Verhalten	Valenz Zielerreichung	Instrumentalität Verhalten für Zielerreichung	Valenz Be-/Entlohnung	Instrumentalität Zielerreichung für Be-/Entlohnung
Regeln der Koordination	Standardisierung über Outputnormen, Zweckregeln, Service-level-agreements	Kompetenzerleben aufgrund „smarter" Ziele, entsprechender Aufgaben und Verhaltensautonomie		Erlernen zielführenden Verhaltens unterstützt von Kontrolle und Feedback		Honorierung persönlicher Weiterentwicklung
	Standardisierung über Ausführungsregeln, Verfahrensanweisungen	Möglichkeit Anleitung / Neuerwerb von Fachwissen, Methodenkompetenzen		Möglichkeit Anleitung / Neuerwerb von Fachwissen, Methodenkompetenzen		
	Selbstabstimmung	Weiterbildung Sozialkompetenz, dispositive Kompetenz, Entscheidungskompetenz		fachliche Kompetenz für Teilzielentscheidung		
	Hierarchie, persönliche Weisung					

Tab. 11: Einflussmöglichkeiten von BPM auf Leistungsbereitschaft über die Verhaltensdeterminante „Persönliche Entwicklung" mittels Regelungen der Koordination[1064]

[1064] Die Koordination über Verfahrensanweisungen kann Akteuren zum Beispiel neues Wissen und Methodenkompetenzen vermitteln oder in der Einarbeitung unterstützen, sodass das damit einhergehende Verhalten positiv bewertet werden kann.

7 Schlussbetrachtung

Die BPM-Literatur lässt tendenziell die Verhaltenswirksamkeit von Prozessgestaltungsmaßnahmen unberücksichtigt. Im Rahmen dieser Arbeit sollte versucht werden darzustellen, welche möglichen Effekte auf die Leistungsbereitschaft von Prozessbeteiligten durch das Design von Prozessen ausgehen und welche BPM-Maßnahmen tendenziell in der Lage sind, hohe Leistungsbereitschaft bei den Organisationsmitgliedern hervorzubringen. Hierzu wurde anhand der Erkenntnisse aus der Sichtung insbesondere der verhaltenswissenschaftlichen Literatur ein Verhaltenserklärungsmodell entwickelt und die einzelnen Elemente sowie deren mögliche Wirkungsweise vorgestellt. Die dargestellten Erkenntnisse zeigen, dass BPM-Maßnahmen das Verhalten von Akteuren beeinflussen. Es konnte abgeleitet werden, dass die Komplexität von Prozessdesign mit den vielen auf Verhalten wirkenden Einflussfaktoren und abzuwägenden Effekten eine ganzheitliche Optimierung von Abläufen unmöglich macht und nur unter Ausblendung vieler Aspekte eine Teiloptimierung denkbar ist. Bevor die mit der Anwendung des Modells verbundenen Probleme aufgezeigt werden, sollen zunächst die wichtigsten aus dem Modell ableitbaren Erkenntnisse zusammenfassend vorgestellt werden.

7.1 Zusammenfassung der Ansatzpunkte zur Verhaltenssteuerung

Das erarbeitete Modell konzentriert sich auf Verhaltensdeterminanten, die von BPM beeinflusst werden können. Es wird davon ausgegangen, dass insbesondere Ziele, organisationale Transparenz, Aufgabenmerkmale, Interaktion und persönliche Entwicklungsmöglichkeiten die Leistungsbereitschaft der Prozessbeteiligten maßgeblich beeinflussen. Ziele können von BPM über Planung und Vorgaben den Akteuren vorgegeben werden. Feedback und Kontrollmechanismen können über Vorschriften geregelt werden. Transparenz wird ebenfalls über formalisierte Planung und Vorschriften sowie über Standardisierung und dementsprechende Reglementierung der Arbeitsabläufe erreicht. Über die Art der Arbeitsteilung bestimmt BPM insbesondere die Aufgabeninhalte und deren Merkmale. Die Koordination der Prozessbeteiligten kann über Standardisierung und Reglementierung, über Selbstabstimmung oder über Hierarchie bzw. persönliche Weisung erfolgen. Entsprechend der Prozessgestaltung ergeben sich darüber hinaus persönliche Entwicklungsmöglichkeiten für die beteiligten Akteure.

Trotz der Vielzahl an gestalterischen Mitteln, die BPM zum Prozessdesign zur Verfügung stehen, sind die Möglichkeiten, über BPM-Maßnahmen Verhalten von Prozessbeteiligten zu steuern bzw. eine hohe Leistungsbereitschaft hervorzubringen, jedoch begrenzt.

Ziele

Ziele stellen die Grundlage für die Forderung hinsichtlich systemkonformen Verhaltens an die Prozessbeteiligten dar. Entsprechend der Zielsetzungstheorie müssen sie insbesondere smart im Sinne von specific, measurable, attainable, relevant und timed[1065] sein. Höhere und präzisere Anforderungen mit Entscheidungsmöglichkeiten und entsprechenden Freiheitsgraden führen unmittelbar zu höheren eigenständigen Zielsetzungen und diese wiederum zu größeren Anstrengungen, mit deren Hilfe bessere Leistungen entstehen.[1066] Es konnte festgestellt werden, dass die Vorgabe vor allem von präzisen Zielen dem Akteur ermöglicht, die Valenz des Ziels einfacher zu bewerten, die Instrumentalität der Zielerreichung für seine Be-/ Entlohnung festzustellen und den Beitrag verschiedener Verhaltensweisen für die Zielerreichung abzuschätzen. Bei der Prozessgestaltung ist es eine besondere Herausforderung,

- einerseits klare Ziele zu formulieren und andererseits flexible Strukturen zu schaffen, die bei Umweltänderungen auch Zieländerungen veranlassen,
- einerseits Zielkontrolle über eindeutige, individuelle Erfolgszuweisungen zu ermöglichen und andererseits über Schnittstellenminimierung große Aufgabenbereiche zu schaffen, die über Teamarbeit ausgefüllt werden,
- einerseits individuellen Anforderungen gerecht zu werden und andererseits Prozesse zu gestalten, die aus Kosten- und Zeitsicht ökonomisch sinnvoll und insgesamt personenunabhängig sind, um damit die Überlebensfähigkeit der Organisation zu sichern.

Zudem ist problematisch, dass es kein allgemeines Kriterium gibt, welches definiert, wann eine Zielsetzung zum Beispiel herausfordernd und wann zu schwierig ist, da Ziele interindividuell verschieden interpretiert werden und darüber hinaus unterschiedliche Ansichten darüber bestehen können, wann ein Ziel erreicht wurde und anhand welcher Kriterien dies zu überprüfen ist.[1067] Eine „smarte" Zielformulierung kann dieser Problematik nur begrenzt entgegenwirken.

Unsicherheit in der Aufgabenerfüllung spiegelt sich in der Mehrdeutigkeit von Wegen und Zielen in der Aufgabenerfüllung wieder. Insbesondere letzteres ist durch ein konsistentes und transparentes Zielsystem zu vermeiden. Aufgabenunsicherheit kann aus Akteurssicht herausfordernd und positiv auf die Valenz des Verhaltens wirken. Sie erschwert jedoch die Einschätzung der Instrumentalität des Verhaltens für die Zielerreichung und gegebenenfalls auch die Instrumentalität der Zielerreichung für die Be-/Entlohnung. Da bei Unsicherheit Aktivitäten ergriffen werden, die der Reduktion dieser Unsicherheit dienen und nicht zwingend Mehrwert für den Kunden schaffen, ist aus BPM-Sicht Unsicherheit zu vermeiden und die Herausforderung für Akteure durch entsprechende Zielsetzung, Transparenz der Prozessstruktur und Gestaltung der Aufgabenstellungen zu erzielen, um eine erhöhte Leistungsbereitschaft zu erhalten. Zudem müssen Ziele im Verantwortungsbereich des Akteurs liegen, sodass die Kongruenz der Zielvorgaben, Verant-

[1065] Vgl. Locke (1968); Locke/Latham (1990); Latham (2000), S. 115.

[1066] Vgl. Hacker (2005), S. 329; Vgl. auch Theorie der Zielsetzungen in Locke/Latham (1990).

[1067] Vgl. Becker-Biskaborn (1975), S. 43.

wortungen und Beeinflussungsmöglichkeiten für einen Aktivitätsbereich gewährleistet wird.

Neben den Anforderungen an die Zielformulierung und deren möglichen Auswirkungen auf Verhalten wird in der Literatur vielfach betont, dass eine bestmögliche Übereinstimmung von individuellen Zielen der Organisationsmitglieder und den Organisationszielen etwa über Partizipation angestrebt werden sollte, um eine hohe Leistungsbereitschaft der Akteure zu erreichen und leistungshemmende Interessenskonflikte zu vermeiden. Der Aufbau eines in sich konsistenten Zielkatalogs ist bereits mit vielen Schwierigkeiten verbunden, da etwa konfliktäre Zeit-, Kosten- und Qualitätsziele aufeinander abzustimmen sind. Darüber hinaus scheint eine Übereinstimmung mit individuell unterschiedlichen Zielsetzungen herzustellen unmöglich und auch vor dem Hintergrund der Forderung, personenunabhängige Prozesse zu gestalten, nicht sinnvoll. Zudem ist zu beachten, dass die den Prozessen zugrunde liegenden Ziele unmittelbar mit dem Be-/Entlohnungssystem der Organisation in Verbindung stehen, wobei letzteres nicht von BPM konzeptualisiert wird und damit auch nicht explizit Teil des BPM-Konzepts ist. Das BPM-Konzept kann über die Gestaltung von Prozessen intrinsische Motivation hervorrufen, indem etwa eine persönliche Weiterentwicklung über die Aufgabenerfüllung erreicht wird, nicht jedoch extrinsische Leistungsanreize setzen. Das BPM-Konzept ist daher um die Betrachtung der Abstimmung von Prozessgestaltung und damit der Aufgabenstruktur auf die Prozess- und Organisationszielsetzung vor dem Hintergrund der Wirksamkeit organisationaler Anreizsysteme zu erweitern. So können etwaig vorhandene fundamentale Interessenkonflikte zwischen BPM- bzw. Organisationszielen und den Zielen der Prozessbeteiligten aufgedeckt, und bei einer verhaltens- bzw. motivationsorientierten Prozessgestaltung berücksichtigt werden. Das Setzen von Prozesszielen ist für die Verhaltenssteuerung unabdingbar. Die Festlegung von Zielen durch BPM muss jedoch unter motivationsorientierten Gesichtspunkten erfolgen, wenn eine hohe Leistungsbereitschaft hervorgerufen werden soll, da das konsequente alleinige Verfolgen der genannten BPM-Ziele für das Erreichen von Organisationszielen über die Gestaltung von Prozessen zu einer negativen Bewertung der Zielvalenz und des für die Zielerfüllung notwendigen Verhaltens führen kann. Vor diesem Hintergrund ist bei der Prozessgestaltung abzuwägen, inwiefern zum Beispiel kosten- und zeitminimierende Prozessstrukturen mit Prozessleistungsvorgaben geschaffen werden sollen, die durch ein Anreizsystem entsprechend honoriert werden, wenn das zu Stress in der Aufgabenerfüllung führt und die Prozessbeteiligten unter einen Erfolgsdruck geraten, was nicht zwingend im Interesse der Prozessbeteiligten liegt und leistungshemmend wirken kann. Eine Partizipation der Prozessbeteiligten bei der Zielfindung kann diesem Effekt entgegenwirken.

Anforderungen an "Ziele" zur Generierung erhöhter Leistungsbereitschaft	Berücksichtigung der Anforderungen an „Ziele" zur Generierung erhöhter Leistungsbereitschaft aus Sicht des BPM-Konzepts	Mögliches Konfliktpotenzial
spezifische, messbare, zeitbezogene Ziele	Wirksames Prozesscontrolling basiert auf spezifischen, messbaren Zielen, die in einem vorgegebenen Zeitrahmen erreicht werden sollen.	Aus motivationstheoretischer Sicht geforderte Selbstkontrolle steht im Konflikt mit der aus BPM-Sicht notwendigen Fremdkontrolle mittels Prozesscontrolling, sodass Fremdkontrolle zur Unterstützung von Selbstkontrolle zu konzipieren ist. Zudem erschwert die Vorgabe klarer, zeitbezogener Ziele die Flexibilität bei Zieländerungen z.B. bei kurzfristigen Umweltveränderungen.
erreichbare Ziele	BPM dient der Zielerreichung und misst anhand des Zielerreichungsgrades die Prozessgüte, so dass nur erreichbare Zielsetzungen sinnvoll sind.	Identifikation dessen, was erreichbar ist, um weder Unter- noch Überforderung oder Stress zu generieren, welche die Leistungsbereitschaft hemmen, sondern lediglich herausfordernde, die Leistungsbereitschaft fördernde Ziele zu formulieren ist schwierig, zumal ein „gewisser" Stress die Leistungsbereitschaft erhöht, auch wenn er seitens der Akteure nicht zwingend erwünscht ist. Partizipation bei der Festlegung des Prozesszielniveaus kann Konfliktpotenzial mindern. Die individuelle Einschätzung der Erreichbarkeit von Zielen hängt von der Zurechenbarkeit der Zielerreichung auf den individuellen Beitrag ab. Diese Zurechenbarkeit wird bei Prozesstätigkeiten mit vielen Interdependenzen / Teamarbeit gefährdet.
relevante Ziele	BPM dient der Zielerreichung der gesamten Organisation und hat dementsprechend ein Zielsystem zu entwickeln, das nur relevante der Gesamtzielerreichung dienende Ziele enthält. Zudem zielt BPM darauf ab, jegliche Verschwendung, die bei der Verfolgung nicht relevanter Ziele existieren würde, zu vermeiden.	Kein wesentliches Konfliktpotenzial erkennbar
konsistenter Zielkatalog	Die Formulierung eines konsistenten Zielkatalogs steht weniger im Vordergrund als die Festlegung von Kosten-, Zeit-, Qualitäts- und Flexibilitätszielen, die gleichermaßen erreicht werden sollen, sodass der Aufbau einer konfliktfreien Zielhierarchie, die über BPM-Maßnahmen verfolgt werden soll, nicht im Fokus des BPM-Konzepts steht.	Zielkonflikte zwischen Kosten-, Zeit- und Qualitätszielen erschweren die Formulierung eines konsistenten Zielsystems. Zudem können Zielformulierungen individuell unterschiedlich verstanden werden. Die Relativierung von Minimal- und Maximalanforderungen kann aufeinander abgestimmte Ziele ermöglichen und Zielkonflikte vermeiden.
Ziele, mit denen sich Prozessbeteiligte identifizieren	Zielsystem basiert auf Organisationsoberziel.	Das von BPM zu formulierende Zielsystem nimmt nicht für sich in Anspruch, Zielsetzungen der Prozessbeteiligten zu integrieren. Starke Konflikte können z.B. aus folgenden gegensätzlichen Zielsetzungen resultieren: Ressourcenverfügbarkeit, Gehalt vs. Kostenminimierung; Erholungsbedürfnis, schwankende Leistungsfähigkeit vs. maximale Auslastung der Akteure; Zeitautonomie vs. Zeitvorgaben, erwünschter Zeitdruck für Produktivitätssteigerung. Die Partizipation aller Akteure bei Festlegung der Prozesszielinhalte und Erweiterung der „klassischen" BPM-Ziele um Prozessteilnehmer orientierte Ziele sowie die Integration der Anreizsystemkonzeption in die Prozessgestaltung, sodass z.B. Aufgabenorientierung systematisch gefördert wird, kann Konfliktpotenzial mindern.

Tab. 12: Abgleich motivationstheoretischer Überlegungen hinsichtlich der Anforderungen an die Ausgestaltung der Verhaltensdeterminante „Ziele" mit deren Berücksichtigung im BPM-Konzept

Die obige Tabelle bietet einen zusammenfassenden Abgleich der motivationstheoretischen Überlegungen hinsichtlich der Anforderungen an die Ausgestaltung der Verhaltensdeterminante „Ziele“ mit deren Berücksichtigung im BPM-Konzept und zeigt mögliche Konfliktpotenziale auf. Insgesamt wird hier von einem eher hohen Konfliktpotenzial ausgegangen, da das BPM-Konzept mit erheblichen Dilemmata, die grau unterlegt sind, konfrontiert wird.

Transparenz

Für die Gesamtzielerreichung ist entscheidend, dass jeder Akteur möglichst genau weiß, wie die Organisation funktioniert und in welche Richtung sie steuert, sodass auch Interaktionen zwischen Akteuren möglichst prognostizierbar sind.[1068] Gerade die bedeutende Akzeptanz von vorgegebenen Zielen wird über das Verständnis des Gesamtzusammenhangs erhöht. Die Herstellung einer gewissen organisationalen Transparenz liegt sowohl im Interesse von BPM als auch im Interesse der Prozessbeteiligten. Aus Akteurssicht können nicht nur aufgrund des besseren Verständnisses des Gesamtzusammenhangs Valenzen ermittelt, sondern insbesondere sowohl die Instrumentalität des Verhaltens für die Zielerreichung als auch die Instrumentalität der Zielerreichung für die damit verbundene Be-/Entlohnung identifiziert werden. BPM benötigt für die Gestaltung von Prozessabläufen Transparenz, da ohne Überblick über den Gesamtzusammenhang keine bestmögliche Gestaltung über die Festlegung der Arbeitsteilung und Koordination möglich ist. Transparenz ist dementsprechend Grundvoraussetzung, um einen sinnvollen Zusammenhang zwischen Vorgaben, Kontrollen und Konsequenzen herzustellen und für die Modellierung von Abläufen sowie deren Unterstützung durch IT notwendig. Sie unterstützt die Etablierung von

- differenzierten Leistungsbeurteilungen und entsprechenden Konsequenzen durch die Möglichkeit, den Zusammenhang zwischen Anstrengung, Leistung und Zielerreichung erkennen zu können,
- direkter, eindeutiger Kommunikation,
- eindeutigen Regeln, Rechten, Pflichten, Vollmachten und Verantwortungsbereichen.

Allerdings ist zu berücksichtigen, dass Transparenz, zum Beispiel durch Formalisierung die Gefahr von Verhaltensrigidität, Inflexibilität und Autonomieeinschränkung in sich birgt, und sich Akteure aufgrund der offensichtlichen Nachvollziehbarkeit und Kontrollierbarkeit ihrer Aktivitäten weniger innovativ und flexibel verhalten oder auf Tätigkeiten verzichten, die nicht zum unmittelbaren Aufgabenbereich gehören, jedoch der Zielerreichung der Organisation dienen würden. Transparenz ist daher nur bis zu einem gewissen Grad von Akteuren erwünscht und akzeptiert, was sich zum Beispiel in der Ablehnung des „gläsernen Mitarbeiters“ wiederfindet. Eine vollständige Transparenz ist somit nicht anzustreben,

[1068] Vgl. Weinert (2004), S. 596.

zumal eine lückenlose Dokumentation auch aus ökonomischer Sicht nicht sinnvoll ist. BPM muss daher einerseits für ausreichende Transparenz sorgen, um selbst gestalterisch fähig sein zu können und andererseits das Schaffen von Transparenz nicht übertreiben, um die Akzeptanz der Prozessbeteiligten zu wahren und eine ökonomische Lösung zu generieren. Vor diesem Hintergrund ist anzustreben, dass BPM gegenüber den Akteuren Leistungsziele, Erwartungen, Rollen, Funktionen sowie Mittel, Methoden und Wege effizienter Aufgabenerfüllung klarstellt. Zudem muss BPM über die Kriterien, Normen und Standards der Arbeitsbewertung sowie deren Folgen (Gebrauch von Lob bzw. Strafe in eindeutiger Abhängigkeit der erbrachten Leistung) informieren.

Die nachfolgende Tabelle bietet einen zusammenfassenden Abgleich der motivationstheoretischen Überlegungen hinsichtlich der Anforderungen an die Ausgestaltung der Verhaltensdeterminante „Transparenz“ mit deren Berücksichtigung im BPM-Konzept und zeigt mögliche Konfliktpotenziale auf. Insgesamt wird hier von einem eher geringen Konfliktpotenzial ausgegangen, da der Prozessgestalter in der Lage sein sollte herauszufinden, welcher Transparenzgrad von den Akteuren akzeptabel erscheint, und das Organisationsgeschehen entsprechend darzustellen.

Anforderungen an "Transparenz" zur Generierung erhöhter Leistungsbereitschaft	**Berücksichtigung der Anforderungen an "Transparenz" zur Generierung erhöhter Leistungsbereitschaft aus Sicht des BPM-Konzepts**	**Mögliches Konfliktpotenzial**
Transparenz, die verdeutlicht, wie die Organisation "funktioniert" zum Verständnis des Gesamtzusammenhangs und Einordnung der eigenen Aufgabe / Leistung	Die Offenlegung, wie die Organisation „funktioniert“ ist Voraussetzung für eine erfolgreiche Prozessgestaltung, die Kontrolle der Prozessgüte und die Be-/Entlohnung von Akteuren aufgrund der Zielerreichung zurechenbarer Leistungen – aus BPM-Sicht wird vollständige Transparenz durch den in seiner Herstellung verursachten Aufwand und nicht aufgrund etwaiger mangelnder Akzeptanz der Akteure restringiert.	Transparenz z.B. durch Verhaltensformalisierung schränkt Autonomie und Flexibilität des Verhaltens der Akteure ein, was nicht zwingend im Interesse der Akteure liegt. Transparenz bildet die Grundlage von Fremdkontrolle, der aus Akteurssicht gegenüber der Selbstkontrolle nicht den Vorzug zu geben ist. Schaffen einer Transparenz, welche das Prozesssystem der Organisation mit den damit verbundenen Erwartungen, Rollen, Zielen sowie Mittel, Methoden und Wege effizienter Aufgabenerfüllung darstellt und Verzicht auf den „gläsernen“ Akteur zur vereinfachten Steuerung der Aktivitäten zur Konfliktminderung.

Tab. 13: Abgleich motivationstheoretischer Überlegungen hinsichtlich der Anforderungen an die Ausgestaltung der Verhaltensdeterminante „Transparenz“ mit deren Berücksichtigung im BPM-Konzept

Aufgabenmerkmale

Aus Sicht der Prozessteilnehmer wird Prozessaufgabenerfüllung als intrinsische Belohnung empfunden, was die Verhaltensvalenz erhöht, wenn sie mit vielfältigen Aufgaben verbunden ist.[1069] Dieser Anspruch, vielfältige Aufgaben für Akteure bereit zu stellen, wird vom BPM-Konzept zum Teil unterstützt, indem auf Aufgabenintegration abgezielt wird, die mit einer Erhöhung der Aufgabenvielfalt einher-

---

[1069] Vgl. Schanz (1982), S. 17.

geht. Vor dem Hintergrund der Kosten-, Zeit- und Qualitätsziele muss jedoch zwischen Generalisierungs- und Spezialisierungsvorteilen abgewogen werden. Spezialisierung ermöglicht die Verbesserung der Wirksamkeit menschlicher Arbeit, wirkt jedoch der Vielfalt der Aufgabenstellung,[1070] der mit der Absolvierung vielfältiger Aufgaben verbundenen persönlichen Entwicklungsmöglichkeit tendenziell entgegen und ist bei zu hoher Ausprägung mit erheblichen Nachteilen verbunden. BPM befindet sich in dem Zielkonflikt, dass die Maßnahmen zur Schaffung von Aufgabenvielfalt einerseits konform zur Zielsetzung des BPM-Konzepts sind, indem etwa Gruppenarbeit, Schnittstellenminimierung, Reduktion von Interdependenzen, Integration von Aufgaben zur kundenorientierten Rundumbearbeitung avisiert werden, andererseits jedoch Spezialisierungsnachteile mit entsprechenden Kosten und Zeitansätzen in Kauf genommen werden müssen, die aus BPM-Sicht zu vermeiden sind. BPM strebt an, möglichst stabile Abläufe zu schaffen und bei dynamischen Umwelten, deren Veränderlichkeit durch Maßnahmen der Arbeitsteilung zu reduzieren, um effiziente und gestaltbare Abläufe zu erhalten. Vor dem Hintergrund der anzustrebenden Aufgabenvielfalt und herausfordernden Zielsetzung wird jedoch gefordert, die Veränderlichkeit der Aufgabe, die im Geschäftsprozess abgewickelt wird, und damit die Flexibilität des Leistungsbündels nach Möglichkeit aus motivationstheoretischer Sicht hoch zu gestalten.[1071] Jegliche Form der Dynamik erhöht allerdings die Kosten, sodass BPM einerseits Aufgaben gestalten muss, die der Dynamik wenig ausgesetzt sind, andererseits jedoch die notwendige Flexibilität der Organisation nicht gefährden und eine gewisse Aufgabenvielfalt zulassen.

Vollständige, fordernde Tätigkeiten sind für die Leistungsmotivierung, für das Wohlbefinden und die psychische Gesundheit sowie für das Verhindern von Dequalifizierung der Prozessbeteiligten unerlässlich.[1072] Sie führt zu einer positiven Bewertung der Verhaltensvalenz. Je höher die Ganzheitlichkeit einer Aufgabe, desto leichter fällt dem Akteur die Einordnung seiner Leistungsbeiträge in den Gesamtzusammenhang, was die Bedeutung und Verhaltenswirksamkeit von Transparenz unterstreicht und die Einschätzung der Instrumentalitäten von Verhalten und Zielerreichung fördert. BPM zielt im Rahmen seiner Zielsetzung Schnittstellen zu minimieren, kundenorientierte Rundumbearbeitung zu gewährleisten und damit Aufgaben zu integrieren, auf eine Ganzheitlichkeit von Aufgabenstellungen ab.

Das Aufgabenmerkmal der Ganzheitlichkeit steht jedoch in Widerspruch zur Arbeitsteilung, die durch BPM vorgenommen werden muss. Somit ist bei verhaltensorientierter Prozessgestaltung darauf zu achten, dass bei einer Arbeitsteilung, die insbesondere Spezialisierungsvorteile hervorbringen soll, nichtsdestotrotz Elemente ganzheitlicher Aufgabenstrukturen einzuflechten sind, um die negativen Folgen der

---

[1070] Vgl. Kirchner/Rohmert (1974), S. 57.

[1071] Vgl. Griese/Sieber (2001), S. 151.

[1072] Vgl. Rau (2004); Rau/Richter (1996); Richter (1994); Wieland et al. (2004).

Spezialisierung zu vermeiden und positive Wirkungen von vollständigen Aufgabenstrukturen auf das Verhalten zu nutzen. Andernfalls dürfte zumindest die Valenz des Verhaltens sehr niedrig ausfallen und bei Entfremdung auch die Bewertung der Entscheidungsbausteine Zielvalenz, Instrumentalität des Verhaltens für Zielerreichung und Instrumentalität der Zielerreichung für Be-/Entlohnung zu gering ausfallen, um eine hohe Leistungsbereitschaft der Prozessbeteiligten zu erhalten.

Der Bedeutungsgehalt einer Aufgabe ist ebenfalls verhaltenswirksam und beschreibt das Ausmaß, in dem die Tätigkeit einen bedeutsamen und wahrnehmbaren Nutzen für andere innerhalb und außerhalb der Organisation hat.[1073] Aus Sicht der Prozessbeteiligten ist eine Prozessgestaltung anzustreben, die nur Aufgabenstellungen hervorbringt, die einen hohen Bedeutungsgehalt aufweisen, sodass dem für die Zielerreichung zugrunde liegenden Verhalten eine hohe Valenz beigemessen wird. BPM zielt darauf ab, für die Zielerreichung nur relevante Aufgaben zu vergeben und alle überflüssigen Tätigkeiten zu eliminieren. Insofern unterstützen BPM-Maßnahmen die Forderung, nur Prozessaktivitäten zu schaffen, die einen Bedeutungsgehalt für Dritte beinhalten. Allerdings kommt es entsprechend des Modells für den Akteur auf das Urteil Dritter an, um eine entsprechende Leistungsbereitschaft zu entwickeln. Hierbei kann BPM die strukturellen Voraussetzungen schaffen, nicht jedoch das Feedback Dritter erzwingen, was den Bedeutungsgehalt der Aufgabe eines jeden Akteurs unterstreicht. Daher ist es aus BPM-Sicht wichtig, die Abläufe transparent und Aufgaben ganzheitlich zu gestalten, sodass die Relevanz der Prozesse und ihrer Aufgaben deutlich wird, und jeder Prozessteilnehmer auch ohne Feedback Dritter weiß, dass die Güte der Aufgabenerfüllung und somit auch die Höhe seiner Leistungsbereitschaft entscheidend für die Gesamtorganisationszielerreichung ist.

Unter der Annahme, dass Autonomie zu höherem Leistungsverhalten führt, wird dementsprechend gefordert, dass Akteure Freiheitsgrade und Dispositionsspielräume bei der Aufgabenerfüllung erhalten.[1074] Bei der Entscheidung, welches Leistungsverhalten ein Akteur für seine Aufgabenerfüllung wählt, kommt es auf das Ausmaß an, in dem die Arbeit Unabhängigkeit und sachlichen sowie zeitlichen Spielraum bei der Ausführung zulässt.[1075] Unstrukturierte Aufgaben lassen individuellen Fähigkeiten mehr Raum und bringen die Prozessleistung der Akteure besser zur Geltung. Komplexität, die mit Aufgabenvielfalt, Autonomie, Verantwortungsübernahme für die Aufgabenerfüllung, Ausbau von Wissen und Fertigkeiten sowie interpersonaler Kommunikation und daher mit sozialen Beziehungen verbunden ist, führt tendenziell zu höherer Leistungsbereitschaft.[1076] Komplexe Aufgabenstellungen sind aus Akteurssicht tendenziell herausfordernd und steigern die

---

[1073] Vgl. Hackman et al. (1975); Hackman/Oldham (1975).

[1074] Vgl. Hacker et al. (1995), S. 315.

[1075] Vgl. Hackman/Oldham (1980).

[1076] Vgl. Weinert (2004), S. 226.

Verhaltensvalenz sowie die Motivation, die damit verbundene höhere Schwierigkeit der Zielerreichung zu meistern. Andererseits dürfte die Instrumentalität des Verhaltens für die Zielerreichung unklarer sein. Es kann festgestellt werden, dass mit zunehmender Autonomie die Instrumentalität des Verhaltens für die Zielerreichung, zum Beispiel aufgrund erhöhter Selbstwirksamkeit,[1077] und die Valenz des Verhaltens, zum Beispiel weil der Akteur über erhöhte Wahlfreiheit bezüglich seines Verhaltens verfügt, an sich steigen. Zudem tragen ausreichende Tätigkeitsspielräume zum Erlernen verbesserter Leistungsvoraussetzungen bei[1078] und fördern somit die persönliche Weiterentwicklung der Prozessbeteiligten. Der Autonomielogik folgend sind Entscheidungsinterdependenzen zu vermeiden, denn positive motivationale Effekte sind besonders dann zu erwarten, wenn Prozessbeteiligte im Rahmen ihrer Aufgabenerfüllung weitgehend unabhängig sind, die Möglichkeit der verursachungsgerechten Erfolgszuordnung (Feedback) vorhanden ist und über die Schaffung autonomer Arbeitsbereiche unterschiedliche Teilaktivitäten in einem Aufgabenbereich zusammengefasst werden (Aufgabenvielfalt).[1079]

BPM-Maßnahmen zielen darauf ab, Komplexität zu reduzieren. Eine hohe Komplexität von Aufgaben erschwert deren Regelung und gefährdet die Prozessstabilität eher als mangelnde Komplexität von Aufgaben. Zur Prozessgestaltung gehört dementsprechend auch die Regelung von Tätigkeiten durch organisatorische Festlegungen und Arbeitsvorschriften. Damit vermindern sie die Freiheitsgrade bei den Ausführenden selbst und damit deren Möglichkeiten zu einer selbständigen oder gar schöpferischen Betätigung. Der Regelungswille steht demzufolge im Widerspruch zum Motivationsanspruch, denn die formale Regelung will keine andere Motivation als die der Regelerfüllung.[1080] BPM muss jedoch aus verhaltensorientierter Sicht bei der Prozessgestaltung einen gewissen Grad an Komplexität in Kauf nehmen, um nicht nur eine ökonomisch sinnvolle Lösung, sondern auch eine motivierende Prozessaufgabenstruktur zu erhalten, die möglichst keine dysfunktionalen Verhaltensweisen nach sich zieht beziehungsweise zulässt. Es muss ein bestmögliches Verhältnis von hilfreicher, lehrender und entlastender Vorgabe auf der einen und Spielraum für individuelle Gestaltungsmöglichkeiten auf der anderen Seite gefunden werden.[1081] Aus BPM-Sicht ist daher diejenige Regelungsdichte zu erzielen, welche die Art von Routinen hervorbringt, deren Vorteile überwiegen wie etwa

- Reduktion von Komplexität,
- Ermöglichen einer genaueren Einschätzung der Instrumentalitäten von Verhalten und Zielerreichung,

[1077] Vgl. Banduras Konzept über Selbstwirksamkeit in Bandura (1977).

[1078] Vgl. das demand-control-model von Karasek (1979).

[1079] Vgl. Lassmann (1992), S. 172.

[1080] Vgl. Schreyögg (2003), S. 18.

[1081] Vgl. Hacker (2005), S. 120.

- Generieren von Standardisierungsvorteilen und damit einhergehend Zeit- und Qualitätsvorteile bei der Prozessleistungserstellung,
- hohe Verhaltensprognostizierbarkeit, welche einen geringen Koordinationsbedarf und -aufwand mit sich bringen
- etc.

Führen Routinen jedoch zu rigiden Vorgehensweisen, mangelnder Flexibilität, Verkümmerung von Fähigkeiten, Dequalifikation von Akteuren und damit einhergehend zum Verlust von Motivationspotenzialen, sodass das Erreichen der Organisationsziele gefährdet wird, können diese Nachteile die genannten Vorteile überkompensieren.

In der Prozessgestaltung ist eine absolute Autonomie der Prozessteilnehmer aufgrund der Autonomiekosten nicht erstrebenswert. Ziele, Regeln, Normen, Standards und Kontrollen schränken Autonomie ein, um Verlässlichkeit von Prognostizierbarkeit, Uniformität und Konformität des Verhaltens von Akteuren zu erhalten. Je höher der Autonomiegrad ist, desto größer sind die Handlungsspielräume der Akteure und desto geringer ist die Prognostizierbarkeit des Verhaltens, sodass die Anforderungen an die Koordination der einzelnen Leistungsträger und die damit einhergehenden Kosten steigen. Eine Einschränkung von Autonomie führt wiederum zu Koordinationskosten, Interdependenzen, Zeitbedarf für Abstimmungen, welche aus BPM-Sicht ebenfalls zu vermeiden sind. Da die Prozessgestaltung nicht ohne Regelungen auskommt, die Autonomie einschränken, und auch die zeitliche Abstimmung der Aktivitäten für die Aufgabenintegration notwendig ist, sodass ebenfalls die zeitliche Souveränität nur in geringen Maßen erreicht werden kann, muss bei der Prozessstrukturgestaltung insgesamt die Höhe der Autonomie- und Koordinationskosten abgeschätzt und möglichst gering gehalten werden. Darüber hinaus muss auch sichergestellt werden, dass eine Verlagerung von Handlungs-, Entscheidungskompetenzen und Verantwortung auf nachgeordnete Ebenen von den Akteuren auch tatsächlich übernommen und zur Durchführung der Organisationszielsetzung benutzt wird.[1082] Je größer die Autonomie ist desto größer ist die Gefahr, dass dysfunktionales Verhalten beobachtet werden kann, weil die Anzahl der Verhaltensalternativen steigt und insbesondere divergierende Interessen zu Verhaltensweisen führen können, die für die Organisation nachteilig sind. Die Erfüllung der Forderung von Autonomie der Prozessbeteiligten ist aus BPM-Sicht zudem mit Schwierigkeiten verbunden, weil die zugrunde gelegte Effizienzthese, dass hohe Entscheidungsautonomie zu hoher Motivation führt, keine Allgemeingültigkeit besitzt, da auch Akteure mit vorrangig extrinsischer Motivationskomponente denkbar sind.[1083] In diesem Fall entfaltet zum Beispiel eine hohe Entscheidungsautonomie keine bzw. geringe Motivationswirkungen, und bei Überforderung hinsichtlich der Ausfüllung des Handlungsspielraums ist sogar Demotivation durch

[1082] Vgl. Binner (2004), S. 634f.

[1083] Vgl. Lassmann (1992), S. 142, 251.

Autonomie möglich. Aus Akteurssicht wäre daher eine individuelle Lösung anzustreben, die jedoch ökonomisch und damit aus BPM-Sicht nicht sinnvoll ist. Die Gestaltung von Prozessen mit einem effizienten Autonomiegrad, der sowohl den Forderungen aus Akteurssicht als auch den Organisations- und BPM-Zielen gerecht wird, gestaltet sich vor dem Hintergrund der genannten Aspekte als äußerst schwierig.

Aus Sicht der Prozessbeteiligten sind zudem Aufgabenstellungen zu generieren, die ihren Wunsch nach Kontrolle erfüllen und Feedbackinformationen bereitstellen, denn Kontrollinformationen sind Rückkopplungen über den Leistungserfolg. Die Einrichtung von Rückkopplungskanälen trägt der menschlichen Erwartung Rechnung, etwas über die Folgen der eigenen Tätigkeiten zu erfahren und Möglichkeiten zur Selbstkontrolle der eigenen Arbeit zu erhalten.[1084] Feedback führt zu Konsequenzen auf zukünftiges, leistungsbezogenes Verhalten[1085] und fördert die Einschätzung der Instrumentalität von erreichten Zielen für die damit verbundene Be-/Entlohnung. Es unterstützt auch die Bewertung der Instrumentalität von Verhalten für die Zielerreichung. Je nach Disposition des Individuums kann sogar davon ausgegangen werden, dass Erfolg motiviert und Misserfolg anspornt, sodass Rückmeldungen auch auf die Bewertung der Verhaltensvalenz Einfluss ausüben können. Auch aus BPM-Sicht ist für die Gestaltung von Prozessen wichtig, dass Prozessbeteiligte über ihre Leistungsgüte Feedback erhalten. Die mit der Prozessgestaltung verbundene Anforderung, Ziele zu setzen, und die damit verbundenen Kontrollmechanismen zur Überwachung der Zielerreichung, können nur dann verhaltenswirksam werden, wenn die Ziel- und Kontrollinformationen den Akteuren zur Verfügung gestellt werden. Insbesondere Prozesscontrolling basiert auf diesem Mechanismus, der Grundlage für jegliche kontinuierlichen Verbesserungsprozesse ist.

Die nachfolgende Tabelle bietet einen zusammenfassenden Abgleich der motivationstheoretischen Überlegungen hinsichtlich der Anforderungen an die Ausgestaltung der Verhaltensdeterminante „Aufgabenmerkmale“ mit deren Berücksichtigung im BPM-Konzept und zeigt mögliche Konfliktpotenziale auf. Insgesamt wird hier von einem eher hohen Konfliktpotenzial ausgegangen, da das BPM-Konzept mit erheblichen Dilemmata, welche grau unterlegt sind, konfrontiert wird.

[1084] Vgl. Schanz (1994), S. 164.

[1085] Vgl. Lawler (1976), Sp. 1268.

Anforderungen an „Aufgabenmerkmale" zur Generierung erhöhter Leistungsbereitschaft	Berücksichtigung der Anforderungen an „Aufgabenmerkmale" zur Generierung erhöhter Leistungsbereitschaft aus Sicht des BPM-Konzepts	Mögliches Konfliktpotenzial
Ganzheitlichkeit, Vielfalt	Aufgabenintegration, Schnittstellenminimierung und kundenorientierte Rundumbearbeitung ziehen ganzheitliche Aufgabenstellungen nach sich und können die Aufgabenvielfalt erhöhen.	Die Nutzung von Spezialisierungs-, Standardisierungs- und Routinisierungsvorteilen sowie die von BPM angestrebte Erstellung stabiler Abläufe kann der geforderten Aufgabenvielfalt entgegen stehen. Die weitestgehende Integration ganzheitlicher, vielfältiger Aufgabenstrukturen und Nutzung von Flexibilität der Akteure kann das Konfliktpotenzial mindern.
Bedeutungsgehalt	Vermeidung von Verschwendung, Vorgabe relevanter Ziele führen zu Aufgabenstellungen, die für die Organisation und somit für Dritte von Bedeutung sind. Die angestrebte Transparenz macht die Prozessrelevanz und damit die Aufgabenbedeutung sichtbar.	Kein Konfliktpotenzial erkennbar
Autonomie	Aufgrund der Autonomiekosten ist eine absolute Autonomie nicht erstrebenswert, zumal Prozessaktivitäten ohne Verhaltensprognostizierbarkeit, die auf Regelungen beruht, nicht koordiniert werden können und der reibungslose Prozessfluss gefährdet ist. Daher strebt das BPM-Konzept eine Prozessgestaltung an, bei der Autonomie- und Koordinationskosten minimal sind, Verhaltensweisen prognostizierbar und damit kontrollierbar ist.	Gestörtes Verhältnis zwischen hilfreicher, lehrender, entlastender Vorgabe und Spielräume für individuelle Gestaltungsmöglichkeiten möglich, zumal dieses individuell unterschiedlich ausfallen kann, kann durch Partizipation bei Festlegung der Regelungsdichte zur größtmöglichen Vorteilserzielung reduziert / vermieden werden. Autonomiekosten werden über Koordination reduziert, sodass Verhalten eingeschränkt wird, Interdependenzen entstehen, die individuelle Leistungsbeitragsermittlung gefährdet wird und Fremdkontrolle zur Ermittlung der Prozessleistung im Vordergrund steht anstelle der bei Autonomie betonten Eigenkontrolle. Der Regelgedanke von BPM steht im Widerspruch zum Autonomiegedanken.
Rückmeldung	Nur über Feedback werden Zielsetzungen verhaltenswirksam. Prozesscontrolling basiert auf diesem Mechanismus und ermöglicht Prozessverbesserungen.	BPM setzt auf Fremdkontrolle zur Messung der Prozessleistung und Ermittlung von Anhaltspunkten für eine Prozessverbesserung und stellt nicht die Aufgabenrückmeldung und den Aspekt der Selbstkontrolle in den Vordergrund.

Tab. 14: Abgleich motivationstheoretischer Überlegungen hinsichtlich der Anforderungen an die Ausgestaltung der Verhaltensdeterminante „Aufgabenmerkmale" mit deren Berücksichtigung im BPM-Konzept

Interaktion

Die Gruppe beeinflusst jeden Einzelnen hinsichtlich dessen Menge und Qualität von Arbeitsleistung, Motivation und Loyalität.[1086] Sozialer Kontakt an sich wirkt motivierend, und es konnte festgestellt werden, dass Tätigkeiten zur intrinsischen Belohnung führen, wenn sich Akteure bei der Aufgabenerfüllung wegen der möglichen Kontakte wohl fühlen.[1087] Hinsichtlich der Einschätzung der Verhaltensinstrumentalität für die Zielerreichung und die Instrumentalität der Zielerreichung auf die Be-/Entlohnung hängt die Bewertung des Akteurs von den Interdependenzen der Gruppenarbeit sowie von der Klarheit der Aufgabenverteilung und Zuteilung der Ergebnisverantwortung ab. Je nach Ausmaß der Gruppenidentifikation und Übereinstimmung der Gruppenziele mit den Organisationszielen fällt die Bewertung der Zielvalenz aus.

[1086] Vgl. Weinert (2004), S. 452.

[1087] Vgl. Schanz (1982), S. 17.

Aufgrund der Orientierung von BPM hinsichtlich Kosten-, Zeit- und Qualitätszielen, dient der Aspekt der Gruppenarbeit als Organisationsstruktur weniger dem sozialen Kontakt von Prozessteilnehmern untereinander, um deren Kontaktbedürfnisse als solche zu befriedigen, sondern vielmehr der Vorteilhaftigkeit von Gruppenarbeit, kundenorientierte Rundumbearbeitung sowie Prozesse im Rahmen ganzheitlicher Aufgabenstellungen Prozessteams zuweisen und von diesen mittels Selbstabstimmung effizient durchführen lassen zu können. Die Etablierung von Interaktion zwischen Prozessbeteiligten erfolgt daher nicht vordergründig, um motivierende Geselligkeit der Akteure herzustellen. Dieser Aspekt kommt allenthalben zum Tragen, wenn es darum geht, sehr einfache, im Detail geregelte Routineaufgaben von Prozessteilnehmern ausführen zu lassen, welche tendenziell dysfunktionale Verhaltensweisen nach sich ziehen, wenn nicht sozialer Kontakt die Nachteile der Aufgabenstellung kompensiert und aus Akteurssicht die Tätigkeit erträglich macht. Primär werden formale Gruppen gebildet, um vorgegebene Ziele zu erfüllen und die damit verbundenen Aufgaben zu erledigen, die vom Einzelnen nicht bewerkstelligt werden können,[1088] sodass Gruppenarbeit unter Erfolgsgesichtspunkten gestaltet wird.

Dementsprechend wird gefordert, dass die Gruppengröße bestenfalls fünf bis sechs Mitglieder beträgt und eine Zugehörigkeit von zehn Mitgliedern nicht übersteigt,[1089] und die Kriterien des „right mix“, „timing“ und „purposing“ erfüllt sind.[1090] Außerdem ist Gruppenarbeit insbesondere bei Aufgabenerfüllungsprozessen einzusetzen, die komplex und mit starken Interdependenzen behaftet sind, Wissensvermittlung benötigen, kreative Lösungsfindung und hierfür vielfältige Sichtweisen voraussetzen. Die beziehungsorientierte Bereichsbildung von BPM unterstützt diese Forderungen, indem Interdependenzen in Teams verlagert werden, die Gruppen untereinander möglichst wenigen Interdependenzen ausgesetzt werden und weitgehende Autonomie erhalten wird. Zudem sind die Prozesse so zu gestalten, dass nur eine mittlere Gruppenkohäsion erzeugt und Gruppendenken sowie social loafing und Trittbrettfahren im Rahmen der Aufgabenerfüllung vermieden werden, um eine möglichst hohe Leistungsbereitschaft der Prozessgruppenmitglieder zu erhalten. Die einzelnen Aspekte, die für eine erfolgreiche Gruppenarbeit notwendig sind, zeigen, dass die Teamorganisation mit ihrem geringen Grad an festgelegten internen Strukturen eine komplexe und potenziell konfliktreiche Form der Arbeitsorganisation darstellt.[1091] Bei der Prozessgestaltung, die Gruppenarbeit vorsieht, sind zum Beispiel individuelle Leistungsanreize und die Honorierung von Teamleistungen auszubalancieren, Qualitätsmaßstäbe hinsichtlich der Entscheidungsgüte und die Dauer der Entscheidungsfindung abzuwägen, prozessuale Regelungen der Verantwortlichkeiten, Arbeitsteilung und Entscheidungsfindung mit den Implika-

[1088] Vgl. Weinert (2004), S. 452.

[1089] Vgl. Högl (2004), Sp. 1402.

[1090] Vgl. Osterloh/Frost (2003), S. 113.

[1091] Vgl. Högl (2004), Sp. 1406.

tionen aus der Forderung nach Selbstbestimmung der Gruppenmitglieder aufeinander abzustimmen etc. Insbesondere belastet BPM der mangelnde Einfluss auf Fähigkeiten, Wissen, Sozial- und Kommunikationskompetenz sowie Persönlichkeitsmerkmale der Prozessbeteiligten, welche primär die Gruppenleistung beeinflussen, sodass nur indirekt über die strukturellen Maßnahmen die Güte der Gruppenarbeit beeinflusst werden kann. Aufgrund der beschriebenen großen Einflussnahme von Teamarbeit auf das Verhalten der einzelnen Prozessbeteiligten, ist nichtsdestotrotz die mögliche Wirkung der jeweiligen BPM-Maßnahmen auf das Verhalten in das Kalkül der Prozessgestaltung einzubeziehen.

Die nachfolgende Tabelle bietet einen zusammenfassenden Abgleich der motivationstheoretischen Überlegungen hinsichtlich der Anforderungen an die Ausgestaltung der Verhaltensdeterminante „Interaktion“ mit deren Berücksichtigung im BPM-Konzept und zeigt mögliche Konfliktpotenziale auf. Insgesamt wird hier von einem eher mäßigen Konfliktpotenzial ausgegangen, da das BPM-Konzept generell Interaktion ermöglicht. Die Konflikte in der Teamarbeit können nur bedingt im Rahmen der Prozessgestaltung gelöst werden, da die Güte der Gruppenarbeit nur indirekt über strukturelle Maßnahmen beeinflusst werden kann. Insofern bezieht sich das Konfliktpotenzial nicht nur auf BPM-Maßnahmen und deren Einfluss auf die Ausprägung der Verhaltensdeterminante, sondern spiegelt die Problematiken des Teamansatzes an sich wider.

Anforderungen an „Interaktion“ zur Generierung erhöhter Leistungsbereitschaft	Berücksichtigung der Anforderungen an „Interaktion“ zur Generierung erhöhter Leistungsbereitschaft aus Sicht des BPM-Konzepts	mögliches Konfliktpotenzial
sozialer Kontakt, informeller Informationsaustausch, gegenseitige Hilfe und Unterstützung	Teamarbeit dient weniger dem sozialen Kontaktbedürfnis der Akteure, sondern der möglichen Vorteilhaftigkeit von Teamarbeit: Motivierende Geselligkeit wird nur gezielt hergestellt, wenn Aufgabenmerkmale, die dysfunktionales Verhalten nach sich ziehen können, kompensiert werden sollen. Betonung der Zurechnung individueller Leistungsbeiträge zielt nicht auf gegenseitige Hilfe und Unterstützung ab.	BPM zielt darauf ab, Interdependenzen und Abstimmungsaufwand möglichst gering zu halten sowie Schnittstellen zu minimieren, was die Minimierung sozialen Kontakts unterstützt und aus Akteurssicht sozialen Kontakt gefährdet. Des Weiteren besteht die Gefahr leistungshemmender Teamarbeit aufgrund nachteiliger Teamzusammensetzung, die Gruppenkohäsion und Gruppendruck hervorbringt sowie Trittbrettfahrertum. Eine Aufgabenverteilung auf Akteure, sodass sich ein mittlerer Kohäsionsgrad ergibt, sowie Herstellen der Balance zwischen individuellen Leistungsanreizen und der Honorierung von Teamleistungen ohne die Würdigung der Teamarbeit mit gegenseitiger Hilfe / Unterstützung und entsprechenden Synergien zu vernachlässigen kann Konfliktpotenzial mindern sowie das Sicherstellen der Zurechenbarkeit von Erfolg zu Einzelbeiträgen und die Integration von Anreizsystemen in die Prozessgestaltung.

Tab. 15: Abgleich motivationstheoretischer Überlegungen hinsichtlich der Anforderungen an die Ausgestaltung der Verhaltensdeterminante „Interaktion“ mit deren Berücksichtigung im BPM-Konzept

Persönliche Entwicklung

Die persönliche Entwicklung der Prozessbeteiligten im Aufgabenvollzug beeinflusst deren Verhaltensentscheidung und Leistungsfähigkeit maßgeblich. Im Rahmen der zielorientierten Aufgabenerfüllung, deren Ergebnis mittels Feedback dem Verantwortlichen zur Verfügung gestellt wird, können Lernfortschritte erzielt und auf dieser Basis sowohl die Instrumentalitätseinschätzung von Verhalten für die Zielerreichung sowie die Bewertung der Instrumentalität der Zielerreichung für die Be-/Entlohnung als auch das Verhalten angepasst werden. Verhalten, welches weiterentwickelt und honoriert wird, erhält eine höhere Valenzbewertung. Aus BPM-Sicht ist es sinnvoll, persönlichkeitsfördernde Prozessaufgaben zu gestalten, da somit nicht nur die Motivation der Prozessbeteiligten erhöht, sondern auch die Innovationsfähigkeit, Lernfähigkeit und Weiterentwicklung der Organisation sowie deren Flexibilität ermöglicht wird. Auch wenn das BPM-Konzept mit seiner Zielsetzung nicht primär darauf abzielt, Organisationsmitgliedern persönliche Entwicklungsmöglichkeiten einzuräumen, unterstützen viele BPM-Maßnahmen diese Forderung. Schließlich forciert BPM über Schnittstellenminimierung, kundenorientierte Rundumbearbeitung, Gruppenarbeit mit Selbstabstimmung und ganzheitlichen Aufgabenstellungen das empowerment der Prozessbeteiligten und damit auch deren kontinuierliche Weiterentwicklung. Lediglich Aufgabenstellungen, die auf zu starker Routinisierung basieren und ein zu hohes Maß an Regelungsdichte aufweisen, verhindern Lernfortschritt und somit die persönliche Entwicklung der Akteure. Allerdings muss deutlich gemacht werden, dass unter persönlicher Entwicklung primär die Weiterqualifikation im Sinne von Weiterbildung sowie das Erlangen einer „reifen Persönlichkeit“[1092] verstanden und nicht auf die vertikale Mobilität in Organisationen abgehoben wird. Letztere wird aufgrund der Abflachung von Hierarchie durch BPM-Maßnahmen erschwert, sodass die Valenz der Be-/Entlohnung, solange sie auf hierarchiebezogenen Karrieremerkmalen beruht durch die Prozessgestaltung entsprechend des BPM-Konzepts negativ beeinflusst wird. Umso wichtiger ist daher die Forcierung intrinsischer Motivation durch BPM-Maßnahmen wie etwa über die Konzeptualisierung von Aufgaben mit Merkmalen, die den verhaltensorientierten Anforderungen entsprechen, um diesen Effekt zu kompensieren und eine Aufgabenorientierung zu erzeugen.

Die nachfolgende Tabelle bietet einen zusammenfassenden Abgleich der motivationstheoretischen Überlegungen hinsichtlich der Anforderungen an die Ausgestaltung der Verhaltensdeterminante „Persönliche Entwicklung“ mit deren Berücksichtigung im BPM-Konzept und zeigt mögliche Konfliktpotenziale auf. Insgesamt wird hier von einem eher geringen Konfliktpotenzial ausgegangen, da aus dem BPM-Konzept generell persönlichkeitsfördernde Aufgabenstellungen ableitbar sind und bezüglich des Karrierekonfliktes der Prozessgestalter in der Lage sein sollte, horizontale Karrierepfade in das zu gestaltende Prozesssystem zu integrieren und mit einem Anreizsystem zu verknüpfen.

[1092] Vgl. Argyris (1975).

Anforderungen an „Persönliche Entwicklung" zur Generierung erhöhter Leistungsbereitschaft	Berücksichtigung der Anforderungen an „Persönliche Entwicklung" zur Generierung erhöhter Leistungsbereitschaft aus Sicht des BPM-Konzepts	mögliches Konfliktpotenzial
persönlichkeitsfördernde Aufgaben, Lernfortschritt, Qualifizierung	Nutzung vorhandenen Wissens für das Erreichen möglichst hoher Produktivität ist ebenso Fokus von BPM wie die Sicherung von Innovationsfähigkeit, Lernfähigkeit und Weiterentwicklung der Organisation und deren Prozesse über empowerment der Prozessbeteiligten, Verfolgen von Qualitätszielen, Prozesskontrolle und kontinuierliche Verbesserung der Prozessgüte.	Spezialisierte Aufgabenstellungen mit hoher Routinisierung, hohem Maß an Regelungsdichte und die Betonung der Nutzung vorhandenen Wissens können Lernfortschritt entgegenstehen.
Karriere	BPM beinhaltet keine Karriereaspekte bei der Prozessgestaltung. Aus dem BPM-Konzept ist die Möglichkeit der Persönlichkeitsentwicklung im Sinne von Weiterbildung ableitbar, nicht jedoch die Ermöglichung vertikaler Mobilität.	Flache Hierarchien stehen dem Wunsch nach vertikaler Mobilität der Akteure entgegenstehen. Die Integration von Karrierepfaden und Konzepten persönlicher Weiterentwicklung von Akteuren in die Prozessgestaltung, sodass horizontale Karrierepfade vorgesehen werden, kann eine Alternative zur vertikalen Karriere darstellen.

Tab. 16: Abgleich motivationstheoretischer Überlegungen hinsichtlich der Anforderungen an die Ausgestaltung der Verhaltensdeterminante „Persönliche Entwicklung" mit deren Berücksichtigung im BPM-Konzept

Trotz der aufgeführten Konflikte besteht für BPM die Möglichkeit, Prozesse nach motivationstheoretischen Gesichtspunkten zu gestalten und mittels BPM-Maßnahmen die Verhaltensdeterminanten derart zu beeinflussen, dass sich eine Ausprägung der Entscheidungskriterien ergibt, welche eine tendenziell hohe Leistungsbereitschaft der Prozessbeteiligten nach sich zieht. Die nachfolgenden Tabellen fassen die wesentlichen Zusammenhänge zusammen und stellen dar, wie BPM durch Regelungen der Arbeitsteilung und Koordination über die Verhaltensdeterminanten „Ziele, Transparenz, Aufgabenmerkmale, Interaktion, Persönliche Entwicklung" die Ausprägung der Entscheidungskriterien und damit die Leistungsbereitschaft der Prozessbeteiligten positiv beeinflussen kann.

	Entscheidungskriterien / BPM Gestaltungsmöglichkeiten	Valenz Verhalten	Valenz Zielerreichung	Instrumentalität Verhalten für Zielerreichung	Valenz Be-/Entlohnung	Instrumentalität Zielerreichung für Be-/Entlohnung
Regeln der Arbeitsteilung	**Aufgabenintegration, Generalisierung, Minimierung von Schnittstellen, Minimierung von Interdependenzen, ganzheitliche Rundumbearbeitung, one-face-to-the-customer**	**Aufgabenmerkmale:** Aufgabenvielfalt, Ganzheitlichkeit, Bedeutungsgehalt, Aufgaben- / Kundenfeedback **Interaktion:** kleine Gruppengröße, die Relevanz einzelnen Verhaltens steigert **persönliche Entwicklung:** Job enrichment und empowerment, fachliche Weiterbildung, Weiterentwicklung Entscheidungskompetenz da wegen Hierarchieabbau Entscheidungsdelegation, Umgehen mit Feedback / Kritik / Anregungen	**Aufgabenmerkmale:** Kundenorientierung / Erfüllen relevanter Kundenwünsche **persönliche Entwicklung:** Kompetenzen ermöglichen Verständnis von Zielrelevanz	**Ziele:** Selbstwirksamkeit wegen minimaler Interdependenzen, Zielerreichungskontrolle, Feedback **Transparenz:** Ganzheitlichkeit der Aufgabe, geringe Anzahl Beteiligter **Aufgabenmerkmale:** Aufgaben- / Kundenfeedback **persönliche Entwicklung:** Verhaltenswirksamkeit wegen erhöhter Kompetenzen	**Aufgabenmerkmale:** anerkennendes Kundenfeedback / Aufgabenfeedback **persönliche Entwicklung:** Aufgabenorientierung anstelle Hierarchieorientierung, Mehrfachqualifikation, Anerkennung / Macht / Status aufgrund von Kompetenzen	**Ziele:** Zielerreichungskontrolle, Feedback **Aufgabenmerkmale:** Bedeutungsgehalt der Aufgabe unterstreicht Anspruch auf Be-/Entlohnung **persönliche Entwicklung:** Honorierung persönlicher Weiterentwicklung
	Aufgabenkongruenz, Übereinstimmung von Verantwortung, Entscheidungs- und Bearbeitungskompetenz	**Aufgabenmerkmale:** zyklisch vollständige Aufgaben, Selbstwirksamkeit, Selbstkontrolle **persönliche Entwicklung:** Weiterentwicklung Entscheidungskompetenz / dispositive Kompetenz		**Ziele:** Selbstwirksamkeit wegen Beeinflussbarkeit des verantworteten Bereichs **Transparenz:** Dokumentation von Verantwortungs-, Entscheidungs- und Bearbeitungszuordnung **Aufgabenmerkmale:** zyklisch vollständige Aufgaben, Selbstwirksamkeit, Selbstkontrolle **persönliche Entwicklung:** Weiterentwicklung Entscheidungskompetenz / dispositive Kompetenz		**Ziele:** Selbstkontrolle
	eindeutige Verantwortungszuweisung	**Aufgabenmerkmale:** Selbstkontrolle, Eigenverantwortung **persönliche Entwicklung:** Eigenverantwortung ermöglicht Reifestreben, Umgehen mit Feedback / Kritik / Anregungen		**Ziele:** Zurechenbarkeit der Zielerreichung **Transparenz:** Dokumentation von Verantwortungsbereichen **Aufgabenmerkmale:** Selbstkontrolle, Eigenverantwortung, Kontrolle / Feedback **Interaktion:** Zurechenbarkeit der Gruppenleistung auf Einzelbeiträge		**Ziele:** Anspruch aufgrund Zurechenbarkeit der Zielerreichung **Aufgabenmerkmale:** Zurechenbarkeit der Leistung **Interaktion:** Zurechenbarkeit der Gruppenleistung auf Einzelbeiträge **persönliche Entwicklung:** Honorierung persönlicher Weiterentwicklung
	gleichmäßige Kapazitätsauslastung	**Aufgabenmerkmale:** gleichmäßige Verteilung von Autonomie			**Ziele:** Fairness von Aufwand der Akteure zu deren Ertrag	
	beziehungsorientierte Bereichsbildung, Teamarbeit	**Aufgabenmerkmale:** je nach Effektivität und Effizienz der Arbeitsverteilung im Team, je nach Einschränkung des Bedürfnisses nach Autonomie, je nach Routinegrad der Arbeit und Bedürfnis nach Kompensation von Langeweile durch sozialen Kontakt **Interaktion:** Befriedigung Bedürfnis nach sozialem Kontakt insbesondere bei Routineaufgaben, Verhalten auf Basis qualitativ besserer Entscheidungen, Teamgeist, Einschränkung Autonomie **persönliche Entwicklung:** Sozialkompetenz	**Transparenz:** Dokumentation der Zielsetzung und Zielerreichung **Interaktion:** je nach Übereinstimmung von Organisations-, Gruppen- und Individualziel	**Ziele:** je nach Effektivität und Effizienz der Arbeitsverteilung im Team sowie Zurechenbarkeit der Leistungsergebnisse **Transparenz:** Dokumentation von Kontrollmechanismen und Feedback **Aufgabenmerkmale:** gegenseitige Unterstützung bei komplexen Aufgaben und/oder hoher Aufgabenunsicherheit **Interaktion:** Fehlerausgleich von Gruppenarbeit, qualitativ bessere Entscheidungen, wechselseitige Kontrolle	**Transparenz:** Dokumentation von Be-/Entlohnung **Interaktion:** Befriedigung Bedürfnis nach sozialem Kontakt, B/E mittels sozialer Zugehörigkeit, Kommunikation, Partizipation durch Gruppe	**Ziele:** je nach Zurechenbarkeit der Leistungsergebnisse **Transparenz:** Dokumentation von Kontrollmechanismen und Feedback **Interaktion:** Einklang von Ergebnis- und Aufgabeninterdependenz

Tab. 17: Einflussmöglichkeiten von BPM auf Leistungsbereitschaft über die Verhaltensdeterminanten „Ziele, Transparenz, Aufgabenmerkmale, Interaktion, Persönliche Entwicklung" mittels Regelungen der Arbeitsteilung[1093]

[1093] BPM kann zum Beispiel über Aufgabenintegration, Generalisierung, Minimierung von Schnittstellen und Interdependenzen, ganzheitliche Rundumbearbeitung und die Etablierung eines one-face-to-the-customer die Valenz des Verhaltens aus Akteursicht erhöhen, indem Aufgabenmerkmale Vielfalt, Ganzheitlichkeit, Bedeutungsgehalt und Aufgabenfeedback sowie die aus der BPM-Maßnahme resultierende kleine Gruppengröße und die damit einhergehende größere Relevanz des Verhaltens Einzelner sowie job-enrichment, empowerment, die fachliche Weiterentwicklung aufgrund flacher Hierarchien und damit verbundener Entschei-

Entscheidungskriterien / BPM Gestaltungsmöglichkeiten		Valenz Verhalten	Valenz Zielerreichung	Instrumentalität Verhalten für Zielerreichung	Valenz Be-/Entlohnung	Instrumentalität Zielerreichung für Be-/Entlohnung
Regeln der Koordination	**Standardisierung über Outputnormen, Zweckregeln, Service-level-agreements**	**Ziele:** Selbstbestimmung, Verhaltensautonomie zum Erreichen „smarter" Ziele **Aufgabenmerkmale:** interessante und herausfordernde Aufgaben aufgrund „smarter" Ziele, Verhaltensautonomie **persönliche Entwicklung:** Kompetenzerleben aufgrund „smarter" Ziele, entsprechender Aufgaben und Verhaltensautonomie	**Ziele:** Befriedigung des Bedürfnisses nach Vorgaben und Kontrolle, „smarte" Ziele, konsistenter Zielkatalog **Interaktion:** hohe Gruppenleistungsziele orientiert an „smarte" Ziele	**Ziele:** Zielerreichungskontrolle, Feedback **Transparenz:** Dokumentation des Zusammenhangs **Aufgabenmerkmale:** je nach Aufgabenkomplexität und –unsicherheit, Kontrolle / Feedback **Interaktion:** Sicherstellen zielführender Gruppenarbeit, Kontrolle und Feedback **persönliche Entwicklung:** Erlernen zielführenden Verhaltens unterstützt von Kontrolle und Feedback		**Ziele:** Zielerreichungskontrolle, Feedback **Transparenz:** Dokumentation des Zusammenhangs **persönliche Entwicklung:** Honorierung persönlicher Weiterentwicklung
	Standardisierung über Ausführungsregeln, Verfahrensanweisungen	**Ziele:** Veraltenssicherheit **Aufgabenmerkmale:** je Übereinstimmung von Bedürfnis nach Vorgaben sowie Fremdkontrolle und Ausprägung der Regelungsdichte, Sinnhaftigkeit des Verhaltens wegen Verhaltensvorgaben zum Erreichen „smarter" Ziele **persönliche Entwicklung:** Möglichkeit Anleitung / Neuerwerb von Fachwissen, Methodenkompe-		**Ziele:** Vorgabe zielführenden Verhaltens **Aufgabenmerkmale:** Vorgabe nur relevanter Aufgaben mit Ausführungsanweisungen zum Erreichen „smarter" Ziele bei statischen, routinisierten und/oder gut strukturierten Aufgaben **persönliche Entwicklung:** Möglichkeit Anleitung / Neuerwerb von Fachwissen, Methodenkompetenzen		**Ziele:** Verhaltensformalisierung mit Eingang in Be- und Entlohnungspraktiken **Aufgabenmerkmale:** Anspruch auf Be-/Entlohnung beim Befolgen von Vorgaben der Ausführungsanweisungen
	Selbstabstimmung	**Ziele:** je Übereinstimmung von Bedürfnis nach und Ausprägung der Einschränkung von Autonomie **Aufgabenmerkmale:** Selbstregulation **Interaktion:** Partizipation, empowerment **persönliche Entwicklung:** Weiterbildung Sozialkompetenz, dispositive Kompetenz, Entscheidungskompetenz	**Ziele:** Partizipation bei Zielsetzung, Zielidentifikation	**Ziele:** Selbstkontrolle **Aufgabenmerkmale:** gegenseitige Unterstützung bei komplexen, dynamischen und oder unsicheren Aufgaben **persönliche Entwicklung:** fachliche Kompetenz für Teilzielentscheidung		**Ziele:** Selbstkontrolle
	Hierarchie, persönliche Weisung	**Ziele:** je Übereinstimmung von Bedürfnis nach und Ausprägung der Einschränkung von Autonomie **Interaktion:** finale Entscheidung	**Ziele:** Verdeutlichung Zielrelevanz, Partizipation bei Zielsetzung, Zielidentifikation	**Ziele:** Verdeutlichung Verhaltensinstrumentalität, je nach Effektivität und Effizienz der Arbeitsverteilung an nachgeordnete Stellen **Aufgabenmerkmale:** Unterstützung bei komplexen, dynamischen und/oder unsicheren Aufgaben **Interaktion:** finale Entscheidung, Verdeutlichung, Beratung, Unterstützung der Mittelfindung für Zielerreichung		**Ziele:** Verdeutlichung Zielinstrumentalität

Tab. 18: Einflussmöglichkeiten von BPM auf Leistungsbereitschaft über die Verhaltensdeterminanten „Ziele, Transparenz, Aufgabenmerkmale, Interaktion, Persönliche Entwicklung" mittels Regelungen der Koordination[1094]

7.2 Verhaltensmodellkritik

Das entwickelte Modell spiegelt den Versuch wieder, diejenigen in der Literatur vornehmlich genannten Verhaltensdeterminanten, die zudem über strukturgestaltende Maßnahmen beeinflusst werden können, in einen Kontext zu bringen, der die tendenzielle Ausprägung der Leistungsbereitschaft von Prozessbeteiligten in Abhängigkeit der Gestaltung von Prozessstrukturen erklären kann. Da die verwen-

dungsdelegation, die alle aus dieser BPM-Gestaltungsmöglichkeit resultieren können, positiv bewertet werden.

1094 Aus Service-level-agreements, welche den „smart" Anforderungen entsprechen, resultieren zum Beispiel Möglichkeiten der Selbstbestimmung, damit einhergehendes Kompetenzerleben und daraus ableitbare interessante und herausfordernde Aufgaben, die aus Akteurssicht ein positiv zu bewertendes Verhalten nach sich ziehen können.

deten Befunde nicht auf den Kontext von Prozessgestaltung bezogen sind, mussten die Erkenntnisse anhand von Analogieschlüssen auf BPM übertragen werden. Inwiefern diese Vorgehensweise zu richtigen Schlussfolgerungen führt, ist im Rahmen weiterer Forschung zu überprüfen.

Das vor diesem Hintergrund entwickelte Verhaltenserklärungsmodell verdeutlicht die angenommenen Zusammenhänge. Bei der Modellentwicklung wurde sowohl darauf verzichtet, eine Gewichtung der einzelnen Einflussfaktoren auf Verhalten vorzunehmen und die Beziehung der Determinanten untereinander sowie deren Auswirkung auf Verhalten mathematisch zu spezifizieren als auch rekursive Beziehungen der Modellelemente in die Betrachtung einzubeziehen. Dargestellte Elemente von Einflussfaktoren wie etwa Gruppendenken, Gruppendruck, Gruppenkohäsion bei der Betrachtung von Interaktion stehen eng miteinander in Verbindung und sind nicht voneinander unabhängig. So bestehen auch zum Beispiel zwischen den Merkmalen Vielfalt, Geschlossenheit, Bedeutungsgehalt und Autonomie, welche Teil der Aufgabenmerkmale sind, Interkorrelationen. Wechselseitige Abhängigkeiten werden ausgeblendet, um die Betrachtung auf die Wirkungsweise von Struktur gestaltenden Maßnahmen auf Verhalten zu konzentrieren. Die damit einhergehende starke Komplexitätsreduktion ist durchaus sinnvoll, da ansonsten erhebliche Abstraktionen notwendig wären.[1095] Da zudem auch auf eine Nutzenfunktion verzichtet worden ist, kann bei einer widersprüchlichen Wirkungsweise von BPM-Maßnahmen auf die Bewertung der einzelnen Entscheidungsbausteine nicht zu einer tendenziellen Aussage hinsichtlich der zu erwartenden Leistungsbereitschaft genutzt werden. So kann zum Beispiel ein Prozess mit relativ leicht erreichbaren Zielen und hoher Transparenz, der im Rahmen von Gruppenarbeit das Erfüllen von Routineaufgaben vorsieht, sodass die Akteure ihr bereits vorhandenes Wissen einsetzen und über Erfahrungseffekte verfeinern können, einerseits eine positive Leistungsbereitschaft hervorrufen, weil Gruppenarbeit zu einer positiven Verhaltensvalenz führt, die Instrumentalität von Verhalten für die Zielerreichung leicht einzuschätzen ist, die Zielvalenz aufgrund der Transparenz und Zielerreichbarkeit positiv bewertet wird und die Instrumentalität der Zielerreichung für die Be-/Entlohnung ebenfalls aufgrund der Prozessroutine leicht einzuschätzen ist. Andererseits können leicht erreichbare Ziele, Routineaufgaben und persönliche Entwicklungsmöglichkeiten, die lediglich bereits gewonnenen Kenntnisse vertiefen, nicht jedoch die Entwicklung neuer Fähigkeiten und Fertigkeiten einbeziehen, zu einer sehr niedrig bewerteten Verhaltensvalenz führen. In diesem Fall ist es dann fraglich ob die angenommenen höheren Bewertungen der übrigen Entscheidungsbausteine diese Bewertung kompensieren und insgesamt zu einer hohen Leistungsbereitschaft beitragen. Auch wenn dieses Beispiel zeigt, wie schwierig es mittels des Modells ist, tendenzielle Aussagen zur Leistungsbereitschaft der Akteure zu treffen, so zeigt es doch an dieser Stelle, dass, wenn es um Verbesserung von Prozessen geht, ein wichtiger Ansatzpunkt die Erhöhung der Zielsetzung, Verminderung der

[1095] Vgl. Wagner (1966), S. 23.

Routine und damit einhergehend die Eröffnung weiterer persönlicher Entwicklungsmöglichkeiten sind, um höhere Leistungsbereitschaft zu erzeugen. Der Verzicht auf eine konkrete Nutzenfunktion lässt zu, dass eine Vielzahl empirischer Studien zu Rate gezogen werden konnten, welche die Wirkung struktureller Maßnahmen auf Verhalten thematisieren und tendenzielle Aussagen zur Förderlichkeit von Leistungsbereitschaft vornehmen, ohne dass auf mathematische Funktionen oder individuelle Unterschiede Rücksicht genommen werden musste. Somit steht nicht der Wahlakt zwischen den Verhaltensalternativen im Vordergrund der Betrachtung, sondern vielmehr die tendenzielle Wirkungsweise von Strukturen auf Verhaltensdeterminanten sowie deren tendenzielle Bewertung durch den Akteur.[1096]

Auch gegenläufige Auswirkungen von BPM-Maßnahmen hinsichtlich eines Entscheidungsbausteines erschweren die Aussagefähigkeit des Modells. Zum Beispiel kann sorgfältiges Arbeiten die Leistungsmenge und damit unter Umständen den Verdienst senken (geringere Valenz der Be-/Entlohnung), Fehler reduzieren und somit wiederum zu Anerkennung durch Vorgesetzte führen (höhere Valenz der Be-/Entlohnung), sodass das Verhalten von Prozessbeteiligten an dieser Stelle mit Hilfe des Modells schwer zu prognostizieren ist. Die mangelnde Operationalisierung der Kriterien erhöht dieses Problem,[1097] denn das Fehlen einer mathematischen Funktion erschwert das Treffen messbarer Aussagen.

Aufgrund des Anspruchs der Personenunabhängigkeit von Organisationen und der ökonomischen Zielsetzung von BPM finden interindividuelle Unterschiede keinen Eingang in die Betrachtung. Es wird auf empirische Befunde abgestellt, welche generelle Wirkungen bestimmter Strukturausprägungen auf Verhalten identifiziert haben, und diese wurden in den Kontext von BPM transferiert. Die Tatsache, dass für Verhalten nicht nur die Bewertung sondern auch die zugrunde liegende Wahrnehmung von Verhaltensalternativen individuell unterschiedlich zum Beispiel aufgrund selektiver Wahrnehmung ausfallen kann,[1098] bleibt ebenso unberücksichtigt. Somit kann das Modell auch aufgrund dieser Konzeption nicht über tendenzielle Aussagen hinauskommen und nur Anregungen liefern, welche Ausprägungen Prozessgestaltung aufweisen sollte bzw. welche Ansatzpunkte zu Verbesserungen von Prozessen vorhanden sind, um vorteilhafte Verhaltensweisen der Akteure hervorzubringen, ohne einen Anspruch auf Vollständigkeit erheben oder konkret messbare Aussagen tätigen zu können.

[1096] Probleme aus dem Alternativenvergleich resultieren nicht nur aus der schwierigen Bewertung anhand der vorgestellten Kriterien, sondern auch aus den drei nicht überschneidungsfreien Verhaltensanomalien, mit denen in komplexen Entscheidungsprozessen zu rechnen ist. Vgl. hierzu die Ausführungen im 5. Kapitel sowie ausführlich Bronner (2004), S. 235ff.

[1097] Vgl. Lassmann (1992), S. 170f.

[1098] Vgl. March/Simon (1976), S. 141.

7.3 Forschungsbedarf

Die vorliegende Arbeit zeigt, wie schwierig es ist, konkrete Aussagen zur Leistungsbereitschaft von Organisationsmitgliedern zu treffen und darzulegen mittels welcher Maßnahmen diese erhöht werden kann. Die Schwierigkeit der Konkretisierung der Zusammenhänge stellt sich weniger als ein rein mathematisches Problem, welches über die Einführung von Nutzenfunktionen und der Operationalisierung der Kriterien behoben werden kann, sondern vielmehr aufgrund der Komplexität der Verhaltensentscheidung dar, die über Formeln nicht vollständig abzubilden ist.

Darüber hinaus verfolgt BPM mit dem Anspruch, möglichst niedrige Kosten zu verursachen, möglichst wenig Zeit in Anspruch zu nehmen und gegebene Qualitäts- und Kundenansprüche zu erfüllen, Prozessgestaltungsziele, die aufeinander abgestimmt werden müssen, damit ein konsistenter Zielkatalog für die Organisationsaufgabenerfüllung entwickelt werden kann. Die Konflikte in der Zielsetzung von BPM allein und die Problematik, einen konsistenten Zielkatalog aufzustellen, anhand dessen BPM-Maßnahmen abgeleitet werden, verdeutlichen die Schwierigkeit der Gestaltung eines bestmöglichen Prozessdesigns. Die zusätzliche Berücksichtung struktureller Wirkungen auf Verhalten der Prozessbeteiligten erhöht die Komplexität der Prozessgestaltung. Im Rahmen der Strukturierung von Prozessen muss zum Beispiel entschieden werden, inwiefern über die Gestaltung der Arbeitsabläufe Spezialisierungsvorteile etwa durch Standardisierung, Automatisierung und Routinisierung von Aufgabenvollzügen genutzt, Tätigkeiten im Detail geregelt und somit Entscheidungsfreiräume eingeschränkt, Fremdkontrolle etwa mittels eines übergeordneten Prozesscontrollings durchgeführt werden sollen oder in welchem Ausmaß Gruppenarbeit mittels Zweckregeln und/oder Selbstabstimmung über beziehungsorientierte Bereichsbildung und Zuweisung schlecht-strukturierter Aufgaben vorzusehen ist. Die organisationale Zielerreichung mittels der Maßnahmen, die von diesen Entscheidungen abgeleitet werden, wird jedoch letztendlich über das gezeigte Leistungsverhalten der Prozessbeteiligten bestimmt. Daher müssen alle Entscheidungen über die Prozessgestaltung auch unter verhaltensorientierten Gesichtpunkten, welche auf die die Zielerreichung entscheidende Leistungsbereitschaft schließen lassen, getroffen werden, um Prozessleistungsergebnisse vorgeben und beurteilen zu können. Somit ist die Aufnahme von Verhaltenserkenntnissen in das BPM-Konzept notwendig, um BPM um einen verhaltensorientierten Fokus zu erweitern. Die hierbei von BPM auszugleichenden Dilemmata erschweren die bestmögliche Prozessgestaltung, was erneut unterstreicht, dass die in der derzeitigen Literatur zu findenden BPM-Ansätze in keinem Fall dem Anspruch, optimale Prozesse hervorzubringen, gerecht werden können.

Die Einflussfaktoren, die Akteure zu einer Auswahl eines bestimmten Verhaltens anhand der dargestellten Entscheidungsbausteine bewegen, sind mit den BPM-Zielen abzugleichen und für ein Erreichen der Ziele der Gesamtorganisation so in Einklang zu bringen, dass eine möglichst hohe Leistungsbereitschaft der Prozessbeteiligten gefördert wird. Die zugrunde liegenden möglichen Interessenkonflikte wie etwa das Streben der Akteure nach Autonomie und Individualität sowie die Zielsetzung von BPM, über Standardisierung und Koordination möglichst prognostizierbares und kontrollierbares Verhalten zu erzeugen, wurden bereits erörtert. Insbesondere vor dem Hintergrund der Problematik, dass individualisierte Organisationsgestaltung den Zeit-, Kosten- und Qualitätszielen nicht gerecht werden kann, ist die Frage der Gestaltung von Aufgaben und der damit verbundenen Merkmale eine sehr herausfordernde und aufgrund ihrer entscheidenden Wirkung auf Verhalten die wichtigste, wenn es darum geht, den Ansätzen der motivationsorientierten Organisationsgestaltung zu folgen.

Entsprechend der Logik des BPM-Konzepts wird dann auf die Erfüllung der aus verhaltensorientierter Sicht geforderten Ausprägungen der Prozessgestaltung verzichtet, wenn das Ausmaß der erzielbaren Leistung und den damit einhergehenden Outputs die Nachteile zum Beispiel geringerer Leistungsbereitschaft kompensiert. Dieser Effekt kann in der derzeitig vorherrschenden Prozessmanagementlehre jedoch nicht hinreichend erfasst werden, was im Zweifel zu einer Prozessdesignentscheidung mit Nachteilen führt, da die Gestaltungszielsetzung die Determinanten des Arbeitsverhaltens ungenügend berücksichtigt. Dies führt dazu, dass der konsistente Zielkatalog, welcher die Grundlage der Prozessgestaltung bildet, keine motivationsorientierten, verhaltenswissenschaftlichen Erkenntnisse beinhaltet, sodass die Konsistenz der Ziele nicht die Akteursinteressen einschließt. Die BPM-Literatur widmet sich den daraus folgenden Interessenskonflikten mit dem Ziel, Widerstände von Prozessbeteiligten zu vermeiden, indem diese etwa in die Gestaltung von Prozessen einbezogen werden. Es wird davon ausgegangen, dass Widerstände gegen Veränderungen Bestrebungen zum Beispiel nach verbesserter Prozessgestaltung zum Scheitern bringen und daher eine besondere Berücksichtigung verdienen.[1099]

BPM provoziert bei der Gestaltung von Prozessen Veränderungen in der Zusammenarbeit, indem zum Beispiel Schnittstellen minimiert und Gruppenarbeit vorgesehen werden. Damit werden Ängste vor der Gefährdung derjenigen Sicherheit berührt, die Akteure gegebenenfalls im langjährigen Umgang mit einer Aufgabe an einem vertrauten Arbeitsplatz mit vertrauten Kollegen gewonnen haben. Prozessveränderungen führen aus Akteurssicht zu einem ungewissen Ausgang des Wandels, sodass sie die Angst entwickeln können, neuen Aufgaben nicht gewachsen zu sein, mit neuen Kollegen nicht zurecht zu kommen, geliebte Privilegien einzubüßen oder zum Beispiel gewonnene Autonomie am Arbeitsplatz zu verlieren. Auch die Angst vor einer grundsätzlichen Veränderung der gesamten formalen und informalen Beziehungsmuster in der Organisation spielt eine Rolle.[1100] Da die Gestaltung jedoch auf dem aus verhaltensorientierter Sicht unvollständigen Zielkatalog aufsetzt, können Konflikte durch Partizipation der Beteiligten allein nicht nachhaltig gelöst werden. Dementsprechend werden Prozessbeteiligte trotz ihrer Beteiligung

[1099] Vgl. Staehle (1999), S. 980ff.

[1100] Vgl. Kunesch (1993), 110f.

an der Strukturgestaltung kaum bestrebt sein, Prozesse derart zu konzipieren, dass etwa eine größtmögliche Transparenz in den Abläufen entsteht, Ressourcen möglichst knapp eingesetzt, Abläufe so schnell und kostengünstig wie möglich vollzogen oder umfangreiche externe Kontrollmechanismen eingesetzt werden, auch wenn diese Maßnahmen rechnerisch zu der geringsten Autonomie- und Koordinationskosten Kombination und minimalen Durchlaufzeiten führen, wenn die damit einhergehenden Wirkungen auf die Leistungsbereitschaft negativ ausfallen. Es konnte festgestellt werden, dass Ängste vor einer Erhöhung der Arbeitslast ohne entsprechend höhere Entlohnung oder Anerkennung eine hohe Bedeutung haben. Vor allem bei ökonomisch bedingten Widerständen ist zu beachten, dass sie nicht begründet sein müssen, um wirksam zu werden. Schon vermutete Mehrarbeit ruft bei den Betroffenen Vorbehalte hervor.[1101] Insofern heilt nicht Partizipation die latent vorhandenen Konflikte zwischen Anforderungen an die Prozessgestaltung aus Akteurssicht im Vergleich zu denen aus BPM-Sicht, sondern BPM muss die Auswirkungen der Prozessgestaltungsmaßahmen auf das Akteursverhalten kennen und in seinem Zielsystem berücksichtigen, um von vornherein möglichst effiziente Prozesse gestalten zu können.

Der Forschungsbedarf richtet sich insofern nicht nur auf die Konkretisierung von strukturellen Wirkungen von Prozessdesign auf Verhaltensentscheidungen und auf die Analyse der Verhaltensentscheidungsfindung, die darüber Aufschluss gibt, welche Entscheidungskriterien besonders wichtig sind und wie diese ausgeprägt sein müssen, um eine möglichst hohe Leistungsbereitschaft zu erhalten, sondern auch auf die Frage, welche Parameter neben den Kosten-, Zeit- und Qualitätszielen aus verhaltensorientierter Sicht konkret in die Zielsetzung von BPM aufzunehmen sind und wie sich daraus ein konsistenter Zielkatalog entwickeln lässt. Darüber hinaus ist zu klären, welche strukturellen Wirkungen auf Verhalten tendenziell personenunabhängig sind, sodass die Problematik der individuellen Unterschiede besser abgegrenzt und berücksichtigt werden kann. Auch Aspekte der informellen Organisation und ihrer Einflüsse auf Verhalten sind zu berücksichtigen. Die Erkenntnisgewinnung hinsichtlich der genannten Punkte kann die Wissenschaft dem Ziel näherbringen, die Vielzahl an Dilemmata, mit denen BPM aus heutiger Sicht konfrontiert wird, aufgrund ihrer dann festgestellten Wirkung auf die Prozessleistung zu reduzieren[1102] und eindeutigere Gestaltungsempfehlungen hervorzubringen, unter welchen Bedingungen Prozesse derart zu gestalten sind, dass insgesamt eine möglichst hohe Prozessleistung erhalten werden kann. Auch wenn Prozessbeteiligte zum Beispiel in ihren Persönlichkeitsmerkmalen von BPM nicht beeinfluss-

[1101] Vgl. Shields/Young (1991), S. 452f.

[1102] Denkbar wäre, dass sich die aus heutiger Sicht vorhandenen Dilemmata als keine entpuppen, weil der Erkenntnisfortschritt zeigt, dass die bisher getroffenen „entweder-oder"-Entscheidungen in „sowohl-als auch"-Entscheidungen umgewandelt werden können, oder die bisher betrachteten „entweder-oder"-Entscheidungen nicht adäquat sind, weil im entsprechenden Kontext das „oder" nach neuem Erkenntnisfortschritt keine vorteilbringende Alternativ darstellt.

bar sind und personenunabhängige Prozesse generiert werden sollen, wird deutlich, dass ein BPM-Konzept, das den Akteur zu wenig ins Kalkül zieht, der Gefahr ausgesetzt ist, eine Prozessgestaltung hervorzubringen, die unter der möglichen Prozessleistung bleibt. Diese Arbeit soll somit einen ersten Anstoß für eine verhaltensorientierte Prozessgestaltung liefern und ein kritisches Bewusstsein hinsichtlich der derzeitigen BPM-Praktiken und Ausbildungsgänge zu zertifizierten Prozessmanagern schaffen, die entsprechend der dargestellten Erkenntnisse um verhaltensorientierte Aspekte zu erweitern sind.

Literaturverzeichnis

Adams, J. S. (1963) Toward an understanding of inequity, In: Journal of Abnormal and Social Psychology, 67. Jg., S. 422-436.

Adams, J. S. (1965) Inequity in social change, In: Berkowitz, K., Advances in experimental social psychology (Bd. 2), New York.

Adler, P. S./Borys, B. (1996) Two types of bureaucracy: Enabling and coercive, In: Administrative Science Quarterly, 41. Jg., S. 61-89.

Adler, P. S. (1999) Building Better Bureaucracies: Enabling and Coercive, In: The Academy of Management executive, 13. Jg., H. 4, S. 36-49.

Alewell, D. (2004) Arbeitsteilung und Spezialisierung, In: Schreyögg, G./Werder A. v. (Hrsg.), Enzyklopädie der Betriebswirtschaftslehre (EdBWL) Band II - Handwörterbuch Unternehmensführung und Organisation, Stuttgart, Sp. 37-45.

Antoni, C. H. (1996) Teilautonome Arbeitsgruppen, Weinheim.

Antoni, C. H. (1999) Konzepte der Mitarbeiterbeteiligung: Delegation und Partizipation, In: Hoyos, C. Graf/Frey, D., Arbeits- und Organisationspsychologie, Weinheim, 1999: S. 569-583.

Argyris, C. (1970) Organizational development, Cambridge (Mass.).

Argyris, C. (1975) Das Individuum und die Organisation, in: Türk, K. (Hrsg.), Organisationstheorie, Hamburg, 1975, S. 215-233.

Asch, S. E. (1957) An experimental investigation of group influence, Symposium conducted at the Walter Reed Army Institute of Research, Washington.

Atkinson, J. W. (1975) Einführung in die Motivationsforschung, Stuttgart.

Backes-Gellner, U./Lazear, E. P./Wolff, B. (2001) Personalökonomik : Fortgeschrittene Anwendungen für das Management, Stuttgart.

Bainbridge, L. (1983) Ironies of automation, In: Automatica, 19. Jg., S. 775-779.

Bandura, A. (1977) Self-efficacy: Toward an unifying theory of behavioral change, In: Psychological Review, 84. Jg., S. 191-215.

Barber, A. E./Dunham R. B./Formisano R. A. (1992) The impact of flexible benefits on employee satisfaction. In: Personnel Psychology, 45. Jg., S. 55-76.

Barnes, R. M. (1963) Motion and Time Study. Design and Measurement of Work, 5. Auflage, New York/London.

Bartölke, K./Grieger, J. (2004) Individuum und Organisation, In: Schreyögg, G./Werder A. v. (Hrsg.), Enzyklopädie der Betriebswirtschaftslehre (EdBWL) Band II - Handwörterbuch Unternehmensführung und Organisation, Stuttgart, Sp. 464-472.

Bass, B. M. (1960) Leadership, psychology and organizational behavior, New York.

Bea, F. X. (1995) Prozeßorientierte Produktionstheorie und Lernen, In: Albach, H./Wildemann, H. (Hrsg.), Zeitschrift für Betriebswirtschaft, Ergänzungsheft 3: Lernende Unternehmen, Wiesbaden, S. 35-47.

Bea, F. X./Göbel, E. (1999) Organisation - Theorie und Gestaltung, Stuttgart.

Bea, F. X. (2004) Ziele und Zielkonflikte, In: Schreyögg, G./Werder, A. v. (Hrsg.), Enzyklopädie der Betriebswirtschaftslehre (EdBWL) Band II - Handwörterbuch Unternehmensführung und Organisation, Stuttgart, Sp. 1674 - 1680.

Beck, M. (1994) Wertschöpfungsrechnung und Wertkette einer Unternehmung am Beispiel des Werkzeugmaschinenbaus. Instrument zum Wettbewerbsvergleich von Unternehmen einer Branche? Arbeitspapier Nr. 52 der Wirtschaftswissenschaftlichen Fakultät Ingolstadt der Katholischen Universität Eichstätt, Ingolstadt.

Becker-Biskaborn, G. U. (1975) Ergonomische Erkenntnissammlung für den Arbeitsschutz mit Informationssystem, Forschungsbericht 142, Band I + II, Dortmund.

Benders, J./Huijgen, F./Pekruhl, U./O`Kelly, K. P. (1999) Useful but Unused - Group Work in Europe, Luxembourg.

Benedix, J. (1993) Entwicklung einer Vorgehensweise zur Bearbeitung von arbeitswissenschaftlichen Problemstellungen unter besonderer Berücksichtigung des Tätigkeits-Analyse-Inventars (TAI), Kassel.

Benner, M. J./Tushman, M. L. (2003) Exploitation, Exploration, and Process Management: The Productivity Dilemma Revisited, In: The Academy of Management Review, 28. Jg., H. 2, S. 238-256.

Berger, U./Bernhard-Mehlich, I. (2006) Die verhaltenswissenschaftliche Entscheidungstheorie, In: Kieser, A./Ebers, M., Organisationstheorien, Stuttgart, S. 169-214.

Berthel, J. (1995) Personalmanagement. Grundzüge für Konzeptionen betrieblicher Personalarbeit, Stuttgart.

Best, E./Weth, M. (2005) Geschäftsprozesse optimieren. Der Praxisleitfaden für erfolgreiche Reorganisation, 2., überarb. Aufl., Wiesbaden.

Binner, H. (2004) Personalmanagement für die Durchsetzung der Prozessorganisation, In: Zeitschrift für wirtschaftlichen Fabrikbetrieb, Bd. 99, H. 11, S. 631-635.

Bläsing, J. P. (1987) FMEA - Failure Mode and Effects Analysis, München.

Blau, P. M./Schoenherr, F. (1971) The Structure of Organizations, New York.

Bleicher, K. (1969) Führungsstile, Führungsformen und Organisationsformen, In: Zeitschrift für Organisation, Bd. 38, H. 1-2, S. 31-40.

Boston Consulting Group (1993) Reengineering - die Management Perspektive, Düsseldorf.

Bower, J. L. (1972) Managing the Resource Allocation Process, Homewood (Ill.).

Brings, K. (1977) Kompetenz und Verantwortung der Entscheidungsträger in mehrdimensional strukturierten Organisationssystemen, Univ. Karlsruhe.

Brockhoff, K./Hauschildt, J. (1993) Schnittstellen-Management. Koordination ohne Hierarchie. In: Zeitschrift Führung + Organisation, Bd. 62, H. 6, S. 396-403.

Bronner, R. (1973) Entscheidung unter Zeitdruck. Eine Experimentaluntersuchung zur empirischen Theorie der Unternehmung, Tübingen.

Bronner, R. (2004) Entscheidungsprozesse in Organisationen, In: Schreyögg, G./Werder, A. v. (Hrsg.),Enzyklopädie der Betriebswirtschaftslehre (EdBWL) Band II - Handwörterbuch Unternehmensführung und Organisation, Stuttgart, Sp. 230-239.

Brooke, P. P. Jr./Russel, D. W./Price, J. L. (1988) Discriminant validation of measures of job satisfaction, job involvement, and organizational commitment, In: Journal of Applied Psychology, 73. Jg., S. 139-145.

Brown, R. (1988) Group Proceses: Dynamics within and between Groups, Oxford/Cambridge.

Brunner, F. J. (1992) Produktplanung mit Quality Function Deployment, In: IO Management, 6. Jg., S. 42-46.

Buchholz, W. (1994) Inhaltliche und formale Gestaltungsaspekte der Prozeßorganisation, Arbeitspapiere, Krüger, W. (Hrsg.), Justus-Liebig-Universität Gießen, Fachbereich Wirtschaftswissenschaften, Gießen.

Bühner, R. (1990) Economies of speed - Beschleunigung der Abläufe im Unternemhen zur Erhöhung der Wettbewerbsfähigkeit, In: Bleicher, K./Gomez, P. (Hrsg.),Zukunftsperspektiven der Organisation, Festschrift zum 65. Geburtstag von Robert Staerkle, Bern, S. 29-43.

Bühner, R. (1999) Betriebswirtschaftliche Organisationslehre, München.

Bullinger, H.-J. (1995) Prozessmanagement. In: Corsten, H./Reiß, M. (Hrsg.), Handbuch Unternehmensführung, Wiesbaden, S. 779-790.

Campion, M. A./Medsker, G. J./Higgs, A. C. (1993) Relations between Work Group Characteristics and Effectiveness: Implications for designing effective work groups. In: Personnel Psychology, 46. Jg., S. 823-850.

Campion, M. A./Papper, E. M./Medsker , G. J. (1996) Relations between Work Team Characteristics and Effectiveness: A Replication and Extension. In: Personnel Psychology, 49. Jg., S. 429-452.

Caprano, K.-H. (1996) Umsetzung von Geschäftsprozessen in Organisationsformen, In: Töpfer, A. (Hrsg.), Geschäftsprozesse: analysiert & optimiert, Berlin, S. 135-151.

Cartwright, D. (1968) The nature of Group Cohesiveness, In: Cartwright, D./Zander, A., Group Dynamics. Research and Theory, New York/Evanston/London, S. 91-109.

Cartwright, D./Zander, A. (1968) Group dynamics: Research and theory, 3. Aufl., New York/Evanston/London.

Coch, L./French, J. R. P. Jr. (1947) Overcoming Resistance to Change. In: Humans Relations, 1. Jg., S. 512-532.

Cohen, S./Ledford, G. (1994) The effectiveness of self-managing teams: A quasi-experiment. In: Humans Relations, 47. Jg., H. 1, S. 13-43.

Cooper, R./Kaplan, R. S. (Hrsg.) (1991) The Design of Cost Management Systems, Englewood Cliffs.

Corsten, H. (1985) Die Produktion von Dienstleistungen, Berlin.

Corsten, H. (1988) Betriebswirtschaftslehre der Dienstleistungsunternehmung. Einführung, München/Wien.

Corsten, H. (1992) Kapazitätsplanung in Dienstleistungsunternehmen, In: Corsten, H. (Hrsg.), Kapazitätsmessung, Kapazitätsgestaltung, Kapazitätsoptimierung - eine betriebswirtschaftliche Kernfrage, Festschrift für Werner Kern zum 65. Geburtstag, Stuttgart, S.229-254.

Corsten, H. (1996) Grundlagen und Elemente des Prozessmanagement, Schriften zum Produktionsmanagement, Bd. 4, Kaiserslautern.

Davenport, T. H. (1993) Prodess Innovation - Reengineering Work through Information Technology, Boston (Mass.).

Davenport,T. H./Short, J. (1990) The New Industrial Engineering: Information Technologie and Business Process Redesign. In: Sociological methods & research, 32. Jg., S. 11-27.

Davenport, T. H./Stoddard, D. (1994) Reengineering: Business change of mythic proportions, In: Management Information Systems Quarterly, 18. Jg., H. 2, S. 121-127.

Davis, K./Newstrom J. W. (1989) Human Behavior at Work. Organisational Behavior, 8. Aufl., New York et al.

De Saint-Exupèry, A. Zitiert in: Best, E./Weth, M. (2005) Geschäftsprozesse optimieren. Der Praxisleitfaden für erfolgreiche Reorganisation, 2., überarb. Aufl., Wiesbaden, S. 114.

Dörner, D. (1989) Die Logik des Mißlingens, Reinbek bei Hamburg.

Droege, W. P. J./Hüsch, H.-J. (1996) Lean Management und Strukturoptimierung. In: Mehdorn, H./Töpfer, A. (Hrsg.), Besser-Schneller-Schlanker. TQM-Konzepte in der Unternehmenspraxis, Neuwied et al., S. 321-344.

Drucker, P. F. (1962) Die Praxis des Management. 3. Aufl., Düsseldorf.

Drumm, H. J. (1995) Das Paradigma der neuen Dezentralisation und seine organisatorischen und personalwirtschaftlichen Konsequenzen, Arbeitspapier, Institut für Betriebswirtschaftslehre, Regensburg.

Eccles, R. G. (1991) The Performance Measurement manifesto. In: Harvard Busines Review, H. 1-2: S. 131-137.

Edwards, W. (1955) The prediction of decisions among bets, In: Journal of Experimental Psychology, 50. Jg., S. 201-214.

Eigler, J. (2004) Aufgabenanalyse, In: Schreyögg, G./Werder, A. v. (Hrsg.), Enzyklopädie der Betriebswirtschaftslehre (EdBWL) Band II - Handwörterbuch Unternehmensführung und Organisation, Stuttgart, Sp. 54-61.

Elgass, P./Krcmar, H. (1993) Computergestützte Geschäftsprozeßplanung. In: Information Management, 8. Jg., H. 1, S. 42-49.

Elšik, W. (1996) Prozeßorganisation im Marketing, In: Marktforschung und Management, 40. Jg., S. 22-29.

Emery, F. E. (1959) Characteristics of socio-technical systems, Document No. 527, Tavistock Institute of Human Relations.

Emery, F. E./Thorsrud, E. (1982) Industrielle Demokratie, Schriften zur Arbeitspsychologie.

Engelmann, T. (1995) Business Process Reengineering: Grundlagen - Gestaltungsempfehlungen - Vorgehensmodell. Wiesbaden.

Erez, M./Early, P. C./Hulin, C. L. (1985) The impact of participation on goal acceptance and performance: A two-step model, In: Academy of Management Journal, 28. Jg., S. 50-66.

Erez, M. (1986) The congruence of goal setting strategies with socio-cultural values, and its effect on performance, In: Journal of Management, 12. Jg., S. 83-90.

Erez, M./Arad R. (1986) Participative goal setting: Social, motivational, and cognitive factors, In: Journal of Applied Psychology, 71. Jg., S. 591-7.

Eversheim, W./Caesar, C. (1991) Produktionsnahe Kostenbewertung am Beispiel variantenreicher Serienprodukte, In: Die Betriebswirtschaft, 51. Jg., S. 533-536.

Eversheim, W. (1995) Prozessorientierte Unternehmensorganisation. Konzepte und Methoden zur Gestaltung "Schlanker" Organisationen, Berlin/Heidelberg.

Fantapié Altobelli, C. (2002) Print contra Online? Verlage im Internetzeitalter, München.

Faust, M./Jauch, P./Brünnecke, K./Deutschmann, C. (1994) Dezentralisierung von Unternehmen - Schriftenreihe Industrielle Beziehungen, 7. Aufl., München et al.

Fehr, E./Gächter, S. (1998) Reciprocity and Economics: The Economic Implications of Homo Reciprocians. In: European Economic Review, 42. Jg., H. 3-5, S. 845-859.

Festinger, L. (1957) A theory of cognitive dissonance, Evanston (Illinois).

Fiedler, F. E. (1965) Engineer the Job to Fit the Manager, In: Harvard Business Review, 43. Jg., H. 5, S. 115-122.

Fiedler, F. E. (1972) Das Kontingenzmodell: Eine Theorie der Führungseffektivität, In: Kunczik, M., Führung - Theorien und Ergebnisse, Düsseldorf/Wien, S. 179-198.

Fischer, P./Greitemeyer, T./Frey, D. (2004) individuelles Entscheidungsverhalten. In: Schreyögg, G./Werder, A. v. (Hrsg.), Enzyklopädie der Betriebswirtschaftslehre (EdBWL) Band II - Handwörterbuch Unternehmensführung und Organisation, Stuttgart, Sp. 239-247.

Fischer, T. M. (1993a) Kostenmanagement strategischer Erfolgsfaktoren: Instrumente zur operativen Steuerung der strategischen Schlüsselfaktoren Qualität, Flexibilität und Schnelligkeit, München.

Fischer, T. M. (1993b) Sicherung unternehmerischer Wettbewerbsvorteile durch Prozeß- und Schnittstellen-Management, In: Zeitschrift Führung + Organisation, Bd. 62, H. 5, S. 312-318.

Fischermanns, G./Liebelt, W. (2000) Grundlagen der Prozessorganisation, Schriftreihe Organisation, Bd. 9, 5. Aufl., Gießen.

Fischermanns, G./Völpel, M. (2006) Der Reifegrad des Prozessmanagement, In: Zeitschrift Führung + Organisation, Bd. 75, H. 5, S. 284-290.

Fleishman, E. A. (1953a) The Description of supervisory behavior, In: Journal of Applied Psychology, 37. Jg., S. 1-6.

Fleishman, E. A. (1953b) The measurement of leadership attitudes in industry, In: Journal of Applied Psychology, 37. Jg., S. 153-158.

Fleishman, E. A. (1953c) Leadership climate, human relations training, and supervisory behavior. In: Personnel Psychology, 6. Jg., S. 205-222.

Fließ, S. (2005) Prozessorganisation in Dienstleistungsunternehmen, Ilmenau/Hagen.

Frank, U. (1995) MEMO: Eine werkzeuggestützte Methode zum integrierten Entwurf von Geschäftsprozessen und Informationssystemen, In: König, V. W. (Hrsg.), Wirtschaftsinformatik. Wettbewerbsfähigkeit, Innovation, Wirtschaftlichkeit, Heidelberg, S. 67-82.

Franke, W. (1987) FMEA in der industriellen Praxis. Landsberg/Lech.

Frese, M./Greif, S./Semmer, N. (1978) Industrielle Psychopathologie, Bern.

Frese, E. (1980) Aufgabenanalyse und -synthese, In: Grochla, E. (Hrsg.), Handwörterbuch der Organisation, 2. Aufl., Stuttgart, Sp. 207-217.

Frese, E./Werder, A. v. (1989) Kundenorientierung als organisatorische Gestaltungsoption der Informationstechnologie, In: Zeitschrift für betriebswirtschaftliche Forschung, S. 1-26.

Frese, E./v. Werder, A. (1992) Bürokommunikation, In: Frese, E. (Hrsg.), Handwörterbuch der Organisation, Stuttgart, Sp. 374-390.

Frese, E. (2000) Grundlagen der Organisation. Konzept - Prinzipien - Strukturen, 8. Aufl., Wiesbaden.

Frey, B. S./Benz, M. (2004) Anreizsysteme, ökonomische und verhaltenswissenschaftliche Dimension, In: Schreyögg, G./Werder, A. v. (Hrsg.), Enzyklopädie der Betriebswirtschaftslehre (EdBWL) Band II - Handwörterbuch Unternehmensführung und Organisation, Stuttgart, Sp. 21-28.

Frey, B. S./Osterloh, M./Frost, J. (1999) Was kann das Unternehmen besser als der Markt? In: Zeitschrift für Betriebswirtschaft, Bd. 69, S. 1245-1262.

Fricko, M. A./Beehr, T. A. (1992) Alongitudinal investigation of interest congruence and gender concentration as predictors of job satisfaction, In: Personnel Psychology, 45. Jg., S. 99-118.

Frieling, E. (1974) Psychologische Probleme der Arbeitsanalyse - Dargestellt an Untersuchungen zum Position Analysis Questionnaire (PAQ), Augsburg.

Frieling, E./Bögel-Fischer, S./Dürholt, E./Kannheiser, W./Ruppert, F./Sahelijo, Th./Schneider, R./Wöcherl, H. (1982) Bestandsaufnahme arbeitsanalytischer Methoden in Forschungsvorhaben aus dem Bereich der "Arbeitsorganisation", Forschungsbericht, BMFT (Hrsg.), HA 82-035, Fachinformationszentrum Karlsruhe.

Frieling, E./Hoyos, C. Graf (1978) Fragebogen zur Arbeitsanalyse (FAA), Bern.

Fromm, H. (1992) Das Management von Zeit und Variabilität in Geschäftsprozessen, In: CIM Management, 8. Jg., H. 5, S.7-14.

Fuchs, J. (1998) Die neue Karriere im schlanken Unternehmen, In: Harvard Business Manager, 20. Jg., H. 4, S. 83-91.

Gade, C. (2003) Persönlichkeit und Arbeitsverhalten, In: Martin, A. (Hrsg.), Organizational Behaviour - Verhalten in Organisationen, Stuttgart.

Gaitanides, M. (1976) Industrielle Arbeitsorganisation und technische Entwicklung. Produktionstechnische Möglichkeiten qualitativer Verbesserungen der Arbeitsbedingungen, Berlin/New York.

Gaitanides, M. (1983) Prozessorganisation, München.

Gaitanides, M./Scholz, R./Vrohlings, A. (1994) Prozessmanagement - Grundlagen und Zielsetzung, In: Gaitanides, M./Scholz, R./Vrohlings, A./Raster, M. (Hrsg.), Prozessmanagement. Konzepte, Umsetzungen und Erfahrungen des Reengineering, München/Wien, S. 1-19.

Gaitanides, M./Scholz, R./Vrohlings, A./Raster, M. (Hrsg.) (1994) Prozessmanagement. Konzepte, Umsetzungen und Erfahrungen des Reengineering, München/Wien.

Gaitanides, M. (1995) Je mehr desto besser? Zu Umfang und Intensität des Wandels bei Vorgaben des Business Engineering, In: Technologie & Management, 4. Jg., S. 69-76.

Gaitanides, M./Sjurts, I. (1995) Wettbewerbsvorteile durch Prozessmanagement - Eine ressourcenorientierte Analyse, In: Corsten, H. (Hrsg.), Unternehmungsführung im Wandel, Stuttgart/Berlin/Köln, S.61-82.

Gaitanides, M. (2004) Prozessorganisation. In: Schreyögg, G./Werder, A. v. (Hrsg.), Enzyklopädie der Betriebswirtschaftslehre (EdBWL) Band II - Handwörterbuch der Unternehmensführung und Organisation, Stuttgart, Sp. 1209-1218.

Gaitanides, M. (2007) Prozessorganisation - Entwicklung, Ansätze und Programme des Managements von Geschäftsprozessen, 2. Aufl., München.

Galbraith, J. R. (1973) Designing Complex Organizations, Reading et al.

Gebert, D. (1981) Belastung und Beanspruchung in Organisationen. Ergebnisse der Streß-Forschung, Stuttgart.

Gebert, D./Rosenstiel, L. v. (2002) Organisationspsychologie. Person und Organisation, 5. Aufl., Stuttgart.

Gebert, D. (2004) Innovation durch Teamarbeit - Eine kritische Bestandsaufnahme, Stuttgart.

Gebhardt, W. (1996) Organisatorische Gestaltung durch Selbstorganisation, Wiesbaden.

Geissler, H./Behrmann, D./Petersen, J. (Hrsg.) (1995) Lean Management und Personalentwicklung, Frankfurt a. M.

Georgopoulos, B. S./Mahoney, G. M./Jones, N. W. (1957) A path-goal approach to productivity, In: Journal of Applied Psychology, 41. Jg., S. 345-353.

Gerum, E./Schäfer, I./Schober, H. (1996) Empowerment - viel Lärm um nichts, In: Wirtschaftswissenschaftliches Studium, 25. Jg., S. 498-502.

Giddens, A. (1985) The Constitution of Society: Outline of the Theory of Structuration, Cambridge.

Gilbreth, F. B./Gilbreth, L. M. (1917) Applied Motion Study, New York.

Gill, S. (1981) Information Systems Planning: A Case Review, In: Information&Management, 41. Jg., H. 5, S.233-238.

Gillespie, R. (1991) Manufacturing Knowledge: A history of the Hawthorne experiments, Cambridge.

Glasl, F. (1995) Das Menschenbild des schlanken lernenden Unternehmens, In: Geissler, H./Behrmann, D./Petersen, J. (Hrsg.), Lean Management und Personalentwicklung, Frankfurt a. M., S. 51-72.

Göbel, E. (2004) Selbstorganisation, In: Schreyögg, G./Werder, A. v. (Hrsg.), Enzyklopädie der Betriebswirtschaftslehre (EdBWL) Band II - Handwörterbuch Unternehmensführung und Organisation, 4. Aufl., Stuttgart, Sp. 1312-1318.

Göbel, E. (1996) Bedeutung des Prozessmanagement für das organisationale Lernen, In: Wirtschaftswissenschaftliches Studium, 25. Jg., S. 554-558.

Gomez, P./Zimmermann, T. (1993) Unternehmensorganisation: Profile, Dynamik, Methodik, 2. Aufl., Frankfurt/New York.

Gouldner, A. W. (1963) About the Functions of Bureaucratic Rules. In: Litterer, J. A. (Hrsg.) Organizations. Strucure and Behavior, New York et al., S. 357-362.

Graf, O./Rutenfranz, J./Ulich, E. (1970) Arbeitszeit und Arbeitspausen, In: Mayer, A./Herwig, B. (Hrsg.), Handbuch der Psychologie Band 9: Betriebspsychologie, Göttingen.

Griese, J./Sieber, P. (2001) Betriebliche Geschäftsprozesse: Grundlagen, Beispiele, Konzepte, 2., überarb. Aufl., Bern.

Grundei, J. (1999) Effizienzbewertung von Organisationsstrukturen, Wiesbaden.

Gubser, A. (1968) Monotonie im Industriebetrieb. Die Auswirkungen einförmiger Arbeitsvorgänge, ihre Prophylaxe und Bekämpfung, Bern/Stuttgart.

Gutenberg, E. (1962) Unternehmensführung. Organisation und Entscheidung, Wiesbaden.

Hacker, W. (1969) Monotoniezustand, Entstehung, Wesen und Bekämpfung, In: Kulka, H. (Hrsg.), Arbeitspsychologie für die industrielle Praxis, Berlin.

Hacker, W. (1986) Arbeitspsychologie, Schriften zur Arbeitspsychologie.

Hacker, W. (1987) Software-Ergonomie: Gestalten rechnergestützter Arbeit? In: Schönpflug, W./Wittstock, M. (Hrsg.), Software Ergonomie No. 87: Nützen Informationssysteme dem Benutzer? Stuttgart, S. 31-54.

Hacker, W. (1989) Vollständige und unvollständige Arbeitstätigkeiten, In: Greif, H./Hacker, W./Richter, P., Entwicklungen in der Arbeitspsychologie, Dresden: Wissenschaftliche Beiträge der Sektion Arbeitswissenschaften der Technischen Universität, H. 8.

Hacker, W./Fritsche, B./Richter, P./Iwanowa, A. (1995) Tätigkeitsbewertungssystem (TBS) - Verfahren zur Analyse, Bewertung und Gestaltung von Arbeitstätigkeiten, Zürich/Stuttgart.

Hacker, W. (2005) Allgemeine Arbeitspsychologie. Psychische Regulation von Wissens-, Denk- und körperlicher Arbeit, 2., vollst. überarb. und erg. Aufl., Bern.

Hackman, J. R. (1969) Towards understanding the role of tasks in behavioral science, In: Acta Psychologica, 31. Jg., S. 97-128.

Hackman, J. R./Oldham, G. R. (1974) The job diagnostic survey: An instrument for the diagnosis of jobs and the evaluation of job redesign projects, New Haven/Conn.

Hackman, J. R./Oldham, G. R. (1975) Development of the job diagnostic survey. In: Journal of Applied Psychology, H. 60, S. 159-170.

Hackman, J. R./Oldahm, G. R./Janson, R./Purdy, K. (1975) A new strategy for job enrichment. In: California Management Review, 17. Jg., H. 4, S. 57-71.

Hackman, J. R. (1977) Work Design, In: Hackman, J. R./Suttle, J. L., Improving Life at Work. Behavioral Science Approaches to Organizational Change, Santa Monica (Cal.), S. 96-162.

Hackman, J. R./Oldham, G. R. (1980) Work Redesign, Reading (MA): Addison Wesley.

Hackman, J. R. (1987) The design of work teams, In: Lorsch, J. W. (Hrsg.), Handbook of organizational behavior, Englewood Cliffs (New Jersey).

Hackman, J. R./Wageman, R. (2005) A Theory of Team Coaching, In: Academy of Management Review, 30. Jg., S. 269-287.

Haist, F./Fromm, H. (1991) Qualität im Unternehmen. Prinzipien - Methoden - Techniken, 2. Aufl., München.

Hales, C./Tamangani, Z. (1996) An Investigation of the Relationship between Organizational Structure, Managerial Role Expectations and Managers`Work Activities, In: Journal of Management Studies 33:6, November, S. 731-756.

Hall, R. H. (1963) The concept of bureaucracy: An empirical assessment, In: Administrative Science Quarterly, 69. Jg., S. 32-40.

Hammer, A./Kannefaß, R. (1994) Prozessorientierte Organisationsgestaltung, In: Fortschrittliche Betriebsführung/Industrial Engineering, 43. Jg., S. 235-239.

Hammer, M./Champy, J. (1993) Reengineering the Corporation: A manifesto for business revolution, London.

Hammer, M./Champy, J. (1994) Business Reengineering: Die Radikalkur für das Unternehmen, Frankfurt/New York.

Hammer, M./Stanton, S. A. (2000) Prozessunternehmen - wie sie wirklich funktionieren, In: Harvard Business Manager, 22. Jg., S. 68-81.

Hauschildt, J./Gemünden, G./Grotz-Martin, S./Haidle, U. (1983) Entscheidungen der Geschäftsführung. Typologie, Informationsverhalten, Effizienz, Tübingen.

Hauschildt, J. (1997) Innovationsmanagement, München.

Hawkins, S. A./Hastie, R. (1990) Hindsight: Blased judgements of past events after the outcomes are known, In: Psychological Bulletin, 107. Jg., S. 311-327.

Heppner, K. (1995) Dominanz der Prozessperspektive: Über Abteilungen hinweg, In: Frese, E. (Hrsg.), Dynamisierung der Organisation. Markt und Mitarbeiter als treibende Kräfte, Arbeitsgericht Organisationsseminar der Universität zu Köln, Köln, S. 7-38.

Herzberg, F./Mausner, B./Snyderman, B. (1959) The motivation to work, New York.

Hess, T. (1996) Entwurf betrieblicher Prozesse. Grundlagen-Bestehende Methoden-Neue Ansätze, Wiesbaden.

Hill, W./Fehlbaum R./Ulrich, P. (1994) Organisationslehre I. Ziele, Instrumente und Bedingungen der Organisation sozialer Systeme, 5. Aufl., Bern/Stuttgart/Wien.

Hinterhuber, H. H./Krauthammer, E. (2002) Wettbewerbsvorteil Einzigartigkeit, München/Wien.

Hinterhuber, H. H./Matzler, K. (1995) Reengineering, In: Das Wirtschaftsstudium, 24. Jg., S. 132-139.

Hoffman, M. J. A. (1974) Struktur und Leistungswirksamkeit innerbetrieblicher Gruppen, In: Bürotechnik, Automation und Organisation, 22. Jg., H. 9, S. 963-966.

Hofstätter, P. R. (1956) Zur Dialektik der Gruppenleistung, In: Kölner Zeitschrift für Soziologie und Sozialpsychologie, 8. Jg., S. 608-622.

Högl, M. (2004) Teamorganisation, In: Schreyögg, G./Werder, A. v. (Hrsg.), Enzyklopädie der Betriebswirtschaftslehre (EdBWL) Band II - Handwörterbuch Unternehmensführung und Organisation, Stuttgart, Sp. 1401-1408.

Höller, H. (1978) Verhaltenswirkungen betrieblicher Planungs- und Kontrollsysteme, München.

Holmström, B. (1979) Moral Hazard and Observability, In: Bell Journal of Economics, 10. Jg., S. 74-91.

Horváth, P./Meyer, R. (1989) Prozeßkostenrechung. Der Weg zu mehr Kostentransparenz und wirkungsvolleren Unternhemensstrategien, In: Controlling, H. 7-8, S. 214-219.

Horváth, P. (2003) Controlling, 9. Aufl., München.

House, R. J. (1971) A path-goal theory of leadership effectiveness, In: Administrative Science Quarterly, 16. Jg., S. 321-338.

Hüttl, A. (1967) Institutionelle Schwächen des deutschen Kabinettsystems, In: Deutsches Verwaltungsblatt, 2. Jg., S. 61-67.

Imai, M. (1992) Kaizen - Der Schlüssel zum Erfolg der Japaner im Wettbewerb, 3. Aufl., München.

Israel, J. (1972) Der Begriff Entfremdung - Makrosoziologische Untersuchungen von Marx bis zur Soziologie der Gegenwart, Reinbek.

Janis, I. L. (1982) Groupthink, Boston.

Johnson, D. W./Maruyama, G./Nelson, D./Skon, L. (1981) Effects of cooperative, competitive, and individualistic goal structures on achievement: A meta-analysis, In: Psychological Bulletin, 89. Jg., S. 47-62.

Jost, W.(1994) Das ARIS-Toolset: Eine neue Generation von Reengineering-Werkzeugen. In: Scheer, A.-W. (Hrsg.) Prozessorientierte Unternehmensmodellierung, Wiesbaden, S. 77-99.

Jung, M. (1996) Business Process Management: Eine TQM-Voraussetzung, In: Mehdorn, H./Töpfer, A. (Hrsg.), Besser-Schneller-Schlanker. TQM-Konzepte in der Unternehmenspraxis , Neuwied et al., S. 137-163.

Kaplan, R. B./Murdock, L. (1991) Core Process Redesign, In: McKinsey Quarterly, Summer, H. 2, S. 27-43.

Kaplan, S. E./Reckers, P. M. J. (1989) An examination of information search during initial audit planning, In: Accounting, Organizations and Society, 14. Jg., S. 535-550.

Karasek, R. A. (1979) Job demands, jo decision latitude and mental strain: Implications for job redesign, In: Administration Science Quartely, 24. Jg., S. 285-308.

Karasek, R. A./Theorell, T. (1990) Healthy work, New York.

Katz, D./Macoby, N./Morse, N. C. (1950) Productivity, supervision, and morale in an office situation, Ann Arbor (Mich.).

Katzell, R. A./Thompson, D. E. (1990) An Integrative Model of Work Attitudes, Motivation, and Performance, In: Human Performance, 3. Jg., S. 63-85.

Kern, H./Schumann, M. (1970) Industriearbeit und Arbeiterbewußtsein, Frankfurt.

Kesten, U. (1998) Informale Organisation und Mitarbeiter-Lebenszyklus. Der Einfluss sozialer Beziehungen auf Teilnahme und Leistung, Wiesbaden.

Kierein, N. M./Gold, M. A. (2000) Pygmalion in work organizations, A meta-analysis. In: Journal of Organizational Behavior, 21. Jg., S. 913-928.

Kieser, A./Kubicek, H. (1992) Organisation, 3. Aufl., Berlin/New York.

Kieser, A. (1994) Fremdorganisation, Selbstorganisation und evolutionäres Management, In: Zeitschrift für betriebswirtschaftliche Forschung, 46. Jg., H. 3, S. 199-228.

Kieser, A./Walgenbach, P. (2003) Organisation, 4. Aufl., Stuttgart.

Kirchner, J. H. (1972) Arbeitswissenschaftlicher Beitrag zur Automatisierung, Analyse und Synthese von Arbeitssystemen, Schriftenreihe Arbeitswissenschaft und Praxis, Berlin et al.

Kirchner, J.-H. (1973) Arbeitswissenschaft in Forschung und Lehre Rationalisierung 24.

Kirchner, J.-H./Rohmert, W. (1974) Ergonomische Leitregeln zur menschengerechten Arbeitsgestaltung: Katalog arbeitswissenschaftlicher Richtlinien über die menschengerechte Gestaltung der Arbeit (Bundesverfassungsgesetz §§ 90, 91), München/Wien.

Kirsch, W./Esser, W.-M./Gabele, E. (1978) Reorganisation - theoretische Perspektive des geplanten organisatorischen Wandels, München.

Klimecki, R. G. (2004) Motivationsorientierte Organisationsmodelle. In: Schreyögg, G./Werder, A. v. (Hrsg.), Enzyklopädie der Betriebswirtschaftslehre (EdBWL) Band II - Handwörterbuch Unternehmensführung und Organisation, Stuttgart, Sp. 915-922.

Kohn, M. L. (1981) Persönlichkeit, Beruf und soziale Schichtung, Stuttgart.

Kosiol, E. (1969) Stichwort "Aufgabenanalyse", In: E. Grochla (Hrsg.), Handwörterbuch der Organisation, Stuttgart.

Kosiol, E. (1976) Organisation der Unternehmung, 2. Aufl., Wiesbaden.

Kossbiel, H. (1974) betriebliche Arbeitsteilung, In: Grochla, E./Wittmann, W. (Hrsg.), Handwörterbuch der Betriebswirtschaftslehre, Stuttgart, Sp. 256-262.

Krallmann, H. (1995) Business Process Reengineering - Nutzen und Erfahrungspotentiale, In: Reichwald, R./Wildemann, H. (Hrsg.), Kreative Unternehmen: Spitzenleistungen durch Produkt- und Prozessinnovation, Stuttgart, S. 355-369.

Krallmann, H./Neumann, N. (2004) Kommunikationsanalyse, In: Schreyögg, G./Werder, A. v. (Hrsg.), Enzyklopädie der Betriebswirtschaftslehre (EdBWL) Band II - Handwörterbuch Unternehmensführung und Organisation, Stuttgart, Sp. 606-612.

Krickl, O. C. (1994) Geschäftsprozessmanagement. Prozessorientierte Organisationsgestaltung und Informationstechnologie, Heidelberg.

Krickl, O. C. (1995) Business Redesign: Neugestaltung von Organisationsstrukturen unter besonderer Berücksichtigung der Gestaltungspotentiale von Workflowmanagementsystemen, Wiesbaden.

Krüger, W. (1985) Bedeutung und Formen der Hierarchie, In: Die Betriebswirtschaft, 45. Jg., S. 292-307.

Krüger, W. (1992) Organisationsmethodik, In: F. Frese (Hrsg.), Handwörterbuch der Organisation, Stuttgart, Sp. 1572-1588.

Krüger, W. (1994) Organisation der Unternehmung, 3. Aufl., Stuttgart.

Krüsi Schädle, M. (2001) Unterschiede zwischen erfolgreichen und nicht-erfolgreichen Business-Process Reengineering-Projekten. Zürich.

Kunesch, H. (1993) Grundlagen des Prozeßmanagement, Wien.

Kutschker, M./Schmid, S. (2002) Internationales Management, München.

Lanc, O. (1975) Ergonomie, Stuttgart.

Lang, R. (2004) Informelle Organisation, In: Schreyögg, G./Werder, A. v. (Hrsg.), Enzyklopädie der Betriebswirtschaftslehre (EdBWL) Band II - Handwörterbuch Unternehmensführung und Organisation, Stuttgart, Sp. 497-505.

Lankenau, K. (1984) Handlungsspielraum, Beurteilung der Arbeitstätigkeit und Qualifizierungsbereitschaft, In: Psychologie und Praxis, 28. Jg., S. 109-118.

Lassmann, A. (1992) Organisatorische Koordination, Wiesbaden.

Latham, G. P./Yukl, G. A. (1975) A review of the application of goal setting in organizations, In: Academy of Manegement Journal, 18. Jg., S. 824-845.

Latham, G. P./Baldes, J. J. (1995) The practical significance of Locke`s Theory of Goal Setting, In: Journal of Applied Psychology, 60. Jg., S. 187-191.

Latham, G. P. (2000) Motivate Employee Performance through Goal-setting, In: Locke, E. A., The Blackwell Handbook of Principles of Organizational Behavior, Malden (MA, USA)/Oxford (UK), S. 107-119.

Laux, H./Liermann, F. (2002) Grundlagen der Organisation: die Steuerung von Entscheidungen als Grundproblem der Betriebswirtschaftslehre, 5. Aufl., Berlin.

Lawler, E. E. (1973) Motivation in Work Organizations, Monterey (CA).

Lawler, E. E. (1976) Control Systems in Organizations, In: Dunette, M. D. (Hrsg.), Handbook of Industrial and Organizational Psychology, Chicago, Sp. 1247-1291.

Lehmann, P. (1995) Kunde und Produkt im Mittelpunkt: Eine Gratwanderung, In: E. Frese (Hrsg.), Dynamisierung der Organisation. Markt und Mitarbeiter als treibende Kräfte, Arbeitsbericht Organisationsseminar der Universität zu Köln, Köln, S.81-115.

Leitner, K./Volpert, W./Greiner, B./Weber, W. G./Hennes, K. (1987) Analyse psychischer Belastung in der Arbeit - das RHIA-Verfahren Handbuch, Köln.

Lenk, H./Maring, M. (2004) Verantwortung, In: Schreyögg, G./Werder, A. v. (Hrsg.), Enzyklopädie der Betriebswirtschaftslehre (EdBWL) Band II - Handwörterbuch Unternehmensführung und Organisation, Stuttgart, Sp. 1557-1565.

Lenz, G. (2002) Ganzheitliches Prozessmanagement, In: Zeitschrift für wirtschaftlichen Fabrikbetrieb, Bd. 97, H. 11, S. 588-590.

Lewin, K./Lippit, R./White, R. K. (1939) Patterns of aggressive behavior in experimentally created "social climates". In: Journal of Applied Psychology, 10. Jg., S. 271-299.

Likert, R. (1961) New Patterns of Management, New York.

Likert, R. (1967) The human organization, New York.

Litterer, J. A. (1965) Analysis of organizations, New York.

Locke, E. A. (1968) Toward a theory of task motivation and incentives, In: Organizational Behavior and Human Performance, 3. Jg., S. 157-189.

Locke, E. A./Mento, A. J./Katcher, B. L. (1978) The interaction of ability and motivation in performance: An exploration of the meaning of moderators, In: Personnel Psychology, 31. Jg., S. 269-280.

Locke, E. A./Latham, G. P. (1990) A theory of goal setting and task performance, Eaglewood Cliffs: Prentice Hall.

Lohoff, P./Lohoff, H. G. (1993) Verwaltung im Visier. Optimierung der Büro- und Dienstleistungsprozesse, In: Zeitschrift Führung + Organisation, Bd. 62, S. 248-254.

Lühker, M./Vaanholt, S. (1994) Motivation: Mehr als nur ein Mythos? Zum Stand der Motivationsforschung, In: Personal, 46. Jg., H. 5, S. 230-235.

Mahoney, T. A./Weitzel, W. (1978) Management - Modelle der Effizienz von Organisationen, In: Grochla, E., Elemente der organisatorischen Gestaltung, Reinbek, S. 176-190.

Mankin, D./Cohen, S./Bikson, T. (1996) Teams and technology: Fullfilling the promise of the new organization, Boston.

March, J. G./Simon, H. A. (1976) Organisation und Individuum - Menschliches Verhalten in Organisationen, Wiesbaden.

Mast, C. (2004) Kommunikation, In: Schreyögg, G./Werder, A. v. (Hrsg.), Enzyklopädie der Betriebswirtschaftslehre (EdBWL) Band II - Handwörterbuch Unternehmensführung und Organisation, Stuttgart, Sp. 596-606.

Mayntz, R. (1963) Soziologie der Organisation, Reinbek.

Mayntz, R. (1971) Bürokratische Organisation, Köln et al.

Mayo, E. (1945) The social problems of an industrial civilization, Boston (Mass.).

Mayo, E. (1966) The human problems of an industrial civilization, New York (Orig. Publ. 1933).

McGrath, J. E. (1964) Social psychology: A brief introduction, New York.

McGregor, D. (1960) The human side of enterprise, New York (deutsch: Der Mensch im Unternehmen, Düsseldorf/Wien, 1973)

McNatt, B. D. (2000) Ancient Pygmalion joins contemporary management. A meta-analysis of the result, In: Journal of applied psychology , 85. Jg., S. 314-322.

Mealina, L. W./Latham, G. P. (1996) Skills for managerial succes: Theory, experience, and practice, Toronto (ON).

Meffert, H./Bolz, J. (1998) Internationales Marketing-Management, Stuttgart.

Melan, E. H. (1985) Process Management in Service and Administrative Operations, In: Quality Progress, 6. Jg., S.52-58.

Mellewigt, T. (2004) Stellen- und Abteilungsbildung, In: G. Schreyögg/Werder, A. v. (Hrsg.), Enzyklopädie der Betriebswirtschaftslehre (EdBWL) Band II - Handwörterbuch Unternehmensführung und Organisation, Stuttgart, Sp. 1356-1365.

Mento, A. J./Steel, R. P./Karren, R. J. (1987) A meta-analytic study of the effects of goal settimg on task performance, In: Organizational Behavior and Human Decision Processes, 39. Jg., S. 52-83.

Michaelsen, L. K./Watson, W. E./Black, R. H. (1989) A realistic test of individual versus group consensus decision making, In: Journal of Applied Psychology, 74. Jg., S. 834-839.

Milgram, S. (1974) Obedience to authority, New York.

Miller, R. B. (1966) Task description and analysis, In: Gagné, R. M. (Hrsg.), Psychological Principles in System Development, New York.

Miller, R. B. (1967) Task Taxonomy: Science or Technology? In: Ergonomics, 10. Jg., S. 167-176.

Miller, K. I./Monge, P. R. (1986) Participation, satisfaction, and productivity: A meta-analytic review, In: Academy of Management Journal, 29. Jg., S. 727-753.

Milling, P. (1981) Systemtheoretische Grundlagen zur Planung der Unternehmenspolitik, Berlin.

Mintzberg, H. (1979) The Structuring of Organizations. A Synthesis of the Research, Englewood Cliffs - New Jersey.

Mintzberg, H. (1992) Die Mintzberg-Struktur: Organisation effektiver gestalten, Landsberg/Lech.

Mohrmann, S. A./Cohen, S. G./Mohrmann, A. M. (1995) Designing team-based organizations, San Francisco.

Mohrmann, S. A./Quam, K. (2000) Consulting to team-based organizations: An organizational design and learning approach, In: Consulting Psychology Journal: Practice and Research, 52. Jg., S. 20-35.

Müller-Kalthoff, B. (2002) Cross-Media Management: Content-Strategien erfolgreich umsetzen, Berlin.

Mullen, B. /Copper, C. (1994) The relation between group cohesiveness and performance: An Integration. In: Psychological Bulletin, Jg. 115, H. 2, S. 210-227.

Mullins, L. J. (2005) Management and Organisational Behaviour, 7. Aufl., Harlow (Engl.).

Nägele, R./Schreiner, P. (2002) Bewertung von Werkzeugen für das Management von Geschäftsprozessen, In: Zeitschrift Führung + Organisation, Bd. 71, H. 4, S. 201-210.

Neuberger, O. (1974) Theorien der Arbeitszufriedenheit, Stuttgart et al.

Neuberger, O. (2002) Führen und führen lassen, 6. Aufl., Stuttgart.

Neuhaus, R. (2002) Büroarbeit planen und gestalten, Köln.

Nick, F. R. (1972) Motivation und Arbeitsverhalten, Dissertation, Universität Mannheim.

Nick, F. R. (1974) Management durch Motivation, Stuttgart.

Nieschlag, R./Dichtl, E./Hörschgen, H. (1994) Marketing, 17. Aufl., Berlin.

Nippa, M. (1996) Anforderungen an das Management prozessorientierter Unternehmen, In: Nippa, M./Picot, A. (Hrsg.), Prozessmanagement und Reengineering, Frankfurt/New York, 1996: S. 39-60.

Noelle-Neumann, E./Strümpel, B. (1985) Macht Arbeit krank? Macht Arbeit glücklich? 2. Aufl., München.

Nordsieck, F. (1934) Grundlagen der Organisationslehre, Stuttgart.

Nordsieck, F. (1972) Betriebsorganisation. 4. Aufl., Stuttgart.

Norros, L. (2004) Acting unter Uncertainty. The core-task analysis in ecological study of work, Espoo.

Ochs, B. (1992) Methoden zur Verkürzung der Produktentstehungszeit, München et al.

Oesterreich, R./Volpert, W. (1999) Psychologie gesundheitsgerechter Arbeitsbedingungen, Bern.

Oliver, R. L./Anderson, E. (1995) Behavior- and Outcome-Based Sales Control Systems: Evidence and Consequences of Pure-Form and Hybrid Governance, In: Journal of Personal Selling & Sales Management, 15. Jg., H. 6, S. 356-363.

Olson, E./Orville, W./Rueckert, R. (2001) Patterns of cooperation during new product development among marketing, operations and R&D: Implications for project performance, In: Journal of Product Innovation Management, 18. Jg., S. 258-271.

Ortmann, G. (1995) Formen der Produktion, Organisation und Rekursivität, Opladen.

Ortmann, G./Sydow, J./Windeler, A. (1997) Organisation als reflexive Strukturation, In: Ortmann, G./Sydow, J./Türk, K. (Hrsg.), Theorien der Organisation - Rückkehr der Gesellschaft, Opladen, S. 315-354.

Ortmann, G. (1999) Organisation und Dekonstruktion, In: Schreyögg, G., Organisation und Postmoderne, Wiesbaden, S. 157-196.

Ortmann, G. (2003) Regel und Ausnahme, Frankfurt a. M.

Österle, H. (1995) Business Engineering. Prozeß- und Systementwicklung, Bd. 1: Entwurfstechniken, Berlin et al.

Osterloh, M./Frost J. (1999) Zusammenhang zwischen Organisation und Verrechnungspreisen, In: Raupach, A. (Hrsg.), Verrechnungspreissysteme multinationaler Unternehmen in betriebswirtschaftlicher, gesellschafts- und steuerrechtlicher Sicht, Herne/Berlin, S. 62 - 87.

Osterloh, M./Wübker, S. (1999) Wettbewerbsfähiger durch Prozeß- und Wissensmanagement: mit Chancengleichheit auf Erfolgskurs, Wiesbaden, 1999.

Osterloh, M./Frost, J. (2003) Prozessmanagement als Kernkompetenz: Wie Sie Business Reengineering strategisch nutzen können, 4. Aufl., Wiesbaden.

Pawlowsky, P. (1984) Berufsgruppenspezifische Ansprüche an die Arbeit, In: Hoffmann-Nowotny, H.-J./Gehrmann, F. (Hrsg.), Ansprüche an die Arbeit, Frankfurt a. M. et al., S. 89-116.

Perlitz, M. (2000) Internationales Management, Stuttgart.

Perrow, C. (1972) Comples Organizations. A critical Essay, Glenview (Ill.).

Peters, G. (1988) Ablauforganisation und Informationstechnologie im Büro. Konzeptionelle Überlegungen und empirisch-explorative Studie, Köln.

Pfeifer, T. (1993) Qualitätsmanagement, Strategien - Methoden - Techniken, München et al.

Pfohl, H.-C. (1981) Planung und Kontrolle, Stuttgart et al.

Picot, A. (1990) Organisation, In: Bitz, M. (Hrsg.), Vahlens Kompendium der Betriebswirtschaftslehre, Band 2, München, S. 101-163.

Picot, A./Dietl, H./Franck, E. (2005) Organisation. Eine ökonomische Perspektive, 4. Aufl., Stuttgart.

Pinkley, R. L./Grifith, T. L./Northcraft, G. B. (1995) "Fixed pie" a la mode: Information availability, information processing, and the negotiation of suboptimal agreements, In: Organizational Behavior and Human Decision Processes, 62. Jg., S. 101-112.

Plate, J./Sempf, U. (1993) Reengineering in der Praxis II: Mit professionellem Prozess-Controlling die Organisation "auf Kurs" halten, In: Kompetenz, 8. Jg., H. 23, S. 24-31.

Porter, L. W./Lawler, E. E. (1968) Managerial Attitudes and Performance, 3. Aufl., Homewood.

Putz-Osterloh, W. (1992) Entscheidungsverhalten, In: E. Frese (Hrsg.), Handwörterbuch der Organisation, Stuttgart, Sp. 586-599.

Quarstein, V. A./McAfee, B. R./Glassman (1993) The situational occurrences theory of job satisfaction, In: Humans Relations, August, S. 859-873.

Rationalisierungskuratorium der deutschen Wirtschaft (RKW) (Hrsg.) (1976) Beiträge zur Arbeitswissenschaft, Reihe 1: Angewandte Forschung Band 1, München/Wien.

Rau, R./Richter, P. (1996) Psychophysiological analysis of stain in real life work situations, In: Fahrenberg, J./Myrtek, M., Ambulatory assesment. Computer-assisted psychological and psychophysiological methods in monitoring and field studies, Seattle, S. 271-285.

Rau, R. (2004) Lern- und gesundheitsförderliche Arbeitsgestaltung: Eine empirische Studie, In: Zeitschrift für Arbeits- und Organisationspsychologie, 48. Jg., H. 4: S. 181-192.

Reason, J. (1990) Human error, Cambridge (UK).

Reichwald, R./Schmelzer, H. J. (1990) Durchlaufzeiten in der Entwicklung: Praxis des industriellen F&E - Managements, München/Oldenbourg.

Reihlen, M. (1997) Entwicklungsfähige Planungssysteme, Wiesbaden.

Reihlen, M. (2004) Hierarchie, In: Schreyögg, G./Werder, A. v. (Hrsg.), Enzyklopädie der Betriebswirtschaftslehre (EdBWL) Band II - Handwörterbuch Unternehmensführung und Organisation, Stuttgart, Sp. 407-413.

Reinermann, H. (1974) Wirtschaftlichkeitsanalysen, In: Becker, U./Thieme, W. (Hrsg.), Handbuch der Verwaltung, Köln/Berlin/Bonn/München, H. 4.6.

Reiß, M. (1993) In Prozessen denken, In: Gablers Magazin, 6. Jg., H. 6-7, S. 49-54.

Rice, A. K. (1958) Productivity and social organization: The Ahmedabab Experiment, London: Tavistock.

Richter, P. (1994) Job content and myocardial health risks-consequences for occupational prevention, In: Vartiainen, M./Teikari, V., Change, learning and mental work in organizations. Report No 157, Otaniemi.

Richter, P./Uhlig, K. (1998) Psychische Belastungen und Ressourcen in der Arbeit und Herz-Kreislauf -Erkrankungen - Ansätze für eine betriebliche Prävention, In: Bamberg, E./Ducki, A./Metz, A.-M. (Hrsg.), Handbuch betrieblicher Gesundheitsförderung. Arbeits- und organisationspsychologische Methoden und Konzepte, Göttingen.

Ridder, H.-G./Janisch, R./Bruns, H.-J. (1993) Arbeitsorganisation und Qualifikation, München et al.

Ridder, H.-G. (2004) Arbeitsorganisation, In: Schreyögg, G./Werder, A. v. (Hrsg.), Enzyklopädie der Betriebswirtschaftslehre (EdBWL) Band II - Handwörterbuch Unternehmensführung und Organisation, Stuttgart, Sp. 28-37.

Rodermann, M. (1999) Strategisches Synergiemanagement, Wiesbaden.

Roethlisberger, F. J./Dickson, W. J. (1964) Management and the worker, Cambridge (Mass.), (Orig. publ.1939).

Roff, H. E./Watson, T. E. (1970) Job Analysis, Institute of Personnel Management, New York.

Rohmert, W. (1971) Arbeitswissenschaft und wirtschaftliche Betriebsführung, In: RKW (Hrsg.), Produktivität und Rationalisierung: Chancen, Wege, Forderungen, Frankfurt/Hamburg, S. 96-100.

Rohmert, W. (1974) Arbeitswissenschaft I, Institut für Arbeitswissenschaft der Technischen Hochschule, Darmstadt.

Rohmert, W./Weg, F. J. (1976) Organisation teilautonomer Gruppenarbeit. Betriebliche Projekte - Leitregeln zur Gestaltung, In: RKW: Beiträge zur Arbeitswirtschaft, Reihe 1: Angewandte Forschung Band 1, München/Wien.

Rohmert, W./Landau, K. (1979) Das Arbeitswissenschaftliche Erhebungsverfahren zur Tätigkeitsanalyse (AET) - Handbuch, Bern.

Rosemann, M./Schwegmann, A. (2001) Vorbereitung der Prozessmodelierung, In: Becker, J./Kugeler, M./Rosemann, M. (Hrsg.), Prozessmanagement, Berlin/Heidelberg, S. 47-93.

Rosenstiel, L. v. (1980) Gruppen und Gruppenbeziehungen, In: Grochla, E. (Hrsg.), Handbuch der Organisation, Stuttgart, S. 793-804.

Rosenstiel, L. v./Molt, W./Rüttinger, B. (1983) Organisationspsychologie, 5. Aufl., Stuttgart.

Rosenstiel, L. v. (2000) Grundlagen der Organisationspsychologie, 4. Aufl., Stuttgart.

Rückwardt, B. (1978) Koordination des Verwaltungshandelns - Grundlagen der Koordination - Koordinationsbedarf, Instrumente der Koordination - Anwendungsbeispiele, Berlin.

Salas, E./Dickinson, T. L./Converse, S. A./Tannenbaum, S. I. (1992) Toward an understanding of team performance and training, In: Swezey, R. W./Salas, E. (Hrsg.), Teams: Their training and performance, Norwood.

Sauerbrey, G. (1988) Planung organisatorischer Veränderungen im Rahmen von Integrationsansätzen, Produktonsforum `88: Die CIM-fähige Fabrik, Heidelberg/New York.

Scarpello, V./Vandenberg, R. J. (1987) The Satisfaction with My Supervisor Scale: Its Utility for Research and Practical Applications`, In: Journal of Management, 13. Jg., H. 3, S. 447-466.

Schanz, G. (1982) Organisationsgestaltung, München.

Schanz, G. (1988) Erkennen und Gestalten. Betriebswirtschaftslehre in kritisch-rationaler Absicht, Stuttgart.

Schanz, G. (1994) Organisationsgestaltung: Management von Arbeitsteilung und Koordination, München.

Schaubroeck, J./Merrit, D. E. (1997) Divergent effects of job control on coping with wirk stressors: The key role of self-efficacy, In: Academy of Management Journal, 40. Jg., S. 738-754.

Scheer, A.-W./Nüttgens, M./Zimmermann, V. (1995) Rahmenkonzepte für das integrierte Geschäftsprozessmanagement, In: Wirtschaftsinformatik, 37. Jg., H. 5, S. 426-434.

Scheer, A.-W./Zimmermann, V. (1996) Geschäftsprozeßmanagement und integrierte Informationssysteme: Prozessmodellierung, Referenzmodelle und Softwaretechnologien, in: Töpfer, A.(Hrsg.): Geschäftsprozesse: analysiert & optimiert, Berlin, 1996, S. 267-286.

Scheer, A.-W./Abolhassan, F./Kruppke, H./Jost, W. (Hrsg.) (2005) Innovation durch Geschäftsprozessmanagement, Berlin et al.

Schein, E. H. (1974) Das Bild des Menschen aus der Sicht des Management, In: Grochla, E. (Hrsg.), Management, Düsseldorf et al., S. 69-91.

Schmelzer, H. J./Sesselmann, W. (2003) Geschäftsprozessmanagement in der Praxis, 3. Aufl., München.

Schmidt, G. (1970) Bestimmungsfaktoren organisatorischer Lösungen - Zur Differenzierung organisatorischer Aussagen, In: Zeitschrift Führung + Organisation, 39 Jg., S. 355-362.

Schmidt, K.-H./Kleinbeck, U./Rohmert, W. (1981) Die Wirkung von Merkmalen der Arbeitssituation und Persönlichkeitsvariaben auf die Arbeitszufriedenheit und andere motivationsbezogene Einstellungsvariablen, In: Zeitschrift für experimentelle und angewandte Psychology, 28. Jg., H. 3, S. 465-485.

Schmidt, K.-H./Schweissfurth, W./Kleinbeck, U./Rutenfranz, J. (1981) Einige arbeitspsychologische Ergebnisse zur Wirkung von Arbeitsinhaltsveränderungen, In: Zeitschrift für Arbeitswissenschaft, 33. Jg., H. 2, S. 101-107.

Schmidt, K.-H./Hollmann, S. (2003) Handlungsspielräume als Ressource bei der Arbeit, In: Wegge, J./Schmidt, K.-H. (Hrsg.), Förderung von Arbeitsmotivation und Gesundheit in Organisationen, Göttingen, S. 181-196.

Schmidt-Salzer, J. (1991) Organisationskonzepte, Management-Techniken und Menschenbild - Eherne Organisationsgesetze, Dogmen oder Prinzipien? In: Versicherungspraxis, 2. Jg., S. 21-33.

Schneider, H. K. (1967) Plankoordinierung in der Regionalpolitik, In: Schneider, E. (Hrsg.), Rationale Wirtschaftspolitik und Planung in der Wirtschaft heute, Schriften des Vereins für Socialpolitik, Neue Folge, Band 43, Berlin, S. 239-275.

Schober, H. (2002) Prozessorganisation: Theoretische Grundlagen und Gestaltungsoption, Wiesbaden.

Scholz, C. (1994) Personalmanangement, 4. Aufl., München.

Scholz, R./Vrohlings, A. (1994) Prozess-Redesign und kontinuierliche Prozessverbesserung, In: Gaitanides, M./Scholz, R./Vrohlings, A./Raster, M. (Hrsg.), Prozessmanagement. Konzepte, Umsetzungen und Erfahrungen des Reengineering, München/Wien, S. 99-122.

Scholz, R. (1995) Geschäftsprozessoptimierung. Crossfunktionale Rationalisierung oder strukturelle Reorganisation, 2. Aufl., Bergisch Gladbach/Köln.

Schönpflug, W. (1979) Regulation und Fehlregulation im Verhalten: I. Verhaltensstruktur, Effizienz und Belastung - theoretische Grundlagen eines Untersuchungsprogramms, In: Psychologische Beiträge, 21. Jg., H. 2, S. 174-202.

Schoppek, W./Putz-Osterloh, W. (2004) Informationsverhalten, In: Schreyögg, G./Werder, A. v. (Hrsg.), Enzyklopädie der Betriebswirtschaftslehre (EdBWL) Band II - Handwörterbuch Unternehmensführung und Organisation, Stuttgart, Sp. 489-497.

Schreyögg, G./Noss, C. (1994) Hat sich das Organisieren überlebt?, In: Die Unternehmung, 48. Jg., S. 17-33.

Schreyögg, G. (1999) Organisation und Postmoderne, Wiesbaden.

Schreyögg, G. (2003) Organisation, Grundlagen moderner Organisationsgestaltung, 4. Aufl., Wiesbaden.

Schumpeter, J. A. (1946) Kapitalismus, Sozialismus und Demokratie, Bern.

Schwarzer, B. (1993) Prozessorientierung als Ansatzpunkt für das Informationsmanagement in Multinationalen Unternehmen, Diss. Hohenheim, Stuttgart.

Schwarzer, B./Krcmar, H. (1995) Grundlagen der Prozeßorientierung. Eine vergleichende Untersuchung in der Elektronik- und Pharmaindustrie, Wiesbaden.

Schweitzer, A. (Hrsg.) (1971) Gesammelte Werke, Berlin.

Seeman, M. (1959) On the Meaning of Alienation, In: American Sociological Review, 24. Jg., S. 783-791.

Shields, M./Young, S. (1991) A Behavioral Model for Implenting Cost Management Systems, In: Cooper, R./Kaplan, R. S. (Hrsg.), The Design of Cost Management Systems, Englewood Cliffs, S. 450-460.

Simon, H. (1956) Rational Choice and the structure of the environment, in: Psychological Review, Jg. 63, S. 129-138.

Simon, H. A. (1993) Stein der Weisen, In: Manager Magazin, Bd. 2, S. 134-140.

Sinz, E. (1995) Editorial zum Schwerpunktthema Geschäftsprozessmodellierung, In: Wirtschaftsinformatik, 37. Jg., S. 425.

Skinner, B. F. (1971) Beyond freedom and dignity, New York.

Smith, A. (1996) Der Wohlstand der Nationen, 7. Aufl. der Übersetzung von 1974, München.

Sohl, H. (1996) Wettbewerbsorientierte Gestaltung der Prozessorganisation, Passau.

Sommerlatte, T./Wedekind, E. (1990) Leistungsprozesse und Organisationsstruktur, In: Little, A. D. (Hrsg.), Management der Hochleistungs - Organisation, Wiesbaden, S. 24-41.

Spector, P. E. (1982) Behavior in organizations as a function of employee`s locus of control, In: Psychological Bulletin, 91. Jg., S. 482-497.

Staehle, W. H. (1999) Management. Eine verhaltenswissenschaftliche Perspektive, 8. Aufl., München.

Stähler, D. (2006) Standardisierung als Erfolgsvoraussetzung im Geschäftsprozessmanagement, In: Zeitschrift Führung + Organisation, Bd. 75, H. 5, S. 291-297.

Steiner, I. D. (1972) Group process and productivity, New York.

Steinmann, H./Heinrich, M./Schreyögg, G. (1976) Theorie und Praxis selbststeuernder Arbeitsgruppen, Köln.

Steinmann, H./Schreyögg, G. (1993) Management : Grundlagen der Unternehmensführung , Konzepte - Funktionen - Fallstudien, 3., überarb. und erw. Aufl., Wiesbaden.

Steinmann, H./Olbrich, T. (1998) Ethik-Management: Integrierte Steuerung ethischer und ökonomischer Prozesse, In: Blickle, G., Ethik in Organisationen, Göttingen, S. 95-115.

Stevens, M. J./Campion, M. A. (1999) Staffing work teams: Developmant and validation of a selection test for teamwork setting, In: Journal of Management, 25. Jg., S. 207-228.

Stogdill, R. M. (1948) Personal factors associated with leadership: A survey of the literature, In: Journal of Applied Psychology, 25. Jg., S. 35-71.

Stogdill, R. M. (1959) Individual behavior and group achievement . New York.

Stoner, J. A. F. (1961) A comparison of individuals and group decisions involving risk, Boston.

Strasser, G./Stewart, D. D. (1992) Discovery of hidden profiles by decision-making groups. Solving a problem vs. making a judgement, In: Journal of Personality and Social Psychology, 63. Jg., S. 426-434.

Strauss, G. (1998) Participation Works - if Conditions are Appropriate, In: Heller, F./Pusić, E./Strauss, G./Wilpert, G. (Hrsg.), Organizational Participation, Myth and Reality, Oxford, New York, S. 191-219.

Striening, H.-D. (1988) Prozess-Management: Ein Versuch eines integrierten Konzepts situationsadäquater Gestaltung von Verwaltungsprozessen - dargestellt am Beispiel in einem multinationelen Unternehmen - IBM Deutschland GmbH, Europäische Hochschulschriften, Reihe 5, Bd. 922.

Talwar, R. (1993) Business Re-engineering - A Strategy-Driven Approach, In: Long Range Planning, 26. Jg., H. 6, S. 22-40.

Tannenbaum, A. S. (1966) Social psyhology of the work organization, Belmont (Calif.).

Tannenbaum, S. I./Beard, R. L./Salas, E. (1992) Team building and its influence on team effectiveness, In: Kelly, K., Issues, theory, and research in industrial/organizational psychology, Amsterdam.

Taylor, F. W. (1929) The Principles of Scientific Management, New York.

Terriet, B. (1978) Zeitökonomie, Zeitsouveränität und Zeitmanagement in der Bundesrepublik Deutschland - eine Zwischenbilanz, In: Zeitschrift für Arbeitswissenschaft, S. 112-118.

Thompson, J. D. (1967) Organizations in Action. Social Science Bases of Administrative Theory, New York.

Thompson, V. A. (1971) Hierarchie, Spezialisierung und organisationsinterner Konflikt, In: Mayntz, R., Bürokratische Organisation, Köln, S. 217-227.

Tomaszewski, T. (Hrsg.) (1981) Zur Psychologie der Tätigkeit, Berlin, 1981.

Töpfer, A. (Hrsg.) (1996) Geschäftsprozese: analysiert & optimiert. Berlin.

Trott zu Solz, C. v. (1992) Informationsmanagement im Rahmen eines ganzheitlichen Konzeptes der Unternehmensführung, Dissertation, Göttingen.

Tschan, F. (2000) Produktivität in Kleingruppen, Bern, 2000.

Tubbs, M. E. (1986) Goal setting: A meta-analytic examination of the empirical evidence, In: Journal of Applied Psychology, 71. Jg., S. 474-483.

Tubbs, M. E. (1993) Commitment as a moderator of the goal-performance relation. A case for clearer construct definition, In: Journal of Applied Psychology, 78. Jg., S.86-97.

Ulich, E./Großkurth, P./Bruggemann, A. (1973) Neue Formen der Arbeitsgestaltung : Möglichkeiten und Probleme einer Verbesserung der Qualität des Arbeitslebens, Frankfurt a. M.

Ulich, E. (1991) Arbeitspsychologie, Zürich/Stuttgart.

Ulich, E. (2004) Gestaltung von Arbeitstätigkeiten. In: Schuler, H. (Hrsg.) Lehrbuch Organisationspsychologie, 3. vollst. überarb. erw. Aufl., Bern, S. 221-251.

Ulrich, E. (1972) Arbeitswechsel und Aufgabenerweiterung, In: REFA - Nachrichten, S. 265-275.

Ulrich, P. (1974) Ein verhaltenswissenschaftlicher Ansatz zur Theorie der Prozess-Organisation, In: Die Unternehmung, 28. Jg., S. 147-168.

Van de Ven, A. H./Ferry, D. L. (1980) Measuring and assessing organizations, New York.

Van de Ven, A. H. (1992) Suggestion for Studying Strategy Process: A Research Note, In: Strategic Management Journal, 13. Jg., S. 169-188.

Van Eerde, W./Thierry, H. (1996) Vroom`s expectancy modes and work-related criteria: A meta-analysis, In: Journal of Applied Psychology, 81. Jg., S. 575-586.

Vesey, J. T. (1991) The new competitors: they think in terms of "spees-to-market", In: Academy of Management Executive, 2. Jg., S. 23-33.

Volpert, W. (1974) Handlungsstrukturanalyse als Beitrag zur Qualifikationsforschung, Köln.

Volpert, W. (1980) Psychologische Handlungstheorie - Anmerkungen zu Stand und Perspektive, In: Volpert, W. (Hrsg.), Beiträge zur psychologischen Handlungstheorie, Bern, S. 13-28.

Volpert, W. (1983) Der Zusammenhang von Arbeit und Persönlichkeit - Folgerungen für die Arbeitsgestaltung, In: Albertz, J. (Hrsg.), Technik und menschliche Existenz, Wiesbaden, S. 81-92.

Volpert, W./Oesterreich, R./Gablenz-Kolaković, S./Krogoll, T./Resch, M. (1983) Verfahren zur Ermittlung von Regulationserfordernissen in der Arbeitstätigkeit (VERA) - Analyse von Planungs- und Denkprozessen in der industriellen Produktion, Köln.

Volpert, W. (1987) Psychische Regulation von Arbeitstätigkeiten, In: Kleinbeck, U./Rutenfranz, J. (Hrsg.), Arbeitspsychologie. Enzyklopädie der Psychologie, Göttingen, S. 1-42.

Vroom, V. H. (1995) Work and Motivation, 1. ed., San Francisco.

Wageman, R. (1995) Interdependence and Group Effectiveness, In: Administrative Science Quarterly, 40. Jg., S. 145-180.

Wagner, D./Schumann, R. (1991) Die Produktinsel: Leitfaden zur Einführung einer effizienten Produktion in Zuliefererbetrieben, Köln.

Wagner, D. (2004) Partizipation, In: Schreyögg, G./Werder, A. v. (Hrsg.), Enzyklopädie der Betriebswirtschaftslehre (EdBWL) Band II - Handwörterbuch Unternehmensführung und Organisation, Stuttgart, Sp. 1115-1123.

Wagner, H. (1966) Die Bestimmungsfaktoren der menschlichen Arbeitsleistung im Betrieb, In: Pack, L. (Hrsg.), Schriften zur theoretischen und angewandten Betriebswirtschaftslehre, Bd. 2, Wiesbaden.

Walgenbach, P./Beck, N. (2004) Messung von Organisationsstrukturen, In: Schreyögg, G./Werder, A. v. (Hrsg.), Enzyklopädie der Betriebswirtschaftslehre (EdBWL) Band II - Handwörterbuch Unternehmensführung und Organisation, Stuttgart, Sp. 843-853.

Wall, T. D./Kemp, N. J./Jackson, P. R./Clegg, C. W. (1986) Outcomes of autonomous work groups: A long-term field experiment, In: Academy of Management Journal, 29. Jg., H. 2, S. 280-304.

Wall, T. D./Jackson, P. R./Mullarkey ,S./Parker, S. K. (1996) The demands-control model of job stain: A more specific test, In: Journal of Occupational Psychology, 69. Jg., S. 153-166.

Warr, P. B. (1990) Decision latitude, job demands and employee well-beeing, In: Work and Stress, 4. Jg., S. 285-294.

Weber, J./Schäffer, U. (2000) Balanced Scorehead & Controlling, 3., überarb. Aufl., Wiesbaden.

Weber, M. (1976) Wirtschaft und Gesellschaft, 5. Aufl., Tübingen.

Weidner, W./Freitag, G. (1990) Organisation in der Unternehmung, München/Wien.

Weinert, A. B. (1992) Motivation, In: Gaugler, E./Weber, W. (Hrsg.), Handwörterbuch des Personalwesens, S. 1429-1442.

Weinert, A. B. (2004) Organisations- und Personalpsychologie, 5. Aufl., Weinheim.

Werder, A. v. (1998) Grundlagen der Effizienzbewertung organisatorischer Strukturen, Diskussionspapier 1998/15 der Wirtschaftwissenschaftlichen Dokumentation der Technischen Universität Berlin.

Werder, A. v. (2004) Organisatorische Gestaltung (Organization Design), In: Schreyögg, G./Werder, A. v. (Hrsg.), Enzyklopädie der Betriebswirtschaftslehre (EdBWL) Band II - Handwörterbuch Unternehmensführung und Organisation, Stuttgart, Sp. 1088-1101.

Werner, H. (2002) Supply Chain Management -Grundlagen, Strategien, Instrumente und Controlling, 2., vollst. überarb. und erw. Aufl., Wiesbaden.

Wieland, R./Klemens, S./Scherrer, T./Timm, E. (2004) Moderne IT-Arbeitswelt gestalten. Anforderungen, Belastungen und Ressourcen in der IT-Branche, Hamburg.

Wiendieck, G. (2004) Gruppenverhalten und Gruppendenken, In: Schreyögg, G./Werder, A. v. (Hrsg.), Enzyklopädie der Betriebswirtschaftslehre (EdBWL) Band II - Handwörterbuch Unternehmensführung und Organisation, Stuttgart, Sp. 388-398.

Wild, J. (1973) Organisation und Hierarchie, In: Zeitschrift für Organisation, Bd. 42, S. 45-54.

Wildemann, H. (1988) Produktionssynchrone Beschaffung, München.

Wilke, H./Van Knippenberg, A. (1990) Gruppenleistung. In: Stroebe, W./Jonas, K./Hewstone, M. (Hrsg.), Sozialpsychologie. Eine Einführung, Berlin et al., S. 333-368.

Williamson, O. E. (1975) Markets and Hierarchies: Analysis and Antitrust Implications, New York et al.

Wiswede, G. (1980) Motivation und Arbeitsverhalten. Organisationspsychologische und industriesoziologische Aspekte der Arbeitswelt, München/Basel.

Wöhe, G. Einführung in die Allgemeine Betriebswirtschaftslehre, 22. Aufl., München, 2005.

Zaleznik, A./Christensen, C. R./Roethlisberger, F. J./Homans, G. C. (1958) The Motivation, Productivity and Satisfaction of Workers. A Prediction Study, Boston.

Zangemeister, C. (1970) Grundsätze für die Aufstellung eines Zielsystems, In: Industrielle Organisation, 39. Jg., H. 7, S. 293-298.

Zäpfel, G. (1989) Strategisches Produktionsmanagement, Berlin/New York.

Zimbardo, P. G. (1969) The human choice: Individuation, reason, and order versus deindividuation, impulse, and chaos, In: Arnold, A. W./Levin, D., Nebraska Symposium on Motivation, Vol. 17, Linicoln, S. 237-307.

Zink, K. J. (1994) Prozessorientierung - ein Baustein umfassender Veränderungskonzepte, In: Zülch, G. v. (Hrsg.), Vereinfachen und verkleinern: die neuen Strategien in der Produktion, Zürich/Stuttgart, S. 53-83.

Zeitfracht Medien GmbH
Ferdinand-Jühlke-Straße 7
99095 Erfurt, Deutschland
produktsicherheit@kolibri360.de